Günter Erbe

Die verfemte Moderne

Schriften des Zentralinstituts für sozialwissenschaftliche
Forschung der Freien Universität Berlin

ehemals Schriften des Instituts für politische Wissenschaft

Band 68

Günter Erbe

Die verfemte Moderne

*Die Auseinandersetzung mit
dem „Modernismus" in Kulturpolitik,
Literaturwissenschaft und Literatur der DDR*

Westdeutscher Verlag

Die Deutsche Bibliothek – CIP-Einheitsaufnahme

Erbe, Günter:
Die verfemte Moderne: die Auseinandersetzung
mit dem „Modernismus" in Kulturpolitik,
Literaturwissenschaft und Literatur der DDR /
Günter Erbe. – Opladen: Westdt. Verl., 1993
    (Schriften des Zentralinstituts für
    Sozialwissenschaftliche Forschung
    der Freien Universität Berlin; Bd. 68)
    ISBN 3-531-12448-X

NE: Zentralinstitut für Sozialwissenschaftliche
Forschung <Berlin>: Schriften des Zentralinstituts ...

Umschlaggestaltung: Christine Nüsser, Wiesbaden
Druck und buchbinderische Verarbeitung: Lengericher Handelsdruckerei, Lengerich
Gedruckt auf säurefreiem Papier
Printed in Germany

ISBN 3-531-12448-X

Vorbemerkung

Gegenstand der vorliegenden Arbeit ist die Auseinandersetzung mit der Moderne in Kulturpolitik, Literaturwissenschaft und Literatur der DDR. Die aufeinander bezogenen Rezeptionsebenen werden für den Zeitraum von 1945 bis 1989 in ihrem konflikthaften Verhältnis thematisiert. Gefragt wird sowohl nach den Entstehungsursachen und Äußerungsformen des Verdikts gegen die Moderne als auch nach den Gründen, die schließlich seine Rücknahme erforderlich machten. Der ideologiegeschichtliche Aspekt der Untersuchung ist eingebunden in die soziologische Fragestellung nach dem Stand der gesellschaftlichen Modernisierung, der Legitimationsproblematik der politischen Funktionärsschicht sowie der sozialen Stellung und dem Selbstverständnis der literarisch-künstlerischen Intelligenz.

Das Manuskript der Arbeit wurde im September 1989 abgeschlossen. Zu diesem Zeitpunkt war die Eliminierung der ästhetischen Moderne, auf die die Kampagnen der fünfziger und sechziger Jahre zielten, bereits kein Thema mehr. Versuche der Integration durch Historisierung und Musealisierung bestimmten den kulturpolitischen und wissenschaftlichen Umgang mit dem Gegenstand. Seit den revolutionären Ereignissen im Herbst 1989 ist der Streit um die Moderne vollends in weite Ferne gerückt. Rimbauds Devise, "il faut être absolument moderne", hat die ostdeutsche Wirklichkeit eingeholt und läßt die Kontroversen von gestern wie scholastische Pseudodebatten erscheinen.

Die politischen Zäsuren der jüngsten Geschichte verändern auch den Stellenwert dieser Untersuchung. War sie ursprünglich darauf angelegt, einen noch offenen Prozeß kulturellen Wandels in der DDR zu erforschen und Tendenzen künftiger emanzipatorischer Entwicklungen zu erkunden, beschreibt sie nun ein abgeschlossenes Kapitel deutscher Kulturgeschichte. Ich habe den Text nur geringfügig überarbeitet. Die Korrekturen beschränken sich zumeist auf die Zeitform der Darstellung, da der Gegenstand historisch geworden ist. Auf neues Quellenmaterial habe ich in den Anmerkungen hingewiesen und, wenn nötig, interpretierend Bezug genommen. Das Kapitel über die jüngere Autorengeneration wurde durch eine Nachbemerkung aktualisiert. Bei einer vollständig neuen Bearbeitung des Themas würden heute vermutlich manche Akzente anders gesetzt werden. Dennoch glaube ich, daß trotz des retrospektiv geschärften Bewußtseins für das Funktionieren des Kultur- und Wissenschaftsbetriebs in der DDR die Ergebnisse der Studie ihre Gültigkeit behalten werden.

Die Arbeit entstand am Zentralinstitut für sozialwissenschaftliche Forschung der Freien Universität Berlin in Zusammenarbeit mit dem Fachbereich Germanistik und wurde von der Deutschen Forschungsgemeinschaft großzügig gefördert. Dr. Hartmut Zimmermann und Prof. Dr. Horst Domdey haben das Manuskript in seinen verschiedenen Entwürfen mit mir diskutiert und mir wertvolle

Anregungen zur Präzisierung meiner Ausführungen gegeben. Ihnen sei herzlich gedankt, ebenso Ilona Beyer, Ursula Böhme und Svenja Pfahl für die Abschrift des Manuskriptes und die Herstellung der Druckvorlage, Frauke Burian für die Redaktion. Der Fachbereich Philosophie und Sozialwissenschaften der Freien Universität Berlin hat die Arbeit im November 1991 als Habilitationsschrift angenommen.

Berlin, Juni 1992   Günter Erbe

Inhalt

Einleitung

1. Zielsetzung und Aufbau der Arbeit

Zu einem Zeitpunkt, da man begann, im westlichen Teil Deutschlands über das Ende der Moderne zu orakeln, fand im östlichen Teil eine bemerkenswerte Nachholbewegung statt. Das im Westen einer vergangenen Epoche Zugewiesene wurde in der DDR als künstlerisches Erbe in Anspruch genommen, nachdem die Kulturpolitik es jahrzehntelang mit einem Bann belegt hatte. In den Verlagen der DDR erschienen die Werke der Moderne und der Avantgarde von Baudelaire bis Beckett. Nicht mehr auszuschließen war die Publikation selbst philosophisch und politisch so umstrittener Schriftsteller wie Nietzsche und Jünger.

Noch bis in die siebziger Jahre war die Moderne für die Kulturpolitik ein Tabu und für die Literaturwissenschaft, von wenigen Ausnahmen abgesehen, Anathema gewesen. Kritische Rezeption, wie sie z.B. Hans Mayer und Stephan Hermlin immer wieder forderten, wurde durch unsachliche Polemik ersetzt. Die wenigen literaturwissenschaftlichen Untersuchungen, z.B. über Kafka, litten unter dem Zwang zu ideologisch vorgeprägter Urteilsbildung. Wer sich wie Mayer für die kritische Aneignung eines Proust, Joyce oder Kafka einsetzte, hatte mit scharfer Zurechtweisung durch die Kulturfunktionäre zu rechnen und ging nicht geringe existentielle Risiken ein. Selbst Brecht konnte mit seinen Versuchen, Realismus und Moderne zusammenzuführen, zu Lebzeiten nur bei wenigen auf Beifall rechnen. Die Hüter des kulturpolitischen Dogmas nannten seine Methode, neue Formen für neue Inhalte zu erproben, formalistisch.

In den fünfziger und sechziger Jahren lösten kulturpolitische Kampagnen gegen Formalismus und Dekadenz, Kosmopolitismus und Modernismus einander in rascher Folge ab. Die politische Funktionärsschicht, assistiert von der Literaturwissenschaft und nicht wenigen Schriftstellern, wertete die in Westdeutschland wiederentdeckte und rasch an Einfluß gewinnende Literatur und Kunst der Moderne und Avantgarde als ein Zeichen der Dekadenz, als Ausdruck einer im Verfall begriffenen Gesellschaft, gegen den sich das neue, den Sozialismus aufbauende Deutschland kulturell abzuschotten habe.

Die Kunstdoktrin des sozialistischen Realismus, von der SED mit dem stalinistischen Sozialismusmodell aus der Sowjetunion importiert, lebte von der strikten Ausgrenzung dessen, was die ideologische Wahrnehmung als spätbürgerlich identifizierte. Der Affekt gegen die Moderne muß folglich - wenn seine Wurzeln auch weit in die Geschichte der Arbeiterparteien zurückreichen - als Teil des Syndroms eines am Sowjetmodell orientierten sozialistischen Aufbaus begriffen werden. Mit dem Affekt der Partei gegen die Moderne ist mehr als eine psychologische Abwehrreaktion gemeint. Dem Vorsatz, sie in Kunst und Literatur auszuschalten, lag eine bewußte politisch-strategische Entscheidung zugrunde: Die Autonomie, die die ästhetische Sphäre in der bürgerlichen Gesellschaft erlangt hatte, sollte zurückgenommen werden.

Diese Neubestimmung des Verhältnisses von Politik und Kunst vollzog sich in allen Ländern, in denen kommunistische Parteien die Macht errungen hatten. Die Sowjetunion statuierte ein Exempel: Modernistische Erscheinungen in Kunst und Literatur wurden bereits in den dreißiger Jahren eliminiert, die Kunst dem unmittelbaren politischen Zugriff unterstellt. Die von der Partei beanspruchte Kontrolle über sämtliche gesellschaftlichen Bereiche ließ eine Autonomie der Kunst nicht länger zu. Politische Unterordnung bedeutete die direkte Instrumentalisierung der Kunst für politische Zwecke. Nicht allein das Engagement des Künstlers für den Sozialismus war gefordert, sondern die künstlerische Drapierung und Überhöhung der Politik der Partei. In seiner Konsequenz richtete sich das kulturpolitische Dogma des sozialistischen Realismus folglich nicht nur gegen die Moderne. Es schloß jede selbständige künstlerische Tätigkeit aus. Eine realistische, d.h. der mimetischen Darstellungsweise verpflichtete Literatur konnte den Ansprüchen der Partei ebensowenig genügen wie eine formal innovative, in Chiffren sprechende Kunst. Es ging im sozialistischen Realismus nicht um Darstellung der Realität des Sozialismus - dann wären Solschenizyn oder, pointiert ausgedrückt, sogar Kafka als sozialistische Realisten zu bezeichnen -, verlangt war vielmehr die propagandistische Übermalung der Realität. Um die Künstler zur Räson zu bringen, mußte ihnen die künstlerische Imagination ausgetrieben und ihr Formstreben als Formalismus denunziert werden. Selbst Künstler, die nicht des Avantgardismus verdächtig waren, hatten sich dieses Vorwurfs zu erwehren.

Wenn in dieser Arbeit von Modernismus bzw. Avantgardismus gesprochen wird, so ist zwischen der kunsttheoretischen Verwendung der Begriffe und ihrem Gebrauch als Schlagwörter der marxistisch-leninistischen Kulturpolitik zu unterscheiden. Der Abwehrkampf der SED in den fünfziger und sechziger Jahren stützte sich nicht so sehr auf ein theoretisch ausgewiesenes Konzept von Moderne - vom Modernebegriff der Literaturwissenschaft in dieser Zeit wird im ersten Teil der Arbeit die Rede sein -, er richtete sich vielmehr gegen Erscheinungen des "Modernismus", d.h. die spezifische Gesinnung des auf ästhetische Erneuerung und Autonomie bedachten Künstlers. Während die Kulturfunktionäre ihr Bild von Moderne *ex negativo* aus einer Vorliebe für die klassische und realistische Kunst des 19. Jahrhunderts gewannen, beriefen sich die Literaturwissenschaftler auf Georg Lukács' Arbeiten zur Realismustheorie. Das Zusammenwirken dieser Faktoren, das geschichts- und kunstphilosophisch begründete Modernismusverdikt und der kleinbürgerliche Kunstgeschmack einer unmusischen Funktionärsschicht sowie politisch-taktische Überlegungen der Partei, kennzeichneten den Umgang mit der Moderne in den ersten beiden Jahrzehnten nach Gründung der DDR. Gegenstand der Untersuchung ist daher die Geschichte der Modernerezeption als Geschichte ihrer ideologisch überformten selektiven Wahrnehmung.

Der *erste Abschnitt* der Studie befaßt sich mit Vorgeschichte, Verlauf und Ergebnissen der SED-Kampagnen gegen den Modernismus in der Ära Ulbricht. Eine Analyse des Konzepts des sozialistischen Realismus leitet diesen Abschnitt ein. Zur Vorgeschichte der SED-Kulturpolitik gehören vor allem Entstehung und Ausbreitung des sozialistischen Realismus in der Sowjetunion der dreißiger Jahre und die sich daran anschließende folgenreiche Expressionismusdebatte unter deutschen Schriftstellern im Exil. Vor diesem Hintergrund erweisen sich die antimodernistischen Kampagnen in der DDR nicht allein als Versuche, sich von der "dekadenten" Kultur des Westens abzugrenzen, sondern als machtpolitische Umsetzungen andernorts geplanter und bereits exekutierter Strategien. Die Untersuchung hat zum Ziel, die politisch-ideologischen Beweggründe für den letztlich gescheiterten Versuch einer kulturrevolutionären Flurbereinigung offenzulegen. Sie folgt den vielfältigen Formen des Kampfes gegen innere und äußere Gegner in Kulturpolitik, Literatur und Literaturwissenschaft. Dem Streit um Kafka kommt in diesem Zusammenhang exemplarische Bedeutung zu.

Mein Interesse richtet sich vor allem auf die Kontroverse um die autonome Kunst der Moderne und weniger auf den Umgang mit avantgardistischen Konzepten, die darauf zielen, Kunst und Leben miteinander zu verbinden. Deshalb steht Kafka und nicht die Auseinandersetzung mit Brecht oder der proletarischen Avantgarde der zwanziger Jahre im Mittelpunkt der Untersuchung. Die Schwierigkeiten der DDR-Kulturpolitik mit Brecht sind bereits wiederholt ausführlich analysiert worden, so daß eine Wiederaufnahme des Themas im Rahmen dieser Arbeit keine neuen Gesichtspunkte bieten würde. Gleiches gilt für den Bitterfelder Weg, der als ein Versuch aufgefaßt werden kann, das linksavantgardistische Programm auf administrative Weise durchzusetzen.

Zu fragen ist nicht nur nach den Entstehungsursachen und Äußerungsformen des Verdikts gegen die Moderne, sondern auch nach den Gründen für seine Langlebigkeit. War die zurückgebliebene gesellschaftliche Modernisierung oder die besondere Legitimationsproblematik eines sozialistischen Systems an der Nahtstelle zum Westen oder gar das spezifische Profil der Funktionärsschicht dafür maßgebend, daß der antimodernistische Kurs in der Kulturpolitik bis an die Schwelle der siebziger Jahre beibehalten wurde? Bei der Beantwortung dieser Frage wird zu berücksichtigen sein, daß sich die SED darauf verlassen konnte, daß viele bedeutende Schriftsteller und Künstler sich zwar gegen Überspitzungen dieses Kurses wandten, die Kulturpolitik aber im Kern billigten. Prägende Gestalten der frühen DDR-Literatur wie Becher, Brecht und Seghers stimmten mit der Parteiführung darin überein, daß die Literatur einen aktiven Beitrag zum sozialistischen Aufbau zu leisten habe und der künstlerische Anspruch zurückzustellen sei. Eine strikte Entgegensetzung von Partei und Schriftstellern verkennt im übrigen, daß in der Frühphase der DDR nicht wenige Autoren wichtige Partei- und Staatsämter bekleideten. Die sich auf ein marxistisch-leninistisches Weltbild und Geschichtsverständnis gründende Gemeinsamkeit blieb in der Regel selbst dann erhalten, wenn eifernde Kulturfunktionäre den Schriftstellern ihre holzschnittartigen Vorstellungen von sozialistischer Kunst aufzunötigen suchten. Die Darstellung wird zeigen, woran der Konsens zwischen SED und Schriftstellern schließlich zerbrach und warum der Affekt gegen die Moderne seine Antriebskraft einbüßte.

Gegenstand des *zweiten Abschnitts*, der den Zeitraum vom Beginn der siebziger Jahre bis zur Gegenwart umfaßt, ist das "Modernwerden" der DDR-Literatur und die Revision des Moderne-Bildes der SED. In diesen Jahren fand ein kulturpolitisches Umdenken statt, das sich in einem erweiterten Erbekonzept und einer breit angelegten literaturwissenschaftlichen Moderne- und Avantgarderezeption niederschlug. Die Emanzipation der Literatur vom Parteiauftrag - in Ansätzen bereits in den sechziger Jahren geschehen - hatte diesen Prozeß eingeleitet. Die DDR-Literatur verlor ihren direkten affirmativen Bezug zur Politik. Sie wurde zum Sprachrohr des Individuums, dessen Leiden am Bestehenden sie Ausdruck verlieh. Funktionswandel und thematische Verschiebungen bewirkten einen Anschluß an Schreibtechniken und ästhetische Verfahrensweisen der Moderne. Dieser von der Literaturgeschichtsschreibung und -kritik im Westen wiederholt festgestellte ästhetische Durchbruch hat tieferliegende soziale Ursachen, deren allgemeinster Ausdruck das Bewußtsein der Unzulänglichkeit des sozialistischen Transformationsversuchs ist.

Das Sozialismusprojekt der SED war in der zweiten Hälfte der sechziger Jahre trotz wirtschaftlicher und technisch-wissenschaftlicher Dynamik ins Stocken geraten und verlor seinen utopischen Schwung. Die von der Partei ausgegebene Formel vom Sozialismus als relativ selbständiger sozialökonomischer Formation, derzufolge dieser nicht mehr als zeitlich überschaubare Übergangsperiode zum Kommunismus zu verstehen sei, rückte die Verwirklichung des utopischen Ziels in weite Ferne. Unzufriedenheit mit dem gesellschaftlichen Status quo konnte nun nicht mehr mit Vertröstungen auf eine naheliegende lichtere Zukunft beschwichtigt werden. Nicht nur die ökonomische Rückständigkeit, sondern mehr noch die fehlenden demokratischen Strukturen in Politik und Gesellschaft wurden nun als ernste Defizite spürbar. Trotz ausgebliebener "politischer Modernisierung" (Ludz) und nicht erkennbarer neuer sozialer Qualität hatte die DDR-Gesellschaft an der Schwelle zu den siebziger Jahren jedoch ein hohes industriell-technisches Niveau aufzuweisen. Die Lebensverhältnisse ihrer Bürger glichen durchaus in vielen Aspekten denen in westlichen Industriegesellschaften. Die beginnende Normalisierung im Verhältnis zur Bundesrepublik und die weltweite staatliche Anerkennung der DDR erschwerten es zunehmend, sich westlichen kulturellen Einflüssen zu verschließen. Daß der Affekt gegen den "Modernismus" nachließ, wird aus diesem Bündel ästhetischer, gesellschaftlich-ökonomischer und sozialkultureller Faktoren zu erklären sein. Soziologische und literaturwissenschaftliche Analysemethoden greifen dabei ineinander.

Die Darstellung setzt mit der Untersuchung der kulturpolitischen Weichenstellung ein, die nach Honeckers Machtantritt in der DDR vorgenommen wurde. Es schließt sich die Frage an, welche Folgen der erweiterte Kulturbegriff für das

Verhältnis von E- und U-Kunst zeitigte. Der Rehabilitierung von Moderne und Avantgarde durch die Literaturwissenschaften ist das nächste Kapitel gewidmet. Am Beispiel der neueren Kafka-Rezeption soll der ästhetische Positionswechsel im einzelnen aufgezeigt werden. Eine dritte Untersuchungsebene neben Kulturpolitik und Literaturwissenschaft ist die Literatur, genauer: die Selbstverständnisdiskussion der Schriftsteller. Die Analyse poetologischer Positionen einzelner, der Moderne zugewandter Autoren dient dem Nachweis, daß von der Literatur die entscheidenden Denkanstöße und Impulse ausgingen, die einer Revision des offiziellen Moderne-Bildes schließlich den Weg ebneten.

2. Bisherige Untersuchungen zum Gegenstand

Mit dem weiteren Umfeld unserer Thematik befaßt sich eine Reihe von Darstellungen zur Geschichte der Kulturpolitik und Literatur in der DDR, die in den siebziger und frühen achtziger Jahren in der Bundesrepublik erschienen. Zu nennen sind vor allem die Untersuchungen von Hans-Dietrich Sander, Werner Brettschneider, Fritz J. Raddatz, Jost Hermand, Wolfram Schlenker, Hans Mayer, Heinrich Mohr, Wolfgang Emmerich und Manfred Jäger[1]. Der spezielle Aspekt des Umgangs mit der Moderne wird in diesen Arbeiten - mit Ausnahme der Studie von Hermand - nur fallweise thematisiert. Der ganze Umfang des Wandels im literarischen Traditionsverständnis, der sich in den siebziger und achtziger Jahren in der DDR vollzog, mußte noch unerörtert bleiben. Erst die später erschienenen Arbeiten von Emmerich, Alexander von Bormann, Antonia Grunenberg, Rüdiger Thomas und Horst Domdey gehen auf diese Entwicklungen ein[2].

1 Vgl. Hans-Dietrich Sander, *Geschichte der Schönen Literatur in der DDR*, Freiburg 1972; Werner Brettschneider, *Zwischen literarischer Autonomie und Staatsdienst. Die Literatur in der DDR*, Berlin 1972; Fritz J. Raddatz, *Traditionen und Tendenzen. Materialien zur Literatur der DDR*, Frankfurt a.M. 1972 (erw. Ausg. 1976); Jost Hermand, Das Gute-Neue und das Schlechte-Neue: Wandlungen der Modernismus-Debatte in der DDR seit 1956, in: *Literatur und Literaturtheorie in der DDR*, hrsg. v. P.U. Hohendahl und P. Herminghouse, Frankfurt a.M. 1976; Wolfram Schlenker, *Das "Kulturelle Erbe" in der DDR. Gesellschaftliche Entwicklung und Kulturpolitik 1945-1965*, Stuttgart 1977; Hans Mayer, Stationen der deutschen Literatur, in: *Frankfurter Allgemeine Zeitung*, 16. Juni 1979; Wolfgang Emmerich, *Kleine Literaturgeschichte der DDR*, Darmstadt/Neuwied 1981 (erw. Ausg. 1989); Heinrich Mohr, Entwicklungslinien der Literatur im geteilten Deutschland, in: *Jahrbuch zur Literatur in der DDR*, Bd. 1, hrsg. v. P.G. Klussmann und H. Mohr, Bonn 1980; Manfred Jäger, *Kultur und Politik in der DDR*, Köln 1982.

2 Vgl. Wolfgang Emmerich, Der verlorene Faden. Probleme des Erzählens in den siebziger Jahren, in: *Literatur der DDR in den siebziger Jahren*, hrsg. v. P.U. Hohendahl und P. Herminghouse, Frankfurt a.M. 1983; ders., Gleichzeitigkeit. Vormoderne, Moderne und Postmoderne in der Literatur der DDR, in: *Bestandsaufnahme Gegenwartsliteratur*, hrsg. v. H.L. Arnold, München 1988; Alexander von Bormann, Kulturelle Affinität oder Diskulturalität? Wechselwirkungen in der Literaturentwick-

Während Fritz J. Raddatz in der ersten Auflage seines Buches die "Partei-uti-
litas" als "akzeptiertes Bewegungsgesetz"[3] der Literatur in der DDR bezeichnete,
zugleich aber auch die Tendenz zur Ablösung des proklamierten Parteiauftrags
durch den "selbstgestellten politischen Auftrag"[4] hervorhob, konstatierte er in der
zweiten Auflage 1976 den Rückzug der DDR-Literatur in eine neue Innerlichkeit[5]. Aktueller Gegenstand der Literatur sei der leidende Mensch, die Entzwei-
ung von Staat und Individuum. Auch Werner Brettschneider sah Anfang der siebziger Jahre den Schriftsteller in der DDR zwischen "literarischer Autonomie und
Staatsdienst" angesiedelt. Was Raddatz mit seiner These der Zurückdrängung des
Brechtschen Einflusses in der Lyrik zugunsten desjenigen Erich Arendts als ein
Indiz für extremen Subjektbezug und künstlerische Autonomie genommen hatte,
entsprach bei Brettschneider dem Hinweis auf eine "vorsichtige Rezeption der
'westlichen Moderne'"[6].

Als erster westdeutscher Literaturwissenschaftler hat Hans-Dietrich Sander die
Emanzipation der Literatur vom Parteiauftrag als "Bewegungsgesetz" der DDR-
Literatur in den sechziger Jahren erkannt. Sander vertritt selbst konsequent den
Autonomieanspruch der Literatur gegen politische Verwendungsansprüche im
Sinne   der   Rede   Elisabeth   Langgässers   auf   dem   1.   Deutschen
Schriftstellerkongreß (1947). Literatur werde, so sagte sie damals, als Kunst
zerstört, wenn die Schriftsteller ihre Aufgabe nicht als Schriftsteller, sondern als
Politiker und Sozialisten wahrnähmen. Die strikte Parteinahme für eine Literatur,
die sich direkter politischer Instrumentalisierung versagt, verbindet sich bei
Sander mit scharfer antikommunistischer Polemik, die die Qualitäten seiner
Analyse nicht selten verdeckt. Wenn den Einzelurteilen Sanders auch nicht immer
beizupflichten ist, so ist doch seine "Geschichte der Schönen Literatur in der
DDR" auch heute noch eine wertvolle Quelle. In dieser Untersuchung wird
deshalb auf Sanders Arbeit häufiger Bezug genommen.

Charakteristisch für die Studien von Hermand, Schlenker und Emmerich
(1981), die als verschiedene Varianten einer sich materialistisch bzw. marxistisch
verstehenden Literaturbetrachtung gelten können, ist ihre dezidiert politisch-
funktionale Sichtweise. Jost Hermand nimmt die Position eines solidarischen
Kritikers der DDR ein, der den "Konservatismus" in der Kulturpolitik beklagt.
Er geht in seinen Überlegungen von der Prämisse aus, daß die DDR durch die

---

lung beider deutscher Staaten, in: *Aus Politik und Zeitgeschichte. Beilage zur Wochenzeitung Das Parlament*, 3. Oktober 1987, S. 15 ff.; Antonia Grunenberg, Entgrenzung und Selbstbeschränkung. Zur Literatur der DDR in den achtziger Jahren,
in: ebd., S. 3 ff.; Rüdiger Thomas, Kulturpolitik und Künstlerbewußtsein seit dem
VIII. Parteitag der SED, in: *Die DDR in der Ära Honecker*, hrsg. v. G.-J. Glaeßner,
Opladen 1988; Horst Domdey, Die DDR-Literatur als Literatur der Epochenillusion.
Zur Literaturgeschichtsschreibung der DDR-Literatur, in: *Deutschland Archiv*, Sonderband 1989, Köln 1989, S. 137 ff.
3 Raddatz, *Traditionen* (Anm. 1), Bd. I, S. 66.
4 Vgl. ebd.
5 Vgl. ebd., Bd. II, S. 703 f.
6 Brettschneider, *Autonomie* (Anm. 1), S. 36.

neu geschaffenen Produktionsverhältnisse eine historisch höhere Stufe gesellschaftlicher Entwicklung erreicht habe. Das sozialökonomisch Neue müsse folglich auch der Literatur seinen Stempel aufdrücken. Hermand billigt grundsätzlich
das Konzept des sozialistischen Realismus in seiner ästhetischen Frontstellung zur
bürgerlichen Moderne. Es scheint ihm allerdings unzulänglich fundiert zu sein.
Nicht seine Orientierung an der bürgerlichen Klassik sei geboten, sondern an der
eigenen sozialistischen Moderne von Heine bis Brecht. Für Hermand hat eine sozialistische Literatur im Sinne Brechts den gesellschaftlichen Kausalkomplex offenzulegen und eine revolutionäre Perspektive aufzuzeigen. Die bürgerliche Moderne begreift er ganz im Sinne Lukács' als Ausdruck gesellschaftlichen Still-
stands, der Krisenhaftigkeit und Perspektivlosigkeit der Verhältnisse in den kapitalistischen Ländern[7]. Die Prämisse, es existierten in der DDR "neue Arbeits-
formen", in denen sich "das Qualitativ-Überlegene der sozialistischen Gesellschaftsordnung gegenüber der bürgerlich-kapitalistischen"[8] manifestiere, auf die
Hermand sein Plädoyer für eine "wahrhaft sozialistische Literatur" stützt, kann
jedoch nicht überzeugen, ist sie doch Ergebnis einer lediglich theoretischen Her-
leitung, nicht aber Resultat konkreter historisch-sozialer Analyse. Auch der Hinweis auf die Dramatiker Volker Braun und Heiner Müller - Beispiele für ein
Schreiben in der Tradition der sozialistischen Moderne - trägt kaum, wenn Hermand gleichzeitig davor warnt, die avancierte DDR-Literatur möge nicht ins
"'Formalistische' im schlechten Sinne"[9] umkippen. Die weitere Entwicklung
Müllers und anderer DDR-Schriftsteller hat gezeigt, daß der Einfluß des westlichen "Modernismus" die Brechtsche Hinterlassenschaft zunehmend verdrängte.
Dies jedoch - wie es Hermand nahelegt - als Abirren vom richtigen Pfad einer sozialistischen Moderne zu verurteilen, heißt der Frage nach den Ursachen, d.h.
den gesellschaftlichen Befindlichkeiten des "realen Sozialismus", auszuweichen.
Es entspricht denn auch der Logik dieser Art von Literaturbetrachtung, das Au-
tonomwerden der Literatur als Verbürgerlichungstendenz zu kritisieren. Wenn
Hermand glaubt, eine sozialistische Moderne-Tradition konstruieren zu können
und dabei auf Heine und die Vormärz-Dichter verweist, fällt er hinter die Bestrebungen Brechts und Eislers zurück, sich die Moderne insgesamt anzueignen, um
ihr Formenarsenal für neue Zwecke zu nutzen. Auch Kafka, Beckett, Ionesco
können insofern, ja müssen aus dieser Sicht von sozialistisch engagierten Schriftstellern studiert werden, um künstlerisch auf der Höhe der Zeit zu sein.

Will Hermand durch seine Kritik des Klassikzentrismus in der DDR die Kulturpolitik darin bestärken, sich auf genuin sozialistische Literaturtraditionen zu
besinnen, so zielt Wolfram Schlenkers Kritik auf die politische Linie der Partei.
Er wirft der SED vor, daß sie keine wirklich revolutionäre Politik betreibe. Ihr

---

7 Vgl. Jost Hermand, Das Konzept "Avantgarde", in: Reinhold Grimm/Jost Hermand
   (Hrsg.), *Faschismus und Avantgarde*, Königstein 1980, S. 1-19.
8 Hermand, Wandlungen (Anm. 1), S. 95.
9 Ebd., S. 96. Vgl. auch die Ausführungen zu Ernst Schumacher unten, Teil II, Kap.
   3.

kulturelles Traditionsverständnis sei Resultat einer bürgerlichen Strukturen verhafteten Politik. Schlenker ist sich im Grundsätzlichen mit der SED einig: Die Literatur soll in den Dienst der Politik gestellt werden. Bei ihm ist es nur eine andere, eine "revolutionäre", Politik. Literarische Werke, die einen Hauch von Autonomie beanspruchen, zeiht er der Bürgerlichkeit. Schlenker verhandelt also die Literatur, ebenso wie die SED es tut, stets als Klassenfrage. Im Grunde geht es ihm weniger um die Literatur als um die Intellektuellen und deren Kontrolle durch die Arbeiterklasse, d.h. die Partei. Daß Schlenker und andere Kritiker von links sich in ihrem Bedürfnis, die Kunst unter Kuratel zu stellen, gern auf Brecht berufen, macht ihre Argumente nicht überzeugender. Brechts Theater war auf ein Publikum zugeschnitten, das zu revolutionärem Handeln befähigt werden sollte. Davon konnte in den vierziger und fünfziger Jahren in der SBZ/DDR kaum die Rede sein. Die Situation war nicht revolutionär, das Publikum eher passiv eingestellt und nicht zu "revolutionärer Tat" zu aktivieren. Das machte Brechts Lage so problematisch. Schlenker vermißt ähnlich wie Hermand in der DDR eine stärkere Orientierung an der proletarischen Literatur- und Kunsttradition. Die nach dem XX. Parteitag der KPdSU 1956 laut werdende Forderung nach mehr künstlerischer Qualität bewertet er als ein Bestreben, die speziellen Interessen der Intellektuellen durchzusetzen. Kunst solle wieder zu einem Tätigkeitsfeld für Spezialisten erklärt werden, "das Unbefugte und Unbedarfte nicht zu betreten haben und das sich außerdem einer politischen Beurteilung und Anleitung tendenziell entzieht"[10]. Was Autoren wie Sander und Jäger als Emanzipationsprozeß der Literatur gutheißen, beargwöhnen Schlenker und partiell auch Hermand als ein politisch unzulässiges Autonomiestreben.

Auch Wolfgang Emmerich nimmt in seiner "Kleinen Literaturgeschichte der DDR" eine kritische Haltung zu Modernitätserscheinungen in der DDR-Literatur ein, die auf Wiedergewinnung von Autonomie hindeuten. Emmerich geht von einer Position aus, die auf "der gesellschaftlichen Funktion der Literatur, auf der - unmittelbaren oder mittelbaren - Operationalität von Texten"[11] besteht. Charakteristisch ist denn auch die Vorliebe für eine als "proletarisch-revolutionär" bezeichnete Literaturtradition, die als "verwirklichter sozialistischer Realismus"[12] begriffen wird. Emmerich beklagt, daß die Schriftsteller Mitte der fünfziger Jahre vor eine falsche Alternative gestellt wurden, die mit Sozialismus wenig zu tun habe: "zwischen noch zunehmende Kontrolle durch Partei und Staat - oder

---

10 Schlenker, *Das "Kulturelle Erbe"* (Anm. 1), S. 139.
11 Emmerich, *Literaturgeschichte* (Anm. 1), S. 76. Ich beziehe mich hier auf die 1. Auflage 1981. Eine 5. erweiterte und bearbeitete Auflage erschien 1989. Sie schreibt die Literaturgeschichte bis zum Jahre 1988 fort und zeichnet sich durch eine veränderte Sichtweise aus, obgleich der alte Standpunkt in den nichtüberarbeiteten Passagen beibehalten wird. Um die Wandlung der Position Emmerichs zu skizzieren, wurden hier die Aufsätze "Probleme des Erzählens in den siebziger Jahren" (1983) und "Gleichzeitigkeit. Vormoderne, Moderne und Postmoderne in der Literatur der DDR" (1988) herangezogen (s. Anm. 2).
12 Ebd., S. 81.

einen Zugewinn an Autonomie, die sogenannte Liberalisierung"[13]. Er ist sich mit Hermand und Schlenker darin einig, daß sozialistische Literatur operativ zu sein habe, sozial-aktivierend und eingreifend, wenngleich nicht parteifromm, sondern dialektisch-kritisch. Brecht ist das unübertroffene Vorbild einer derartigen Vorstellung von sozialistischer Literatur. Eine Literatur, die sich operativen Zwecken entzieht und zum Hermetischen, Schwerverständlichen neigt, erhält dagegen den Stempel des Bürgerlichen.

Ich halte diese Position für unangemessen, da sie Literaturfragen vornehmlich politisch-funktional abhandelt und übersieht, daß das Hermetischwerden von Literatur nicht allein ins Belieben des Autors gestellt, sondern gesellschaftlich vermittelt ist. Die Rede von bürgerlicher und sozialistischer Literatur ordnet die Kunst soziologisch-politischen Kategorien zu, die von einer gewissen Kurzatmigkeit zeugen. Wenn noch vor Ablauf der Ära Honecker selbst der Verband Bildender Künstler der DDR sich veranlaßt sah, die Formulierung "Kunst im Sozialismus" in sein Statut aufzunehmen, so verriet dies die späte Erkenntnis, daß einer sozialistischen Gesellschaft eine Vielfalt von Kunstformen unterschiedlichster weltanschaulicher Provenienz durchaus anstehen würde[14].

Während Hermand glaubt, der sozialistische Charakter der DDR-Literatur sei durch die neuen Produktionsverhältnisse und Verkehrsformen und damit zusammenhängende spezifische Inhalte und Rezeptionsweisen gegeben, kommt Emmerich zu einer anderen Einschätzung. Die materielle Produktion und Reproduktion in der DDR sei "nicht wirklich sozialistisch organisiert", für eine nicht-bürgerliche Literatur fehle deshalb das gesellschaftliche Terrain. Emmerich verknüpft diese Überlegung mit der von Franz Fühmann Anfang der sechziger Jahre getroffenen Feststellung über die Fremdheit zwischen Schriftstellerexistenz und materieller Produktion. Angesichts dieser Situation sei es nicht verwunderlich, daß wieder eine "'Literatur der Individuen' (Heinrich Mohr)" entstehe. Was Emmerich mit Blick auf die sechziger Jahre als Anzeichen von Bürgerlichkeit in der Literatur der DDR beklagt, findet jedoch im Untersuchungskontext der siebziger Jahre als "neue Subjektivität" und Modernität seine Anerkennung.

Solche Unentschiedenheit deutet bereits den Standpunktwechsel an, der sich in den achtziger Jahren bei nicht wenigen Germanisten vollzieht, die das literarische Geschehen in der DDR beobachten und kommentieren. Von einer Kritik an der vermeintlichen "Bürgerlichkeit" bestimmter Erscheinungen in der DDR-Literatur ist kaum noch die Rede. Auch wird die "proletarisch-revolutionäre Literatur" der zwanziger Jahre nicht mehr als "verwirklichter sozialistischer Realismus" gegen die Literatur des "fatale(n) Mittelpunktsindividuum(s)" (Emmerich) als Beispiel für progressives Schreiben ins Feld geführt. Vielmehr ersetzen ästhetische Maßstäbe mehr und mehr die politischen, oder diese verändern sich radikal. Nicht nur die Literatur in der DDR, sondern auch ihre Kommentatoren und Interpreten

---

13 Ebd., S. 84.
14 Vgl. das Gespräch mit dem Vorstandsmitglied des Verbandes Bildender Künstler der
    DDR, Peter Pachnicke, in: *Sonntag*, 42. Jg. 1988, Nr. 47, S. 3.

emanzipieren sich von der Vorstellung, Literatur habe operativ zu sein und sich in den Dienst der Politik zu stellen. Das Paradigma einer proletarisch-revolutionären Literatur (Modell Brecht) wird durch das Paradigma der zivilisationskritischen Moderne abgelöst.

Dieser Standpunktwechsel wird in einem Aufsatz Emmerichs deutlich, der sich mit den "Probleme(n) des Erzählens in den siebziger Jahren" (1983) befaßt. Im Mittelpunkt der Betrachtung steht nicht das Spezifische einer "sozialistischen" Literatur, sondern eine globale Tendenz. Das in den Sozial- und Literaturwissenschaften in der Bundesrepublik neu geweckte Interesse an der Moderne, hervorgerufen durch das Aufkommen einer als Postmoderne firmierenden Strömung, findet nun auch in der Beschäftigung mit der DDR-Literatur seinen Niederschlag. Wenn Emmerich feststellt, die DDR-Prosa sei zwischen 1965 und 1980 in einem rapiden Entwicklungsprozeß "modern" geworden und habe dadurch Anschluß an die westliche Literatur gefunden, so überrascht an dieser Bemerkung nur, daß sie nicht schon früher getroffen wurde. Emmerich stellt dar, "wie die Erzählliteratur dieser Jahre aus der DDR einen Prozeß modifizierend wiederholt, der die (west-) europäische Erzählentwicklung zwischen ca. 1910 und 1930 kennzeichnet"[15]. Daß es so gekommen sei, signalisiere das vermutliche Scheitern eines gesellschaftlichen Aufbruchs. Diese These ist insofern konsequent, als sie an die früher vertretene Auffassung anschließt, allein eine "proletarisch-revolutionäre" oder operativ-sozialistische Literatur sei einer Politik des sozialistischen Aufbaus angemessen. Sie habe sich in der DDR nicht durchsetzen können, weil es den Bestrebungen, den Sozialismus aufzubauen, an Entschiedenheit fehlte. Wenn die Literatur damals ins Bürgerliche abglitt, so diese Auffassung, spiegelte dies nur den Niedergang einer Politik wider, die statt permanenter sozialistischer Umgestaltung die Herrschaftssicherung einer Bürokratie betrieb.

Emmerich konstatiert das Modernwerden der Literatur in der DDR nicht ohne ein gewisses Mißbehagen. Es bestehe kein Anlaß zu "geschmäcklerischer Befriedigung" über ihren Anschluß ans sogenannte Weltniveau. Im Unterschied zu Hermand freilich, der gegen die westlichen Modernevorstellungen polemisiert und sie durch eine sozialistische Modernekonzeption ersetzen will, macht sich Emmerich einen keineswegs pejorativ gemeinten Begriff von ästhetischer Moderne zu eigen, der an bestimmte literarisch-technische Verfahrensweisen gebunden ist, denen wiederum eine bestimmte Zeit- und Welterfahrung zugrundeliegt. Die Moderne, die nun schließlich auch in der DDR Einzug halte, sei im Unterschied zum orthodoxen marxistischen Denken fortschrittskritisch und weltanschaulich von der Dialektik der Aufklärung geprägt statt von einem teleologischen Geschichtsverständnis. Die Erfahrung der zerstörerischen, inhumanen Tendenzen industriegesellschaftlicher Verhältnisse, der erfahrene Sinn- und Kommunikationsverlust schlügen sich in der Kunst in einem radikalen Bruch mit den herkömmlichen Formen der Gestaltung nieder. Emmerich rückt nun deutlich von

---

15 Emmerich, Probleme (Anm. 2), S. 155.

seiner früheren Darstellung ab und stellt jetzt das Regressive des Versuchs heraus, in der DDR diesen gesellschaftlichen Prozeß mit seinen künstlerischen Folgeerscheinungen umzukehren und durch ein Gesellschafts- und Kunstmodell zu ersetzen, das auf den sicheren Fundamenten eines teleologischen Geschichtsdenkens ruht. "Und wie die Weltanschauung, so das Erzählen: geschlossen, fortschrittsgläubig, optimistisch, rundum positiv."[16] Dem geschlossenen Weltbild habe eine die Kunst anleitende Totalitäts- und Widerspiegelungstheorie entsprochen, die in dem Maße brüchig wurde, wie das Vertrauen in die gesellschaftliche Aufwärtsentwicklung schwand.

Emmerich sieht im "Übergang von geschlossenen, 'organischen' Verfahren ästhetischer Produktion zu offenen, technisch montierenden"[17] eine emanzipatorische Tendenz, die nicht als Dekadenz begriffen werden müsse. Hier ist zu fragen, ob die DDR-Literatur nicht Anfang der achtziger Jahre schon weiter fortgeschritten war, als Emmerich annimmt. Die "Dekadenz" hatte durchaus ihre Befürworter, wobei Dekadenz in dem Sinne zu verstehen ist, in dem Fühmann Trakl liest: als ein Zeugnis nicht lebbaren Lebens[18]. Zu Recht stellt Emmerich fest, daß die Aneignung modernistischer Darstellungsformen mit dem offiziellen Gebot, volkstümlich zu schreiben, unvereinbar ist. Die angestrebte Versöhnung von Realismus und Volkstümlichkeit sei in weite Ferne gerückt.

Die These von der "Gleichzeitigkeit" des Erzählens in Ost und West nimmt Emmerich in einer späteren Untersuchung wieder auf, einem theoretisch anspruchsvollen Versuch, die Literatur in der DDR mit Hilfe der Kategorien "Vormoderne", "Moderne" und "Postmoderne" "in sich" zu historisieren. Dieser Historisierungsversuch ist von der Postmoderne inspiriert, die auch in der DDR der achtziger Jahre Resonanz findet. Da mein Ansatz sich mit dem von Emmerich unternommenen Erklärungsversuch weitgehend deckt, seien hier vor allem die Differenzpunkte dargelegt.

Emmerich geht von einem Moderneverständnis aus, das ein Spannungsverhältnis zwischen Prozessen gesellschaftlicher Modernisierung und Gebilden ästhetischer Modernität behauptet. In dem Maße, in dem die kapitalistisch vorangetriebene gesellschaftliche Modernisierung die mit ihr einhergehenden Humanisierungshoffnungen enttäuschte, sei eine Kunst entstanden, die die Dissoziation von Subjekt und Gesellschaft zum Thema machte. Ästhetische Moderne sei "die mit künstlerischen Mitteln vollzogene Anverwandlung der allgemeinen Moderne im Stadium der Krise, in der Phase des Bewußtseins ihrer immanenten Pathologie"[19]. Emmerich unterscheidet drei Strömungen der ästhetischen Moderne: den Ästhetizismus, der den Lebensbezug meide; die Avantgardebewegungen, die Kunst und Leben miteinander zu verschmelzen suchten und eine vor allem im Roman sich artikulierende Richtung, die dem Leben zugleich zu- und abgewandt

---

16 Ebd., S. 158.
17 Ebd., S. 165.
18 Vgl. dazu ausführlich unten Kap. 4.2.
19 Emmerich, Gleichzeitigkeit (Anm. 2), S. 196.

sei (Beispiel: Musil). Allen drei Strömungen, die sich dem realistischen Mimesis-Prinzip versagten, sei das Festhalten an der Utopie gemeinsam, "in welcher pur ästhetischen, politischen oder anderen Form auch immer"[20]. Durch dieses Kriterium unterscheide sich die Moderne schließlich auch von der Postmoderne, die prinzipiell anti-utopisch orientiert sei.

Unter diesem Gliederungsgesichtspunkt ordnet Emmerich nun die Literatur in der DDR. In den fünfziger und frühen sechziger Jahren sei sie vorwiegend vormodern gewesen, in den späten sechziger und siebziger Jahren modern geworden und in den achtziger Jahren gebe es gar postmoderne Strömungen. So sehr einer Charakteristik im Rahmen des Denkschemas Vormoderne - Moderne - Postmoderne eine gewisse Plausibilität zuzusprechen ist[21], fehlt es Emmerichs Argumentation doch an Kohärenz. Insbesondere die Begründung für die als vormodern bezeichnete Literatur der fünfziger Jahre kann nicht überzeugen. Die DDR, heißt es, sei damals noch ein "vormodernes", wirtschaftlich und technisch rückständiges Land gewesen - ein Mangel, der modernistische Impulse geschwächt haben mag. Dieses Argument als Begründung für das Nichtvorhandensein einer ästhetischen Moderne wäre aber weniger gewichtig, wenn man bedenkt, daß diese sich - historisch betrachtet - auch in gesellschaftlichen Zentren (Wien, Petersburg) herausbildete, deren Umfeld ökonomisch eher schwach entwickelt war. Zudem ist die Annahme selbst fragwürdig, die DDR-Gesellschaft der fünfziger Jahre sei angesichts von Kriegsschäden, Reparationsleistungen und geschwächter wirtschaftlicher Leistungskraft "vormodern" gewesen. Das System bürokratischer Planung und die parteistaatliche Machtstruktur stellten wegen ihrer unzureichenden Rationalität zweifellos eine Modernisierungsbremse dar. Sie konnten das Land aber nicht in ein vormodernes Zeitalter zurückversetzen. Wie der Stand gesellschaftlicher Modernisierung auch immer gewesen sein mag - daß der Boden für eine ästhetische Moderne vorhanden war, beweist nicht zuletzt die Nachkriegsentwicklung in der bildenden Kunst[22].

Ein weiterer von Emmerich genannter Grund für das Ausbleiben der ästhetischen Moderne muß hingegen als entscheidend angesehen werden: die, wie er sagt, "vormodernen Regulative" der Kulturpolitik, die eine andere Kunst als eine realistischen bzw. sozialistisch-realistischen Zuschnitts nicht zuließen. In der Literatur waren die Vertreter der Moderne im Unterschied zur bildenden Kunst außerdem von vornherein in der Minderheit. Wer, aus der Emigration kommend, sich in der SBZ/DDR niederließ, wollte durch sein Schreiben einen Beitrag zum

---

20 Ebd., S. 197.
21 Vgl. den jüngst erschienenen Beitrag von Bernd Hüppauf, Moral oder Sprache. DDR-Literatur vor der Moderne, in: *Literatur in der DDR. Rückblicke*, hrsg. v. Heinz-Ludwig Arnold u. Frauke Meyer-Gosau (*Text + Kritik*, Sonderband), München 1991, S. 220-231.
22 Auf der "Allgemeinen Deutschen Kunstausstellung" in Dresden (1946) nahm die klassische Moderne einen wichtigen Platz ein. Vgl. Kurt Winkler, Allgemeine Deutsche Kunstausstellung, in: *Stationen der Moderne*, Berlinische Galerie, Berlin 1988, S. 353-359.

sozialistischen Aufbau leisten. Das schloß ein elitäres Literaturkonzept aus. Ein Parteigänger des Kommunismus *und* der Moderne wie Brecht war vielmehr um eine Synthese von Realismus und Moderne bemüht. Hier stellt sich die Frage, ob Brechts politische Intentionen der Modernität seiner späten Werke nicht Abbruch tun. Emmerich übergeht diese Problematik, wenn er in seinem weitgespannten Modernebegriff radikale Fortschrittsskepsis und teleologisches, fortschrittsorientiertes Geschichtsdenken, also absolut gegensätzliche Positionen, konfundiert.

Über die marxistisch orientierten Avantgardisten heißt es, sie seien "bei aller Kritik an der Pathologie der Moderne in ihrer Modernisierungseuphorie kaum zu überbieten"[23]. In der Tat ist zu fragen, ob sich bei den in diesem Zusammenhang genannten Autoren Brecht, Majakowski und Tretjakow nicht von einer genuin sozialistischen Moderne sprechen läßt, deren ästhetisches Modernitätsbewußtsein ein affirmatives Verhältnis zur gesellschaftlichen Modernisierung auf nichtkapitalistischer Grundlage einschließt. Dies unterscheidet sie grundsätzlich von der Modernität Baudelaires, Joyces, Kafkas, Becketts u.a. Der springende Punkt ist, daß Emmerich eine ästhetische Moderne ohne ein Festhalten an der Utopie nicht denken kann. Was darunter in ästhetischen Gebilden zu verstehen ist, bleibt jedoch unklar. Das zeigt sich in seiner Beurteilung der neueren DDR-Literatur. Die in den siebziger Jahren einsetzende, sich in den achtziger Jahren verstärkende Desillusionierung über die Zukunftschancen des sozialistischen Projekts und das Bewußtsein einer durch Atomkrieg und ökologische Katastrophen drohenden Gefahr habe das utopische Denken vieler DDR-Schriftsteller auf einen kargen Rest zusammenschmelzen lassen. Den Dramatiker Heiner Müller zitierend, konstatiert Emmerich, daß die Utopie in die ästhetische Produktion selbst eingewandert sei, eine Position, die der Adornos nahekommt. Wenn es sich jedoch so verhält, daß allein das Festhalten am künstlerischen Ausdruck ein utopisches Moment bewahren hilft, dieses aber nicht mehr als real-utopisch entschlüsselbar ist, wird es zur Frage der Interpretation, ob das Kunstwerk als aufrüttelnder Appell oder als resignatives Sich-Abfinden mit dem Gegebenen zu verstehen ist[24]. Dies gilt im

---

23 Emmerich, Gleichzeitigkeit (Anm. 2), S. 197.
24 Vgl. z.B. die der Lukácsschen Lesart völlig entgegengesetzte Kafka-Interpretation des "Wunschproletariers" bei Peter Weiß: "In der Realismusdebatte war Kafka als dekadent abgefertigt worden. Doch damit hatte man sich verschlossen vor seinem gesteigerten Wirklichkeitsbild, in dem der Mangel an Aufruhr, das emsige Kreisen um Nichtigkeiten, das schauerliche Fehlen von Einsichten uns vor die Frage stellte, warum wir denn immer noch nicht eingegriffen hatten, um die Mißstände ein für alle Mal zu beseitigen. Was in Kafkas Buch zu lesen war, versetzte mich nicht in Hoffnungslosigkeit, sondern beschämte mich." Peter Weiß, *Die Ästhetik des Widerstands*, Frankfurt a.M. 1983, S. 177. Ein anderes Beispiel sind die Bekkett-Interpretation Theodor W. Adornos, der die Texte als Chiffren unserer Epoche deutet, und eine von Peter Bürger demonstrierte "postmoderne" Lesart, die den Wirklichkeitsbezug tilgt. Vgl. Peter Bürger, Das Verschwinden der Bedeutung. Versuch einer postmodernen Lektüre von Michel Tournier, Botho Strauß und Peter Handke, in: *'Postmoderne' oder Der Kampf um die Zukunft*, hrsg. v. P. Kemper, Frankfurt a.M. 1988, S. 301 ff. Zur doppelten Lesart Kafkas im Kontext der Moderne oder Postmoderne vgl. Klaus R. Scherpe, Dramatisierung und Entdramatisierung des Untergangs

Prinzip auch für die Literatur junger Autoren in der DDR, über die wir erfahren, sie teilten "mit der westlichen 'Postmoderne' die entdramatisierte, antiutopische, voyeuristische Haltung der gelassenen Hilflosigkeit gegenüber der allerorten in Gang befindlichen Katastrophe"25. Die mangelnde Trennschärfe der Begriffe "Moderne" und "Postmoderne", einerseits zur Charakterisierung von politisch-philosophischen Orientierungen (Utopie versus Utopieverlust), andererseits zur Bezeichnung ästhetischer Positionen (Preisgabe des Mimesisprinzips versus Vielfalt der Stilmittel) gebraucht, wird deutlich in der Formulierung: "Moderne und postmoderne Haltungen, besser: Stimmungen, gehen durch ein und dieselbe Person hindurch."26 Emmerich benennt hier das Dilemma des Literaturhistorikers, der sich auf Begriffe verwiesen sieht, die Stimmungen bezeichnen, gleichwohl aber geeignet sein sollen, literarische Epochen, Poetologien und geschichtsphilosophische Positionen voneinander abzugrenzen.

3. Aspekte der Modernität und Probleme ihrer Rezeption in der DDR

Die in Emmerichs Ansatz sichtbar gewordenen Aporien des Modernebegriffs werden sich auch in dieser Arbeit nicht vermeiden lassen. In ihr geht es allerdings weniger darum, einen geschichts- und kunstphilosophisch ausgewiesenen Modernebegriff auf die DDR-Literatur zu applizieren, als vielmehr das Subversive, schwer Integrierbare einer Kunst zu bezeichnen, die dem politischen Verwendungsanspruch der Partei ihren strikten Autonomieanspruch entgegensetzt. Die Modernität der DDR-Literatur drückt sich nicht nur in spezifischen ästhetischen Verfahrensweisen und weltanschaulichen Gehalten aus, die von einer Realismustheorie á la Lukács perhorresziert werden, sondern auch in ihrem Bestreben, den vorgegebenen institutionellen Rahmen zu sprengen.

Rüdiger Thomas hat im Hinblick auf die jüngste, innovationsfreudige Künstlergeneration, die ihre Werke abseits des institutionalisierten Kulturbetriebs verbreitete, von der Entstehung einer autonomen Kultur gesprochen27. Das Autonomiestreben der jungen Künstler richte sich auf neue Ausdrucks- und Kommunikationsformen, einen neuen Umgang mit dem Medium der Literatur: der Spra-

---

- zum ästhetischen Bewußtsein von Moderne und Postmoderne, in: Andreas Huyssen/Klaus R. Scherpe (Hrsg.), *Postmoderne. Zeichen eines kulturellen Wandels*, Reinbek 1986, S. 283.
25 Emmerich, Gleichzeitigkeit, S. 209. Wenn man mit Adorno an der Vorstellung eines Überdauerns der Utopie im Kunstwerk selbst festhält, ist allerdings nicht einsichtig, warum letzteres nicht auch für die Werke der Jüngeren zutreffen soll.
26 Ebd.
27 Vgl. Thomas, Kulturpolitik (Anm. 2), S. 603 ff.; vgl. auch v. Bormann, Kulturelle Affinität, und Grunenberg, Entgrenzung (Anm. 2).

che. Der selbstgeschaffene organisatorische Rahmen für die Verbreitung von Literatur, die fehlende Anbindung an die offiziellen staatlichen Institutionen, ist zweifellos ein Novum, ebenso die Versuche, verschiedene künstlerische Medien miteinander zu verbinden sowie der Verzicht auf Breitenwirkung. Die Abschirmung der ästhetischen Sphäre gegen politische Verwendungsansprüche der Herrschenden ist allerdings nicht neu, sondern ein bis in die sechziger Jahre zurückzuverfolgender Prozeß. Was damals als Emanzipation der Literatur vom Parteiauftrag vor sich ging, brachte zwar noch keine institutionelle Autonomie. Sie vollzog sich vor allem als Befreiung vom herrschenden ästhetischen Kanon[28]. Doch war sie die Vorbedingung für die spätere Entwicklung. Die Literatur der achtziger Jahre zielte auf institutionelle Unabhängigkeit: Abschaffung der Zensur, Selbständigkeit der Verlage lauteten einige ihrer Forderungen[29]. Der sprachexperimentelle Gestus junger Autoren radikalisierte den Emanzipationsanspruch der Älteren. Sascha Anderson, einer der jungen Lyriker, nennt es pointiert "ästhetische Politisierung"[30]. Ästhetische Emanzipation und institutionelles Autonomiestreben der Schriftsteller sind nicht mehr voneinander zu trennen. Hierin, so meine These, ist der entscheidende Aspekt der Modernität der DDR-Literatur zu sehen.

Daß sich der literarische Bereich in seiner Eigendynamik entfaltete, hatte tieferliegende gesellschaftliche Ursachen. In der DDR kam in den sechziger Jahren ein Prozeß in Gang, den soziologische Beobachter als "partielle Modernisierung" beschrieben haben. Peter Ch. Ludz hat diesen von Dietrich Rüschemeyer geprägten Begriff in die Untersuchung des politischen und sozialen Systems der DDR eingeführt. Er bezeichnet einen "Prozeß des Wandels", "der zur Institutionalisierung relativ moderner Sozialformen neben erheblich weniger modernen Strukturen in ein und derselben Gesellschaft"[31] führt. Partiell sei die Modernisierung in der DDR insoweit, als den Differenzierungs- und Rationalisierungsprozessen Tendenzen zur Entdifferenzierung entgegenwirkten. Entdifferenzierung nennt Ludz "den Anspruch auf gesellschaftliche Durchsetzung totalitärer oder autoritärer politisch-ideologischer Orientierungs- und Einstellungsmuster, den immer wieder neu bekräftigten Führungsanspruch eines einzigen Teilsystems"[32].

---

28 Zur Unterscheidung von literarischer Emanzipation und Autonomie vgl. Ferenc Fehér, Der Pyrrhussieg der Kunst im Kampf um ihre Befreiung. Bemerkungen zum postmodernen Intermezzo, in: *Postmoderne: Alltag, Allegorie und Avantgarde*, hrsg. v. Ch. u. P. Bürger, Frankfurt a.M. 1987, S. 14 ff. Vgl. auch unten Teil II, Kap. 3.

29 Vgl. die Reden von Christoph Hein und Günter de Bruyn auf dem 10. Schriftstellerkongreß 1987. Mit Beginn des Jahres 1989 trat eine "Änderung des Verfahrens zur Erteilung einer Druckgenehmigung" in Kraft. Seitdem brauchten die Verlage den Zensurbehörden nur noch die Titel der zur Veröffentlichung vorgesehenen Texte mitzuteilen. Vgl. Uwe Wittstock, Frühlingsstück. Beobachtungen auf der Leipziger Buchmesse, in: *Frankfurter Allgemeine Zeitung* v. 17. 3. 1989.

30 Sascha Anderson, Ich rede von Deutschland, in: *Frankfurter Allgemeine Zeitung* v. 12. 2. 1988, S. 29. Zur Funktionalisierung ästhetischer Autonomiebestrebungen durch das Ministerium für Staatssicherheit s. unten Teil II, Kap. 4 (Nachbemerkung).

31 Peter Ch. Ludz, *Mechanismen der Herrschaftssicherung*, München 1980, S. 58.

32 Ebd., S. 60 f.

In diesem Sinne sei das politische System der DDR noch durch "vormoderne" Strukturmuster geprägt. Ludz spricht in diesem Zusammenhang von vormodernen Wertorientierungen, von einem "Rückgriff auf konservative, das heißt historisch zurückliegende Einstellungsweisen und Orientierungsmuster als Reaktion auf Herausforderungen des Modernisierungsdrucks"[33]. Er meint ferner, daß die Betonung der nationalen Einmaligkeit des durchgesetzten Wandels unter Inanspruchnahme eines klassizistisch verklärten "kulturellen Erbes" als Modernisierungsbremse in Wissenschaft und Kunst eingesetzt worden sei. Ein weiteres Indiz für partielle Modernisierung sei demnach die von der politischen Elite betriebene Stabilisierung ihrer Macht durch Traditionspflege. Sie gehe inzwischen weit über das Erbe der Klassik hinaus und werde auf die klassische Moderne ausgedehnt.

Zu fragen ist, ob nicht entgegen der Annahme von Ludz Legitimation von Herrschaft durch die Aufwertung der Tradition der ästhetischen Moderne unkalkulierbare Risiken für das Herrschaftsgefüge mit sich brachte, wurde damit doch eine Kunsttradition gesellschaftsfähig, die einem modernen Begriff von Kultur angehört, fußend auf "Vielfalt, Vielschichtigkeit und dynamisch fortschreitender Verschiedenartigkeit"[34]. Unbestritten dürfte sein, daß die Emanzipations- und Autonomiebestrebungen in Literatur und Kunst Hinweis darauf sind, daß die kulturelle Sphäre in den achtziger Jahren ein, wenn auch beschränktes, Eigenleben gewonnen hat[35]. Künstlerische Differenzierung, die zugleich die Chance, wenn nicht die Notwendigkeit zu einer relativen Autonomie des Künstlers einschloß, zu verhindern, war hingegen der Impetus antimodernistischer Kampagnen der Vergangenheit. Wenngleich das machtstabilisierende Interesse der SED bei der Rehabilitierung der Moderne und Avantgarde eine wichtige Rolle gespielt haben mag, sollte die Eigendynamik einer entfesselten ästhetischen Moderne in der DDR-Kunst selbst nicht übersehen werden. Ihr wurde durch Aufkündigung des ehemals geltenden antimodernistischen Verdikts die künstlerische Legitimation zuteil.

Ich will versuchen, die Moderne-Rezeption in der DDR durch Bezugnahme auf die westliche Diskussion in ihrer Problematik genauer zu umreißen. Ich beziehe mich zunächst auf Jürgen Habermas' philosophisch-soziologische Reflexionen zur Moderne. Habermas unterscheidet grundsätzlich zwischen gesellschaftlicher Modernisierung und kultureller Moderne. Ausgangspunkt seiner begrifflichen Überlegungen sind Hegels Prinzip der Subjektivität und Max Webers These von der okzidentalen Rationalisierung. Produkt des von Weber so bezeichneten

---

33 Ebd., S. 61.
34 Ebd., S. 63.
35 Hans-Peter Krüger spricht in diesem Zusammenhang von "funktionale(n) Autonomien spezieller Handlungsbereiche" als Folge des Dominanzverlustes der parteistaatlichen Monopolstruktur, wobei die alte Ordnung zwar noch formell mitgetragen, informell aber unterlaufen wurde. Vgl. H.-P. Krüger, Eine Krake im Kampf mit sich selbst. War die DDR der siebziger und achtziger Jahre noch ein totalitärer Staat?, in: *Frankfurter Allgemeine Zeitung* v. 13. 6. 1991, S. 35.

"Entzauberungs"-Prozesses sei die Ausdifferenzierung des kulturellen Bereichs in der bürgerlichen Gesellschaft, in dem die modernen Erfahrungswissenschaften, die autonom gewordenen Künste und die auf Prinzipien gründenden Moral- und Rechtslehren gesonderte Sphären herausbilden, die eigenen Gesetzmäßigkeiten folgen. Habermas spricht jeder dieser Sphären ein spezifisches Vernunftmoment zu. So will er auch den "Eigensinn" der avantgardistischen Kunst nicht als etwas Irrationales verstanden wissen. Eine solche Vereinseitigung der Impulse der Moderne sei Nietzsche anzulasten, weil er das Vernunftmoment der avantgardistischen Kunst aus dem Zusammenhang mit theoretischer und praktischer Vernunft löste und im metaphysisch überhöhten Irrationalen aufgehen ließ[36]. Habermas will demgegenüber die ästhetische Moderne als Teil eines Gesamtprojekts der kulturellen Moderne verstanden wissen. In ihrer Gesinnung - der Verherrlichung der Aktualität, dem Aufsprengen des Kontinuums der Geschichte, der Auflehnung gegen Normierungsleistungen von Tradition, der Neutralisierung des moralisch Guten und des praktisch Nützlichen - sieht Habermas das Hegelsche Prinzip der Subjektivität als expressive Selbstverwirklichung Gestalt annehmen. Des dieser Gesinnung innewohnenden Vernunftmoments glaubt er im "Glücksversprechen" (*promesse du bonheur*), das die moderne Kunst mit sich führe, habhaft zu werden, wenngleich sich die Utopie bereits bei Baudelaire "zur kritischen Widerspiegelung der Unversöhntheit der sozialen Welt"[37] verkehrt habe. Schließt man sich Habermas' Konzeption der ästhetischen Moderne an, so hätte man bereits einen Maßstab gewonnen, um zu zeigen, daß für Anhänger des marxistisch-leninistischen Fortschrittsbegriffs eine Kunst ohne gestaltete Perspektive schlechthin "negativ" sein muß.

Es läßt sich jedoch auch eine radikalere Variante von ästhetischer Subjektivität denken. Die Schwäche der Habermasschen Argumentation liegt darin, daß er das Vernunftmoment der ästhetischen Moderne in der Erfahrung des Künstlers selbst nicht mehr verorten kann. Er verlegt es in den Akt der Rezeption, da das "kritische Vermögen der Wertschätzung"[38] im Verfahren argumentativer Begründung noch mit objektivierender Erkenntnis und moralischer Einsicht zusammenhänge. So gesehen, bleibt es der Interpretation vorbehalten, ob z.B. den Werken Kafkas oder Becketts ein utopisches Moment eingeschrieben ist. Zu fragen ist, ob nicht das, was Habermas Nietzsche anlastet, nämlich das Herausbrechen des Ästhetischen aus dem Zusammenhang von theoretischer und praktischer Vernunft, überhaupt erst die Problematik der modernen Kunst beleuchtet.

Gegen Habermas' Entschärfung des Problems richtet sich denn auch die Polemik Karl-Heinz Bohrers. Bohrer wendet sich gegen die Behauptung, die Moderne sei durch das Erbe von Rationalismus und Aufklärung definiert. Vielmehr sei auf

---

36 Vgl. Jürgen Habermas, *Der philosophische Diskurs der Moderne*, Frankfurt a.M. 1985, S. 117.
37 Jürgen Habermas, Die Moderne - ein unvollendetes Projekt, in: ders., *Kleine Politische Schriften* (I-IV), Frankfurt a.M. 1981, S. 457.
38 Habermas, *Diskurs* (Anm. 36), S. 119.

ihrem doppelten, janusköpfigen Ursprung zu bestehen: Aufklärung und Romantik, Teleologie und Zerstörung. Moderne schließe Innovation im technisch-ökonomisch-politischen Sinne wie radikale Subjektphantasie mit ihren künstlerischen Formäquivalenten ein. Bohrers Kritik gilt einer geschichtsphilosophischen Vereinnahmung des Moderne-Projekts. Er setzt diesem Versuch einen Begriff ästhetischer Subjektivität entgegen, der in der Romantik wurzelt. Charakteristisch für seine Fassung des Begriffs der Subjektivität ist sein prinzipiell anti-utopischer Impetus. Wenn ästhetische Subjektivität wie bei Habermas als "Widerspiegelung der Unversöhntheit der sozialen Welt" begriffen werde, so käme dies einer funktionalistischen Abwertung des imaginären Bewußt-seins des Künstlers gleich. Was Bohrer über Baudelaire ausführt, trifft in zeitlich-historischer Abwandlung auch auf Kafka und Beckett zu: "Der 'Ennui' Baudelaires ist nicht bloß als Reaktion auf eine gesellschaftliche Negativität, d.h. als kritisches, an einer 'Idee' orientiertes Bewußtsein zu deuten. Vielmehr handelt es sich um das imaginative Potential des kreativen Dichters, der 'träumt'."[39] Im Traum, im "ennui", verschließe sich die moderne Imagination gegenüber der Welt der rationalen Diskurse. Dieser ästhetische Sachverhalt bezeuge, daß "der moderne Subjektbegriff sich nicht einseitig seiner Hegelschen Vernunftbestimmung verdankt, sondern auch jenseits dieser Vernunft angesiedelt sein kann"[40].

Tilgt man das Utopische aus dem Verweisungszusammenhang der ästhetischen Moderne, so begibt man sich eines ideologiekritischen Verfahrens, "daß nämlich der in der entfremdeten Gesellschaft neurotisch erkrankte bürgerliche Schriftsteller noch im ästhetischen Grauen den Vorschein einer besseren Wirklichkeit zeige"[41]. Die Struktur des imaginativen Bewußtseins ist vielmehr - folgt man Bohrer - auf die Darstellung des Abgründigen und Amoralischen angelegt. Moderne - ästhetisch verstanden - ist kein soziales Projekt mehr, "sondern ein geistiger Zustand, den man annimmt oder ablehnt: als Theorie der Trauer"[42]. Erst wenn die Kunst der Moderne als "Gegeninstitution"[43] zu den Sphären von Wissenschaft und Moral begriffen und das ekstatische Moment der ästhetischen Erfahrung nicht zugleich als real-utopisches gedeutet wird[44], läßt sich das ganze Ausmaß ihrer provozierenden Wirkung auf Verfechter rationalistischer Kunstkonzepte ermessen.

Die von Bohrer beschworene extreme Subjektphantasie der "poètes maudits", die das "Böse" in ihren Dichtungen imaginieren, beschreibt ein Äußerstes an äs-

---

39 Karl-Heinz Bohrer, Nach der Natur. Ansicht einer Moderne jenseits der Utopie, in: *Merkur*, 41.Jg. 1987, H. 8, S. 640.
40 Ebd., S. 641.
41 Karl-Heinz Bohrer, Das Böse - eine ästhetische Kategorie?, in: *Merkur*, 39. Jg. 1985, H. 6, S. 645.
42 Bohrer, Natur (Anm. 39), S. 645.
43 Peter Bürger, *Prosa der Moderne*, Frankfurt a.M. 1988, S. 17.
44 Vgl. Albrecht Wellmer, *Zur Dialektik von Moderne und Postmoderne*, Frankfurt a.M. 1985, S. 26. Vgl. auch die Habermas-Kritik von Gudrun Klatt, Moderne und Postmoderne im Streit zwischen Jean-François Lyotard und Jürgen Habermas, in: *Weimarer Beiträge*, 35. Jg. 1989, H. 2, S. 283 ff.

thetischer Autonomie, das sich dem Gesellschaftlichen entgegenstellt, und irritierte bis in die letzten Jahre der Honecker-Ära diejenigen, die darüber befanden, was in der DDR an Modernität zulässig war. Für die kulturpolitische Auseinandersetzung mit der Moderne war nicht zuletzt entscheidend, wieviel Phantasie Literaturwissenschaft und -kritik aufbrachten, um dieser Literatur einen Rest an "Humanität" abzugewinnen. Daß sie dabei mit der eigenen Moderne mehr Schwierigkeiten hatten als mit der bereits klassisch gewordenen der Vergangenheit, ist nur allzu verständlich. Die vorliegende Untersuchung will belegen, daß nach den Schriftstellern schließlich auch die Literaturwissenschaftler keine Mühen scheuten, die letzten ideologischen Bastionen zu schleifen, die der Adaptierung der ästhetischen Moderne noch entgegenstanden[45]. Ehe ich mich jedoch dem neuesten Kapitel der Moderne-Auseinandersetzung zuwende, werde ich zeigen, welche Energien die SED in den ersten Nachkriegsjahrzehnten darauf verwandte, das in der Endphase als "literarisches Erbe" Verharmloste auf bedenkliche Weise ernstzunehmen. Dabei griff sie auf das Konzept des sozialistischen Realismus zurück, dessen Grundzüge und Frontstellung gegen die Moderne im folgenden Kapitel dargestellt werden.

---

45 Das Bemühen um Grenzerweiterung hat, wie der Schriftsteller Uwe Grüning vermerkt, auch seine problematische Seite: "Es galt, durch geschickte Nachworte und Gutachten das für die DDR tolerierbar zu machen, was lange verboten war. Das führte dazu, daß man seine Kraft nicht auf originäres Denken richtete, sondern auf die Publizierbarkeit des bereits Gedachten." Uwe Grüning, In Bedrängnis, in: *Die politische Meinung*, 38. Jg. 1991, H. 254, S. 94.

I. Der Affekt gegen die Moderne als Konstitutionsproblem sozialistischer Kulturpolitik (1945-1970)

1. Sozialistischer Realismus contra Moderne. Zum Konzept einer Fundierung von Ästhetik auf Politik

Liest man Erich Honeckers Rede, die er auf dem XI. Parteitag der SED 1986 gehalten hat, so kann leicht der Eindruck entstehen, die Vorstellungen der Partei von der Rolle der Kunst und Literatur wären über vierzig Jahre hinweg grundsätzlich die gleichen geblieben. Den diesem Gegenstand gewidmeten Teil seines Rechenschaftsberichts leitete Honecker rituell mit der Feststellung ein, daß die Werte und Ideale des Sozialismus - Friedensengagement, sozialistische Heimatliebe, proletarischer Internationalismus, Freundschaft mit der Sowjetunion und antiimperialistische Solidarität - die kulturellen Leistungen auf den verschiedensten Gebieten nachhaltig bestimmten. Die Kunst leiste einen "unersetzbaren Beitrag zur Persönlichkeitsentwicklung und zur gesellschaftlichen Verständigung über Hauptfragen des menschlichen Zusammenlebens im Sozialismus, über Sinn und Wert des Lebens in unserer Zeit"[1]. Die Partei wisse - so fügte Honecker hinzu - die ästhetische Eigenart und Wirkungsweise der Künste zu berücksichtigen.

Konnte man diese Bemerkung noch so verstehen, als werde den Künsten ein gewisses Eigenleben zugestanden, um ihre gesellschaftliche Verständigungsfunktion zu erfüllen, so waren die folgenden Aussagen eher geeignet, den scheinbar gewährten Handlungsspielraum durch einengende Richtlinien zu begrenzen. "Unser Leben verlangt eine sozialistisch-realistische Literatur und Kunst, die von Parteilichkeit, Volksverbundenheit und hohem sozialistischem Ideengehalt gekennzeichnet ist und den Werktätigen neue Anregungen für ihr Denken, Fühlen und Handeln vermittelt. In diesem Zusammenhang sei bekräftigt, daß Kunstwerke gebraucht werden, die den Sozialismus stärken, die Größe und Schönheit des oft unter Schwierigkeiten Erreichten bewußt machen, Kunstwerke, in deren Mittelpunkt der aktive, geschichtsgestaltende Mensch steht, ohne dessen Tatkraft die neue Gesellschaft nicht möglich wäre."[2]

Was Honecker hier vortrug, sind die bekannten Grundsätze des sozialistischen Realismus, die Anfang der dreißiger Jahre in der Sowjetunion proklamiert und in der Folge zum Inbegriff marxistisch-leninistischer Kunstvorstellungen wurden[3]. Nuancen und Differenzierungen kamen hinzu. Die Partei hielt sich seit Beginn

---

1 *Protokoll der Verhandlungen des XI. Parteitages der Sozialistischen Einheitspartei Deutschlands*, Berlin/DDR 1986, S. 83.
2 Ebd.
3 Zur Entstehungsgeschichte des sozialistischen Realismus vgl. unten Teil I, Kap. 2.1.

der siebziger Jahre mit Reglementierungen zurück und gestand den Künstlern die "eigene Handschrift" zu. "Weite und Vielfalt" der Inhalte und Gestaltungsweisen des sozialistischen Realismus wurden zu gängigen Parolen der Kulturpolitik in der Ära Honecker. Der Anspruch auf Parteilichkeit, Volksverbundenheit und sozialistischen Ideengehalt blieb jedoch ebenso erhalten wie die Forderung nach Geschichtsoptimismus und Perspektive. Für die Partei war die Kunst nach wie vor eine "Waffe im Kampf für den gesellschaftlichen Fortschritt"[4]. Das setzte, wie Honecker erklärte, einen festen Standort voraus: "Die Position eines Beobachters oder Kritikers unserer Gesellschaft kann dem nicht gerecht werden. Der Verantwortung eines sozialistischen Kunstschaffenden entspricht allein die Position des aktiven Mitkämpfers, des leidenschaftlichen Mitstreiters, der die Ideen des Friedens und des Sozialismus mit seinen Mitteln in die Massen trägt."[5] Honecker wußte jedoch, daß die Zeit ständiger Bevormundungen vorbei war und warb um das Vertrauen, appellierte an das Verantwortungsbewußtsein der "Kunstschaffenden".

Aus Honeckers Parteitagsrede geht zweifelsfrei hervor, daß die SED auch Mitte der achtziger Jahre nicht daran dachte, auf ihre Richtlinienkompetenz in der Kunst zu verzichten. Galt Kunst als Waffe im Klassenkampf, dann konnte die Partei es nicht zulassen, daß diese Waffe stumpf wurde. Zwar verkannte man nicht, daß Kunst und Literatur ihren eigenen Gesetzen folgen. Sie blieben jedoch den von der Partei erkannten und in politische Regie genommenen gesellschaftlichen Gesetzmäßigkeiten, den Gesetzmäßigkeiten des Klassenkampfs und des sozialistischen Fortschritts, untergeordnet. Falls die Künstler dies nicht verstehen wollten, hatte die Partei die Pflicht, sie nachdrücklich darauf hinzuweisen. Das kulturpolitische Konzept der SED sah für die Künstler die Rolle von Verbündeten der Arbeiterklasse vor, deren Bündnispflicht darin bestand, künstlerisch zu unterstützen, was die Partei als politisch-ideologische Rolle für sich in Anspruch nahm: das sozialistische Bewußtsein in die Massen zu tragen. Aus der Sicht der Partei hatte die Kunst ihre spezifischen Mittel der ideologischen Funktion unterzuordnen. Die Formel des sozialistischen Realismus ist Ausdruck dieses Sachverhalts: der Fundierung von Ästhetik auf Politik[6]. "Unser Leben verlangt eine so-

---

4 *Protokoll* (Anm. 1), S. 84.
5 Ebd.
6 Ohne einer Parteikunst das Wort zu reden, sah Walter Benjamin 1936 in dieser Strategie eine kommunistische Reaktion auf die Ästhetisierung der Politik durch den Faschismus: "Die Menschheit, die einst bei Homer ein Schauobjekt für die olympischen Götter war, ist es nun für sich selbst geworden. Ihre Selbstentfremdung hat jenen Grad erreicht, der sie ihre eigene Vernichtung als ästhetischen Genuß ersten Ranges erleben läßt. So steht es um die Ästhetisierung der Politik, welche der Faschismus betreibt. Der Kommunismus antwortet ihm mit der Politisierung der Kunst." W. Benjamin, Das Kunstwerk im Zeitalter seiner technischen Reproduzierbarkeit, in: *Illuminationen. Ausgewählte Schriften*, Frankfurt a.M. 1961, S. 176. Was Benjamin als kommunistische Politisierung der Kunst bezeichnete, war 1936 in der SU bereits in eine Ästhetisierung der Politik umgeschlagen. Vgl. Boris Groys, *Gesamtkunstwerk Stalin. Die gespaltene Kultur in der Sowjetunion*, München 1988, S. 40. Siehe auch unten Teil II, Kap. 2.3.

zialistisch-realistische Literatur und Kunst, die von *Parteilichkeit, Volksverbundenheit* und hohem *sozialistischen Ideengehalt* gekennzeichnet ist."[7] (Hervorh. G. E.) Was besagen diese Formulierungen?

Der Schriftsteller Franz Fühmann, Anfang der achtziger Jahre in einem Gespräch mit dem Cheflektor des Hinstorff-Verlages, Horst Simon, zum Nachdenken über die Begriffe *Parteilichkeit* und *sozialistischer Ideengehalt* der Literatur aufgefordert, mochte sich mit Simons Feststellung: "Das sind Kategorien literarischen Denkens und Wertens bei uns, die nicht ohne weiteres preisgegeben werden dürfen", nicht zufrieden geben. Das Verlangen, die Literatur habe bestimmten Kategorien zu gehorchen, bedeutete für Fühmann ihren Tod. "... was ist die Parteilichkeit der Literatur? Der Wille zur Wahrhaftigkeit und die Fähigkeit, sie zu gestalten. Das Maß der Parteilichkeit liegt letzten Endes in dem Maße, in dem Literatur wirklich Literatur ist. Das ist, glaub ich, das einzige Kriterium, aber Sie sehen die Parteilichkeit immer als außerliterarische Kategorie."[8] Fühmann verwahrte sich dagegen, daß die SED ihre Literaturdoktrin nicht nur ihren Mitgliedern vorschrieb, sondern alle Schriftsteller darauf verpflichtete. Obgleich selbst Mitglied des Schriftstellerverbandes und somit an das Statut gebunden, das den sozialistischen Realismus zur Norm erhob, war Fühmann in seinen späten Jahren nicht mehr bereit, dem Parteilichkeitsanspruch Folge zu leisten.

Der Schriftsteller verpflichtete sich laut Statut, "die führende Rolle der Arbeiterklasse und ihrer Partei in Kunst und Literatur" anzuerkennen[9]. Im "Kulturpolitischen Wörterbuch", das den offiziellen Standpunkt trotz mancher Abmilderungstendenzen in den letzten Jahren der Honecker-Ära widerspiegelte, heißt es dazu ergänzend: "Sozialistische Parteilichkeit ist ästhetischer Ausdruck einer zur persönlichen Überzeugung vertieften Übereinstimmung des Künstlers mit den von der Partei verfochtenen historisch-gesetzmäßigen Aufgaben und Zielen."[10] Sozialistische Parteilichkeit außerhalb der Parteilinie kann es nach dieser Auffassung nicht geben. Auch die der Partei nicht angehörenden Schriftsteller haben deren Führungsrolle anzuerkennen. Die Parteilichkeit verpflichte den Schriftsteller, die historische Überlegenheit des sozialistischen Gesellschaftssystems gegenüber dem Kapitalismus in seinen Werken zu gestalten. Der Künstler sei aber nicht einfaches Vollzugsorgan des Parteiwillens, er illustriere nicht einfach vorgegebene Parteistandpunkte, sondern beziehe Position durch seine ästhetischen Wertungen, indem er die soziale Substanz der vielfältigen Lebenserschei-

---

7   Daß die Partei mit der Formel "sozialistisch-realistische Kunst" schließlich selbst bei den Künstlerverbänden nur noch wenig Resonanz fand, dokumentiert ein Kongreß des Verbandes Bildender Künstler (1988). Statt dessen wurde die Formulierung "Kunst im Sozialismus" für die Aufnahme in das Verbandsstatut vorgeschlagen. Vgl. Harald Kleinschmidt, Kunst im Sozialismus. Zum X. Kongreß der bildenden Künstler der DDR, in: *Deutschland Archiv*, 22. Jg. 1989, Nr. 1, S. 11 f.
8   Franz Fühmann, *Essays, Gespräche, Aufsätze 1964-1981*, Rostock 1983, S. 491.
9   Statut des Deutschen Schriftstellerverbandes, in: *Protokoll des VI. Deutschen Schriftstellerkongresses*, Berlin/DDR 1969, S. 344.
10 *Kulturpolitisches Wörterbuch*, Berlin/DDR 1978², S. 545.

nungen aufdecke und aus der Perspektive des Sozialismus beurteile. Der parteiliche Standpunkt habe alle ästhetischen Elemente des Kunstwerks zu erfassen. Die Wahl des Stoffs und die Formgebung sind folglich nicht beliebig, sondern von den jeweils geltenden ästhetisch-kulturellen Normen abhängig. Die ungeschmälerte Aktualität des Parteilichkeitsprinzips in der Literatur, von der Honeckers Rede ein Beispiel gibt, findet sich selbst noch in dem 1986 erschienenen "Wörterbuch der Literaturwissenschaft", dessen Ausführungen im übrigen jedoch einer neuen Phase literaturtheoretischer Reflexion angehören. Parteilichkeit bleibe der ideologische Kern der sozialistischen Literaturproduktion und des sozialistischen Realismus, heißt es dort[11]. Die vorliegende Untersuchung wird dagegen zeigen, daß das offizielle Parteilichkeitskonzept zunehmend an Einfluß verlor und Fühmanns Auffassung von Parteilichkeit als einer literarischen Kategorie sich unter den Schriftstellern mehr und mehr durchsetzte.

Neben der Parteilichkeit hatte Honecker die *Volksverbundenheit* der Literatur angemahnt. Dieser zweite Schlüsselbegriff der Doktrin des sozialistischen Realismus ist mit dem Parteilichkeitspostulat aufs engste verknüpft. So wie die Partei die Interessen der breiten Massen zu vertreten beanspruchte, hatte die Kunst aus offiziöser Sicht in Inhalt und Form den Bedürfnissen der Bevölkerungsmehrheit Rechnung zu tragen. Dies bedeute nicht einfach Anpassung an den Massengeschmack, sondern Anknüpfung an das vorhandene und Hinführung zum erwünschten Bewußtseins- und Geschmacksniveau. Tatsächlich fungierte "Volksverbundenheit" in der Kulturpolitik der SED jedoch als ideologischer Kampfbegriff, um die Schriftsteller auf die ästhetische Doktrin der Partei zu verpflichten. Wenn z.B. Fritz Erpenbeck 1949 in Brechts "Courage"-Aufführung Anzeichen der "volksfremden Dekadenz" zu entdecken glaubte, war damit nicht etwa der Mangel an Publikumswirkung gemeint, sondern das Abweichen von der gesetzten ästhetischen und demzufolge politischen Norm[12]. Der Volksverbundenheit in seiner Bedeutung verwandt ist der Begriff *Volkstümlichkeit*. Er enthält sowohl das Postulat der Verständlichkeit und Massenwirksamkeit als auch die Aufforderung, sich an nationalen klassischen ästhetischen Mustern zu orientieren[13]. Eine chauvinistische Variante der Volkstümlichkeit trat Ende der vierziger Jahre in der Kampagne gegen den *Kosmopolitismus* in Erscheinung[14].

Das dritte Prinzip des sozialistischen Realismus, der *sozialistische Ideengehalt*, meint das dem Marxismus-Leninismus eigene Geschichtsverständnis und Menschenbild. Sie nehmen in den Verlautbarungen der Partei konkrete Gestalt an. Folglich ist es nur konsequent, wenn es heißt, der Ideengehalt der soziali-

---

11 Vgl. *Wörterbuch der Literaturwissenschaft*, hrsg. von Claus Träger, Leipzig 1986, S. 389.

12 Vgl. Werner Mittenzwei, *Das Leben des Bertolt Brecht oder Der Umgang mit den Welträtseln*, 2. Bd., Berlin/DDR 1986, S. 329 ff.

13 Vgl. Hans Günther, *Die Verstaatlichung der Literatur. Entstehung und Funktionsweise des sozialistisch-realistischen Kanons in der sowjetischen Literatur der 30er Jahre*, Stuttgart 1984, S. 47-54.

14 Vgl. unten Teil I, Kap. 3.

stisch-realistischen Kunst drücke sich in der sozialistischen Parteilichkeit aus. Ebenso werde er geprägt durch die Volksverbundenheit künstlerischen Schaffens[15]. Faktisch sind die drei bisher genannten Prinzipien, ergänzt durch ideologische Postulate wie die Aufforderung, das "Typische", den "positiven Helden", die "Perspektive" usw. zu gestalten, in ihren inhaltlichen Setzungen letztlich austauschbar. So sehr sie in der künstlerischen Praxis verwässert wurden und in ihren plakativen Zügen anachronistisch erscheinen mochten, blieb ihre Verteidigung durch die obersten politischen Instanzen doch stets mehr als nur eine rituelle Beschwörung.

Die Kulturpolitik in der DDR des "realen Sozialismus" war von der Verfassung des politischen Systems nicht abzulösen, in dem die SED ihren Avantgardeanspruch und den Primat des Politischen unvermindert auch in den Künsten zu behaupten suchte. Wenngleich der kulturelle Bereich in der Ära Honecker einen gewissen Grad an Autonomie gewonnen hatte und den Künstlern vielfältige Ausdrucksmöglichkeiten zugestanden wurden, waren sie doch prinzipiell nicht aus dem Staatsdienst entlassen. Die Partei verfügte nach wie vor über ein Instrumentarium, um ihrem Anspruch Geltung zu verschaffen, wenngleich sie weniger von den ihr institutionell gegebenen Möglichkeiten Gebrauch machte. Sie verzichtete darauf, den Künstlern ihre Themen und Gestaltungsweisen vorzuschreiben und begnügte sich damit, die fertigen Erzeugnisse zu kontrollieren. Man könnte meinen, daß durch die seit den frühen siebziger Jahren in Umlauf gebrachte Parole "Weite und Vielfalt" der Genres, Inhalte und Formen der Gegenwartskunst die Kategorien des sozialistischen Realismus so sehr an Unbestimmtheit gewonnen hatten, daß eine Bewertung künstlerischer Produkte unter Zuhilfenahme dieses Maßstabs ergebnislos blieb. Doch dürfte darin vielmehr ein Vorteil dieser Grundsätze der Kunst- und Literaturpolitik gelegen haben. Zu Recht stellt Manfred Jäger fest: "Gerade das Undefinierte (oder sogar Undefinierbare) erweist sich als besonders gut handhabbar in sich ständig verändernden politischen Konstellationen."[16] Die Parteiführung hielt es offenbar aus Gründen der Herrschaftssicherung für angebracht, die Prinzipien des sozialistischen Realismus, also die Anleitung der Kunst durch die Politik, selbst dann noch deklamatorisch zu vertreten, als viele Künstler längst den Weg ästhetischer Selbstbestimmung beschritten hatten.

Der Versuch, den sozialistischen Realismus zu etablieren, ging trotz grundsätzlicher Übereinstimmung zwischen Kulturpolitikern und Künstlern nicht ohne langwierige Kämpfe vor sich, da die Funktionäre die proklamierte Kunstdoktrin restriktiv auslegten und alles, was ihren Horizont überschritt, als bürgerlich-dekadent abqualifizierten. Die neue Gesellschaft betrieb im Selbstverständnis der SED und ihres künstlerischen Anhangs keineswegs kulturelle Bilderstürmerei. Als problematisch mußte es dennoch vielen Künstlern erscheinen, daß die Partei nach der Errichtung ihrer Macht in Politik und Wirtschaft und der Aufgabe

---

15 Vgl. *Kulturpolitisches Wörterbuch* (Anm. 10), S. 288.
16 Manfred Jäger, *Kultur und Politik in der DDR*, Köln 1982, S. 34.

bündnispolitischer Rücksichten ein Verhältnis zur Tradition statuierte, das die Rezeption der avancierten künstlerischen Leistungen der spätbürgerlichen Moderne und der proletarischen Avantgarde von vornherein und grundsätzlich ausschloß. Die Kulturfunktionäre hielten es für nützlicher und den Aufgaben der sozialistischen Umgestaltung angemessener, an den künstlerischen Humanismus der Zeit des aufsteigenden Bürgertums und die sowjetische Aufbauliteratur anzuknüpfen, statt die Kunst der Moderne oder Avantgarde, einschließlich des Proletkults sowie anderer Strömungen der proletarisch-revolutionären Literatur und Kunst der zwanziger Jahre, kritisch zu verarbeiten[17]. Das Verhältnis zu den evozierten bürgerlichen Traditionen war mehr kontemplativ als praktisch im Sinne einer Freisetzung der in ihnen eingeschlossenen Versprechen. Faktisch beschränkte es sich auf das Zitieren von Tradition zum Zwecke staatlicher Legitimation. Kritische Befragungen dieser Traditionslinien, wie sie Brecht und Eisler versuchten, wurden abgewehrt.

Die Gründe für die Abwertung der Moderne und Avantgarde in der offiziellen Kulturpolitik der DDR sind in westlichen Darstellungen oftmals erörtert worden[18]. In den Werken dieser Künstler überwiegen die destruktiven, Irritation und Verunsicherung auslösenden Impulse. Sie neigen zu rückhaltloser Befragung und Negation jeglicher Tradition. Die Probleme des sich selbst entfremdeten Individuums, seine Ängste und seine Perspektivlosigkeit, die Absurdität seiner Existenz werden zum herausragenden Thema. Damit ist jedoch nur ein Aspekt der Moderne benannt. In den Avantgardebewegungen, die vor dem Ersten Weltkrieg entstanden, ist die Distanzierung von einer ästhetizistischen, auf sich selbst bezogenen elitären Kunst unverkennbar. Futurismus und Expressionismus, Dadaismus und Surrealismus waren Kampfansagen an die institutionalisierte Kunst und stellten einen Versuch dar, ästhetische und soziale Erneuerung miteinander zu verbinden, um die hermetische Hülle einer elitären Kunst zu sprengen. Das Bild

---

17 Zum Proletkult vgl. unten Kap. 2.1. Dem 1928 gegründeten "Bund proletarisch-revolutionärer Schriftsteller Deutschlands" gehörten kommunistische Schriftsteller proletarischer wie bürgerlicher Herkunft an, die ihr Schaffen als "Waffe der Agitation und Propaganda" im Klassenkampf betrachteten und sich dabei oftmals neuartiger Darstellungsformen wie Reportage und Montage bedienten. Die vor 1933 entstandenen Werke der "proletarisch-revolutionären Literatur" wurden erst 1960-1963 wieder in der DDR veröffentlicht. Vgl. Ingeborg Münz-Koenen, Literaturverhältnisse und literarische Öffentlichkeit 1945 bis 1949, in: *Literarisches Leben in der DDR 1945 bis 1960* (Autorenkollektiv unter der Leitung v. Münz-Koenen), Berlin/DDR 1979, S. 34 f.; vgl. Gudrun Klatt, Proletarisch-revolutionäres Erbe als Angebot. Vom Umgang mit Erfahrungen proletarisch-revolutionärer Kunst während der Übergangsperiode, in: ebd., S. 261 f.; vgl. auch Heinrich Mohr, Entwicklungslinien der Literatur im geteilten Deutschland, in: *Jahrbuch zur Literatur in der DDR*, Bd. 1, Bonn 1980, S. 35 ff.

18 Vgl. Anm. 1 und 2 der Einleitung; ferner: Peter U. Hohendahl, Theorie und Praxis des Erbens: Untersuchungen zum Problem der literarischen Tradition in der DDR, in: *Literatur der DDR in den siebziger Jahren*, hrsg. von P.U. Hohendahl und P. Herminghouse, Frankfurt a.M. 1983; Karl Robert Mandelkow, Die literarische und kulturpolitische Bedeutung des Erbes, in: *Hansers Sozialgeschichte der deutschen Literatur*, Bd. 11: *Die Literatur der DDR*, München 1983.

der Moderne seit Baudelaire ist verwirrend vielgestaltig und läßt sich nur mit Gewalt auf eine starre Formel bringen. Im pauschalen Verdikt gegen den "Modernismus", das die kulturpolitischen Kampagnen der SED in den fünfziger und sechziger Jahren begleitete, wird die Vielfalt der Kunstströmungen des 20. Jahrhunderts auf den einfachen Gegensatz von "Modernismus" und "Realismus" reduziert. Um den Affekt gegen die Moderne zu verstehen, muß zunächst dieser Reduktionsvorgang beschrieben werden, der schließlich jenes Feindbild hervorbrachte, von dem sich die zu schaffende sozialistische Kunst in extenso abheben sollte.

Als autoritativer Beleg für ein reduziertes Moderne-Bild kann wiederum das "Kulturpolitische Wörterbuch" herangezogen werden, dessen Ausführungen über "Modernismus" und "Dekadenz" bei der Mehrzahl der DDR-Kulturwissenschaftler in der Spätphase des SED-Regimes allerdings kaum noch Zustimmung fanden. Danach haben sich jene nichtmimetischen künstlerischen Ansätze, die seit der Mitte des 19. Jahrhunderts an Bedeutung gewannen und retrospektiv als Beginn der Moderne betrachtet werden können, davon losgesagt, die Erscheinungen der Wirklichkeit darzustellen und sich auf die Eigengesetzlichkeit ihrer Mittel konzentriert. Mit der damit verbundenen Absage an die Erkenntnisfunktion der Kunst sei eine Abkehr von humanistisch-realistischen Traditionen, wie sie seit der Renaissance bestanden, erfolgt. An die Stelle des humanistischen Erkenntnisgehalts sei ein "sich bis zum Solipsismus steigender Subjektivismus" getreten[19]. Aus der Sicht der Autoren des "Kulturpolitischen Wörterbuchs" ist eine Kunst, die nicht in realistischer Manier den Kausalnexus der Gesellschaft offenlegt, Ausdruck des Verfalls und deshalb für eine sozialistische Kulturpolitik als kulturelles Erbe nicht nur unnütz, sondern grundsätzlich ungeeignet. Moderne meint aus dieser Sicht vor allem die Kunst eines elitären Ästhetizismus. In dieser Reduktion spiegelt sich die Irritation eines Kunstverständnisses wider, das sich besonders durch die extreme Subjektphantasie des modernen Künstlers herausgefordert fühlt. Zugleich wird jedoch das vom Affekt gegen den Ästhetizismus gespeiste Verdikt gegen die Moderne auf die verschiedensten Spielarten von avantgardistischer Kunst ausgedehnt, die sich dem offiziellen Kanon von kritischem bzw. sozialistischem Realismus entziehen[20]. In den Ausführungen des "Kulturpolitischen Wörterbuchs" zum Modernismus findet die militante Abwehrstrategie der SED aus den fünfziger und sechziger Jahren ihr spätes Echo, die mit Invektiven gegen "Solipsismus" und "Subjektivismus" die Künstler verunsicherte.

Auf ähnlicher Bedeutungsebene wie das Etikett "Modernismus" ist das Schlagwort *Dekadenz* angesiedelt. Es hat Versuche gegeben, dem Dekadenzbegriff in Ästhetiken des Marxismus-Leninismus theoretische Weihe zu verleihen. Auf den für die Literaturwissenschaft der DDR kaum zu überschätzenden Einfluß

19 *Kulturpolitisches Wörterbuch* (Anm. 10), S. 497.
20 Zur Realismustheorie vgl. unten Teil I, Kap. 2.1. und die Ausführungen über Lukács, Kap. 2.2.

von Georg Lukács, in dessen Realismustheorie die Kategorie der Dekadenz eine Schlüsselstellung einnimmt, wird noch ausführlich einzugehen sein. Für den Gebrauch des Dekadenzbegriffs in kulturpolitischen Auseinandersetzungen sind die vulgärmarxistischen Extrapolationen jedoch aufschlußreicher. Als aufstrebende Gesellschaft konnte sich die DDR nur dann verstehen, wenn angenommen wurde, daß die bürgerlichen Gesellschaften im Verfall begriffen waren. Das geschichtsphilosophische Dogma, das eine entwicklungsnotwendige Ablösung der kapitalistischen Gesellschaftsformation durch die kommunistische behauptet, findet seine Entsprechung in der Vorstellung von der Weiterentwicklung der bürgerlichen Kunst durch die sozialistische. Was nicht wie der "kritische Realismus" als Vorstufe zur kanonisierten Kunst des sozialistischen Realismus verstanden werden konnte, galt aus dieser Sicht als Kunst des Verfalls. Differenziertere Überlegungen eines Brecht oder Eisler, die ein Umfunktionieren avancierter bürgerlicher Kunstmittel für neue Stoffe vorsahen, wurden dementsprechend lange Zeit als formalistisch abgetan. Der Dekadenzvorwurf richtete sich nicht allein gegen vermutete oder tatsächliche weltanschauliche Gehalte der spätbürgerlichen Kunst, die dem auf sich selbst bezogenen Geschichtsoptimismus des Marxismus-Leninismus im Wege standen, er betraf auch die künstlerische Form: Selbst formal sei diese Kunst nicht wirklich neu, sondern, gemessen an den Novitäten des sozialistischen Realismus, geschichtlich überholt.

Das Dekadenzverdikt ging somit unmittelbar in den Vorwurf des *Formalismus* über. Lapidar stellt das "Kulturpolitische Wörterbuch" fest: "In der Kunstpraxis tritt der Formalismus als sinnentleerte Spielerei mit Formelementen und Gestaltungsmitteln auf (abstrakte Kunst, Artikulationslyrik, 'konkrete' Malerei)."[21] Im Beschluß des 5. ZK-Plenums der SED 1951, dem wichtigsten Dokument zur Haltung der Partei in der Formalismusfrage, wird die Dominanz der Form in der Kunst verurteilt: Die Kritik richtete sich gegen alle künstlerischen Formen, die im herrschenden Kanon nicht vorgesehen waren. In der kulturpolitischen Praxis entschieden aber nicht theoretische Distinktionen, sondern die Kunstvorstellungen der machthabenden Parteipolitiker. Entsprechend ihrem persönlichen Geschmack und ästhetischen Differenzierungsvermögen erhoben die zuständigen Kulturfunktionäre in der "Inkubationsphase des sozialistischen Realismus" (Sander) den Formalismusvorwurf daher nicht selten selbst gegen loyale Parteigänger der SED[22]. Eine apologetische Geschichtsschreibung verbucht diese Kampagne noch Jahrzehnte später als Erfolg[23]. De facto sind die Begriffe Modernismus, Dekadenz und Formalismus ebenso wie die korrelativ gebrauchten Begriffe Parteilichkeit, Volksverbundenheit und sozialistischer Ideengehalt im kulturpoli-

---

21 *Kulturpolitisches Wörterbuch* (Anm. 10), S. 207.
22 Erstes Opfer einer praktischen Anwendung des Formalismusverdikts war Brechts und Dessaus Oper "Das Verhör des Lukullus". Vgl. Mohr, Entwicklungslinien (Anm. 17), S. 32, Anm. 91.
23 *Kulturpolitisches Wörterbuch* (Anm. 10), S. 208. Vgl. dagegen erste Ansätze einer kritischen Beurteilung aus parteioffizieller Sicht in: *Die SED und das kulturelle Erbe*, Berlin/DDR 1986, S. 189-222.

tischen und kunsttheoretischen Vokabular der SED in ihren Bedeutungen nur in Nuancen voneinander unterschieden. Es sind Kampfbegriffe einer Partei zur Stigmatisierung und Abwehr künstlerischer Bestrebungen, die Elemente der westlichen, insbesondere der westdeutschen Kultur wie Fortschrittsskepsis und Individualitätsbezogenheit mit dem Autonomieanspruch der Kunst zu verbinden suchten. Das Nachlassen des antimodernistischen Affekts in den siebziger Jahren muß daher als symptomatisch für einen tiefgreifenden Wandel im Verhältnis von Kunst und politischem System begriffen werden. Um die Ursachen dieses Wandels zu erforschen, verlasse ich die Ebene allgemeiner Überlegungen zur Modernismusproblematik und untersuche den historischen Prozeß in der DDR vom Ausgang der vierziger Jahre bis in die Gegenwart. Doch zuvor ist ein Rückblick in die dreißiger Jahre notwendig, um die Ausgangsbedingungen der Modernismusdebatten zu verdeutlichen.

2. Ausgangsbedingungen der Kulturpolitik in der SBZ/DDR

2.1. Sowjetische Literaturdebatten in den dreißiger Jahren

Unter den vielen literarischen Strömungen, die nach der Oktoberrevolution in der Sowjetunion entstanden, gab es eine nach Umfang und künstlerischem Gewicht bedeutende Gruppe nichtkommunistischer Schriftsteller, die unter dem Namen "Mitläufer" in die Literaturgeschichte einging[24]. Trotzki hatte diesen Begriff geprägt, um jene Schriftsteller zu bezeichnen, die, ohne Kommunisten zu sein, mehr oder weniger mit der Revolution sympathisierten[25]. Diese Strömung, zu der so bekannte Autoren wie Jessenin, Soschtschenko, Mandelstam, Babel und Piljak gehörten, konnte ihre dominierende Stellung trotz scharfer Angriffe von Seiten proletarisch-kommunistischer Schriftstellervereinigungen bis Mitte der zwanziger Jahre behaupten. Unter ihren Gegnern trat vor allem eine Bewegung hervor, die in den ersten Jahren nach dem Oktoberumsturz auf eine breite Anhängerschaft rechnen konnte: der Proletkult. Sein Kulturprogramm sah vor, daß die Arbeiter eine eigene proletarische Kunst und Literatur schaffen sollten, ohne sich auf die bürgerliche Kulturtradition zu stützen. Indem er auf politischer Autonomie beharrte, kollidierte der Proletkult allerdings bald mit dem Führungsanspruch der Kommunistischen Partei, die 1922 ihre materielle

---

24 Die Darstellung stützt sich, wo nicht anders vermerkt, auf die Untersuchungen von Gleb Struve, *Geschichte der Sowjetliteratur*, München 1957; Marc Slonim, *Die Sowjetliteratur*, Stuttgart 1972; David Pike, *Deutsche Schriftsteller im sowjetischen Exil 1933-1945*, Frankfurt a.M. 1981; Günther, *Verstaatlichung* (Anm. 13); Groys, *Gesamtkunstwerk Stalin* (Anm. 6).

25 Vgl. Leo Trotzki, *Literatur und Revolution*, München 1972, S. 49 f.

Unterstützung einstellte[26].

In ästhetischen Formfragen eher rückwärts gewandt, traf sich der Proletkult im Funktionsverständnis von Kunst mit Bestrebungen der künstlerischen Avantgarde. Die von dem Proletkult-Theoretiker Bogdanow propagierte Auffassung von Kunst als "Lebensaufbau" verband der 1923 gegründete LEF (Linke Front der Künste), eine Organisation linksavantgardistischer Künstler und Kunsttheoretiker, die u.a. Majakowski, Tretjakow und Arwatow zu ihren Mitgliedern zählte, mit der futuristischen Vorstellung vom Kunstwerk als Instrument organisierender Wirkung. Der LEF wandte sich in seiner Programmatik gegen das fiktive, geschlossene Kunstwerk und gegen eine dualistische Form-Inhalt-Betrachtung, die den Funktionszusammenhang der Kunst vernachlässigt. Mit ihren Versuchen, eine utilitaristische "Produktionskunst" (Arwatow) oder "Literatur des Fakts" (Tretjakow) zu schaffen, fanden die Avantgardisten jedoch weder Verständnis bei der Kommunistischen Partei noch stärkere Resonanz bei ihren Adressaten: den Arbeitern[27].

In einer ZK-Resolution von 1925 befürwortete die KPR den Wettbewerb der verschiedenen Gruppierungen und Richtungen in der Literatur. Der Hegemonieanspruch der proletarischen Literaturvereinigungen, die den Proletkult abgelöst hatten, wurde zurückgewiesen. Die Partei sicherte den Schriftstellern volle Freiheit in der Wahl der literarischen Formen und Stile zu. Sie erklärte jedoch den Realismus für die dem dialektischen Materialismus am meisten entsprechende Darstellungsweise. Die folgenden Jahre zeugen von einer beachtenswerten literarischen Produktivität und waren durch die Wiedergeburt des realistischen Romans gekennzeichnet. Diese Zeit einer verhältnismäßig großen Freiheit des literarischen Ausdrucks endete 1928/29. Mit Beginn des 1. Fünfjahrplans forderte die Partei von den Schriftstellern, sich stärker für die Ziele der Kollektivierung und Industrialisierung einzusetzen. Die seit 1925 bestehende RAP (Russische Vereinigung Proletarischer Schriftsteller), deren Wortführer Fadejew den dialektischen Materialismus zur Schaffensmethode der "realistischen Schule" in der proletarischen Literatur erklärte[28], gewann zeitweise die Oberhand in den literaturpolitischen Auseinandersetzungen. Zuvor hatte sich der LEF selbst aufgelöst.

---

26 Zum Proletkult vgl.: Proletkult. Eine Dokumentation zur Proletarischen Kulturrevolution in Rußland. Texte-Materialien-Beiträge, zusammengestellt und kommentiert von P. Gorsen, E. Knödler-Bunte, B. Steinborn, in: *Ästhetik und Kommunikation*, 2. Jg. 1972, H. 5/6, S. 63-201; Hans Günther, Proletarische und avantgardistische Kunst, in: *Ästhetik und Kommunikation*, 4. Jg. 1973, H. 12, S. 62-75; Rosemarie Lenzer, Abbild oder Bau des Lebens, in: *Literarische Widerspiegelung. Geschichtliche und theoretische Dimensionen eines Problems*, Berlin/Weimar 1981, S. 359-402.

27 Vgl. Lenzer, Abbild (Anm. 26), S. 385 ff.; Günther, Kunst (Anm. 26), S. 70; Hans Günther/Karla Hielscher, Zur proletarischen Produktionskunst Boris I. Arvatovs, Nachwort zu: *B. Arvatov, Kunst und Produktion*, hrsg. v. Günther/Hielscher, München 1972, S. 116-133.

28 Vgl. Karlheinz Kasper, Die literarische Bewegung in der Sowjetliteratur der zwanziger Jahre, in: *Weimarer Beiträge*, 33. Jg. 1987, H. 10, S. 1622.

Mit dem Beschluß des ZK der KPdSU[29], 1932 einen einheitlichen Sowjetischen Schriftstellerverband zu gründen, ging diese Periode zuende. Der Verband sollte alle Schriftsteller aufnehmen, die die Politik der Sowjetregierung billigten, den sozialistischen Aufbau unterstützten und der Methode des sozialistischen Realismus ihren Tribut zollten. Wie unbestimmt diese Methode auch blieb, es genügte fortan, einem Werk diesen Charakter abzusprechen, um es aus der Sowjetliteratur auszugrenzen.

Den Begriff "sozialistischer Realismus", 1932 erstmals in die Debatte gebracht und von Stalin sanktioniert[30], definierte der Sekretär des ZK der KPdSU, Andrej Shdanow, auf dem 1. Allunionskongreß der Sowjetschriftsteller 1934 wie folgt: "Genosse Stalin hat unsere Schriftsteller die Ingenieure der menschlichen Seele genannt. Was heißt das? Welche Verpflichtung legt Ihnen dieser Name auf? Das heißt erstens, das Leben kennen, um es in den künstlerischen Werken wahrheitsgetreu darstellen zu können, nicht scholastisch, nicht tot, nicht einfach als 'objektive Wirklichkeit', sondern als die Wirklichkeit in ihrer revolutionären Entwicklung. Dabei muß die wahrheitsgetreue und historisch konkrete künstlerische Darstellung mit der Aufgabe verbunden werden, die werktätigen Menschen im Geiste des Sozialismus ideologisch umzuformen und zu erziehen. Das ist die Methode, die wir in der schönen Literatur und in der Literaturkritik als die Methode des sozialistischen Realismus bezeichnen."[31] Shdanows Formulierungen zeigen, daß der sozialistische Realismus nicht einfach durch einen Bruch mit den vorherigen Stilformen gekennzeichnet ist, sondern verschiedene ihrer Elemente eklektisch miteinander verbindet. Die Metapher des Künstlers als Ingenieur der Seele weist auf die operative Ästhetik Tretjakows hin[32]. Ebenso läßt das Postulat, die Wirklichkeit in ihrer revolutionären Entwicklung darzustellen wie auch die

---

29 Auf dem 14. Parteitag (Dez. 1925) wurde die Kommunistische Partei Rußlands (KPR (B)) in Kommunistische Partei der Sowjetunion (KPdSU (B)) umbenannt. Vgl. Edgar Hösch/Hans-Jürgen Grabmüller, *Daten der sowjetischen Geschichte*, München/Berlin 1981, S. 65.

30 Vgl. Frank Trommler, Der 'sozialistische Realismus' im historischen Kontext, in: Reinhold Grimm/Jost Hermand (Hrsg.), *Realismustheorien in Literatur, Malerei, Musik und Politik*, Stuttgart 1975, S. 68. Vgl. auch Pike, *Exil* (Anm. 24), S. 352 ff.

31 Andrej Shdanov, Die Sowjetliteratur, die ideenreichste und fortschrittlichste Literatur der Welt, in: *Sozialistische Realismuskonzeptionen. Dokumente zum I. Allunionskongreß der Sowjetschriftsteller*, hrsg. v. Hans-Jürgen Schmitt u. Godehard Schramm, Frankfurt a. M. 1974, S. 47.

32 Eine noch weiter in die Vergangenheit zurückreichende Quelle nennt Fritz Mierau: "Übrigens: gut fünfzehn Jahre, bevor Sergej Tretjakow, der furiose Streitgeist der russischen Futuristen, 1921 den 'Seeleningenieur, Seelenkonstrukteur' als den Virtuosen des Weltverkehrs hinstellte, hatte Andrej Bely Ibsen einen 'Ingenieur des Chaos der menschlichen Seele' genannt und ihm den Vorzug vor Dostojewski gegeben." Fritz Mierau, *Zwölf Arten die Welt zu beschreiben. Essays zur russischen Literatur*, Leipzig 1988, S. 234. Zur Rolle des Künstlers als Ingenieur vgl. Frank Trommler, Technik, Avantgarde, Sachlichkeit, in: *Literatur in einer industriellen Kultur*, hrsg. v. Götz Grossklaus u. Eberhard Lämmert, Stuttgart 1989, S. 53 ff.; zur Technik-Euphorie des Futurismus vgl. Lämmert, Die Herausforderung der Künste durch die Technik, in: ebd., S. 23 ff.

Aufforderung, erzieherisch und mobilisierend zu wirken, Anklänge an avantgardistische Konzepte von der Aktivierungsfunktion der Kunst erkennen[33]. Andererseits dominieren im formalen Repertoire des sozialistischen Realismus Elemente der traditionellen Ästhetik des Realismus, die ins Heroisch-Monumentale gesteigert werden.

Die meisten Kongreßteilnehmer glaubten, sich mit Shdanows Definition einverstanden erklären zu können, da sie für subjektive Interpretationen offen zu sein schien. Man sah weniger die Parteireglementierung im Hintergrund als die russische Tradition eines eingreifenden Realismus. Prominente Kongreßteilnehmer wie Maxim Gorki und Karl Radek grenzten den sozialistischen Realismus allerdings bereits entschieden gegen bestimmte Strömungen der bürgerlichen Moderne ab.

Gorki hielt die Potenzen der bürgerlichen Literatur für erschöpft. Sie habe die Fähigkeit zur künstlerischen Phantasie eingebüßt und setze die Tendenz des 19. Jahrhunderts fort, den Typus des "überflüssigen Menschen" in den Mittelpunkt literarischer Gestaltung zu stellen. Der Autonomieanspruch der Literatur habe viele Schriftsteller dazu veranlaßt, "sich von einem breiten, allseitigen Studium der Wirklichkeit loszusagen, sich 'in der Einsamkeit ihrer Seele' abzukapseln und bei einer fruchtlosen 'Selbsterkenntnis' durch Vertiefung in das eigene Ich und Willkür des vom Leben losgelösten Gedankens stehenzubleiben"[34]. Dennoch gebe es unter den modernen bürgerlichen Schriftstellern eine Gruppe, die für sowjetische Schriftsteller von doppeltem Wert sei. Diese als Vertreter des kritischen Realismus und der revolutionären Romantik bezeichneten Autoren hätten sowohl technisch vorbildliche Werke geschrieben als auch Dokumente des Zerfallsprozesses des Bürgertums geschaffen[35]. Von solchen Werken, die "den Zerfallsprozeß der Bourgeoisie erläutern", sei eine Literatur zu unterscheiden, die sich von der Wirklichkeit gelöst habe und ausschließlich auf die "'Magie des Wortes'" vertraue. Einer der Repräsentanten dieser Richtung sei Proust. Gorki zufolge war die russische Literatur im Jahrzehnt vor der Oktoberrevolution von der Literatur der Dekadenz geprägt, die ihren Ausgang von Dostojewski und Nietzsche genommen hätte. Auf die Sowjetliteratur eingehend, erklärte er, daß es

---

33 Vgl. Hans Günther, Ein Traktor, der die Seele umpflügt. Zum Verhältnis von Sozialistischem Realismus und Avantgarde in der russischen Kunst, in: *Frankfurter Allgemeine Zeitung* v. 24.7.1987, S. 19; Boris Groys, Kunstwerk Stalin. Zur Ästhetik des Sozialistischen Realismus, in: *Frankfurter Allgemeine Zeitung* v. 21.3.1987, Beil. Groys hat in seiner Untersuchung (s. auch Anm. 6) - polemisch überspitzt - deutliche Korrespondenzen zwischen den Bestrebungen der russischen Avantgarde und dem sozialistischen Realismus herausgearbeitet. Vgl. auch unten Teil II, Kap. 2.3.

34 Maxim Gorki, Über sowjetische Literatur, in: *Sozialistische Realismuskonzeptionen* (Anm. 31), S. 62.

35 Der von Gorki gebrauchte Begriff des "kritischen Realismus" wurde später bei Lukács zum Bestandteil seiner Realismustheorie und in seinen Studien zur Literatur des 19. und 20. Jahrhunderts von "sozialistischem Realismus" und "Dekadenz" abgegrenzt.

in der Sowjetunion keine "überflüssigen Menschen" mehr geben könne. Der Literatur seien deshalb andere Aufgaben gestellt. Sie müsse als ein kollektives Ganzes organisiert werden und sich dem arbeitenden Menschen als ihrem Hauptthema widmen. Der kritische Realismus sei nur geeignet, die Relikte der Vergangenheit darzustellen. Den negativen Zügen dieser Literatur stellte Gorki den sozialistischen Realismus gegenüber, der das Dasein als Handeln, als schöpferische Tätigkeit bejahe.

Deutlicher als Gorki ging Radek, damals Direktor des Informationsbüros des ZK und außenpolitischer Berater Stalins, mit der westlichen Dekadenz ins Gericht. Thema seiner Rede war "Die moderne Weltliteratur und die Aufgaben der proletarischen Kunst". Den Schlußteil widmete er der Frage "James Joyce oder sozialistischer Realismus?" Joyce galt damals in der Sowjetunion als der umstrittenste westliche Schriftsteller. Kaum gelesen, erhitzte er dennoch die Gemüter. Eine Anti-Joyce-Kampagne hatte Anfang 1933 der Literaturkritiker Mirski entfacht, der das modische Interesse an dekadenten Kunstformen beklagte.

Für Joyce trat der Dramatiker Wsewolod Wischnewski ein, der sich auf die Autorität Eisensteins berief. Über den Roman "Ulysses" urteilte Wischnewski: "*Ulysses* ist bemerkenswert wegen der großen Spannung, in der er den Leser hält. Es ist die nervöse Spannung ... des westlichen Lebens. *Ulysses* ist musikalisch. Er schafft ein vielschichtiges Leben und läßt uns nicht nur den 'Helden', sondern auch die Welt, den Kosmos zu Bewußtsein kommen. *Ulysses* ist erstaunlich genau, oft wissenschaftlich genau und bereitet den Weg für eine Art Supernaturalismus ... *Ulysses* spiegelt eine hervorragende Sprachkultur wider. Joyce ist ein Meister der Sprache."[36] Wischnewski verglich Joyce mit den russischen Futuristen. Mochten er und seine Anhänger auch dekadent sein, so sei es doch möglich, daß sie ebenso wie ihr russisches Pendant den Anschluß an die proletarische Revolution finden würden. Auf dem Allunionskongreß wiederholte Wischnewski seine Forderung, Joyce und Proust zu studieren.

Radek begann seine Polemik gegen die westliche Dekadenz mit der Feststellung, daß man von der Literatur des sterbenden Kapitalismus durchaus vieles in Fragen der Form lernen könne. Trotz dieses rhetorischen Zugeständnisses ließ er an Proust und Joyce, die er als Beispiele für bürgerliche Dekadenz heranzog, kein gutes Haar. Die bürgerliche Kunst sei nach dem Ableben der großen Stilrichtungen Realismus, Naturalismus und Romantik zerfallen. "Das alles existiert nur noch in Fragmenten, die sich nicht mehr zu einem einheitlichen, überzeugenden Bild zusammenfügen lassen."[37] Was Gorki über den "überflüssigen Menschen" als Subjekt der modernen bürgerlichen Literatur ausführte, war Radek Anlaß zu schriller Polemik: "Prousts Salonhelden ... schreien einem förmlich ins Gesicht, daß sie keiner Analyse wert sind, daß keine

---

36 Zitiert nach Struve, *Sowjetliteratur* (Anm. 24), S. 310.
37 Karl Radek, Die moderne Weltliteratur und die Aufgaben der proletarischen Kunst, in: *Sozialistische Realismuskonzeptionen* (Anm. 31), S. 204.

Analyse auch nur das geringste Resultat erbringen könnte."[38] Der Ton des amusischen Apparatschiks, den Radek in seinen Ausführungen über Joyce dann anschlug, sollte in der weiteren stalinistischen Kulturpolitik Schule machen: "Was ist das Bemerkenswerte an Joyce? Das Bemerkenswerte an ihm ist die Überzeugung, daß es im Leben nichts Großes gibt - keine großen Ereignisse, keine großen Menschen, keine großen Ideen; und der Schriftsteller kann das Leben abbilden, indem er sich einfach 'irgendeinen Helden an irgendeinem Tag' vornimmt und ihn mit größter Genauigkeit schildert. Ein von Würmern wimmelnder Misthaufen, mit einer Filmkamera durch ein Mikroskop aufgenommen - das ist Joyces Werk."[39] Das Interesse an Joyce sei das Interesse rechtsgerichteter Autoren, die sich den Aufgaben der Revolution nicht stellen wollten. Diese Aufgabe zu erfüllen, sei für die Literatur mit dem "Schlagwort vom sozialistischen Realismus" richtig bezeichnet. Sozialistischer Realismus in der Kunst bedeute nicht nur, die Wirklichkeit zu kennen, sondern zu wissen, welchen Weg sie einschlage.

Es spricht für die relative Offenheit der Diskussion, daß mehrere Redner Radeks Ausführungen über Joyce zurückwiesen. Sergej Tretjakow stellte, ausgehend davon, daß Joyce in der Sowjetunion weder übersetzt noch gedruckt war, fest: "Das kommt mir vor wie bei den Ärzten, die kranke Sultansfrauen nur durch Mittelsmänner untersuchen durften, den Puls nicht fühlen konnten, die Kranke nicht mal sahen - aus lauter Angst vor Verführung."[40] Wieland Herzfelde erkannte die Leistung des Dichters Joyce in der Sichtbarmachung der inneren Welt, durch die er den Lehren Freuds verbunden sei. Die Begrenztheit seines sozialen Standorts, seine Unfähigkeit, den gesellschaftlichen Gesamtzusammenhang, in dem seine Figuren stehen, zu erfassen, sei kein Grund, seine Leistung gering zu schätzen. Als bedeutender bürgerlicher Schriftsteller, der in seinen Bemühungen um mikroskopische Erhellung wahrhaftig sei, dürfe der marxistisch geschulte Schriftsteller an ihm nicht vorbeigehen.

Radeks Antwort enthüllte deutlich den Primat des Politischen in der Bewertung literarischer Vorgänge. Eine Innenschau, wie sie Herzfelde in Verbindung mit Joyce befürwortete, sei angesichts der Kriegsgefahr und der faschistischen Bedrohung gefährlich. Der Künstler müsse von seinem Inneren weg- und auf die großen Ereignisse hingelenkt werden, die bevorstünden. In Analogie zu Lukács, der damals im Moskauer Exil seine Realismustheorie entwickelte, dekretierte Radek: "Wenn es um die Fähigkeit geht, das Typische im Individuellen herauszuarbeiten, sind wir nicht auf einen Joyce angewiesen. Dafür reichen uns Balzac und Tolstoj als Lehrmeister."[41] Der sozialistische Realismus unterscheide sich von Darstellungsformen eines Joyce oder Dos Passos, denen es an einer einheitlichen

---

38 Ebd.
39 Ebd., S. 205.
40 Rede Sergej Tretjakows, in: *Sozialistische Realismuskonzeptionen* (Anm. 31), S. 229.
41 Schlußwort Radeks, in: ebd., S. 277/278.

Weltanschauung fehle und die folglich nicht in der Lage seien, über die Montage
von Einzelereignissen hinauszukommen, um aus der Gesamtheit der Erscheinungen die wichtigsten herauszusuchen. "Der Realismus besteht darin, daß wir die
Auswahl unter dem Aspekt des Wesentlichen, unter dem Gesichtswinkel von
Leitsätzen treffen."[42]

Ein Beobachter des Kongresses, der selbst nicht das Wort ergriff, war Klaus
Mann. In seinen Notizen benennt er die Problematik einer Literatur des sozialistischen Realismus. Für ihn stellt sich das Problem, ob die künstlerische Potenz
nicht verlorengehe, wenn die Opposition des Schriftstellers zur Gesellschaft zu
bestehen aufhöre. "Vielleicht wuchs seine Kraft doch eben an der leidensvollen
Spannung, die zwischen seiner Gesellschaftsvision und der sozialen Realität bestand. Die Frage ergibt sich, welchen Ersatz er finden wird für das schreckliche
und große Stimulans solcher Spannung; oder ob diese Spannung - es ist die zwischen Idee und Wirklichkeit - nicht in einer veränderten Form immer und unter
allen Umständen bestehen bleiben muß."[43] Klaus Mann fragt, ob das Bewußtsein
der Vergänglichkeit, Trauer und Einsamkeit nur dekadente Erscheinungen spätbürgerlicher Generationen seien. Er spricht von einer Phase des "optimistischen
Realismus" in der sowjetischen Literatur, für die er Verständnis bekundet. Die
Forderung nach mehr künstlerischer Qualität, die von der offiziellen Kulturkritik
erhoben werde, sei als ein Verlangen nach Schönheit zu deuten. Mit der Schönheit dringe aber das Geheimnis, das Irrationale in die Literatur ein. Klaus Mann
ist überzeugt, daß nach der Zeit des heroischen Aufbaus eine andere Literatur
entstehen werde. "Vielleicht darf diese kämpfende Generation nur den Optimismus kennen. Aber die nächste - dessen bin ich sicher - wird nicht mehr glauben,
die menschliche Einsamkeit sei eine Verschuldung des Kapitalismus, der schauer-
und liebevolle Blick auf den Tod eine kleinbürgerliche Marotte, der Schmerz der
Liebe ein Ablenkungsmanöver vom Klassenkampf."[44]

1936 stattete die KPdSU den sozialistischen Realismus mit einer Reihe neuer
Vorschriften und Anweisungen aus, die "Einfachheit und Volkstümlichkeit" in
der Kunst und den Ausschluß von "Formalismus und Naturalismus" forderten.
Das ideologische Postulat Volkstümlichkeit geht auf die patriotische Wendung in
der sowjetischen Politik der Jahre 1934/35 zurück, die letztlich als Konsequenz
des ein Jahrzehnt früher von der Partei proklamierten Aufbaus des Sozialismus in
einem Land zu verstehen ist[45]. Die Aufwertung der Nation brachte eine Hinwen-

---

42 Ebd., S. 279.
43 Klaus Mann, Notizen in Moskau, in: ebd., S. 414.
44 Ebd., S. 415. Die nächste Generation war vielmehr geneigt, das Gegenteil zu be-
    haupten. "Die soziale Revolution ist ja sozusagen auch Ablenkung ... Man ... ver-
    gißt sein Subjekt." Hartmut Lange, Der Vorschein von Freiheit. Interview von Hil-
    degard Brenner, in: *alternative*, 20. Jg. 1977, H. 113, S. 66.
45 Richard Lorenz kommt zu der Einschätzung, daß mit der endgültigen Ausrichtung
    auf die Errichtung einer "nationalen sozialistischen Gesellschaft" im Jahre 1925 die
    Abkehr von einer internationalistischen Politik erfolgt und die gegebene
    "staatskapitalistische Übergangsform" als Sozialismus festgeschrieben wurde. Vgl.

dung zu Volk und Heimat und ein Anknüpfen an vorrevolutionäre russische Traditionen. Der sozialistische Realismus entwickelte sich zu einer "Ästhetik der Repräsentanz" (Trommler), Literatur zum Legitimationsträger für einen an den Bedürfnissen der Sowjetunion orientierten Sozialismus[46]. Künstlerische Formen und Werke, die für eine derartige politische Repräsentation ungeeignet waren, wurden mit dem Etikett "Formalismus" oder "Naturalismus" versehen. Die Verurteilung formalistisch-naturalistischer Abweichungen, die als Parteiabweichung und Opposition geahndet wurden und zu inquisitorischem Terror gegen Künstler führen sollten, erfolgte nach dem dichotomischen Schema von "Chaos" und "Ordnung". Hans Günther hat dieses Verfahren treffend beschrieben: "Die geordneten Texte der offiziellen Kultur werden einerseits als einfach, verständlich und realistisch, zum andern als normal, natürlich, gesund, dem menschlichen Wesen gemäß und klassisch harmonisch charakterisiert. Die ungeordneten chaotischen Texte der Formalisten und Naturalisten erscheinen in diesem Licht als Negation der Einfachheit und Verständlichkeit, als willkürliche Verkehrungen, Deformationen und krankhafte Abnormitäten ... Die formalistisch-naturalistischen Texte werden wegen ihrer chaotischen Unstrukturiertheit nicht als antikulturelle Texte, sondern als Äußerungen einer Unkultur aufgefaßt. Aus dem Bereich des Künstlerischen ausgeschlossen, können sie auch keinen Anspruch darauf erheben, als Kunstwerke wahrgenommen und beurteilt zu werden."[47]

Die Kampagne des Jahres 1936 gegen Formalismus und "Entartung der Kunst" nahm die Nazi-Kampagne des Jahres 1937 gegen die moderne Kunst vorweg und erfüllte mit ihrer rituellen Berufung auf den Geschmack des Lesers eine ähnliche Funktion wie der Appell an das gesunde deutsche Volksempfinden im Dritten Reich[48]. Die Realismusdebatte und die Polemik gegen Formalismus und Naturalismus fanden eine weit über den Kreis sowjetischer Schriftsteller hinausreichende Resonanz. Obgleich auf dem Allunionskongreß vor allem ausländische Teilnehmer wie Malraux, Herzfelde und J.R. Bloch sich einer vordergründigen Aburteilung der bürgerlichen Dekadenz widersetzt hatten, konnte dies die Anpassung der nichtsowjetischen kommunistischen Parteien an die neue Literaturdoktrin nicht verhindern. Die scharfe Abgrenzung gegen die Moderne erfolgte zu einer Zeit, als durch die 1935 von der Kommunistischen Internationale proklamierte Volksfrontpolitik ein breites Bündnis mit

---

Richard Lorenz, *Sozialgeschichte der Sowjetunion*, Bd. I: *1917-1945*, Frankfurt a.M. 1976, S. 122 f. und S. 330, Anm. 7.

46 Trommler, Sozialistischer Realismus (Anm. 30), S. 71. Vgl. ders., *Sozialistische Literatur in Deutschland. Ein historischer Überblick*, Stuttgart 1976, S. 597 f.

47 Günther, *Verstaatlichung* (Anm. 24), S. 50.

48 Ebd., S. 51. Die Formulierung "Entartung der Kunst" tauchte in der DDR 1951 in der Kampagne gegen den Formalismus wieder auf. Vgl. N. Orlow, Wege und Irrwege der modernen Kunst, in: *Dokumente zur Kunst-, Literatur- und Kulturpolitik der SED*, hrsg. v. Elimar Schubbe, Stuttgart 1972, S. 165. Zur Vergleichbarkeit des Kunstgebrauchs im realen Sozialismus und im Nationalsozialismus vgl. Martin Damus, *Sozialistischer Realismus und Kunst im Nationalsozialismus*, Frankfurt a.M. 1981.

bürgerlichen Kräften im Kampf gegen den Faschismus anvisiert wurde. Ein starkes Echo fand die innnersowjetische Diskussion auch in Kreisen deutscher Exilschriftsteller, von denen u.a. Becher, Bredel, Graf, Herzfelde, Klaus Mann, Plivier, Toller und Friedrich Wolf am Allunionskongreß teilgenommen hatten. Die 1937/38 in der Moskauer Exilzeitschrift "Das Wort" geführte Debatte über den Expressionismus knüpft unmittelbar an die sowjetische Kontroverse über Realismus und Dekadenz an[49].

2.2. Die Expressionismusdebatte deutscher Schriftsteller und Künstler im Exil

An der seit September 1937 im "Wort" stattfindenden Debatte über den Expressionismus beteiligten sich u.a. Alfred Kurella, Georg Lukács, Ernst Bloch, Herwarth Walden, Gustav von Wangenheim, Heinrich Vogeler und Rudolf Leonhard. Mit dem Briefwechsel zwischen Anna Seghers und Georg Lukács fand die Debatte 1939 in der "Internationalen Literatur" ihre Fortsetzung. Bertolt Brecht, neben Willi Bredel und Lion Feuchtwanger einer der "Wort"-Herausgeber, befürchtete, die Auseinandersetzung könnte die Volksfrontpolitik erschweren. Er verzichtete deshalb auf eine Teilnahme[50]. Praktisch waren die Bestrebungen, eine politische Volksfront zu bilden, zu Beginn der Expressionsmusdebatte bereits gescheitert, da die unterschiedliche Beurteilung der Moskauer Prozesse die präsumptiven Bündnisgenossen entzweite. Den literarischen Volksfrontbemühungen haftet vor diesem Hintergrund etwas Surrogathaftes an[51].

---

49 In einer redaktionellen Bemerkung zum Abschluß der Expressionismusdebatte heißt es: "Unsere Diskussion ist ein typisch deutsches Abbild der großen Auseinandersetzung zwischen Formalismus und Realismus, die in der Sowjetunion Literaturtheoretiker und -historiker, Kritiker, Schriftsteller und, nicht zuletzt, breite Lesermassen monatelang intensiv beschäftigte und noch weiter beschäftigt." Siehe: Einige Bemerkungen zum Abschluß unserer Expressionismus-Diskussion, in: *Die Expressionismusdebatte*, hrsg. v. Hans-Jürgen Schmitt, Frankfurt a.M. 1973, S. 131. Über den tatsächlichen politischen Hintergrund, der durch ein Klima der Verdächtigungen und Denunziationen geprägt war, vgl. das Stenogramm einer Versammlung der deutschen Kommission des Sowjet-Schriftstellerverbandes: Georg Lukács/Johannes R. Becher/Friedrich Wolf u.a., *Die Säuberung*, hrsg. v. Reinhard Müller, Reinbek 1991.
50 Seine damals angefertigten Notizen zur Realismusfrage wurden erst 1966 veröffentlicht. Vgl. Bertolt Brecht, *Schriften zur Literatur und Kunst*, Bd. II, Berlin/Weimar 1966. Der Aufsatz "Volkstümlichkeit und Realismus", dessen Abdruck im *Wort* von Brecht beabsichtigt war, erschien erstmals 1958 in Heft 4 von *Sinn und Form*. Vgl. auch Pike, *Exil* (Anm. 24) S. 395-400.
51 Vgl. ebd., S. 217-271. Zur Expressionismusdebatte vgl. auch David R. Bathrick, Moderne Kunst und Klassenkampf. Die Expressionismus-Debatte in der Exilzeitschrift 'Das Wort', in: *Exil und innere Emigration*, hrsg. v. Reinhold Grimm u. Jost Hermand, Frankfurt a.M. 1972, S. 89-109; Franz Schonauer, Expressionismus und Faschismus. Eine Diskussion aus dem Jahre 1938, in: *Literatur und Kritik*, 7/1966, S. 44-54 u. 8/1966, S. 45-55.

Alfred Kurella alias Bernhard Ziegler hatte mit der These, der Expressionismus sei ein geistiger Vorläufer des Faschismus, die Debatte ausgelöst[52]. Kurella stützte seine Behauptung auf den Fall Benn, dem er symptomatische Bedeutung zusprach. Benn war für ihn denn auch der konsequenteste Expressionist, der wie kein anderer die Geistes- und Gefühlslage der ganzen Richtung zum Ausdruck brachte. Der expressionistischen Kunst und Literatur warf Kurella, der als gescheiterter Maler selbst auf eigene Anfänge im Expressionismus zurückblicken konnte, vor allem die Mittäterschaft bei der Auflösung des klassischen Erbes vor. Von der Abrechnung mit den destruktiven, "zersetzenden" Tendenzen der expressionistischen Epoche hänge es ab, "ob unsere deutsche antifaschistische Literatur mehr als eine Etappe im allgemeinen Zerfall der deutschen Dichtung, oder ob sie der Beginn einer großen, wieder an die eigentlichen Traditionen der nationalen und internationalen Geisteskultur anknüpfenden Kunst werden kann"[53]. Den antifaschistischen Schriftstellern stellte er, die sowjetische Kampagne vom Vorjahre aufnehmend, die inquisitorische Frage, wie sie es mit der Antike (klassisches Erbe), dem Formalismus und der Volkstümlichkeit hielten.

Die Mehrzahl der Diskussionsteilnehmer - viele von ihnen selbst ehemalige Expressionisten - wandte sich gegen eine summarische Verurteilung des Expressionismus und forderte die konkrete Analyse jedes einzelnen Falls. Wenngleich die Verurteilung des Expressionismus von Teilnehmern aus dem Moskauer Exil (Lukács, Kurella) initiiert wurde, läßt sich das Pro und Contra in dieser Streitfrage nicht ohne weiteres mit dem jeweiligen Exilort des Diskutanten in Zusammenhang bringen[54]. Als Hauptkontrahenten der "Wort"-Debatte traten Lukács und Bloch hervor. Vor allem die von Lukács vorgetragenen Überlegungen zum Realismus in der Literatur sowie seine Stellungnahme zur Dekadenz und zum

---

52 "Erstens läßt sich heute klar erkennen, wes Geistes Kind der Expressionismus war, und wohin dieser Geist, ganz befolgt, führt: in den Faschismus." Bernhard Ziegler, Nun ist dies Erbe zuende ..., in: *Das Wort*, 9/1937, wiederabgedruckt in: *Die Expressionismusdebatte* (Anm. 49), S. 50.

53 Ebd., S. 51. Kurella hatte 1928 in der Sowjetunion als Leiter der Abteilung Kunst des Volkskommissariats für Erziehung und Aufklärung (Narkompros) noch eine andere Haltung zur Moderne eingenommen. In der Nr. 2 der Zeitschrift *Revolutia i Kultura* schrieb er: "Proletarische Kunst betrachtet die Kunst der Vergangenheit als Vorbereitung auf einen neuen, der proletarischen Ideologie entsprechenden Stil. Nicht nur die Kunst vergangener revolutionärer Epochen (Giotto, Breughel, Goya), sondern auch revolutionäre Stile bürgerlicher Kunst der letzten zwei Jahrzehnte sind reich an Material. Futurismus, Kubismus, Suprematismus und Konstruktivismus kann man teilweise als Versuch der Künstler erklären, gleichsam als Gegengewicht zur Routine des Naturalismus, neue Formen zu finden, die der Kompliziertheit des gegenwärtigen Lebens entsprachen." Zit. nach Eckhart Gillen, Künstlerische Publizisten gegen Romantiker der roten Farbe, in: *"Kunst in die Produktion!"*, Berlin 1977, S. 129.

54 Von den Genannten hielten sich zum Zeitpunkt der Debatte außer Lukács und Kurella noch Walden, von Wangenheim und Vogeler in Moskau auf. Der Expressionismus-Befürworter Walden wurde ebenso ein Opfer Stalinscher Deportationen wie der Expressionismus-Kritiker Vogeler. Bloch befand sich zum Zeitpunkt der Debatte in Prag, Seghers in Frankreich.

Avantgardismus sollten in vergröberter Form lange Zeit richtungweisend für die
Kulturpolitik in der SBZ/DDR werden[55].

2.2.1.   Georg Lukács über Realismus und Dekadenz

Lukács Realismuskozeption begann schon in den frühen dreißiger Jahren Gestalt
anzunehmen. Von 1931 bis 1933 war er in Berlin maßgeblich an den program-
matischen Diskussionen des "Bundes proletarisch-revolutionärer Schriftsteller
Deutschlands" (BPRS) beteiligt, an dessen Vorstandssitzungen er aktiv teil-
nahm[56]. In Kritiken, die er im Organ des BPRS "Linkskurve" veröffentlichte,
wandte er sich gegen die Reportageform und das Dokumentarische in den Romanen von Bredel und Ottwalt. Lukács suchte in dieser Zeit nach einer dem Marxismus entsprechenden Abbildtheorie und einer Klärung der Beziehungen von
Literatur und Wirklichkeit. Die Mittel des Dokumentarischen betrachtete er als
unvereinbar mit einer marxistischen Weltanschauung. Dokumentarismus war für
ihn lediglich eine Form von Tendenzliteratur. Die revolutionäre Gesinnung
werde in dieser Literatur von außen an den Stoff herangetragen, statt daß sie aus
einer Gestaltung der "'objektiv treibenden Kräfte'"[57] hervorgehe. Lukács sah in
der Dokumentationsmethode den Ausdruck der Spontaneitätstheorie auf literarischem Gebiet. Die eingehende Ausarbeitung seiner Realismuskonzeption fällt in
die Zeit des Moskauer Exils und ist 1937, zum Zeitpunkt des Beginns der Expressionismusdebatte, im wesentlichen abgeschlossen. Lukács wandte sich in seinen Beiträgen zur Realismusfrage vor allem gegen die Tendenz, bestimmte literarische Richtungen, beginnend mit dem Naturalismus über den Expressionismus
bis zum Surrealismus, als *die* Kunst der Gegenwart anzuerkennen[58]. Dieser sogenannten Avantgarde sei vielmehr die Literatur der bedeutenden Realisten der
Epoche (Gorki, Thomas und Heinrich Mann, Rolland) entgegenzustellen. Um zu

---

55 Zum Einfluß Lukács' auf Literatur und Literaturtheorie in der DDR bemerkt Kurt
    Batt: "Zudem haben Lukács' literaturtheoretische Arbeiten seit dem Anfang der
    dreißiger Jahre, häufig in verwässerter und simplifizierter Weise, die Entwicklung
    der deutschen sozialistischen Literatur und deren Theorie (diese gar bis ins Voka-
    bular hinein) maßgeblich mitbestimmt, so daß sich kaum ein Schriftsteller oder Kri-
    tiker, ob er es eingestand oder nicht, den Denkbahnen des ungarischen Philosophen
    ganz entziehen konnte." Kurt Batt, Erlebnis des Umbruchs und harmonische Gestalt,
    in: *Dialog und Kontroverse mit Georg Lukács*, hrsg. v. Werner Mittenzwei, Leip-
    zig 1975, S. 244.
56 Vgl. Ingeborg Münz-Koenen, Auf dem Wege zu einer marxistischen Literaturtheo-
    rie, in: ebd., S. 106.
57 Ebd., S. 143.
58 Zu nennen sind vor allem folgende Aufsätze: Die intellektuelle Physiognomie der
    künstlerischen Gestalten, in: *Das Wort*, 4/1936; Erzählen oder Beschreiben?, in:
    Internationale Literatur, 11 u. 12/1936; Das Ideal des harmonischen Menschen in
    der bürgerlichen Ästhetik, in: *Das Wort*, 4/1938 und Es geht um den Realismus, in:
    Das Wort, 6/1938. In der SBZ/DDR wiederabgedruckt in: Georg Lukács, *Essays
    über Realismus*, Berlin 1948 und ders., *Probleme des Realismus*, Berlin/DDR 1955.

verdeutlichen, was Lukács unter Realismus und seiner Negation, der Dekadenz, versteht, beziehe ich mich zunächst auf seinen die Expressionismusdebatte abschließenden Beitrag "Es geht um den Realismus", in dem er sich mit den Argumenten seines Antipoden Bloch auseinandersetzt.

Bloch hatte im "Wort" auf die spezifische Verfahrensweise von Lukács in seiner Auseinandersetzung mit dem Expressionismus aufmerksam gemacht[59]. Er bemängelte, daß Lukács sein Urteil weniger auf die Sache selbst, d.h. die künstlerischen Werke, stützte, sondern auf Kommentare und programmatische Aussagen von Publizisten, die dem Expressionismus nahestanden. Lukács würde durch sein soziologisierendes Vorgehen den "rätselhaften Subjektausbrüchen" und den "archaisch utopischen Hypostasen" der damaligen Kunst nicht gerecht. Bloch führte das Unverständnis seines Kontrahenten auf dessen anachronistisches Wirklichkeitsverständnis zurück. Lukács setze überall eine geschlossene, zusammenhängende Wirklichkeit voraus. Dieses Totalitätsverständnis entspreche dem idealistischen Systemdenken der klassischen deutschen Philosophie. Bloch bezweifelte hingegen die Objektivität einer Realität, die als unendlich vermittelter Totalitätszusammenhang gedacht wird. Die echte Wirklichkeit sei nicht geschlossen, sie kenne auch Unterbrechungen. Lukács sehe "in einer Kunst, die Zersetzungen des Oberflächenzusammenhangs auswertet und Neues in den Hohlräumen zu entdecken versucht, selbst nur subjektivistische Zersetzung: darum setzt er das Experiment des Zerfällens mit dem Zustand des Verfalls gleich."[60]

In seiner Antwort[61] kritisierte Lukács - wie schon im Falle Bredel/Ottwalt - eine künstlerische Darstellungsweise, die der Oberfläche der Realität verhaftet bleibe. Wenn diese als zerrissener Zusammenhang erlebt werde, entspräche dies der Krisenhaftigkeit der kapitalistischen Entwicklung. Die Literatur habe aber die tieferliegenden wesentlichen Zusammenhänge zu begreifen und sie gestalterisch mit den Oberflächenphänomenen zu verknüpfen. Die von Bloch als modern bezeichneten Schriftsteller gingen in ihren Arbeiten weder weltanschaulich noch künstlerisch über das Niveau der Unmittelbarkeit hinaus. Deshalb sei das künstlerische Resultat abstrakt und inhaltsarm. Der Realist habe hingegen ein Doppeltes zu leisten: zum einen das gedankliche Aufdecken und künstlerische Gestalten der unter der Oberfläche bestehenden Zusammenhänge, zum anderen das künstlerische Zudecken der abstrahiert erarbeiteten Zusammenhänge - die Aufhebung der Abstraktion. Lukács zufolge hat der Künstler so vorzugehen wie Marx in seiner Analyse des Kapitals, indem er vom noch unbestimmt Konkreten zum Abstrakten

59 Vgl. Ernst Bloch, Diskussionen über Expressionismus, in: *Das Wort*, 6/1938, wiederabgedruckt in: *Die Expressionismusdebatte* (Anm. 49), S. 180 ff. Bloch bezog sich in seiner Stellungnahme auf einen früheren Aufsatz von Lukács, der der Debatte voranging. Vgl. Georg Lukács, "Größe und Verfall" des Expressionismus, in: *Internationale Literatur*, 1/1934, wiederabgedruckt in: ders., *Schicksalswende*, Berlin 1948, S. 180-235.
60 Bloch, Diskussionen über Expressionismus (Anm. 59), S. 186.
61 Vgl. Lukács, Es geht um den Realismus, in: ders., *Essays über Realismus* (Anm. 58).

fortschreitet, um dann wieder zum bestimmten Konkreten zurückzukehren.

Im Verzicht auf eine von ihm als "objektive Widerspiegelung der Wirklichkeit" bezeichneten Verfahrensweise sieht Lukács einen Ausdruck der *Dekadenz*. Er beruft sich in seinem Gebrauch des Dekadenzbegriffs auf Friedrich Nietzsche. Ebenso wie Nietzsche sich seinerzeit für die höchste Instanz in Fragen der "décadence" hielt[62] und einen leidenschaftlichen Kampf gegen sie führte, erklärte Lukács fünfzig Jahre später die Auseinandersetzung mit der Dekadenz zum zentralen Anliegen der marxistischen Ästhetik. Im Unterschied zu Nietzsche freilich, der sich selbst als "décadent" betrachtete und gegen sein *alter ego* ankämpfte, glaubte er sich frei davon. Lukács veröffentlichte seine erste kritische Arbeit über Nietzsche 1934 im sowjetischen Exil. Sie erschien unter dem Titel "Nietzsche als Vorläufer der faschistischen Ästhetik". Lukács erkennt in Nietzsche denjenigen, der die romantische Kulturkritik an der kapitalistischen Zivilisation fortsetze, der über den zeitgenössischen Kapitalismus mit imperialistischer Geste hinauswolle. Zentraler Punkt der ästhetischen Dekadenzkritik Nietzsches sei der, "daß in der Dekadenz ein jedes Gefühl für Einheit und Totalität verlorengeht"[63]. Lukács bezieht sich auf Nietzsches Ausführungen zur "literarischen décadence" in der Schrift "Der Fall Wagner" und räumt ein, daß sie eine Fülle von richtigen und treffenden Beobachtungen enthalte. Diesen Passus zitiert er auch in seinem späteren Essay "Es geht um den Realismus", um damit das Spezifische der avantgardistischen Kunst zu benennen. "'Womit kennzeichnet sich jede *literarische* décadence?', fragt Nietzsche, 'damit, daß das Leben nicht mehr im Ganzen wohnt. Das Wort wird souverän und springt aus dem Satz hinaus, der Satz greift über und verdunkelt den Sinn der Seite, die Seite gewinnt Leben auf Unkosten des Ganzen - das Ganze ist kein Ganzes mehr. Aber das ist das Gleichnis für jeden Stil der décadence: jedesmal Anarchie der Atome, Disgregation des Willens, 'Freiheit des Individuums', moralisch geredet, - zu einer politischen Theorie erweitert: '*gleiche* Rechte für alle'. Das Leben, die *gleiche* Lebendigkeit, die Vibration und Exuberanz des Lebens in die kleinsten Gebilde zurückgedrängt, der Rest *arm* an Leben. Überall Lähmung, Mühsal, Erstarrung *oder* Feindschaft und Chaos: beides immer mehr in die Augen springend, in je höhere Formen der Organisation man aufsteigt. Das Ganze lebt überhaupt nicht mehr: es ist zusammengesetzt, gerechnet, künstlich, ein Artefact.'"[64]

Diese auf Wagner gemünzte Charakterisierung der Dekadenz bezieht Lukács jedoch auf Nietzsche selbst. Er versuche, das einer wahren Erkenntnis nicht zugängliche Dasein, zu dem er denkerisch eine pessimistische Haltung einnehme, ästhetisch zu rechtfertigen. Dagegen stehe die klassische Ästhetik von Kant bis

---

62 Vgl. *Friedrich Nietzsche. Werke*, IV: *Aus dem Nachlaß der Achtzigerjahre. Briefe (1861-1889)*, hrsg. v. Karl Schlechta, Frankfurt a.M./Berlin/Wien 1977, S. 914.

63 Georg Lukács, Nietzsche als Vorläufer der faschistischen Ästhetik, in: ders., *Beiträge zur Geschichte der Ästhetik*, Berlin/DDR 1956, S. 301.

64 Ebd. Im Essay "Es geht um den Realismus" fehlt die Passage: "'Freiheit des Individuums', moralisch geredet, - zu einer politischen Theorie erweitert: 'gleiche Rechte für alle'."

Hegel - Lukács sieht sich in ihrer Tradition -, die von der Auffassung ausgeht, das an sich vernünftige Wesen der Welt abzubilden. Für Nietzsche habe die Kunst die Unerkennbarkeit der Welt zur objektiven Grundlage. Ihre Aufgabe sei nicht das Streben nach wahrer objektiver Darstellung, sondern Erdichtung und Zurechtmachung der Welt. Lukács zieht aus seiner Beobachtung den Schluß: "Nietzsche wird also gleichzeitig mit seiner rücksichtslosen Bekämpfung der Verlogenheit der modernen dekadenten Kunst notwendig zum Begründer einer prinzipiellen Verlogenheit als Fundament der Ästhetik. Er wird zum Begründer des modernen Antirealismus."[65] Seine pessimistisch-agnostizistische Grundhaltung müsse Nietzsche dazu treiben, in der Ästhetik alle Fragen des Gehalts gering zu achten und wie die *l'art pour l'art*-Richtung den Akzent ausschließlich auf die Form zu legen.

Ebenfalls 1934 veröffentlichte Lukács im Moskauer Exil seinen Aufsatz "'Größe und Verfall' des Expressionismus", an den sich drei Jahre später die Expressionismusdebatte anschloß. In der Beurteilung des Expressionismus knüpft er an die im Nietzsche-Essay entwickelten Überlegungen zur Dekadenz an. Als Philosophen und Theoretiker der Kunst interessieren ihn weniger die Werke der expressionistischen Schriftsteller und Maler. Ihnen widmet er kaum eine Zeile. Vielmehr stützt er sich - wie Bloch später bemängeln sollte - auf Interpreten, Nachwortverfasser von Anthologien und theoretische Wortführer wie Pinthus, Picard und Worringer. Lukács sieht seine Aufgabe vor allem darin zu zeigen, daß die Expressionisten weltanschaulich den Boden "der 'offiziellen' Philosophie des Imperialismus" nicht verlassen haben. Die Wirklichkeit werde von ihnen "als 'Chaos', also als Unerkennbares, Unerfaßbares, ohne Gesetze Existierendes aufgefaßt"[66]. Ihre Methode, die dingliche Realität zu erfassen, sei die Isolierung, das Zerreißen aller Zusammenhänge, ihr Organ der Wirklichkeitserfassung die Leidenschaft. Lukács sieht den Expressionismus lediglich als eine Fortführung der dekadenten Entwicklungen der Kunst im Imperialismus, als Fortführung und Steigerung von Naturalismus, Impressionismus und Symbolismus. "Das Neue an der schöpferischen Methode des Expressionismus liegt nun darin, daß der sich bis dahin vollziehende Abstraktionsprozeß jetzt einerseits beschleunigt, auf die Spitze getrieben, andererseits und zugleich in seiner formellen Richtung umgekehrt wird."[67] Der Expressionist abstrahiere von den typischen Zügen der objektiven Wirklichkeit und beschränke sich auf den subjektiven Reflex im Erlebnis, der ihm als das Wesentliche erscheine. Damit setze ein Prozeß der inhaltlichen Verarmung ein, denn die Beschränkung auf den subjektiven Reflex der Wirklichkeit bedeute "das bewußte Weglassen der Bestimmungen, deren Reichtum, Verknüpfung, Verflochtenheit, Wechselwirkung, Über- und Unterordnung in ihrer bewegten Systematik die Grundlage aller

---

65 Ebd., S. 307 f.
66 Lukács, "Größe und Verfall" des Expressionismus (Anm. 59), S. 219.
67 Ebd., S. 222.

Wirklichkeitsgestaltung bilden"[68]. Der von der objektiven Wirklichkeit gelöste, inhaltlich ausgehöhlte, reine Ausdruck könne in seiner Totalität nur eine leere Häufung von "Ausbrüchen" hervorbringen; Totalität erscheine deshalb im Expressionismus nur surrogathaft.

Damit erfüllt der Expressionismus bei Lukács alle wesentlichen Bestimmungen der Dekadenz: Verarmung des Inhalts, Überbetonung der Form, Unfähigkeit, den Zusammenhang der dinglichen Realität zu gestalten, Verwechslung von Erscheinung und Wesen. Was Lukács in seiner Nietzsche-Schrift als Kriterien der Dekadenz ermittelt hatte, führte er nun am Objekt des Expressionismus vor. Erschien Nietzsche dabei als ein Vorläufer der faschistischen Ästhetik, konnte nun auch der Expressionismus, weltanschaulich und ästhetisch-konzeptionell auf gleicher Grundlage wie Nietzsche stehend, in die Ahnengalerie der faschistischen Ideologie eingereiht werden.

2.2.2. Bloch und Eisler über Avantgarde und Volksfront und "Die Kunst zu erben"

Mit seiner Gegenüberstellung von Realismus und Dekadenz verband Lukács eine Verteidigung des klassischen Erbes und wandte sich gegen Versuche von Bloch und Eisler, klassisches Material für den antifaschistischen Kampf auszusondern und in spezifischer Weise zu präparieren[69]. Die klassischen Werke des Realismus müßten den breiten Massen als Ganzes nahegebracht werden, anders käme eine dauerhafte Wirkung nicht zustande. In Lukács' Plädoyer für den Realismus gingen folglich bestimmte Vorstellungen von Massenwirksamkeit und Volkstümlichkeit der Literatur ein. Aus der avantgardistischen Literatur des von Bloch und Eisler geschätzten Typus könnten die breiten Massen des Volkes nichts lernen.

Im Dezember 1937, zwei Monate nach Erscheinen des provozierenden Expressionismus-Aufsatzes von Kurella, nahmen Bloch und Eisler in der Prager "Neuen Weltbühne" zum Thema künstlerische Avantgarde und Volksfront Stellung. Ihrem gemeinsam verfaßten Beitrag lag ein Vortrag Eislers vor deutschen Volksfrontanhängern in Prag zugrunde. Die Verfasser verstanden sich als kommunistische Künstler und Theoretiker und somit als Träger des "sozial fortgeschrittensten Bewußtseins". Das Problem des Künstlers im entwickelten Kapitalismus, das

---

68 Ebd., S. 226.
69 Vgl. Ernst Bloch/Hanns Eisler, Die Kunst zu erben, in: *Die Neue Weltbühne*, Nr. 1/1938, wiederabgedruckt in: Eisler, *Musik und Politik. Schriften 1924-1948*, München 1973, S. 406-414. Auf den Vorwurf von Lukács, er würde die Klassiker zu einem "antifaschistischen Büchmann" zerpflücken, erwiderte Eisler: "In dem Artikel habe ich nur die Selbstverständlichkeit ausgesprochen, daß es unsere Pflicht ist, unseren Freunden in Deutschland dabei zu helfen. In den letzten Jahren nämlich haben die Illegalen ihrem politischen Material ein literarisches beigefügt und immer wieder werden in ihren Veröffentlichungen die Klassiker als Zeugen gegen die Diktatur aufgerufen." Hanns Eisler, Antwort an Lukács, in: *Die Neue Weltbühne*, 34. Jg. 1938, Nr. 51, wieder abgedruckt in: Eisler, *Musik und Politik*, S. 433 f.

sich im Faschismus zuspitze, sei die Isolation von den Massen. Er laufe Gefahr, ins Leere hinein zu produzieren. Bloch und Eisler stellten die Frage, ob nicht die Volksfront ebenso wie der Faschismus - wenn auch aus anderen Gründen - der neuen Kunst verständnislos gegenüberstehe. Mit der neuen Kunst meinten sie die Avantgarde, die seit dreißig Jahren das "ästhetisch fortgeschrittenste Bewußtsein" repräsentiere. Die Volksfront werde "bedingungslos die künstlerische Freiheit der von den Faschisten unterdrückten Avantgarde verteidigen", zugleich aber auch "ihre Entfremdung und Formalismen kritisieren"[70]. Die Autoren stellten die Frage, ob sich "so komplizierte und volksfremde Richtungen wie die atonale Musik, die gegenstandslose Malerei und andere differenzierte Experimente" mit den politischen Zielen der Volksfrontpolitik vereinbaren lassen. Sie beantworteten sie mit der Forderung nach einer Verbindung des "sozial fortgeschrittensten Bewußtseins" mit dem "ästhetisch fortgeschrittensten" und umgekehrt. Für Bloch und Eisler war unstrittig, daß sich die politische Avantgarde bereits bewährt habe, während über die künstlerische Avantgarde noch kein endgültiges Urteil gefällt werden könne.

In der kritiklosen Anerkennung der Avantgarderolle der kommunistischen Parteien erweist sich rückblickend die geschichtliche Schranke ihrer Argumentation. 1937, zwanzig Jahre nach der Oktoberrevolution, gab es für Bloch und Eisler trotz der sich abzeichnenden bürokratischen Erstarrung und der Umkehrung des revolutionären Prozesses in der Sowjetunion sowie der folgenschweren Niederlage der Arbeiterbewegung durch den Faschismus keinen Zweifel daran, daß die kommunistischen Parteien - "die Vorhut des Proletariats" - "das wahre Bewußtsein über die sozialen Triebkräfte und Inhalte unserer Zeit"[71] verkörperten. Für sie war es daher die Aufgabe der künstlerischen Avantgarde, die neuen künstlerischen Mittel für das Leben und die Kämpfe der breiten Massen brauchbar zu machen. Die alte Avantgarde - es fallen die Namen Schönberg, Karl Kraus, Picasso, Marc und Kandinsky - sei durch eine neue Avantgarde abgelöst worden, die begriffen habe, daß das Zeitalter des Studios und des dauernden Experiments vorbei sei. Die Kunst dieser wahren Avantgarde zeige sich darin, "daß sie sich nicht vom Alltag trennen will, sondern daß sie ihn enthält, begreift und verändert"[72].

Damit hatten Bloch und Eisler das Grundproblem der historischen Avantgardebewegungen in den ersten beiden Jahrzehnten dieses Jahrhunderts ausgesprochen, nämlich Kunst in Lebenspraxis zu überführen[73]. In den Worten der beiden Autoren: Das "ästhetisch fortgeschrittenste Bewußtsein" geht mit dem "sozial fortgeschrittensten Bewußtsein" ein Bündnis ein. In der Fixierung auf die kommunistischen Parteien wurde damit einer Entwicklung der Kunst das Wort gere-

---

70 Bloch/Eisler, Avantgarde-Kunst und Volksfront, in: ebd., S. 399.
71 Ebd., S. 400.
72 Ebd., S. 402.
73 Vgl. Peter Bürger, *Theorie der Avantgarde*, Frankfurt a.M. 1974, S. 67 ff. Vgl. dazu unten Teil II, Kap. 3.

det, in der sie vornehmlich politische Mobilisierungs- und Propagandazwecke zu
erfüllen habe. Aus der Sicht der politischen Funktionäre war jedoch eine eingrei-
fende Kunst, die nach den Vorstellungen Blochs und Eislers an den erreichten
ästhetischen Standard gebunden blieb, verdächtig, einen Rest von ästhetischer
Autonomie zu beanspruchen. Eislers Werken, die diesem selbstgestellten Anspruch zu genügen suchten, sollte deshalb in der DDR der fünfziger Jahre der
Vorwurf der Dekadenz nicht erspart bleiben.

In ihrem zweiten Essay "Die Kunst zu erben", der im Januar 1938 in der
"Neuen Weltbühne" erschien, nahmen Bloch und Eisler zum Umgang mit dem
klassischen Erbe Stellung. In ihrer Argumentation bezogen sie sich jetzt ausdrücklich auf Lukács, dessen Arbeiten zum Problem des Erbes seit 1933 in der
"Internationalen Literatur" und im "Wort" erschienen waren. Sie wandten sich
gegen seine These, die Vollendung des Aufstiegs der bürgerlichen Klasse im 19.
Jahrhundert sei der Beginn ihres künstlerischen Niedergangs. Die Gegenwart der
bürgerlichen Gesellschaft sei - so formulierten sie ihre Position - nicht nur eine
Zeit der Fäulnis, sondern des Übergangs, deren Wissenschaft und Kunst Zukünf-
tiges vorwegnehme. Durch die neuen technischen Mittel (Schallplatte, Tonfilm,
Radiosendung) seien neue Produktions- und Rezeptionsmöglichkeiten wie -pro-
bleme entstanden, die Lukács vollständig übersehe. Seinem Klassikerkult hafte
etwas Akademisches und Klassizistisches an. Der Konsument, "erschreckt von
der Fäulnis der Gegenwart, gelangweilt von der edlen Einfalt, stillen Größe der
Oberlehrer-Klassik"[74], würde nicht zum echten Homer oder Goethe geführt werden, sondern sich an der Trivialliteratur und Entspannungskunst à la Hollywood
entschädigen.

Auch Anna Seghers richtete nach Abschluß der Expressionismusdebatte im
"Wort" kritische Fragen an Lukács[75]. Sie berief sich auf Krisenzeiten in der
Kunstgeschichte, die oftmals durch Stilbrüche, Experimente und Mischformen
gekennzeichnet gewesen seien. Was Lukács als Zerfall ansehe, komme ihr eher
wie eine Bestandsaufnahme vor, was er als Formexperiment betrachte, wie ein
heftiger, unvermeidlicher Versuch, einen neuen Inhalt zu gestalten. Bemerkenswert ist, daß Seghers die These von der Inhaltsarmut der neuen Kunst nicht
gelten ließ. Was Lukács als Befangenheit in subjektiver Unmittelbarkeit, als eine
Fetischisierung der Oberfläche kritisierte, versuchte Anna Seghers aus der zeitge-
schichtlichen Situation des modernen Künstlers zu begreifen. Die Zeitumstände
wirkten auf ihn wie ein Schock, so daß er oftmals in der Unmittelbarkeit dieses
Erlebnisses stecken bleibe und nicht zu der von Lukács geforderten allseitigen
Gestaltung der Wirklichkeit vorstoße. Seghers erklärte sich mit dieser Forderung
einverstanden, sofern der ersten Stufe des künstlerischen Prozesses, der vollen

---

74 Bloch/Eisler, Die Kunst zu erben, in: Eisler, *Musik und Politik* (Anm. 69), S. 411.
75 Vgl.: Ein Briefwechsel zwischen Anna Seghers und Georg Lukács, in: *Die Expres-
    sionismusdebatte* (Anm. 49), S. 264-301. Der Briefwechsel wurde in der DDR ab-
    gedruckt in: Lukács, *Probleme des Realismus* (Anm. 58), S. 240-270.

unmittelbaren Aufnahme der Wirklichkeit im Erleben des Künstlers, ihre ganze Bedeutung zuerkannt werde.

In seiner Antwort betonte Lukács den Faktor der intellektuellen Energie des Künstlers, von dem es abhänge, ob er aus dem Erlebten das "objektiv Wesentliche" heraushole, "ob er seinen Charakter als Spiegel der Welt im bewußten Schaffensprozeß verstärkt und vollendet oder ob er nach 'artistischen' Mitteln sucht, mit deren Hilfe er die unzusammenhängenden Splitterchen zu einer künstlichen Scheineinheit verbinden kann"[76]. Lukács hielt ein literarisches Wirklichkeitsverständnis für unverzichtbar, in dem die Spiegelmetapher Stendhals auch in einer Zeit, die Bloch und Seghers als eine Epoche des Umbruchs bezeichneten, ihr Recht behielt. Daß sich für die künstlerische Wahrnehmung die Realität in Fragmente aufsplittert, konnte Lukács nur als ein Symptom der Dekadenz registrieren. Am Beispiel Kleists versuchte er nachzuweisen, daß Dekadenz ein ideologisches Problem, ein mit dem künstlerischen Schaffen aufs Innigste verbundener Ausdruck reaktionärer Weltanschauung sei. Für Lukács gewann das Thema Realismus-Antirealismus den Rang einer literarisch-künstlerischen Grundfrage, womit er das Problem auf eine Weise abhandelte, die Parallelen zu der im Marxismus-Leninismus immer wieder strapazierten Grundfrage der Philosophie erkennen ließ.

Seghers bezweifelte in ihrer Erwiderung den Nutzen der von Lukács aufgebauten Frontstellung. Man könne den Kampf gegen den Niederschlag des Faschismus in der Kunst nicht mit dem Kampf gegen die Dekadenz gleichsetzen. Gerade die Zusammenfassung der antifaschistischen Kräfte verbiete es, Verdammungsurteile auszusprechen, wo einzig solidarische Kritik am Platze wäre. Lukács' Antwort, die den Briefwechsel abschloß, erweckt den Anschein, als seien dennoch die Positionen der Schriftstellerin und des Philosophen am Ende gar nicht so weit auseinander. Es ist zu bedenken, daß Seghers den Realismusentwurf von Lukács grosso modo akzeptierte. Sie forderte letztlich nur mehr Verständnis für die Gestaltungsprobleme des in einer Übergangszeit lebenden Künstlers, eine Haltung, die sie auch in der DDR nicht preisgeben sollte: eine bescheidene Forderung angesichts der kulturpolitischen Konsequenzen des Lukácsschen Verdikts.

Ein Mitstreiter Lukács' war Johannes R. Becher, der sich jedoch nicht unmittelbar an der Expressionismusdebatte beteiligte. Neben Kurella war er der führende Kulturpolitiker der KPD im Moskauer Exil. Becher betrachtete Lukács als seinen philosophischen Lehrer. Seit den frühen dreißiger Jahren hatten sie im "Bund proletarisch-revolutionärer Schriftsteller Deutschlands" zusammengearbeitet. Der philosophische Einfluß von Lukács ist bereits an einer Formulierung Bechers aus dem Jahre 1932 ablesbar: "Die Frage der Form, der schöpferischen Methode sind für uns Fragen der Weltanschauung. Aus diesem Grunde gewinnt die Frage der Hebung des weltanschaulichen Niveaus für unsere Literatur eine

---

76 Briefwechsel, S. 280.

zentrale Bedeutung."[77] Bechers Zusammenarbeit mit Lukács setzte sich in Moskau fort. Neben der Vermittlung von Kenntnissen über die deutsche klassische Philosophie und den Marxismus schätzte Becher vor allem Lukács' Eintreten für das klassische kulturelle Erbe in der Literatur. Hatte er zur Zeit der Proklamierung der Volksfrontpolitik Mitte der dreißiger Jahre der "proletarisch-revolutionären Literatur" einen gewissen Wert zugesprochen, ging er unter dem Einfluß von Lukács gegen Ende des Jahrzehnts zu ihr immer mehr auf Distanz.

Wenn Becher in der Hochschätzung des klassischen Erbes mit Lukács auch weitgehend einer Meinung war - seiner öffentlichen Verurteilung des Expressionismus konnte er sich nicht anschließen. Aus ähnlichen bündnispolitischen Gründen, die Brecht bewogen hatten, sich zurückzuhalten, griff auch Becher selbst nicht in die Expressionismusdebatte ein[78]. Er teilte aber damals den Standpunkt von Lukács, wie aus einer späteren Tagebuchnotiz hervorgeht[79]. In der Erbe-Auffassung unterschied er sich demnach deutlich von Eisler und Bloch, die klassisches Material für den antifaschistischen Kampf aussondern und präparieren wollten, also das Maßstäbliche der klassischen Literatur ignorierten. 1938 schrieb er in der "Deutschen-Zentral-Zeitung": "Die klassische Aufgabe, die wir zu lösen haben, besteht darin, die Volkstümlichkeit der Klassiker zu erreichen, solche volkstümlichen Gestalten zu schaffen, wie deren die klassische Literatur zahlreiche aufweist, damit das gestaltete Bild für die vom Faschismus geknechteten Volksmassen zum Vorbild der Erhebung werde."[80]

Es waren die von Lukács, Kurella und Becher in den Exildebatten der dreißiger Jahre vertretenen Positionen zum klassischen Erbe, zur Frage des Realismus und der Dekadenz, die sich nach dem Kriege in der SBZ/DDR bis in die späten sechziger Jahre behaupten konnten. In Lukács' Urteil über den Expressionismus - er sei weltanschaulich reaktionär, in Form und Gehalt nicht realistisch und elitär in der Gesinnung - sind die wesentlichen Anklagepunkte zusammengefaßt, die bei der Konstituierung einer sozialistischen Kulturpolitik in der DDR die Kampagnen gegen den "Modernismus" begleiten sollten. Die der Moderne gegenüber offeneren Positionen von Bloch, Eisler und Seghers hatten es dagegen lange Zeit schwer, bei den Kulturpolitikern Gehör zu finden. Selbst Brechts materialästhetischer Umgang mit der Literatur der sogenannten Dekadenz fand erst in der zweiten Hälfte der sechziger Jahre Beachtung und gab schließlich den Anstoß zu erneuten Diskussionen über das Verhältnis von Realismus und Moderne[81].

---

77 Zitiert nach Simone Barck, 'Wir wurden mündig erst in deiner Lehre ... Der Einfluß Georg Lukács' auf die Literaturkonzeption von Johannes R. Becher, in: *Dialog und Kontroverse* (Anm. 55), S. 251.
78 Vgl. ebd., S. 269.
79 Vgl. Johannes R. Becher, *Bemühungen*, II: *Macht der Poesie. Das poetische Prinzip*, Berlin/Weimar 1972, S. 443.
80 Zitiert nach Barck, Wir wurden mündig (Anm. 77), S. 271.
81 Vgl. Werner Mittenzwei, Die Brecht-Lukács-Debatte, in: *Sinn und Form*, 19. Jg. 1967, H. 1, S. 235-269.

3. Kulturpolitische Kampagnen gegen Formalismus und Dekadenz 1945-1970

In der Zeit zwischen Kriegsende im Mai 1945 und Gründung der DDR im Oktober 1949 übte die Sowjetische Militäradministration (SMAD) die Kontrolle über das politische und kulturelle Leben in dem von der Roten Armee besetzten Teil Deutschlands aus. Der Zeitpunkt der Übernahme des sowjetischen Systems war nach übereinstimmender Auffassung sowjetischer und deutscher Kommunisten allerdings noch nicht gekommen. Vielmehr sollten die Eingriffe in Politik und Wirtschaft in Grenzen gehalten werden, um die auf Gewinnung von Bundesgenossen in der eigenen und in den westlichen Zonen gerichtete Strategie nicht zu gefährden. In einer Fortführung der im antifaschistischen Kampf seit Mitte der dreißiger Jahre befolgten Volksfrontpolitik sah die KPD den geeigneten Weg, um "bürgerliche" Mitstreiter für die Umwälzung der kapitalistischen Gesellschaftsform zu gewinnen. Der Aktualisierung des Volksfrontgedankens entsprachen die kulturpolitischen Vorstellungen der Partei für die "antifaschistisch-demokratische Übergangsperiode". Die aus dem Moskauer Exil mit der Roten Armee nach Deutschland zurückgekehrten Parteifunktionäre propagierten eine Wiederbelebung der von den Nationalsozialisten mißbrauchten oder unterdrückten nationalen kulturellen Tradition, um eine geistige Erneuerung auf breiter Basis zu erreichen. So zwiespältig in ihrer nationalistischen Tendenz manche Reden des in Kulturfragen einflußreichen KPD-Funktionärs und ehemaligen expressionistischen Dichters Johannes R. Becher[82], des späteren Kulturministers der DDR, in sowjetischen Ohren auch geklungen haben mögen, so bestand doch Einverständnis über die Wertschätzung des klassischen deutschen Erbes. Der schon 1918 zum Kommunismus konvertierte Schriftsteller Becher hatte in seinen auf Gesamtdeutschland bezogenen kulturpolitischen Aktivitäten allerdings nicht wenig Mühe, mutmaßliche Bündnispartner davon zu überzeugen, daß es Kommunisten mit ihrer Rolle als Sachwalter des bürgerlichen Erbes ernst meinten. Becher entledigte sich dieser Aufgabe mit Elan und Virtuosität. Nicht zuletzt seiner Reputation war es zu verdanken, daß neben kommunistischen Schriftstellern wie Brecht und Seghers auch linksbürgerliche Autoren wie Arnold Zweig und Heinrich Mann nach dem Krieg in der SBZ ihren Wohnsitz nahmen bzw. nehmen wollten.

Die KPD entfaltete beträchtliche organisatorische Anstrengungen, um die bürgerliche Intelligenz in ihre Kulturarbeit einzubeziehen. Dem im Juni 1945 von der SMAD zugelassenen "Kulturbund zur demokratischen Erneuerung Deutschlands", dessen Aktivität sich zunächst auf alle Besatzungszonen erstreckte, fiel unter seinem Präsidenten Becher die Aufgabe zu, die aufbauwilligen Kräfte der

---

82 Becher war vom 8.8.1945 bis 9.2.1958 Präsident des Kulturbundes, vom Dezember 1952 bis April 1956 Präsident der Deutschen Akademie der Künste und vom 7.1.1954 bis zu seinem Tode am 11.10.1958 Minister für Kultur. Vgl. SBZ von A-Z, Bonn 1963, S. 62.

deutschen Intelligenz zu sammeln. Zu den Leitsätzen des Kulturbundes gehörte die "Bildung einer nationalen Einheitsfront der deutschen Geistesarbeiter", die "Neugeburt des deutschen Geistes im Zeichen einer streitbaren demokratischen Weltanschauung" und die "Wiedererweckung und Förderung der freiheitlichen humanistischen, wahrhaft nationalen Traditionen unseres Volkes"[83]. Es bedurfte großer Skepsis und Erfahrung im Umgang mit Kommunisten, um zu ahnen, daß die "nationale Einheitsfront der deutschen Geistesarbeiter" letztlich als eine Kampfansage gegen den bürgerlichen Pluralismus und die "streitbare demokratische Weltanschauung" nur als ein Synonym für den Marxismus-Leninismus zu verstehen sei[84]. Die Überparteilichkeit des Kulturbundes blieb solange unangetastet, wie der SMAD und die deutschen Kommunisten, die die Schlüsselpositionen in dieser "Massenorganisation" besetzten, die Beachtung des Leitsatzes der Förderung freiheitlicher Traditionen für politisch opportun hielten.

In den ersten Nachkriegsjahren bekräftigten KPD- bzw. SED-Funktionäre in zahlreichen Äußerungen die Freiheit des künstlerischen Ausdrucks. Dies machte es möglich, daß Werke derjenigen Künstler, die in der Nazizeit als entartet oder zersetzend galten und verboten worden waren, der Öffentlichkeit wieder zugänglich gemacht wurden. Auf der Allgemeinen Deutschen Kunstausstellung in Dresden (August 1946) waren denn auch alle modernen Richtungen von Kokoschka bis Baumeister vertreten[85]. Die ersten Jahrgänge der Zeitschrift des Kulturbundes "Aufbau" (seit 1945) und seiner Wochenzeitung "Sonntag" (seit 1947) brachten Aufsätze über Proust und Valéry, über Kafka und Broch. Im Karl-Rauch-Verlag, Leipzig, erschien die Erzählung "Der Fremde" von Camus, im Verlag Kiepenheuer in Weimar eine Neuauflage von Kafkas Erzählband "Beim Bau der chinesischen Mauer"[86].

Diese augenscheinliche Vielfalt des kulturellen Lebens, in dem die Moderne ihren Platz hatte, darf jedoch nicht darüber hinwegtäuschen, daß die KPD und spätere SED, aber auch die einflußreichen sowjetischen Kulturoffiziere der Moderne von Anbeginn distanziert gegenüberstanden. Ein Beispiel für diese Haltung ist die Rede des für ideologische Fragen zuständigen ZK-Sekretärs der KPD, Anton Ackermann, auf der 1. Zentralen Kulturtagung der KPD (Februar 1946). Ackermann, bekannt geworden als Verkünder der These vom besonderen deut-

---

83 Karl-Heinz Schulmeister, *Auf dem Wege zu einer neuen Kultur*, Berlin (DDR) 1977, S. 46. Zur Rolle des Kulturbundes vgl. auch: *SED und Intellektuelle in der DDR der fünfziger Jahre. Kulturbundprotokolle*, hrsg. v. Magdalena Heider u. Kerstin Thöns, Köln 1990.

84 Vgl. Manfred Jäger, Literatur und Kulturpolitik in der Entstehungsphase der DDR (1945-1952), in: *Aus Politik und Zeitgeschichte.* Beilage zur Wochenzeitung "Das Parlament", B 40-41/85, 5. 10. 1985, S. 39.

85 Vgl. Karin Thomas, *Die Malerei in der DDR 1949-1979*, Köln 1980, S. 13. Zur Kunst und Kunstpolitik in der DDR vgl. die ausgezeichnete Dokumentation *Stationen eines Weges. Daten und Zitate zur Kunst und Kunstpolitik der DDR 1945-1988*, zusammengestellt v. Günter Feist unter Mitarbeit v. Eckhart Gillen, Berlin 1988.

86 Vgl. Hans-Dietrich Sander, *Geschichte der Schönen Literatur in der DDR*, Freiburg 1972, S. 93.

schen und demokratischen Weg zum Sozialismus[87], forderte bei dieser Gelegenheit die Freiheit der wissenschaftlichen Forschung und künstlerischen Gestaltung und erklärte: "Freiheit für Wissenschaft und Kunst bedeutet, daß dem Gelehrten und Künstler kein Amt, keine Partei und keine Presse dreinzureden hat, solange es um die wissenschaftlichen und künstlerischen Belange geht."[88] Er hielt es jedoch gleichzeitig für angebracht, diesem deutlichen Bekenntnis zur Freiheit von Wissenschaft und Kunst eine ebenso klare Warnung vor dem Mißbrauch dieser Freiheit folgen zu lassen: "Wenn dann aber irgendein Pseudokünstler herkommt, um Zoten über den Humanismus, die Freiheit und Demokratie oder über die Idee der Völkergemeinschaft zu reißen, dann soll er das 'gesunde Volksempfinden' ebenso empfindlich spüren wie der Pseudowissenschaftler, der mit anderen, aber nicht weniger verwerflichen Mitteln dasselbe versuchen sollte."[89] Gegen wen Ackermann das "gesunde Volksempfinden" als richtende Instanz mobilisieren wollte, geht aus einer anderen Passage seiner Rede hervor: "Aber es genügt, einmal gewisse Gemäldeausstellungen zu besuchen, um die bedauerliche Feststellung treffen zu müssen, daß mitunter Ismen gewählt werden, die schon nach dem ersten Weltkrieg versucht worden sind und heute offensichtlich nichts Besseres hervorzubringen vermögen als damals. Solche Pseudokunst kann nicht erwarten, daß sie von unserem verarmten Volke eine besondere materielle Förderung erfährt."[90] Daß hier von autorisierter KPD-Seite bereits Anfang des Jahres 1946 der Moderne in der Kunst der Kampf angesagt wurde, terminologisch und argumentativ in bruchloser Kontinuität zur Liquidierungspolitik des Dritten Reiches, ist unübersehbar. Ackermann gab deutlich zu verstehen, daß die KPD ihr Ideal in einer Kunst sehe, "die ihrem Inhalt nach sozialistisch, ihrer Form nach realistisch ist"[91]. Diese Kunst könne jedoch erst in einer sozialistischen Gesellschaft zur Geltung kommen. In der Sowjetunion mache sie "eine äußerst verheißungsvolle Entwicklung" durch. Es sei zu wünschen, "daß unsere deutschen Künstler recht bald die Möglichkeit haben, sich mit ihr näher bekannt zu machen"[92]. Für die gegenwärtige Phase der Kulturpolitik wolle die KPD sich der Parteinahme für die eine oder andere Kunstrichtung enthalten.

Der sich in diesen Aussagen schon 1946 ankündigende Feldzug gegen die Dekadenz wurde durch die literaturgeschichtlichen Arbeiten Georg Lukács' wissenschaftlich untermauert. Seine in der Moskauer Emigrationszeit entstandenen Untersuchungen zur deutschen Literaturgeschichte und zum bürgerlichen Realismus des 19. Jahrhunderts erschienen unmittelbar nach Kriegsende in mehreren Aufla-

---

87 Vgl. Hermann Weber, *DDR. Grundriß der Geschichte 1945-1981*, 3. Aufl., Hannover 1982, S. 23.
88 Anton Ackermann, Unsere kulturpolitische Sendung, in: *Zur Tradition der deutschen sozialistischen Literatur*, Bd. 3: *Eine Auswahl von Dokumenten 1941-1949*, Berlin/Weimar 1979, S. 367.
89 Ebd., S. 368.
90 Ebd., S. 369.
91 Ebd., S. 368 f.
92 Ebd., S. 369.

gen in dem vom Kulturbund betriebenen Ostberliner Aufbau-Verlag. Bereits 1945 wurden die Arbeiten "Fortschritt und Reaktion in der deutschen Literatur" und "Deutsche Literatur im Zeitalter des Imperialismus" veröffentlicht. 1948 folgten "Karl Marx und Friedrich Engels als Literaturhistoriker", "Essays über Realismus" und "Schicksalswende. Beiträge zu einer neuen deutschen Ideologie". Damit waren Lukács' wichtigste Streitschriften gegen die Dekadenz in der Literatur, darunter seine Abrechnung mit dem Expressionismus, in der Zeit des "antifaschistisch-demokratischen" Übergangs einem breiteren Publikum zugänglich und entfalteten ihre Wirkung. Die Schrift "Deutsche Literatur im Zeitalter des Imperialismus" beispielsweise erreichte bis 1950 sechs Auflagen[93]. Die Beiträge von Lukács' Kontrahenten in der Expressionismusdebatte - Brecht, Bloch, Eisler und Seghers - blieben dagegen mit Ausnahme der Briefe von Seghers dem deutschen Lesepublikum, das die Debatte im "Wort" ja nicht hatte verfolgen können, zu diesem Zeitpunkt unbekannt[94].

Soweit sich die Inanspruchnahme der bürgerlichen Traditionen für die Kulturpolitik auf Argumente Lukács' stützte, ergab sich folgendes Bild: Das nationale Erbe, das die SED lebendig halten wollte, war bereits ein reduziertes, um wesentliche Gestalten der Literaturgeschichte des 19. Jahrhunderts gereinigtes Bildungsgut. Lukács traf mit seinem Dekadenz-Verdikt die Romantiker ebenso wie die Naturalisten, wie schließlich auch den überwiegenden Teil der Literatur des 20. Jahrhunderts. Selbst der Arbeiterbewegung verbundene kommunistische Autoren wie Brecht und Seghers, aber auch die proletarisch-revolutionären Schriftsteller Bredel und Marchwitza fanden vor seinem kritischen Urteil keine Gnade[95].

Der vom Kulturbund einberufene I. Deutsche Schriftstellerkongreß (Oktober 1947) fand noch unter gesamtdeutscher Beteiligung statt. Becher bemühte sich in seiner Rede, Befürchtungen zu zerstreuen, die Literatur könnte von der Politik in Dienst genommen werden. "Wir haben es erfahren, daß von der Literatur gefordert wurde, sich den politischen Bedürfnissen zu unterwerfen, um so zu einer Art kunstgewerblich aufgeputzten Fassade der Staatsführung zu werden. Die Politik verschlingt die Literatur, wenn nicht die Literatur auf eine ihr eigentümliche und

---

93 Vgl. *Literatur in der DDR. Bibliographische Annalen 1945-1962*, Bd. I: *1945-1954*, Berlin (DDR) 1986, S. 24. Vgl. auch die Mitteilung Werner Mittenzweis: "Lukács' literaturwissenschaftliche Essays erschienen in Auflagen, wie sie früher nur Erfolgsromane erzielten", in: ders., *Das Leben des Bertolt Brecht* (Anm. 12), S. 315. Zum Einfluß Lukács' auf Literatur und Literaturtheorie vgl. außerdem Heinz-Jürgen Staszak, Das Literaturkonzept von Georg Lukács als Moment neuer Literaturverhältnisse, in: *Wiss. Zeitschr. d. W.Pieck-Univ. Rostock, Ges.Wiss.R.*, 34.Jg. 1985, H. 8, S. 11-16.

94 Brechts kritische Notizen zu Lukács erschienen erst 1966 in den *Schriften zur Literatur und Kunst*, Bd. II, Berlin/Weimar. Vgl. Mittenzwei, Die Brecht-Lukács-Debatte (Anm. 81), S. 235-269. Die in der *Neuen Weltbühne* publizierten Beiträge von Bloch und Eisler wurden 1973 in der Eisler-Werkausgabe wieder abgedruckt.

95 Vgl. Georg Lukács, Deutsche Literatur im Zeitalter des Imperialismus, in: ders., *Skizze einer Geschichte der neueren deutschen Literatur*, Berlin (DDR) 1953, S. 139-142.

selbständige Art politisch wird."[96] Becher, betrachtet man seine Rede nicht nur als einen Akt der Tartufferie[97], unterschied sich zweifellos in seiner Haltung von Schriftstellern wie Weinert und Bredel, die an die proletarisch-revolutionäre Tradition wieder anknüpfen wollten. Die Kongreßatmosphäre blieb nicht unberührt von der zu diesem Zeitpunkt in der Sowjetunion wütenden Kampagne gegen Künstler, die der Dekadenz angeklagt waren. Der anwesende sowjetische Schriftsteller Boris Gorbatow bezichtigte auf einer Pressekonferenz die Dichterin Achmatowa und den Dichter Sostschenko, in ihren Werken dem "Volksempfinden" zu widersprechen[98].

Bereits ein Jahr zuvor hatte der Leiter der Kulturabteilung der SMAD, Alexander Dymschitz, in der von der Besatzungsmacht herausgegebenen Tageszeitung "Tägliche Rundschau" für die Literaturpolitik der KPdSU geworben und die von Shdanow eingeleitete Dekadenzkampagne gegen Kritik in der westlichen Presse verteidigt[99]. Dymschitz fiel schließlich die Aufgabe zu, die Shdanowsche Kampagne 1948 in die SBZ zu importieren. Dies geschah in Parallelaktion mit SED-Kulturfunktionären. Zuvor schon war es wiederholt in der "Einheit", dem Parteiorgan der SED, zu scharfen Angriffen gegen die Moderne gekommen. Fritz Erpenbeck[100] polemisierte im März 1947 gegen die Aufführungen "sogenannter surrealistischer" Stücke auf deutschen Bühnen, Max Grabowski[101] erklärte im Oktober 1947 die surrealistische Malerei als unvereinbar mit der kommenden sozialistischen Welt. Zwei Monate bevor der Artikel "Über die formalistische Richtung in der deutschen Malerei" (November 1948) von Dymschitz erschien, faßten die bildenden Künstler im Berliner Landesverband der SED eine Entschließung, in der sie den Zweijahresplan der Partei begrüßten und sich für eine politisch engagierte Kunst aussprachen. "Wir wenden uns gegen eine formalistische Kunst, die als Ausdruck der Ausweglosigkeit der bürgerlichen Gesellschaft ihre Zuflucht in ästhetisierender Formkultivierung nimmt."[102]

---

96 Johannes R. Becher, Vom Willen zum Frieden, in: *Tradition* (Anm. 88), S. 505.

97 Vgl. Sander, *Geschichte* (Anm. 86), S. 47.

98 Siehe auch Struve, *Sowjetliteratur* (Anm. 24). Vgl. Ursula Reinhold, Humanismus und Realismus in der Diskussion, in: *Literarisches Leben in der DDR 1945 bis 1960*, Berlin (DDR) 1979, S. 148.

99 Vgl. Alexander Dymschitz, Probleme der heutigen Sowjetkunst, Tägliche Rundschau, Nr. 237, 239, 240, 11./13./15. 10. 1946, in: *Dokumente zur Kunst-, Literatur- und Kulturpolitik der SED*, hrsg. v. Elimar Schubbe, Stuttgart 1972, S. 57-65. Über die Rolle der sowjetischen Kulturoffiziere und die pädagogische Funktion der Sowjetliteratur vgl. die ausführliche Darstellung von Anneli Hartmann, Erneuerung der deutschen Kultur?, in: *Frühe DDR-Literatur*, hrsg. v. Klaus R. Scherpe u. Lutz Winckler, Hamburg/Berlin 1988, S. 33-61; vgl. auch dies./Wolfram Eggeling, Zeitverschiebungen. Sowjetisches Modell und Kulturpolitik im Nachkriegsdeutschland, in: *Text + Kritik*, H. 108/1990, S. 27-37.

100 Der Erzähler, Essayist und Theaterkritiker Fritz Erpenbeck kehrte 1945 mit der "Gruppe Ulbricht" aus dem Moskauer Exil zurück und arbeitete als Redakteur und Chefredakteur verschiedener Zeitungen und Zeitschriften (u.a. "Theater der Zeit").

101 Max Grabowski (1897-1981), Bildhauer und Maler.

102 Neues Deutschland, Nr. 227, 29.9.1948, in: *Dokumente* (Anm. 99), S. 95.

Der Artikel von Dymschitz stellte als autoritative Stellungnahme der SMAD eine auch in der Diktion beträchtliche Verschärfung des Kampfes gegen nichtgenehme Kunst dar. Dymschitz geißelte den "Antihumanismus" früherer "widernatürlich schematisierter 'Porträts'" von Picasso und den Irrationalismus und Pessimismus in den Werken seiner deutschen Epigonen. Wie vor ihm schon Anton Ackermann in seiner Polemik gegen Künstler, die die Freiheit des Ausdrucks mißbrauchten, berief sich Dymschitz auf die gesunden Instinkte des Volkes. "Im Grunde hat das Volk gesunde Ansichten über die Kunst, die Kunst der Formalisten aber ist krank und unlebendig, und das deutsche Volk befreit sich von dem Einfluß der faschistischen 'Ästhetik' sehr viel schneller, als die Herren Formalisten dies aus ihrer 'schönen Einsamkeit' heraus fassen können."[103] Der Drohgebärde sollte bald darauf die entsprechende Praxis folgen.

In seiner Rede "Der Schriftsteller und der Plan" (1948) nahm schließlich Alexander Abusch, damals Mitglied des Parteivorstandes der SED und als Bundessekretär des Kulturbundes ein Vertrauter Bechers, alle wesentlichen Gesichtspunkte des ein Jahr später einsetzenden Kulturkampfes vorweg. Er forderte die Schriftsteller auf, sich von den Überresten der Zersetzung und Dekadenz zu befreien. Die anbrechende Zeit der Erziehung des neuen Menschen müsse "auch die Zeit der Überwindung der pessimistischen, in sterilen Abstraktionen und formalistischen Experimenten sich erschöpfenden Strömungen in der Kunst sein"[104]. Trotz heftiger Kritik an der modernen Kunst in den Organen der SED und der SMAD blieb bis zur Gründung der DDR im Herbst 1949 die Vielfalt des künstlerischen Lebens erhalten. Erst die Verschärfung des Kalten Krieges zwischen der UdSSR und den Westmächten und die Vertiefung der deutschen Spaltung durch die Gründung der beiden Teilstaaten brachte die auf ein breites Bündnis mit der bürgerlichen Intelligenz abzielende Kulturpolitik zum Erliegen. Das Bestreben der SED richtete sich nun darauf, alle mit der Doktrin des sozialistischen Realismus nicht in Übereinstimmung zu bringenden künstlerischen Tendenzen administrativ auszuschalten. Eines der ersten Opfer des neuen Kurses war die von Alfred Kantorowicz herausgegebene Zeitschrift "Ost und West", die seit ihrem Erscheinen im Juli 1947 repräsentativen Wortführern verschiedener weltanschaulicher Richtungen eine Plattform bieten wollte. Die vom Kultursekretär des ZK der SED, Stefan Heymann, Ende des Jahres 1949 verfügte Einstellung der Zeitschrift wurde damit begründet, daß sich die Frage des Verhältnisses zwischen Ost- und Westdeutschland zum Zeitpunkt der Gründung der Zeitschrift anders gestellt hätte[105]. Die Gründung der Zeitschrift "Sinn und Form" Ende 1948, die Becher mitherausgab und die Peter Huchel redigierte, zeigt jedoch, daß eine Brücke zur

---

103 Alexander Dymschitz, Über die formalistische Richtung in der deutschen Malerei, Tägliche Rundschau, Nr. 271, 275, 19./24. 11. 1948, in: *Dokumente* (Anm. 99), S. 102.
104 Alexander Abusch, Der Schriftsteller und der Plan, in: *Tradition* (Anm. 88), S. 641.
105 Vgl. Alfred Kantorowicz, *Deutsches Tagebuch*, Erster Teil, München 1959, S. 656 f.

westlichen Kultur erhalten bleiben sollte. Es muß verblüffen, daß in einer Zeit dogmatischer Verhärtung in der Kulturpolitik in dieser Zeitschrift z.B. ein Aufsatz von Benjamin über Baudelaire und ein Kapitel aus Adornos und Horkheimers "Dialektik der Aufklärung" erscheinen konnten. Trotz ständiger Anfeindungen gelang es Huchel - nicht zuletzt dank der Unterstützung Brechts -, einen Gegenkurs zur Linie des sozialistischen Realismus zu steuern und die Leser in der DDR mit wichtigen Autoren der modernen Weltliteratur bekanntzumachen[106].

Die Staatsgründung gab den Startschuß für eine von bündnispolitischen Rücksichten nicht länger behinderte Übernahme der seit mehreren Jahren von der KPdSU geführten kulturpolitischen Kampagne gegen Formalismus, Kosmopolitismus und Dekadenz. Bereits im August 1946 hatte die KPdSU auf Initiative des Parteisekretärs Shdanow ihren Feldzug mit Angriffen gegen Anna Achmatowa und Michail Sostschenko eröffnet. Sostschenko wurde als "Abschaum der Literatur" bezeichnet, Achmatowa als "typische Vertreterin einer unserem Volk wesensfremden, leeren ideenlosen Poesie"[107]. Die Partei forderte für die Autoren Druckverbot. Wenige Wochen später wurden sie aus dem Schriftstellerverband ausgeschlossen[108]. Die sowjetische Führung knüpfte in ihrer Kampagne an die Prinzipien des sozialistischen Realismus an, die 1934 auf dem 1. Allunionskongreß der Sowjetschriftsteller proklamiert worden waren, nun jedoch um das vor allem während des Krieges geschürte Nationalgefühl, den Sowjetpatriotismus, ergänzt wurden[109]. Die Kampagne gegen den Kosmopolitismus erreichte 1949 ihren Höhepunkt. Für die Beurteilung ausländischer Schriftsteller war ihre

---

106 Vgl. Uwe Schoor, Ein beharrlich verteidigtes Konzept. Die Zeitschrift "Sinn und Form" unter der Chefredaktion von Peter Huchel, in: *Literatur in der DDR. Rückblicke* (*Text + Kritik*, Sonderband), München 1991, S. 53-62.

107 Struve, *Sowjetliteratur* (Anm. 24), S. 395.

108 Wischnewski, der 1947 als russischer Delegierter den 1. Deutschen Schriftstellerkongreß besuchte, hatte den Ausschluß Achmatowas vorgeschlagen. (Vgl. ebd., S. 401). Er mußte sich deshalb die Frage des amerikanischen Journalisten Melvin Lasky gefallen lassen, wie es mit der Freiheit der sowjetischen Schriftsteller bestellt sei. Hans Mayer stellt Laskys Intervention, die den Kongreß spaltete, in seinen Lebenserinnerungen unverständlicherweise mit dem Auftritt Fadejews auf dem Breslauer Friedenskongreß 1948 auf eine Stufe, obgleich Fadejew im Stile Shdanows über westliche Schriftsteller wie Sartre und Henry Miller herfiel. Vgl. Hans Mayer, *Ein Deutscher auf Widerruf. Erinnerungen*, Bd. I, Frankfurt a.M. 1982, S. 391. Zu Mayers Position im Jahre 1948 siehe unten.

109 Der exilrussische Literaturhistoriker Struve sieht in dem sich verschärfenden Kampf gegen Dekadenz und Kosmopolitismus Parallelen zu den Auseinandersetzungen zwischen Westlern und Slawophilen im 19. Jahrhundert. Die Auffassung der Slawophilen, "daß Rußland eine Welt für sich sei, dem dekadenten, selbstsüchtigen, legalistischen und individualistischen Westen überlegen", habe sich mit dem extremen Utilitarismus und Materialismus der kommunistischen Ideologie verbunden. Struve nennt drei Stoßrichtungen der Kampagne. Sie galt "1) dem Aufstöbern jener, die 'der Katzbuckelei vor dem Westen' schuldig waren und die man alsbald mit dem Ausdruck 'wurzellose Kosmopoliten ...' belegte, 2) direkten Angriffen und Anklagen gegen den 'dekadenten Westen' und die Vereinigten Staaten von Amerika im besonderen und 3) der Verherrlichung alles Russischen und der Betonung der Überlegenheit Rußlands auf allen Gebieten". Struve, *Sowjetliteratur* (Anm. 24), S. 404 f.

politische Einstellung zur Sowjetunion ausschlaggebend. Jean Paul Sartre und Henry Miller lösten als Repräsentanten der Dekadenz Joyce und Proust ab. Als Sartre in den fünfziger Jahren politische Sympathien für die Sowjetunion zu erkennen gab, wurde er unverzüglich von der Liste der dekadenten Dichter gestrichen.

Während KPD/SED-Funktionäre den Vorwurf der Dekadenz und des Formalismus bereits in der "antifaschistisch-demokratischen Übergangsperiode" wiederholt gegen Künstler des In- und Auslandes erhoben hatten, fand das Verdikt gegen den Kosmopolitismus erst 1949 Eingang in die kulturpolitische Strategie der Parteiführung. Stefan Heymann nahm die 2. Deutsche Kunstausstellung in Dresden (September/Oktober 1949) zum Anlaß, das völlige Fehlen einer wirklichen Verbundenheit mit dem Leben des Volkes zu beklagen. Die Dresdner Kunstausstellung habe "mit erschreckender Deutlichkeit offenbart, daß der geistige Gehalt fast aller Bilder und Skulpturen kosmopolitisch, das heißt national wurzellos ist"[110]. Heymann warnte die Künstler vor einem falsch verstandenen Internationalismus in der Kunst und forderte sie auf, von ihren sowjetischen Kollegen zu lernen. Der nationale Kampf um die Einheit Deutschlands und die Erhaltung des Friedens verlange den aktiven Einsatz für die nationalen Ziele, der untrennbar sei mit der Stärkung der DDR.

Zum Zeitpunkt des II. Deutschen Schriftstellerkongresses (Juli 1950) bestand in der Frage einer geplanten Literatur weitgehend Einigkeit zwischen Parteiführung und Schriftstellern. Der erste Vorsitzende des neugegründeten Schriftstellerverbandes, Bodo Uhse, beanstandete das Zurückbleiben der Literatur hinter den ökonomischen und politischen Aufgaben der Zeit und forderte die Schriftsteller gleichfalls auf, sich das notwendige Rüstzeug von der sowjetischen Literatur zu holen. Alexander Abusch nahm dieses Postulat zum Anlaß, von den Schriftstellern Werke des sozialistischen Realismus zu verlangen. Hier setzte auch die Kritik an Georg Lukács an, der meinte, die materielle Basis sei für eine solche Literatur in der DDR noch nicht gegeben[111]. Johannes R. Becher befleißigte sich in seiner Rede der neuen Sprachregelung, indem er zum Kampf gegen Amerikanismus und Kosmopolitismus aufrief und westliche Kritiker der Sowjetunion als antibolschewistisches Gesindel und literarisch getarnte Gangster bezeichnete[112]. Ähnlich unflätig sollten sich in den folgenden Jahren auch andere Künstler und Intellektuelle äußern, die vor 1949 noch eine differenziertere Ausdrucksweise bevorzugt hatten.

Der II. Schriftstellerkongreß, von Sander als erster Direktivkongreß treffend charakterisiert, fand die versammelten Schriftsteller in einer Verfassung vor, die

110 Stefan Heymann, Kosmopolitismus und Formalismus, Neues Deutschland, Nr. 281, 1.12.1949, in: *Dokumente* (Anm. 99), S. 127.

111 Vgl. Alexander Abusch, Die Diskussion in der Sowjetliteratur und bei uns, Neues Deutschland, Nr. 152, 4.7.1950, in: *Dokumente* (Anm. 99), S. 146.

112 Vgl. Johannes R. Becher, Schlußwort auf einem Schriftstellerkongreß, in: ders., *Gesammelte Werke*, Bd. 17, S. 355 f.

an einen Widerstand gegen die Anfang 1951 anlaufende Formalismuskampagne nicht denken ließ. Im Januar 1951 erschien in der "Täglichen Rundschau" eine Artikelfolge unter dem Pseudonym N. Orlow über "Wege und Irrwege der modernen Kunst"[113]. Mit diesen Beiträgen erreichte der Kampf gegen Dekadenz, Formalismus und Kosmopolitismus ein neues Stadium. Orlow griff die Redaktionspolitik der "Zeitschrift für Kunst" in Leipzig und des "Aufbaus" sowie das Volksbildungsministerium unter Paul Wandel an, denen er einen zu liberalen Umgang mit "volksfeindlicher" und "entarteter" Kunst vorwarf[114]. In mehreren Ausgaben des "Neuen Deutschlands" kritisierte der leitende Kulturredakteur Wilhelm Girnus die Zustände an den Hochschulen und in der Literaturkritik. Der aggressive Ton in den Publikationen orthodoxer SED-Funktionäre bereitete die kulturelle Öffentlichkeit auf eine Entschließung des 5. ZK-Plenums der SED (März 1951) vor. Die Partei hatte auf ihrem 3. Parteitag (Juli 1950) den ersten Fünfjahrplan beschlossen und der ideologischen Lenkung der Künste nunmehr erhöhte Wichtigkeit beigemessen. Das Übergreifen der stalinistischen Exzesse in der Kulturpolitik der KPdSU auf die DDR tat ein Übriges, um noch rigoroser als bisher gegen die Künstler vorzugehen. Dies geschah allerdings zu einem Zeitpunkt, als die Shdanowsche Kampagne in der Sowjetunion schon im Abklingen begriffen war[115].

Die Entschließung des ZK der SED unter der Überschrift "Der Kampf gegen den Formalismus in Kunst und Literatur, für eine fortschrittliche deutsche Kultur" verdient als ein Schlüsseldokument der SED-Kulturpolitik ausführlicher dargestellt zu werden. Die Direktive sollte für die gesamte Ulbricht-Ära uneingeschränkte Gültigkeit gewinnen. Die Partei hielt den Zeitpunkt für gekommen, "einen radikalen Umschwung auf allen Gebieten des kulturellen Lebens zu erzielen und mit der Lauheit und dem Versöhnlertum unerbittlich Schluß zu machen"[116]. Die Entwicklung auf kulturellem Gebiet habe nicht mit den großen Erfolgen in Politik und Wirtschaft Schritt gehalten. Für das Zurückbleiben der Kunst und Literatur hinter den Forderungen der Epoche meinte die Partei den "Formalismus" verantwortlich machen zu müssen. "Der Formalismus bedeutet Zersetzung und Zerstörung der Kunst selbst. Die Formalisten leugnen, daß die

---

113 Wie Jürgen Rühle berichtet, wurden die sog. Orlow-Artikel von den deutschen Kommunisten Kurt Magritz (Bildende Kunst), Kurt Liebknecht (Architektur), Ernst-Hermann Meyer, Georg Knepler (Musik) u.a. unter Anleitung sowjetischer Kulturoffiziere verfaßt. Vgl. ders., Der 17. Juni und die Intellektuellen, in: *17. Juni 1953. Arbeiteraufstand in der DDR*, hrsg. von Ilse Spittmann u. Karl Wilhelm Fricke, Köln 1982, S. 173, Anm. 6.

114 Vgl. N. Orlow, Wege und Irrwege der modernen Kunst, Tägliche Rundschau, Nr. 17, 20./21.1.1951, in: *Dokumente* (Anm. 99), S. 165.

115 Vgl. Sander, *Schöne Literatur* (Anm. 86), S. 110 f.; Rühle, 17. Juni (Anm. 113), S. 159. Struve meint ebenfalls, daß schon Ende 1950 ein Nachlassen der antiwestlichen Welle in der UdSSR zu beobachten gewesen sei. Vgl. Struve, *Sowjetliteratur* (Anm. 24), S. 477.

116 "Der Kampf gegen den Formalismus in Kunst und Literatur, für eine fortschrittliche deutsche Kultur". Entschließung des ZK der SED auf der 5. Tagung vom 15. bis 17. März 1951, Einheit, Nr. 8/9, 1951, in: *Dokumente* (Anm. 99), S. 178.

entscheidende Bedeutung im Inhalt, in der Idee, im Gedanken des Werks liegt. Nach ihrer Auffassung besteht die Bedeutung eines Kunstwerks nicht in seinem Inhalt, sondern in seiner Form. Überall, wo die Frage der Form selbständige Bedeutung gewinnt, verliert die Kunst ihren humanistischen und demokratischen Charakter."[117]

In der Konsequenz forderte die SED eine kunstlose Kunst, die vor allem Inhalt, d.h. Vermittlung von Ideologie, zu sein hatte. Die Kritik der Partei richtete sich jedoch nicht nur gegen Künstler, die der Frage der Form eine "selbständige Bedeutung" beimaßen, sondern auch gegen jene, die sich des Inhalts in unerwünschter agitatorischer Absicht bemächtigten. Solche Art operativer Kunst traf das Verdikt des Proletkults, dem das ZK wiederum vorwarf, die künstlerische Form zu vernachlässigen: "Die Auffassung, daß man nur mit Themen, die unsere gegenwärtigen Aufgaben, zum Beispiel Fünfjahrplan usw., behandeln und für ihre Gestaltung die künstlerische Form völlig nebensächlich sei, d.h. ohne an das klassische kulturelle Erbe anzuknüpfen, unsere kulturpolitischen Aufgaben verwirklichen könne, ist grundfalsch."[118] Die Vernachlässigung der nationalen kulturellen Traditionen setzte die Befürworter proletarisch-revolutionärer Literaturkonzepte dem Kosmopolitismusverdacht aus. Dadurch gerieten sie in die Nähe der Formalisten, denen - zusätzlich zur fehlenden Volksverbundenheit - der völlige Bruch mit dem klassischen Kulturerbe ebenfalls vorgehalten wurde. Die SED verlangte den Künstlern Unmögliches ab. Sie sollten an das klassische nationale Erbe anknüpfen, sich aber zugleich am sozialistischen Realismus der Sowjetliteratur orientieren, der in der nationalen Tradition Rußlands wurzelte. Sie sollten die künstlerische Form nicht vernachlässigen, ihr jedoch keine selbständige Bedeutung zuerkennen, sondern sich dem Primat der Politik unterordnen. Die Verwirrung unter den Künstlern war groß. Um für klare Richtlinien und Kompetenzen in der Kunstpolitik zu sorgen, beschloß die SED deshalb nach sowjetischem Vorbild staatliche Zensurstellen einzurichten.

Am 1. September 1951 wurde das "Amt für Literatur und Verlagswesen" geschaffen. Ungefähr zur gleichen Zeit nahm die "Staatliche Kommission für Kunstangelegenheiten" ihre Arbeit auf[119]. Ministerpräsident Otto Grotewohl stellte in seiner Rede, die diesem Anlaß gewidmet war, unmißverständlich fest: "Literatur und bildende Künste sind der Politik untergeordnet, aber es ist klar, daß sie einen starken Einfluß auf die Politik ausüben. Die Idee in der Kunst muß der Marschrichtung des politischen Kampfes folgen. Denn nur auf der Ebene der Politik können die Bedürfnisse des werktätigen Menschen richtig erkannt und er-

---

117 Ebd., S. 179.
118 Ebd., S. 182.
119 Das Amt leitete Fritz Apelt, der ehemalige Chefredakteur der FDGB-Zeitung "Tribüne". Apelt wurde nach Gründung des Kulturministeriums neben Abusch Stellvertreter des Ministers Becher. Leiter der Kommission wurde Helmut Holtzhauer, Hauptabteilungsleiter Ernst Hoffmann. Vgl. *Stationen eines Weges* (Anm. 85), S. 21. Holtzhauer wurde 1954 Direktor der Nationalen Forschungs- und Gedenkstätten in Weimar.

füllt werden. Was sich in der Politik als richtig erweist, ist es auch unbedingt in der Kunst."[120] Der Feststellung Jägers, daß deutlicher nicht formuliert werden konnte, daß Kunst und Literatur der jeweils verordneten Politik zu dienen hätten, ist nichts hinzuzufügen[121].

Waren in der Gründungsphase der DDR die Angriffe gegen einzelne Künstler, die man des Formalismus beschuldigte, noch ohne einschneidende Konsequenzen geblieben, so verfügte die SED zu Beginn der fünfziger Jahre über ein Instrumentarium, um ihrer Politik administrativ Nachdruck zu verschaffen. Die Methoden der Partei waren vielfältig: So wurde ein Wandbild des Malers Horst Strempel übermalt, ein Skizzenbuch von Gustav Seitz eingestampft, dem Spanienbuch von Ludwig Renn verweigerte man die Druckerlaubnis, eine Barlach-Ausstellung wurde vorzeitig geschlossen. Auch prominente Künstler wie Brecht, Dessau und Eisler blieben vom Vorwurf des Formalismus und der Dekadenz nicht ausgenommen und waren ständigen Restriktionen ausgesetzt[122].

Auf dem III. Schriftstellerkongreß (Mai 1952) wurde keinerlei Protest gegen die Übergriffe der neu geschaffenen Kunstkommissionen laut. Becher sah sich auf der wenige Wochen später stattfindenden 2. Parteikonferenz der SED, die den Aufbau des Sozialismus beschloß, vielmehr veranlaßt, den Monopolanspruch des sozialistischen Realismus in Literatur und Kunst zu bekräftigen[123]. Selbst ein der westlichen Moderne verpflichteter Autor wie Hermlin hielt mit seinem Bekenntnis zum Kampf gegen den Formalismus nicht zurück. Auf dem Kongreß junger Künstler in Berlin (April 1951) hatte er bereits den Richtlinien der Formalismus-Tagung des ZK seinen Beifall gespendet. Der Formalismus, so erklärte er, sei "der malerische, musikalische, literarische Ausdruck des imperialistischen Kannibalismus, er ist die ästhetische Begleitung der amerikanischen Götterdämmerung"[124]. Diese Position sollte Hermlin ein Jahr später auf dem III. Schriftsteller-

---

120 Otto Grotewohl, Die Kunst im Kampf für Deutschlands Zukunft, Neues Deutschland, Nr. 203, 2.9.1951, in: *Dokumente* (Anm. 99), S. 208.

121 Vgl. Jäger, *Kultur und Politik* (Anm. 16), S. 32. Die heftige Ablehnung von "Formalismus" und "Dekadenz" hat nicht zuletzt ihre Wurzeln im persönlichen Kunstgeschmack der SED-Führungskader. Über Walter Ulbricht urteilt der Brecht-Forscher Werner Mittenzwei: "Im Unterschied zu Wilhelm Pieck, der von jeher Kontakt und Gedankenaustausch mit Künstlern pflegte, hatte sich Walter Ulbricht ein Kunstverständnis angeeignet, das von dem Bildungsstreben der frühen sozialistischen Bewegung ausging, wie es sich vor dem ersten Weltkrieg formiert hatte. Die ehrliche Freude, der Stolz, daß sich der Arbeiter zum Verständnis der Gipfelleistungen deutscher Kunst emporarbeitete, bestimmte diese Haltung ... Die moderne Kunst in ihren radikalen, provokatorischen Entwürfen fand er gegen die Bemühungen des besten Teils der Arbeiter gerichtet, sich zu einem Kunstverständnis hinaufzuarbeiten, das klassische Schönheit zu verstehen und zu schätzen weiß. An diesem Punkt hörte bei ihm alle Konzilianz, alle politische Verständigung auf." Mittenzwei, *Leben* (Anm. 93), S. 432 f.

122 Vgl. z.B. die Darstellungen bei Mittenzwei (Anm. 93), S. 404-481, Sander (Anm. 86), S. 106 und Jäger (Anm. 16), S. 32.

123 Vgl. die Diskussionsrede Bechers auf der II. Parteikonferenz der SED, in: *Dokumente* (Anm. 99), S. 241.

124 *Junge Welt* vom 1.5.1951, zitiert nach Sander, *Geschichte* (Anm. 86), S. 114.

kongreß erneut beziehen[125].

Die Ereignisse des 17. Juni kamen für die meisten Künstler völlig überraschend. Sie hatten zu sehr in Wunschvorstellungen gelebt und waren offensichtlich über die Stimmungslage in der Bevölkerung nicht unterrichtet. Zudem hatte die SED den Intellektuellen zahlreiche materielle Privilegien zukommen lassen, die sie den Arbeitern und einfachen Angestellten noch mehr entfremdete. Durch die Juni-Ereignisse wachgerüttelt, kam es zu ersten kritischen Äußerungen zur Kulturpolitik der vergangenen Jahre. Die Akademie der Künste forderte die staatlichen Organe auf, sich jeder "administrativen Maßnahme in Fragen der künstlerischen Produktion und des Stils (zu) enthalten"[126]. Diese Forderung erhob auch der Kulturbund[127]. Die schärfste Kritik an der Praxis der Staatlichen Kommission für Kunstangelegenheiten übte Wolfgang Harich, Chefredakteur der "Deutschen Zeitschrift für Philosophie", in der "Berliner Zeitung", indem er die direkt Verantwortlichen - Holtzhauer, Hoffmann, Girnus und Magritz[128] - zur Rechenschaft zog. Aber auch Harich dachte nicht daran, die staatliche Kulturpolitik grundsätzlich in Frage zu stellen. Ihn störten lediglich die administrativen Methoden der genannten unmusischen Funktionäre. Für ihn gab es keinen Grund daran zu zweifeln, daß die Mehrheit der bildenden Künstler in der DDR gegen die "Machwerke abstrakter Kunst" und gegen die "Hanswurstereien des dekadenten Modernismus" eingestellt war. Harich war in seiner Abwehr des Kosmopolitismus sogar noch konsequenter als die SED-Führung, als er erklärte, "daß der richtige Grundsatz der Vorbildlichkeit der sowjetischen sozialistischen Kultur (nämlich ihres Inhalts) dazu mißbraucht wird, deutschen Künstlern, die in deutschen Traditionen verankert sind, die Übernahme von Elementen der nationalen

---

125 Vgl. ebd., S. 115. Mittenzwei weist auf die Übereinstimmung zwischen Künstlern und SED in grundlegenden politischen Fragen hin, die einen Protest gegen den kulturpolitischen Restriktionskurs erschwerte. "So sehr sich die Künstler durch die dogmatische Ausrichtung und die einengenden Festlegungen auf künstlerischem Gebiet auch beeinträchtigt fühlten, wollten sie doch insgesamt diese Kulturpolitik nicht angegriffen wissen, weil sie eben ganz unmittelbar mit dem Kampf um die Einheit Deutschlands verbunden war, weil sie von ihnen als wirksames Mittel gegen die Adenauersche Spaltungspolitik begriffen wurde." (Mittenzwei, *Leben* [Anm. 93], S. 457) Mittenzwei meint, daß dieses Einverständnis sich auch auf die Beurteilung des klassischen Erbes erstreckt habe, da ein Rekurs auf das humanistische Anliegen der Klassik am ehesten eine Verständigung der Deutschen in Ost und West über die dringlichsten politischen Fragen der Zeit zu ermöglichen schien. Ebd., S. 459.
126 "Erklärung der Deutschen Akademie der Künste". Neues Deutschland, Nr. 161, 12.7.1953, in: *Dokumente* (Anm. 99), S. 289.
127 "Vorschläge des Kulturbundes für die Entwicklung unseres Kulturlebens", Neues Deutschland, Nr. 157, 8.7.1953, in: ebd., S. 290. Zur Haltung des Kulturbundes vgl. das Protokoll der Präsidialratssitzung vom 3.7.1953, in: *Kulturbundprotokolle* (Anm. 83).
128 Neben Wilhelm Girnus (*Neues Deutschland*) war Kurt Magritz, Professor an der Leipziger Akademie für Graphik und Buchkunst und Redakteur der sowjetamtlichen *Täglichen Rundschau*, der einflußreichste Kunstkritiker. Vgl. Rühle, 17. Juni (Anm. 113), S. 173, Anm. 13.

Form des russischen Realismus nahezulegen"[129].

Die Parteiführung sah sich angesichts der gespannten Lage durch die Forderungen der Intellektuellen und Künstler zum Einlenken veranlaßt und sprach sich gegen administrative Gängelung im Kampf für den sozialistischen Realismus aus[130]. Daran, die Formalismuskampagne zu drosseln, war jedoch nicht gedacht. Der von der SED schon vor dem 17. Juni 1953 proklamierte Neue Kurs sollte - angewandt auf die Bereiche Literatur und Kunst - vor allem der geduldigen Überzeugungsarbeit an Stelle des administrativen Drucks mehr Gewicht verleihen. Die Bildung des Ministeriums für Kultur im Januar 1954, von J. R. Becher bis zu seinem Tode 1958 geleitet, war ein Schritt, die Willkür der Kunstkommissionen durch die geregelte Lenkung des Kulturbereichs zu ersetzen. Der Monopolanspruch des sozialistischen Realismus wurde insofern gemildert, als in der "Programmerklärung des Ministeriums für Kultur über den Aufbau einer Volkskultur in der Deutschen Demokratischen Republik" die Freiheit des Schaffens für eine realistische deutsche Kunst proklamiert wird, auch wenn sich die Künstler noch nicht die Methode des sozialistischen Realismus angeeignet hätten[131]. Unter den Schriftstellern mehrten sich nach dem 17. Juni die Stimmen, die öffentlich die Willkür der Kulturfunktionäre bei der Durchsetzung des sozialistischen Realismus und der Bekämpfung des Formalismus und Kosmopolitismus beim Namen nannten. Dies berührte jedoch nicht - wie Harichs Stellungnahme beweist - die Übereinstimmung im Grundsätzlichen. Vom Neuerer Brecht, selbst ein Opfer der Formalismuskampagne, war nicht zu erwarten, daß er sich für die Rezeption Kafkas, Prousts oder Joyces aussprach, obgleich er gerade Kafka viel verdankte. Sein unorthodoxer Umgang mit ästhetischen Traditionen sollte jedoch auf die nachfolgende Dichtergeneration beispielgebend wirken. Das gleiche gilt für Anna Seghers, die der Romantik und der westlichen Moderne verpflichtet war, in ihrer Funktion als Präsidentin des Schriftstellerverbandes (seit 1952) diesen Traditionslinien jedoch nicht durch ein engagiertes Eintreten zur Rehabilitierung verhalf.

Indem sie Becher zum Kulturminister machte, wollte die Parteiführung einer weiteren Eintrübung des Verhältnisses zwischen Staat und Künstlern vorbeugen. Die Person Bechers sollte dafür einstehen, daß die offiziellen Belange in der Kulturpolitik durchgesetzt, größere Spannungen mit den Künstlern aber vermieden würden. In seiner Rede auf dem IV. Schriftstellerkongreß (Januar 1956), in der er seine Idee einer Literaturgesellschaft verkündete, bezeichnete er die Oktoberrevolution als die eigentliche Geburtsstunde der in der DDR entstehenden Literatur. Die "Literatur der deutschen Arbeiterklasse" habe zugleich das klassi-

---

129 Wolfgang Harich, Es geht um den Realismus - Die bildenden Künste und die Kunstkommission, Berliner Zeitung, Nr. 160, 14.7.1953, in: *Dokumente* (Anm. 99), S. 295.
130 Vgl. die Reden von Ulbricht und Grotewohl auf der 15. ZK-Tagung der SED, in: ebd., S. 296 f.
131 Vgl. Sonntag, Nr. 42, 17.10.1954, in: *Dokumente* (Anm. 99), S. 345.

sche Erbe fortzuführen, das in der naturalistischen und expressionistischen Phase zurückgedrängt worden sei. Becher verstieg sich zu der Behauptung, daß eine Zeit der neuen Klassik "im Zeichen der Internationale des sozialistischen Realismus" angebrochen sei. In der Entschließung des Kongresses wird der sozialistische Realismus als die einzig mögliche Methode bezeichnet, den neuen Menschen in seiner umgestaltenden Kraft darzustellen[132]. Im Unterschied zu den beiden vorangegangenen Kongressen wurde Kritik am Schematismus laut, der viele Erstlingswerke des sozialistischen Realismus in der DDR charakterisierte. Brecht forderte zu ästhetischen Neuerungen und Experimenten auf. Georg Maurer empfahl den jungen Lyrikern das Studium der Expressionisten und Hermlin - nachdenklich geworden - plädierte nunmehr dafür, die Werke von Sartre, Hemingway und Faulkner zu veröffentlichen.

Der XX. Parteitag der KPdSU (Februar 1956), auf dem Chruschtschow mit Stalin abrechnete, ermutigte viele Schriftsteller, ihre Vorbehalte gegen dogmatische Tendenzen der offiziellen Kulturpolitik offen auszusprechen. Dies bedeutete keinesfalls eine grundlegende Infragestellung des Primats der Politik in künstlerischen Belangen. Es betraf lediglich die Schmalspurigkeit parteioffizieller Literaturvorstellungen, in denen Kunst letztlich als Sprachrohr von Parteibeschlüssen zur Hebung der Arbeitsproduktivität verstanden wurde. Abusch, der als Stellvertreter Bechers "die Schalthebel des kulturpolitischen Apparats bediente"[133], sah sich wenige Wochen nach dem XX. Parteitag genötigt zu erklären, daß mit dem Zusammenspiel von Dogmatikern und Formalisten Schluß gemacht werden müsse[134].

Heftige Worte mußte sich die SED von den jüngeren Schriftstellern gefallen lassen, die auf dem 2. Kongreß junger Künstler (Juni 1956) die Kulturpolitik attackierten. Der Lyriker Heinz Kahlau behauptete, die Wahrheit des Marxismus sei billigen Scheinwahrheiten geopfert worden. Bis auf wenige Ausnahmen seien die Künstler "zu Ausrufern von Parteibeschlüssen"[135] geworden. Kahlau machte sich eine Forderung Brechts zu eigen und plädierte für die Freiheit der Kunst mit einer Ausnahme: Toleranz für Faschisten und Militaristen solle ausgeschlossen bleiben[136]. Ihm sekundierte Gerhard Zwerenz, der die verheerenden Folgen des

---

132 Zur Entschließung des IV. Deutschen Schriftstellerkongresses vgl. *Neue Deutsche Literatur*, 2/1956. Auch in *Dokumente* (Anm. 99), S. 426.
133 Jäger, *Kultur und Politik* (Anm. 16), S. 71.
134 Alexander Abusch, Aktuelle Fragen unserer Kulturpolitik, Sonntag, Nr. 13, 25.3.1956, in: *Dokumente* (Anm. 99), S. 436.
135 Vgl.den Diskussionsbeitrag Heinz Kahlaus auf dem II. Kongreß junger Künstler, Forum, 12/1956, in: ebd., S. 438 f.
136 Vgl. Bertolt Brecht, Offener Brief an die deutschen Künstler und Schriftsteller, in: *Gesammelte Werke*, Bd. 19, Frankfurt a.M. 1967, S. 496. Daß Brecht in Fragen der Kunstfreiheit, soweit sie die DDR betraf, auch anders denken konnte, belegt folgender Ausschnitt aus einer Diskussion mit Kulturfunktionären und bildenden Künstlern im Februar 1955: "Unsere Politiker sind zum Beispiel gegen bestimmte Künste und Kunstausübungen, die verwirrend wirken oder demoralisierend, die die Kampfkraft schwächen. Dabei ist immer noch nicht klar, ob sie das erkennen können. Das geschieht in den seltensten Fällen, das ist sehr schwer. Aber in einer gewissen breiten

Stalinkults für die Lyrik zur Sprache brachte[137]. Im "Sonntag" meldeten sich die Lyriker Arnim Müller und Günter Kunert zu Wort. Müller sprach von den Wegschildern der Dogmatiker, die seine Verse hätten mißlingen lassen. Kunert beanstandete die zu starke Abhängigkeit des Schriftstellers von den Losungen des Tages: "Die jungen Künstler im Kapitalismus, die 'für die Ewigkeit' schreiben wollen, finden ihr extremes Pendant bei uns, wo man es für notwendig hält, über die Ereignisse des Vormittags bereits abends einen Roman anzufertigen."[138] Daß die Zeit für Poesie nicht günstig war, zeigt das Schicksal zweier älterer Autoren: Stephan Hermlin und Franz Fühmann verstummten 1958 als Lyriker.

Abusch sah sich angesichts der explosiven Stimmung, die sich nach dem XX. Parteitag unter den Künstlern zusammengebraut hatte, zu weitreichenden verbalen Zugeständnissen genötigt. Im "Neuen Deutschland" erklärte er im Juni 1956, daß die Bildung des Kulturministeriums bereits als ein Verzicht auf administrative Willkür in der Kulturpolitik zu werten sei. Der Ministerrat habe nun auch die Auflösung des Amtes für Literatur beschlossen, es solle dem Ministerium für Kultur eingegliedert werden. Die Programmerklärung des Kulturministeriums vom Oktober 1954, die allen Künstlern in der DDR Schaffensfreiheit zugesichert hatte, selbst wenn sie sich die Methode des sozialistischen Realismus noch nicht angeeignet hätten, glaubte Abusch nun "auf Grund der neuen Lage" präzisieren zu müssen: "Auch Künstler mit anderen Schaffensmethoden, also auch Nichtrealisten, die sich aufrichtig bemühen, mit den künstlerischen Mitteln gegen Militarismus und Krieg zu kämpfen, sollten von den Künstlern der Deutschen Demokratischen Republik als aufrichtige Verbündete, als Kameraden gewertet und behandelt werden."[139] Aus dem Kontext ist ersichtlich, daß Abusch mit den Nichtrealisten ausschließlich Künstler des Auslandes meinte.

Die Probe aufs Exempel sollte das Plädoyer des Leipziger Literaturprofessors Hans Mayer für die westliche Moderne sein. In einem Rundfunkbeitrag, der nach der Niederschlagung des Ungarn-Aufstandes im November 1956 nicht mehr gesendet werden durfte, der aber dennoch am 4. Dezember im "Sonntag" erschien, hatte sich Mayer zur "Gegenwartslage unserer Literatur" geäußert. Schon vorher hatte Mayer auf zwei Konferenzen zu Fragen der Literatur und Literaturwissen-

---

einfachen Art können sie es schon fassen. Sie wenden sich gegen alles, was ihnen die Kampfkraft des Proletariats zu schwächen scheint. Das ist doch selbstverständlich, das ist einfach richtig, finde ich ..." Über Paul Claudel befindet Brecht: "Das ist natürlich ein großer Künstler. Ich bin gegen ihn. Ich bin auch gegen seine Kunst, ich führe sie nicht auf, und ich bin dafür, sie zu unterdrücken persönlich, wieso denn nicht? Er kämpft, und ich kämpfe dagegen, und wer wen, wer also den andern unterdrücken kann, unterdrückt ihn doch! Aber damit unterdrücke ich große Kunst." *Brecht im Gespräch*, hrsg. von Werner Hecht, Frankfurt a.M. 1975, S. 146/147.

137 Zur Zwerenz-Rede vgl. Forum, Nr. 14/1956, in: *Dokumente* (Anm. 99), S. 439 f.
138 Günter Kunert, Wie macht man Dichter? Sonntag, 40/1956, in: ebd., S. 446.
139 Alexander Abusch, Zu einigen Fragen der Literatur und Kunst, Neues Deutschland, Nr. 178, 27.7.1956, in: ebd., S. 443.

schaft (Mai/Juni 1956) Einwände gegen die Reden Ulbrichts und Bechers auf dem IV. Schriftstellerkongreß erhoben. Er kritisierte die von Ulbricht gebrauchte Stalinsche Floskel, der Schriftsteller sei ein "Ingenieur der menschlichen Seele". Diese Ansicht verwechsele die spezifischen Arbeitsweisen der Wissenschaft und der Kunst. Sie verkenne, daß die künstlerische Art der Aneignung der Wirklichkeit eine qualitativ andere sei als die wissenschaftliche[140]. Mayer polemisierte auch gegen Bechers These, die Literatur der DDR sei aus der Literatur der Arbeiterklasse hervorgegangen. Becher übersehe, daß viele Schriftsteller aus dem Bürgertum kämen. "'Wenn gesagt worden wäre, unsere Literatur ist die Literatur, die funktionsmäßig die Aufgabe hat, den Aufbau des Sozialismus in einem Staat der Arbeiter und Bauern zu fördern, so wäre das eine richtige Fragestellung. Wenn aber gesagt wird, die heutige Literatur ist die Literatur der Arbeiterklasse, dann ist das nicht richtig. Hier liegt meiner Meinung nach eine Verwechslung von Substanz und Funktion vor.'"[141] Mayers Versuch, den Entstehungsprozeß der DDR-Literatur zu entmystifizieren, weist gleichsam auf die bekenntnishafte Aussage Stephan Hermlins auf dem VIII. Schriftstellerkongreß (1978) voraus, auf dem er sich als einen spätbürgerlichen Schriftsteller bezeichnete.

In seinem Beitrag für den "Sonntag" beklagte Mayer das mangelnde Niveau der deutschen Gegenwartsliteratur in Ost und West[142]. Dieser Mangel trete besonders deutlich vor Augen, wenn man die literarische Opulenz der zwanziger Jahre betrachte. An der neuen Literatur in der DDR beanstandete er vor allem, daß man an literarischen Mitteln und Formen festhalte, die gänzlich ungeeignet seien, neue Inhalte zu gestalten. Mayer berief sich auf den verstorbenen Bertolt Brecht, der auf die gleichen Unzulänglichkeiten immer wieder aufmerksam gemacht habe. Um künstlerisch auf der Höhe der Zeit zu sein, müßten die Schriftsteller damit beginnen, die bürgerliche und die nichtbürgerliche Moderne zu studieren. Man könne nicht so tun, als hätten Trakl und Heym, Kafka und Joyce nie existiert. Das bedeute nicht, daß er eine Kafka-Renaissance oder Joyce-Imitation fordere. Jedoch dürfe Kafka in der DDR nicht länger ein Geheimtip bleiben. Die Beschäftigung mit Form- und Inhaltsproblemen der modernen Literatur befähige noch nicht dazu, bedeutende literarische Werke zu schaffen. Die fehlende Beschäftigung mit den Werken der modernen Künstler und Schriftsteller aber werde sich in jedem Fall als Stagnation auswirken. Mayer verband sein engagiertes Plädoyer für die moderne Literatur mit einer scharfen Kritik am Sektierertum. Er

---

140 Vgl. Hans Mayer, Ein Tauwetter, das keines war, in: R. Medwedew u.a., *Entstalinisierung*, hrsg. v. R. Crusius/M. Wilke, Frankfurt a.M. 1977, S. 447. Die Formulierung "Ingenieur der menschlichen Seele" läßt sich auch als avantgardistische Metapher deuten. Vgl. oben Kap. 2.1.
141 Ebd., S. 447 f.
142 Vgl. Hans Mayer, Zur Gegenwartslage unserer Literatur, in: ders., *Nach Jahr und Tag*, Frankfurt a.M. 1978, S. 125-134.

attackierte namentlich Alfred Kurella[143], der einen Zusammenhang zwischen Personenkult, Sektierertum und literarischem Verfall in der Sowjetunion geleugnet hatte. Becher bescheinigte er das Verdienst, einen bilderstürmerischen Kurs in der Kulturpolitik verhindert zu haben.

Das Bemerkenswerte an Mayers Argumentation ist, daß er die junge DDR-Literatur in einem weltliterarischen Zusammenhang betrachtete und die schablonenhaften Abgrenzungen des sozialistischen Realismus von der Moderne, der sozialistischen von der spätbürgerlichen Literatur vermied. Ebenso wie Hermlin, mit dem zusammen er 1947 einen Essayband zur Gegenwartsliteratur herausgegeben hatte, hatte Mayer in der Zeit des beginnenden Kalten Krieges dem offiziellen Formalismusverdikt gegen die Moderne seinen Beifall nicht versagt. In einem Bericht über den Breslauer Friedenskongreß (August 1948), der Intellektuelle aus Ost und West versammelte, hieß es noch: "Fadejew spricht von dem ungesunden 'Mystizismus' T.S. Eliots, von der Rolle des 'Renegaten' Dos Passos, von der menschenverachtenden 'Pornographie' Henry Millers. Das alles wird wahrscheinlich manchen Vertretern formalistischer Ästhetik im Saal nicht sehr gefallen. Aber die Debatten haben nun eine reale Grundlage gefunden."[144] Das war im Berichterstatterton formuliert, ließ aber am Einverständnis mit Fadejew kaum einen Zweifel[145]. Sieht man von diesem Zugeständnis an den "Zeitgeist" ab, sind Mayers Verdienste um die Vermittlung der Moderne in der DDR beträchtlich[146].

Mayers Aufsatz erschien am Ende der "Tauwetterperiode", die durch die Niederschlagung des ungarischen Aufstands ihr frühes Ende fand. Die Dogmatiker in der SED sahen nun den Zeitpunkt gekommen, mit ihren Gegnern abzurechnen. Wolfgang Harich wurde am 29. November 1956 wegen "Bildung einer konspirativen staatsfeindlichen Gruppe" verhaftet, ebenso der Leiter des Aufbau-Verlags, Walter Janka, und Redakteure der Kulturbundzeitung "Sonntag". In Budapest kam Lukács in Haft. Da Kulturminister Becher gute Beziehungen zu diesem Personenkreis, von dem er sich schmählich distanzierte, nachgesagt wurden, war seine Position durch die Verhaftungswelle geschwächt[147]. Zur Schlüsselfigur der

---

143 Alfred Kurella, der 1954 aus der Sowjetunion nach Deutschland zurückgekehrt war, war zunächst Direktor des Instituts für Literatur in Leipzig und seit Oktober 1957 als Vorsitzender der Kommission für Fragen der Kultur beim Politbüro des ZK der SED einer der einflußreichsten Kulturfunktionäre in der DDR. Nach Auflösung der Kulturkommission wurde er im März 1963 Nachfolger Hermlins als Sekretär für Dichtkunst und Sprachpflege der Deutschen Akademie der Künste.

144 Hans Mayer, Tagebuch vom Breslauer Kongreß, in: *Sonntag*, 37/1948, S. 7.

145 Vgl. Mayer, *Erinnerungen* (Anm. 108), S. 409. Vgl. die Tagebuchnotiz von Max Frisch am 25.8.1948, in: ders., *Die Tagebücher 1946-1949, 1966-1971*, Frankfurt a.M. 1983, S. 261.

146 Vgl. Materialien zur Geschichte der marxistischen germanistischen Literaturwissenschaft in der DDR. Gespräche mit Alfred Klein und Siegfried Streller, in: *Zeitschrift für Germanistik*, 4. Jg. 1983, H. 4, S. 397 und 5. Jg. 1984, H. 1, S. 9.

147 Zur Rolle von Becher und Seghers im Janka-Prozeß vgl. Walter Janka, *Schwierigkeiten mit der Wahrheit*, Reinbek 1989. Zu Bechers Haltung zu den politischen Ereignissen der Jahre 1956/57 vgl. die Dokumente aus dem Becher-Archiv der Akademie der Künste, abgedruckt in: *Sinn und Form*, 43. Jg. 1991, H. 1, S. 7 ff.

nun anlaufenden Kampagne gegen Dekadenz und Revisionismus[148] wurde Alfred Kurella. Kurella übernahm im Herbst 1957 nach Wiederherstellung des Status quo ante in der Kulturpolitik die Funktion eines Vorsitzenden der Kommission für Fragen der Kultur beim Politbüro des ZK der SED und wirkte bis zum Ende der sechziger Jahre als einer der einflußreichsten Kulturfunktionäre der SED. Er verstand es, sich in der Polemik gegen Hans Mayer zu profilieren. Einer Theorie der Umfunktionierung oder Adaption modernistischer Kunstmittel, wie sie Brecht und Mayer verfochten, erteilte Kurella eine klare Absage. "Unsere Theoretiker haben es nicht verstanden, den Verfallscharakter der modernen bürgerlichen Kunst aufzuzeigen und klar zu machen, daß bestimmte Formen der modernen Kunst als Ausdrucksmittel ganz bestimmter, verfallsförmiger Auffassungen vom Menschen und seiner Zukunft zustandekommen und nicht beliebig, losgelöst von diesen Auffassungen, für andere Gefühle, Vorstellungen und Gedanken verwendet werden können."[149] Zuvor schon hatte Kurella im "Sonntag" zu Mayers Thesen Stellung genommen und sich gegen eine "Restauration der Experimente der zwanziger Jahre"[150] ausgesprochen. Kurella sah im künstlerischen Entwicklungsprozeß von Autoren wie Aragon, Becher, Brecht, Eluard, Majakowski, Neruda usw., der von avantgardistischen Anfängen zum Realismus geführt habe, den Hauptweg der modernen Literatur. Mayer setze dagegen das avantgardistische Frühwerk von den reiferen realistischen Arbeiten der Autoren ab und empfehle den jungen Schriftstellern, es sich anzueignen.

Kurellas Gegenüberstellung von mißlungenem Früh- und volkstümlichem Spätwerk bekannter kommunistischer Schriftsteller zielte bewußt darauf ab, Becher herabzusetzen, der sehr genau den Rang seiner frühen expressionistischen Gedichte kannte[151]. Der erste Sekretär der Leipziger SED-Bezirksleitung, Paul Fröhlich, stellte auf dem 32. ZK-Plenum der SED (Juli 1957) eine gedankliche Übereinstimmung zwischen Becher und Mayer fest[152]. Abusch konstruierte eine Verbindungslinie zwischen Mayer und Lukács[153]. In der Überschätzung von Werken der bürgerlichen und der Geringschätzung der neuen sozialistischen Literatur stimmten beide überein. Georg Lukács, der bis dahin unangefochtene

148 Die Revisionismuskritik - ein alter Topos marxistisch-leninistischer Ideologiegeschichte - erhielt nach dem XX. Parteitag wieder Aktualität. Jeder Versuch, das stalinistische System zu kritisieren und den Marxismus-Leninismus Stalinscher Provenienz zu revidieren, wurde von den Kritisierten als "Revisionismus" gebrandmarkt. Zur Geschichte des Revisionismusbegriffs in der DDR vgl. *DDR Handbuch*. Ltg. Hartmut Zimmermann, Bd. 2, Köln 1985, S. 1126 f.
149 Alfred Kurella, Einflüsse der Dekadenz, Sonntag, Nr. 29/1957, in: *Dokumente* (Anm. 99), S. 471.
150 Ders., Ästhetische Restauration?, in: *Sonntag*, Nr. 6/1957, S. 12.
151 Vgl. Mayer, Tauwetter (Anm. 140), S. 454.
152 Vgl. Paul Fröhlich, Kühner und mutiger im ideologischen Kampf, ND, Nr. 170, 21.7.1957, in: *Dokumente* (Anm. 99), S. 483. Vgl. Bechers Rechtfertigung in einem Brief an das Politbüro vom 10.9.1957, abgedruckt in: *Sinn und Form*, 42. Jg. 1990, H. 2, S. 336.
153 Vgl. Alexander Abusch, Es gibt nur eine Kulturpolitik, Sonntag, Nr. 30/1957, in: *Dokumente* (Anm. 99), S. 474.

Realismustheoretiker, hatte sich durch seine Beteiligung an der Revolutionsregierung Imre Nagys politisch diskreditiert und wurde fortan als Revisionist gebrandmarkt. Über das Fortleben seiner literaturtheoretischen Auffassungen wird an anderer Stelle zu sprechen sein[154]. Schärfer noch als Abusch ging Kurt Hager, seit 1955 Sekretär für Wissenschaft und Kultur des ZK der SED, mit Mayer ins Gericht. Er richtete an die Teilnehmer des Plenums die Frage, ob man es hinnehmen dürfe, "wenn das ehrliche Bemühen vieler neuer Talente um die Darstellung der neuen gesellschaftlichen sozialistischen Verhältnisse nicht gefördert, sondern verächtlich gemacht wird, wenn die antifaschistische und sozialistische Literatur schlichtweg in einen Topf geworfen wird mit der Literatur eines James Joyce, Faulkner und anderen, die den Verfall und die Krise der bürgerlichen Gesellschaft verkörpert?"[155] Hager forderte eine Hegemonie des Marxismus-Leninismus an den Hochschulen, an denen oftmals noch bürgerliche Anschauungen dominierten. Charakteristisch für Hagers Position und ähnliche ist, daß jeder Ansatz eines undogmatischen Argumentierens als bürgerlich denunziert wird[156]. Die "Bürgerlichkeit" eines Hans Mayer sah der Politbüro-Kandidat Paul Fröhlich dadurch erwiesen, daß revolutionäre Arbeiterliteratur und Neuerscheinungen "von absolut bewährten Genossen" an der Leipziger Universität keine Beachtung fänden[157]. Schließlich hielt der damalige Sekretär des Schriftstellerverbandes, Kuba (eigentlicher Name: Kurt Barthel), ein ungebärdiger Vertreter des parteioffiziellen sozialistischen Realismus, der sich durch den seit dem 17. Juni 1953 eingeschlagenen Kurs in die Defensive gedrängt fühlte, den Augenblick für gekommen, um mit seinen Widersachern abzurechnen. Er forderte auf dem 32. Plenum unter namentlicher Nennung Mayers und Alfred Kantorowicz'[158] eine Säuberung des gesamten literaturverbreitenden Apparats und des für Literaturvermittlung zuständigen Personals der Hochschulen.

Die Niederschlagung des ungarischen Aufstandes durch die Rote Armee brachte eine erneute Verhärtung in der Kulturpolitik. Die SED-Führung um Ulbricht entledigte sich ihrer politischen Gegner im Parteiapparat, die in der kurzen Phase einer zaghaften Entstalinisierung auf politische Korrekturen gedrängt hatten. Auch an der ideologischen Front waren abschreckende Sanktionen durch langjährige Haftstrafen für die "Harich-Janka-Gruppe" und durch die im März

---

154 Vgl. unten Kap. I.4.
155 Kurt Hager, Sozialistische Orientierung im Kulturbund, Sonntag, Nr. 32/1957, in: *Dokumente* (Anm. 99), S. 480.
156 Problematisch ist auch die Unterscheidung zwischen dem "Intellektuellen" Hans Mayer und "fraglos sozialistischen Schriftstellern" wie Seghers, Claudius, Heym u.a., die Wolfgang Emmerich trifft. Vgl. Emmerich, *Kleine Literaturgeschichte der DDR*, Darmstadt/Neuwied 1981, S. 85.
157 Vgl. dagegen die Mitteilungen des Mayer-Schülers Siegfried Streller (Anm. 146).
158 Alfred Kantorowicz, ehemaliger Herausgeber von "Ost und West", war Professor für Neue deutsche Literatur an der Humboldt-Universität und Leiter des Heinrich-Mann- und des Thomas-Mann-Archivs. Er bat im August 1957 in West-Berlin um politisches Asyl, nachdem er sich geweigert hatte, die Ungarn-Resolution des Schriftstellerverbandes zu unterschreiben.

1957 verfügte Zwangsemeritierung des Philosophen Ernst Bloch vollzogen worden. Auf literarisch-künstlerischem Gebiet war es das Bestreben maßgeblicher Funktionäre wie Abusch, Girnus, Hager und Kurella, die Liberalisierungstendenzen seit dem XX. Parteitag der KPdSU einzudämmen und zur restriktiven Praxis der frühen fünfziger Jahre zurückzukehren. Dies führte zu einer Verstärkung des Kampfes gegen Dekadenz und Formalismus, erweitert um das Kampffeld des Revisionismus[159].

Restriktive Wirkungen gingen vor allem von der Kulturkonferenz der SED (Oktober 1957) aus. Auf ihr wurde eine neue Phase der Kulturrevolution angekündigt, die die völlige Überwindung der bürgerlichen Ideologie in allen Bereichen des geistigen Lebens zum Ziel hatte. Die Schriftsteller wurden ermahnt, der Entschließung des IV. Schriftstellerkongresses, in der sie sich zum sozialistischen Realismus bekannt hatten, Taten folgen zu lassen. Girnus, damals Staatssekretär für Hochschulwesen, machte in seiner Rede deutlich, daß der Kampf gegen die bürgerliche Ideologie nicht allein mit geistigen Mitteln geführt werden dürfe. Die sozialistische Kultur könne nicht zur herrschenden werden, "ohne daß die sozialistische Staatsmacht ständig gestärkt wird"[160]. Franz Fühmann hat in einem späteren Interview auf die verheerenden Folgen dieser Konferenz für die Literatur in der DDR hingewiesen. Zumindest für die Lyrik läßt sich feststellen - die Beispiele Fühmanns und Hermlins belegen es -, daß durch den verhinderten Entstalinisierungsprozeß die poetische Quelle bei nicht wenigen Autoren versiegte[161].

Die Einleitung eines neuen kulturpolitischen Restriktionskurses fiel mit erhöhten Anstrengungen zusammen, die Volkswirtschaft der DDR so zu entwickkeln, daß sie die Bundesrepublik in der Pro-Kopf-Produktion überflügelte[162]. Dieses Programm wurde auf dem V. Parteitag der SED (Juli 1958) verabschiedet und mit einer kulturpolitischen Kampagne verknüpft, "die Trennung zwischen Kunst und Leben, die Entfremdung zwischen Künstler und Volk zu überwinden"[163]. In Ulbrichts Diktum, die Arbeiterklasse müsse die Höhen der Kultur erstürmen und von ihnen Besitz ergreifen, kündigte sich der "Bitterfelder Weg"

---

159 Siehe Anm. 148. Hans Mayer vertritt die Auffassung, daß erst nach 1956 kulturpolitisch Andersdenkende als "Staatsfeinde" behandelt wurden. "Da man die Schriftsteller zu fürchten hatte, aus gutem Grund, nahm man sie außerordentlich ernst. Aber die Auseinandersetzung hat damals, soweit ich sehe, bis eigentlich nach '56 gedauert. Es ist eine literarische Auseinandersetzung gewesen, denn erst nach '56, nach dem Sieg Ulbrichts, der Niederlage in Budapest, konnte Alfred Kurella auftreten und nun alles niederknüppeln lassen." Denk ich an Deutschland. Gespräch mit dem Literaturwissenschaftler und Schriftsteller Hans Mayer, in: *Publizistik & Kunst*, 5/1991, S. 36.
160 Wilhelm Girnus, Kulturfragen und Machtfragen, Sonntag, Nr. 3/1958, in: *Dokumente* (Anm. 99), S. 508.
161 Franz Fühmann, Gespräch mit Wilfried F. Schoeller, in: ders., *Den Katzenartigen wollten wir verbrennen. Ein Lesebuch*, Hamburg 1983, S. 356 f.
162 Vgl. dazu die 35. SED-ZK-Tagung. *DDR Handbuch* (Anm. 148), S. 1169.
163 Beschluß des V. Parteitages der SED, ND, Nr. 170, 18.7.1958, in: *Dokumente* (Anm. 99), S. 539.

an[164]. Auf einer Autorentagung des Mitteldeutschen Verlages in Bitterfeld, der 1. Bitterfelder Konferenz (April 1959), wurde die Losung "Greif zur Feder, Kumpel, die sozialistische Nationalliteratur braucht dich!" ausgegeben. Die zahlreich entstandenen "Zirkel schreibender Arbeiter" waren jedoch nicht das Resultat spontaner Initiativen der Arbeiter, sondern von oben initiiert und in die staatlichen Lenkungsmechanismen eingebunden. Mit dem "Bitterfelder Weg" sollte den Berufsschriftstellern, die aufgefordert wurden, in die Betriebe zu gehen und sich intensiv mit den Problemen der Arbeitswelt zu befassen, eine Konkurrenz geschaffen werden. Die SED wollte jedoch Proletkulttendenzen vermeiden und nicht zulassen, daß die Standards des bürgerlichen Erbes mißachtet würden[165]. Die Arbeitswelt wurde nun zum Thema einiger namhafter Berufsschriftsteller (Karl-Heinz Jakob, Brigitte Reimann, Erwin Strittmatter, Erik Neutsch u.a.). Den Großteil der Autoren konnte das kulturrevolutionäre Anliegen der SED jedoch nicht motivieren, sich langfristig als Arbeiterschriftsteller zu profilieren[166].

Unübersehbare Konsequenzen hatte die kulturrevolutionäre Orientierung für die gesamtdeutsche Perspektive der SED. Der Graben zwischen den beiden deutschen Staaten wurde durch das Bemühen um eine Literatur eigenen sozialistischen Zuschnitts weiter vertieft. Auf dem V. Schriftstellerkongreß (Mai 1961) kam es dennoch zu einer Begegnung mit westdeutschen Autoren. Kurella vertrat zu diesem Zeitpunkt noch die Auffassung, es gebe nur eine deutsche Literatur[167], eine Position, die in der DDR nach dem Mauerbau im August 1961 nicht mehr zu halten war. Auf dem Kongreß wurde Kritik an den administrativen Praktiken der Kulturbehörden laut. Provozierend wirkte die Rede von Günter Grass, der Kunstfreiheit in der DDR forderte. Während Abusch, der im Februar 1961 als Kulturminister durch Hans Bentzien abgelöst und zu einem der Stellvertreter des Ministerpräsidenten "strafbefördert" (Sander) worden war, dem anwesenden Martin Walser Joyce-Nachfolge vorwarf, forderte Hermlin - wie schon auf dem IV. Kongreß - die Herausgabe von Werken bedeutender Schriftsteller der Moderne.

Der Bau der Mauer verstärkte die Abgrenzung zum Westen. Abusch widersprach nun der Auffassung Kurellas, indem er auf der Präsidialratssitzung des Deutschen Kulturbundes (Dezember 1961) erklärte, daß "man auch nicht mehr

---

164 Vgl. die Rede Walter Ulbrichts auf dem V. Parteitag der SED, ND, Nr. 164, 12.7.1958, in: ebd., S. 536. Manfred Jäger bezeichnet den "Bitterfelder Weg" als "eine von oben initiierte Kampagne zur ideologisch-politischen Abstützung eines Wirtschaftsprogramms und zur Mobilisierung der Bereitschaft der Arbeiter, im sozialistischen Wettbewerb Höchstleistungen zu erstreben." Jäger, *Kultur und Politik* (Anm. 16), S. 83. Vgl. auch Sabine Brandt, "Stichwort: 'Bitterfelder Weg'", in: *Deutschland Archiv*, 22. Jg. 1989, H. 3, S. 250 f.

165 Jäger wertet als ein in Grenzen positives Ergebnis der Kampagne weniger das Hervorbringen einer authentischen Arbeiterliteratur als die Heranbildung eines breiteren und kenntnisreicheren Lesepublikums. Vgl. Jäger, *Kultur und Politik* (Anm. 16), S. 97 f.

166 Vgl. den Brief Fühmanns an den Kulturminister Bentzien, in: Franz Fühmann, *Essays, Gespräche, Aufsätze 1964-1981*, Rostock 1983, S. 7-16.

167 Vgl. Rede Alfred Kurellas auf dem V. Deutschen Schriftstellerkongreß, ND, Nr. 148, 31.5.1961, in: *Dokumente* (Anm. 99), S. 734.

verschwommen und verwaschen von der 'deutschen Kultur' im allgemeinen sprechen (dürfe); eine solche einheitliche deutsche Kultur kann in den beiden deutschen Staaten mit entgegengesetzter Entwicklung gegenwärtig nicht existieren."[168] Nach dem Schock des Mauerbaus begannen die Schriftsteller neue Hoffnung zu schöpfen, als sich in der Sowjetunion nach dem XXII. Parteitag der
KPdSU (Oktober 1961) ein zweites "Tauwetter" anzukündigen schien[169]. Die
Deutsche Akademie der Künste veranstaltete im Dezember 1962 einen Lyrikabend, auf dem u.a. Wolf Biermann auftrat. Im Oktober 1962 wurde im
"Deutschen Theater" das heftig umstrittene Stück von Peter Hacks "Die Sorgen
und die Macht" in seiner dritten Fassung uraufgeführt. Die Zeitschrift "Sinn und
Form" druckte im letzten Heft, das Ende 1962 noch unter der Leitung Huchels
erscheinen konnte, Beiträge von Sartre, Fischer und Aragon, die geeignet waren,
den Realismusbegriff um Aspekte der Moderne zu erweitern. Daß diese Versuche, den Dogmatismus in der Kulturpolitik zu durchbrechen, wenig Gegenliebe
bei den Verwaltern der Kultur fanden, sollte sich bald erweisen.

Äußerungen von Paul Fröhlich und Alfred Kurella auf dem 14. ZK-Plenum
der SED (November 1961) zeigen, daß hohe Parteifunktionäre unbeirrt an der
Vorstellung festhielten, die Kunst habe sich der Politik unterzuordnen. Fröhlich
zitierte den sowjetischen Schriftsteller Scholochow, der auf dem XXII. KPdSU-
Parteitag stolz verkündet hatte: "In erster Linie bin ich Kommunist und dann erst
Schriftsteller."[170] Dieses Credo eines Parteischriftstellers habe sich so mancher
Schriftsteller in der DDR noch nicht zu eigen gemacht, beklagte Fröhlich. Es
gebe noch Autoren, die sich nicht scheuten zu sagen, in erster Linie seien sie
Künstler, Schriftsteller und dann erst Mitglieder der SED. Kurella sekundierte
Fröhlich, indem er feststellte, Kunst sei nur dann echt, wenn sie helfe, den Auf-
bau des Sozialismus zu fördern. Kurellas Äußerung dokumentiert die Kontinuität
im Kunstverständnis führender SED-Kader seit Grotewohls Bemerkung anläßlich
der Berufung der Staatlichen Kunstkommission im August 1951, was sich in der
Politik als richtig erweise, sei es auch unbedingt in der Kunst. Auf dem 14. ZK-
Plenum übten mehrere Redner heftige Kritik am "Modernismus", ein Ausdruck,
der seit Beginn der sechziger Jahre im Vokabular der Kulturfunktionäre den Begriff Formalismus zu verdrängen begann. Ulbricht sprach von modernistischen
Auffassungen bei jüngeren Malern und - eine dialektische Retourkutsche des

---

168 Rede Alexander Abuschs vor dem Präsidialrat des Deutschen Kulturbundes, Sonn-
      tag, Nr. 52/1961, in: ebd., S. 745 f.
169 Ende 1962 erschien in der sowjetischen Literaturzeitschrift *Novyi Mir* Alexander
      Solschenizyns Erzählung "Ein Tag im Leben des Iwan Denissowitsch". Vgl. Marc
      Slonim, *Die Sowjetliteratur*, Stuttgart 1972, S. 402.
170 Diskussionsbeitrag Paul Fröhlichs auf dem 14. Plenum des ZK der SED, in: *Doku-
      mente* (Anm. 99), S. 737. In den Worten Hermann Kants, zu Protokoll gegeben
      1979 anläßlich der Exkommunikation von neun Kollegen des Schriftstellerverban-
      des, wird diese Haltung nochmals bekräftigt: "Ich bin seit 30 Jahren Parteifunktio-
      när. Und ich bin viel, viel weniger lang Schriftsteller. Als was soll ich mich denn
      nun auffassen?" Zit. nach Joachim Walther, Das Tribunal, in: *Der Spiegel*, 52/1990,
      S. 150.

Dogmatikers Ulbricht - vom "Dogmatismus der Moderne", der ein ernstes Hindernis bei der Entfaltung künstlerischer Fähigkeiten sei[171].

Als ein Hort oder besser ein Relikt des "Modernismus" in der Literaturlandschaft der DDR wurde nun die von der Deutschen Akademie der Künste (DAK) herausgegebene Zeitschrift "Sinn und Form" bezeichnet, deren gesamtdeutsche Perspektive nach dem Mauerbau nicht mehr gefragt war. Auf einer gemeinsamen Beratung des Ministerrats mit der DAK (März 1962) erklärte Ministerpräsident Stoph den Versammelten, daß nach dem 13. August 1961 kein Künstler mehr "als Wanderer zwischen zwei Welten und in doppelter Perspektive denken" könne[172]. Mitglieder der Akademie dürften Strömungen der bürgerlichen Dekadenz nicht länger Konzessionen machen. Der Formel "Wanderer zwischen zwei Welten" bediente sich auch der Präsident der Akademie, Willi Bredel, in seiner Attacke gegen die Zeitschrift "Sinn und Form", die bisher in einem imaginären Raum geschwebt habe und das künstlerisch-ideologische Leben der Akademie nicht repräsentiere. Derartiges zu unterbinden sollte das im Oktober 1962 erlassene Statut bewirken, durch das die Akademie in ihrer Arbeit auf den sozialistischen Realismus verpflichtet wurde. Mit ihrem doktrinären Festhalten an dieser Kunstdirektive fielen die Kulturpolitiker der SED zu diesem Zeitpunkt hinter die Position der KPdSU zurück. Die sowjetische Partei hatte sich 1962 zu einer "kritische(n) Richtung in der Kunst des sozialistischen Realismus" bekannt. Alexander Solschenizyns Erzählung "Ein Tag im Leben des Iwan Denissowitsch" galt aus offizieller Sicht als Beispiel dieser "gesunde(n), lebensbejahende(n) Richtung"[173]. Kurella intervenierte, als die Zeitschrift "Kunst und Literatur" ihre Leser mit neueren sowjetrussischen Publikationen bekannt machen wollte, da in der DDR die Dinge anders lägen[174]. Die These des sowjetischen Literaturwissenschaftlers und früheren Kulturoffiziers in der SBZ, Fradkin, der spätbürgerlichen Literatur neben ihrer historischen Bedingtheit auch ihre eigene künstlerische Wahrheit zuzugestehen, wies Kurella vehement zurück[175].

Als sich abzeichnete, daß der Bitterfelder Weg versandete und die kritischen Impulse des V. Schriftstellerkongresses die Schriftsteller zu eigenen Wegen ermutigten, entschloß sich die Partei, den um sich greifenden Emanzipationstendenzen zuvorzukommen. Der VI. Parteitag der SED (Januar 1963) akklamierte dem Bitterfelder Weg und sparte nicht mit Sanktionen gegen die "Abweichler". In die Schußlinie gerieten der Intendant des Deutschen Theaters, Wolfgang Langhoff, der die Aufführungen von Hacks' "Die Sorgen und die Macht" zugelassen hatte, Stephan Hermlin, Sekretär der Sektion Dichtkunst und Sprachpflege

---

171 Vgl. Bericht Walter Ulbrichts auf dem 14. Plenum des ZK der SED, ND, Nr. 327, 28.11.1961, in: *Dokumente* (Anm. 99), S. 743 f.
172 Rede Willi Stophs auf der Beratung des Ministerrats mit der DAK, ND, Nr. 103, 13.4.1962, in: ebd., S. 764.
173 Vgl. L.F. Ilgitschow, Für das Volk, im Namen des Kommunismus schaffen!, ND, Nr. 356, 29.12.1962, in: ebd., S. 802.
174 Vgl. Sander, *Schöne Literatur* (Anm. 86), S. 205.
175 Vgl. ebd.

der Deutschen Akademie der Künste, der für den Lyrikabend im Dezember 1962 verantwortlich war, und Peter Huchel, Chefredakteur von "Sinn und Form", dem "Wanderer zwischen den Welten". Selbst Willi Bredel wurde zur Rechenschaft gezogen. Kurella, der im März 1963 seinen Posten als Leiter der Kulturkommission des Politbüros einbüßte und die Nachfolge Hermlins als Sekretär der Akademie antrat (die Kulturkommission wurde aufgelöst), kritisierte an Hacks' Stück, daß es die Gegenwart im Sozialismus "grau in grau" male. SED-Mitglieder unter den Künstlern, die gegen die Parteilinie in der Kunstpolitik aufbegehrten, seien aus der Partei auszuschließen. Kurella räumte selbstkritisch ein, daß er sich als Leiter der Kulturkommission zu sehr um die kulturelle Massenarbeit gekümmert habe und dabei die Auseinandersetzung mit einzelnen Künstlern zu kurz gekommen sei.

In einer Stellungnahme der Parteizeitschrift "Einheit" (Februar 1963) wurde Günter Kunert vorgeworfen, ebenso wie sein Kollege Peter Hacks in einem Fernsehskript einen "Grau-in-Grau-Standpunkt" zu beziehen und das Leben in der DDR von einer kritisch-negierenden Position aus zu betrachten. Solche "Kritiker der Enge" erwiesen sich sehr schnell "als Verfechter der Enge einer modernistisch-formalistischen, schematischen Kunst"[176]. In der SED-Kritik an Kunert wird die Methode der marxistisch-leninistischen Literaturkritik exemplarisch sichtbar. Sobald ein literarischer Text von der vorgeschriebenen, politisch-konjunkturellen Schwankungen unterworfenen Norm abwich, versah man ihn mit dem Etikett "bürgerlich". Er galt dann als "formalistisch", "dekadent", "modernistisch" usw. Als besonders bedrohlich kennzeichnete die "Einheit" eine Entwicklung, die als "Abrüstung der Kultur" umschrieben wurde. Diese Position der Koexistenz auf ideologisch-kulturellem Gebiet habe Sartre im Sommer 1962 auf dem Weltfriedenskongreß in Moskau vertreten. Peter Huchel hatte die Rede in der letzten von ihm geleiteten Ausgabe von "Sinn und Form" abgedruckt. Die "Einheit" bezichtigte in diesem Zusammenhang Hermlin und den Bildhauer Fritz Cremer, den Begriff der sozialistischen Kunst so weit auszudehnen, daß alles darin Platz fände, was nicht faschistisch, militaristisch oder rassistisch sei. Damit würde der Dekadenz der Boden bereitet. In diesem Sinne allerdings hatte Peter Huchel "Sinn und Form" geleitet, über alle Kampagnen gegen Formalismus und Dekadenz in den fünfziger Jahren hinweg. Er hielt sich in seiner Redaktionspolitik ebenso wie Heinz Kahlau in seiner Rede auf dem Kongreß junger Künstler 1956 an die kulturpolitischen Vorstellungen Brechts, der im September 1951 in einem "Offenen Brief an die deutschen Künstler und Schriftsteller" völlige Kunstfreiheit - mit einer Einschränkung - gefordert hatte: "Keine Freiheit für Schriften und Kunstwerke, welche den Krieg verherrlichen oder als unvermeidbar hinstellen und für solche, welche den Völkerhaß fördern."[177] Die Arbeiten Brechts, Seghers', Arendts, Eislers, Dessaus u.a. negierend, wandte sich die "Einheit"

---

176 Es gibt keine ideologische Koexistenz, Einheit, 2/1963, in: *Dokumente* (Anm. 99),
     S. 823.
177 B. Brecht, Offener Brief (Anm. 136).

gegen die "als unhaltbar bewiesene These, daß man mit modernistischen Mitteln eine sozialistische Thematik gestalten könne"[178]. Dies seien Versuche, eine "gemäßigte" sozialistische Kunstentwicklung mit der spätbürgerlichen Dekadenz zu verbinden, ein Vorwurf, der vor allem auf Peter Huchels Redaktionstätigkeit zielte. Ende 1962 mußte Huchel seinen Dienst quittieren. Im März 1963 wurde Hermlin als Sekretär der Akademie entlassen.

Die Kampagne gegen Huchel, Hermlin, Kunert und Hacks, von der "Einheit" verdächtigt, der Dekadenz den Boden zu bereiten, erreichte auf der Beratung des SED-Politbüros und des Ministerrats mit den Schriftstellern und Künstlern (März 1963) ihren Höhepunkt. Der Tagung war eine Veranstaltung der KPdSU vorangegangen, auf der Chruschtschow mit Ehrenburg und Jewtuschenko wegen falscher Konzessionen an den Formalismus abgerechnet hatte. Kurt Hager, seit dem VI. Parteitag Politbüromitglied, unterstrich die Richtigkeit des Bitterfelder Weges und führte in seiner Liste abweichender Positionen neben Huchel, Hacks und Hermlin auch Kunert auf. Dieser habe in seinem Fernsehfilm "Monolog für einen Taxifahrer" einen Charakter gestaltet, der pessimistische und nihilistische Züge trage. Der sozialistischen Gesellschaft werde der Kult des Einzelgängertums, dem optimistischen Lebensgefühl des sozialistischen Menschen die existentialistische Philosophie der Hoffnungslosigkeit entgegengestellt. Diese reaktionär-bürgerliche Auffassung der Gegenwart bediene sich in ihrer Gestaltung Kunstmittel der "westlichen sogenannten 'Moderne'"[179]. Von neueren Gedichten Kunerts wußte Hager zu berichten: "Die Skala seiner Gedichte reicht von der Dämonisierung der Technik, dem Gefühl der völligen Vereinsamung des Menschen, einem auf die Atomkriegspsychose gegründeten Nihilismus bis zum Zweifel am Sinn des Lebens überhaupt."[180] Kunerts literarische Arbeiten erfüllten somit in jeder Hinsicht die Kriterien der Dekadenz und des Modernismus. Das Skandalöse der Entwicklung glaubte Hager darin erblicken zu müssen, daß es in der DDR Schriftsteller, Literaturkritiker und Lektoren gäbe, die in Kunerts Gedichten das "Zeitbewußtsein des modernen sozialistischen Menschen" gestaltet fänden. Zu Hagers ideologiekritischer Kunert-Exegese lieferte Abusch die literarhistorische Ergänzung. Er diagnostizierte eine Abkehr Kunerts von seinen großen Lehrern Becher und Brecht und eine Regression hin zu Kafka und Benn. Er bezichtigte den "Genossen Kunert" des geistigen Verrats an der Partei und erkannte hellsichtig, daß Kunert sich "vor die größte geistige Entscheidung seines Lebens gestellt" sehe, "nämlich zurückzukehren aus den hoffnungslosen grauen Gefilden von Kafka und Benn in die lebensstarke Welt des umfassenden Aufbaus des Sozialismus"[181].

---

178 Es gibt keine ideologische Koexistenz (Anm. 136), S. 823.
179 Kurt Hager: Parteilichkeit und Volksverbundenheit unserer Literatur und Kunst, ND, Nr. 89, 30.3.1963, in: *Dokumente* (Anm. 99), S. 871.
180 Ebd., S. 872.
181 Alexander Abusch: Zur nationalen Rolle unserer Republik und ihrer Kunst, Sonntag, Nr. 6/1963, in: ebd., S. 882. Vgl. Kunerts Rückblick auf die Kampagne: Die

Der VI. Parteitag der SED war ein Versuch, die auf kulturellem Gebiet leben-
digen Entstalinisierungstendenzen einzugrenzen und durch eine ökonomische
Modernisierungsstrategie neue gesamtgesellschaftliche Perspektiven zu eröffnen.
Das Reformprojekt "Neues ökonomisches System der Planung und Leitung der
Volkswirtschaft" (NÖS) ließ Ansätze zu einer Demokratisierung der Wirtschaft
erkennen und trug zu einer gewissen Aufbruchsstimmung in Teilen der Bevölkerung bei, von der auch die Schriftsteller erfaßt wurden. Werke von Strittmatter
("Ole Bienkopp"), Wolf ("Der geteilte Himmel") und Neutsch ("Spur der
Steine"), die für die dynamische Tendenz des NÖS stehen, folgten nicht mehr
dem Muster der Produktionsliteratur der fünfziger Jahre, sondern gaben einer
"neuen Subjektivität" Ausdruck[182]. In der Lyrik trat eine neue Generation
(Kunze, Mickel, Endler, Braun, R. und S. Kirsch u.a.) mit Arbeiten in Erscheinung, die sich durch eine unkonventionelle Sprache und die Rehabilitierung des
"gescholtene(n), geschmähte(n), denunzierte(n) Ich" (Günter Wünsche) auszeich-
neten[183]. Eine neue Phalanx von Kulturfunktionären - Hans Koch[184], Heinz Plavius[185], Arno Hochmuth[186] - befleißigte sich, die neue Literatur mit den kulturpolitischen Leitlinien des "Bitterfelder Weges" in Einklang zu bringen.

Bei der Vorbereitung der 2. Bitterfelder Konferenz zeigte sich die zwiespältige
Reaktion der Schriftsteller auf die Forderung der Partei, Betriebsromane zu
schreiben, in einer Reihe von Briefen, die unter dem Titel "In eigener Sache" pu-
bliziert wurden[187]. Ein besonders aufschlußreiches Dokument ist der Brief Franz
Fühmanns an Kulturminister Bentzien[188]. Fühmann beklagte, daß die kulturpolitischen Instanzen nur den sozialen, nicht aber den persönlichen Auftrag des
Schriftstellers sähen. Der Betrieb, der Alltag des Arbeiters, sei aber nicht das
Thema, zu dem er sich künstlerisch hingezogen fühle. Fühmann plädierte für eine
Vielzahl von literarischen Formen und Genres, für mehr Phantasie und Fabulier-
kunst. Ebenso nachdrücklich wie vor ihm Hermlin auf dem IV. und V. Schrift-
stellerkongreß setzte sich Fühmann für eine ernsthafte Beschäftigung mit wichti-

---

Zeit der Schurken. Mit Günter Kunert sprach Günter Netzeband, in: *Sonntag*, Nr.
36/1990, S. 3 f.

182 Vgl. Emmerich, *Literaturgeschichte* (Anm. 156), S. 145. Sander kennzeichnet sie
als "Verfallsprodukte des sozialistischen Realismus". Vgl. Sander, *Schöne Literatur*
(Anm. 86), S. 214.

183 Vgl. Emmerich, *Literaturgeschichte* (Anm. 156), S. 171.

184 Hans Koch war seit 1963 1. Sekretär des Schriftstellerverbandes und Mitglied des
Präsidialrats des Kulturbundes. 1966 wurde er wissenschaftlicher Mitarbeiter des
Ministeriums für Kultur, seit 1969 bis zu seinem Tode 1986 war er Professor für
marxistische Kultur- und Kunstwissenschaft am Institut für Gesellschaftswissen-
schaften beim ZK der SED. Vgl. Günther Buch, *Namen und Daten wichtiger Personen der DDR*, 3. Aufl, Berlin/Bonn 1982, S. 161 f.

185 Heinz Plavius (gest. 1985) war stellvertr. Chefredakteur der "Neuen Deutschen Literatur".

186 Arno Hochmuth war seit 1963 Mitglied des Präsidialrats des Kulturbundes und
1966-1972 Leiter der Abteilung Kultur beim ZK der SED. Vgl. Buch, *Namen* (Anm.
184), S. 123.

187 Vgl. *In eigener Sache*, hrsg. v. E. Kohn, Halle 1964.

188 Vgl. Fühmann, *Essays* (Anm. 166).

gen Werken der "spätbürgerlichen (und nicht mehr nur, so wird sich vielleicht dabei herausstellen, spätbürgerlichen) Kultur"[189] ein. Die sich mehrenden Stimmen für eine offene Auseinandersetzung mit der Moderne kündeten von einem Klimawechsel in der ästhetischen Diskussion. Am 27./28. Mai 1963 hatte in Liblice bei Prag die internationale Kafka-Konferenz stattgefunden, auf der die Aktualität Kafkas auch für die sozialistischen Länder anerkannt wurde. Die Initiative zur Rehabilitierung Kafkas ging von dem österreichischen Literaturwissenschaftler und Schriftsteller Ernst Fischer, dem französischen Philosophen Roger Garaudy, dem tschechoslowakischen Germanisten Eduard Goldstücker und anderen Delegierten aus Polen, Ungarn und der Tschechoslowakei aus. Einzig die Konferenzteilnehmer aus der DDR äußerten Vorbehalte gegen eine Intensivierung der Kafka-Rezeption in den sozialistischen Ländern[190]. Im Mittelpunkt des erwachenden Interesses an Kafka stand die Entfremdungsproblematik. Mehrere Teilnehmer konstatierten das Weiterbestehen von Entfremdungsphänomenen in den sozialistischen Ländern. Kafka habe wie kein anderer Schriftsteller dieses Jahrhunderts Erscheinungen wie Bürokratisierung, Entrechtung und Reduktion des Menschen auf eine Teilfunktion in einem überdimensionalen Räderwerk literarisch gestaltet. Die Schriftsteller in den sozialistischen Ländern seien aufgerufen, sich mit dem Prager Dichter auseinanderzusetzen. Seine Schriften sollten endlich gedruckt und jedem zugänglich gemacht werden. Vor allem die Beiträge von Garaudy und Fischer sprengten die herkömmlichen Vorstellungen von einer Literatur des sozialistischen Realismus. Garaudy plädierte für einen "Realismus ohne Ufer". Fischer polemisierte gegen einen undifferenzierten Gebrauch des Dekadenzbegriffs und knüpfte an Überlegungen an, die er Ende 1962 in "Sinn und Form" dargelegt hatte[191].

Die SED bewertete die Prager Kafka-Konferenz als einen Versuch revisionistischer Kreise, den offiziellen Marxismus-Leninismus und die darauf fußende Politik der sozialistischen Länder in Frage zu stellen[192]. In einer Rede auf der 2. Bitterfelder Konferenz (April 1964) nahm Ulbricht persönlich zur Debatte um Entfremdung, Realismus und Dekadenz Stellung, nachdem Kurella mit großem publizistischen Aufwand die Zulässigkeit der Entfremdungskategorie für die Analyse sozialistischer Länder in Abrede gestellt hatte[193]. Ulbricht wandte sich gegen Garaudys Formel vom "Realismus ohne Ufer", die auf eine ideologische Koexistenz mit bürgerlichen Positionen zusteuere. Entgegenständlichung der Wirklichkeit, Verzerrung des Menschenbildes und formalistische Absurditäten hätten im Realismusbegriff keinen Platz. Der Dekadenzbegriff sei deshalb kultur- und kunstpolitisch unverzichtbar. Hans Koch brachte die ablehnende Haltung der

---

189 Ebd., S. 14.
190 Vgl. unten Teil I, Kap. 4.
191 Vgl. Ernst Fischer, Entfremdung, Dekadenz, Realismus, in: *Sinn und Form*, 14. Jg. 1962, H. 5/6, S. 816 ff. Siehe auch unten Teil II, Kap. 2.1.
192 Vgl. den Bericht des Politbüros von Horst Sindermann auf dem 5. ZK-Plenum der SED (Februar 1964), ND, Nr. 44, 13.2.1964, in: *Dokumente* (Anm. 99), S. 916.
193 Vgl. unten, Teil I, Kap. 4.

Kulturfunktionäre gegen eine Revision des Dekadenzverdikts auf die Formel, es sei "kulturpolitisch Selbstmord", ein Realismuskonzept vorzuschlagen, das sich am Erlebnis der menschlichen Selbstentfremdung, der Entfremdung vom bürokratischen Staat oder in der Produktion orientiere. Die neue Wirtschafts- und Planungspolitik der SED sei ein Beweis dafür, daß der Prozeß, jegliche Form der Entfremdung aufzuheben, in vollem Gange sei[194].

Das Bedürfnis nach einer offenen Auseinandersetzung mit der Moderne war nach der Prager Kafka-Konferenz bei einer Reihe von Schriftstellern spürbar gewachsen. Sie fühlten sich durch den liberaleren Umgang mit spätbürgerlichen Kunsttraditionen in den sozialistischen Nachbarländern ermutigt, nun selbst gegen den Stachel zu löcken. Auf einem internationalen Schriftstellerkolloquium in Ost-Berlin (Dezember 1964), über das die Tagespresse in der/DDR nicht berichtete, wurden offene Worte gewechselt. Erst im März-Heft der Zeitschrift des Schriftstellerverbandes "Neue Deutsche Literatur" erschienen Ausschnitte aus den Reden. Hermlin, der sich wiederholt für die Verbreitung der Werke spätbürgerlicher Autoren eingesetzt hatte, ging energisch mit den Dogmatikern der SED ins Gericht, die ihn vor nicht langer Zeit zur Selbstkritik genötigt hatten[195]. Die Moderne, daran gebe es keinen Zweifel, werde trotz aller Modetorheiten in ihren wesentlichen Zügen bestehen bleiben. Die These des polnischen Kolloquiumteilnehmers Naganowski, die geringe internationale Wirkung der DDR-Literatur sei darauf zurückzuführen, daß die Schriftsteller die "Ahnherren der modernen Poesie" - Kafka, Joyce, Proust, Musil und Rilke - nicht kennten, veranlaßte den Chefredakteur der "Neuen Deutschen Literatur", Wolfgang Joho, zu dem Eingeständnis, daß man vielfach aus Unkenntnis und Mangel an Unterscheidungsvermögen allzu oberflächlich von Dekadenz gesprochen habe. Einige dieser Versäumnisse seien aus der besonderen Lage des zweigeteilten Landes zu erklären. Man könne aus diesem Grunde ästhetische Fragen nicht von politischen Fragen trennen. Da jede geistige Diskussion in eine politische umschlage, sei es unvermeidlich, "daß also auch die unleidlich strapazierte Frage nach der sogenannten Ahnenreihe mit der politischen, mit der weltanschaulichen Orientierung untrennbar zusammenhängt"[196].

Joho hatte damit den wesentlichen Aspekt der kulturpolitischen Abgrenzungsstrategie der SED benannt. Mitte der sechziger Jahre war die DDR noch immer international isoliert. Von der Bundesrepublik als selbständiger Staat nicht anerkannt und von der eigenen Bevölkerung einem fortwährenden Legitimationsdruck ausgesetzt, glaubte die SED sich keine ideologischen Zugeständnisse an den

---

194 Vgl. Hans Koch, Fünf Jahre nach Bitterfeld, Neue Deutsche Literatur, H. 4/1964, in: *Dokumente* (Anm. 99), S. 941-950.
195 Vgl. die Rede Kurt Hagers auf der Beratung der Partei- und Staatsführung mit Schriftstellern und Künstlern, 25./26. März 1963, in: ebd., S. 872, und den Beitrag von Alexander Abusch, ebd., S. 880 f., sowie die Selbstkritik Hermlins, ebd., S. 882 f.
196 Wolfgang Joho, Notwendiges Streitgespräch. Bemerkungen zu einem internationalen Kolloquium, in: *Neue Deutsche Literatur*, 13. Jg. 1965, H. 3, S. 94.

"Klassenfeind" leisten zu können. Die durch die Kafka-Konferenz ausgelöste Ent-
femdungsdiskussion hatte gezeigt, daß eine Erweiterung des offiziellen Literaturkonzepts um Aspekte der Moderne einer Revision des Marxismus-Leninismus
Auftrieb geben würde. Die SED sah sich deshalb zu besonderer Wachsamkeit in
ideologischen Fragen genötigt. Es ging dabei nicht allein um die Verteidigung
des sozialistischen Realismus gegen spätbürgerliche Einflüsse. Jede
"Aufweichung" der Doktrin betraf das Grundverhältnis von Partei und Schriftstellern. In Scholochows Credo: "In erster Linie bin ich Kommunist, in zweiter
Linie Schriftsteller" und Grotewohls Diktum, die Idee der Kunst müsse "der
Marschrichtung des politischen Kampfes" folgen, war die Anleitungsfunktion der
Partei gegenüber den Künstlern auf den Begriff gebracht. Seit Beginn der sechziger Jahre mehrten sich jedoch die Anzeichen für ein Nachlassen der Bereitschaft,
der "Marschrichtung des politischen Kampfes" zu folgen. Das Eintreten einzelner
Schriftsteller dafür, die Moderne in der DDR zuzulassen, war ein Engagement in
eigener Sache. Es ging ihnen um die Erweiterung ihrer Ausdrucksmöglichkeiten
bis hin zu einer Umkehrung des Scholochowschen Prinzips. Diesen Emanzipati-
onsansprüchen zuvorzukommen, war die Absicht des 11. ZK-Plenums der SED
im Dezember 1965.

Dem bemerkenswerten Eingeständnis des Chefredakteurs der "Neuen Deutschen Literatur", das Dekadenzverdikt sei vielfach aus Unkenntnis entstanden
und deshalb in seinem undifferenzierten Gebrauch nicht aufrecht zu erhalten,
folgten bald Taten. 1965 erschien erstmals in der DDR eine Ausgabe der Werke
Kafkas. Vor dem 9. ZK-Plenum konnte man im "Neuen Deutschland" lesen, daß
die Künstler in der DDR auch bei Kafka, Proust und Joyce Gestaltungsmittel finden könnten, die für sie interessant seien. Keineswegs seien alle
Gestaltungsmittel und Formen der spätbürgerlichen Kunst, wie z.B. der innere
Monolog, Ausdruck der Dekadenz. Es gebe Stilmittel in der Kunst vergangener
Epochen, "die einen Prozeß der Entwicklung sogar in der spätbürgerlichen Kunst
durchlaufen"[197]. Die Kafka-Edition und die Differenzierungsversuche einzelner
Kulturfunktionäre im Umgang mit der spätbürgerlichen Kunst müssen angesichts
der auf dem 11. ZK-Plenum erfolgenden Generalabrechnung mit Abweichungen
vom Kurs des sozialistischen Realismus als Ungereimtheiten erscheinen. Sie
spiegeln die Meinungsverschiedenheiten innerhalb der Partei zwischen
konzessionsbereiten, "liberaleren" Kulturfunktionären und Dogmatikern wider.
Die Parteiführung fühlte sich vor allem durch die Inhalte einiger neuer Werke
von DDR-Schriftstellern provoziert, während der formalen Gestaltung weniger
Bedeutung beigemessen wurde. Stefan Heym nannte im August 1965 in einem
Aufsatz für eine slowakische Kulturzeitschrift die inhaltlichen Tabus offen beim

---

197 Siegfried Wagner/Heinz Kimmel, Partei und Künstler. Bemerkungen zur gesellschaftlichen Verantwortung des Künstlers in unserer Zeit, ND, Nr. 112 u. 113, 24.
   u. 25. 4. 1965, in: *Dokumente* (Anm. 99), S. 1027.

Namen[198]. Er verglich die Rolle des Schriftstellers mit der des Propheten, des Sprechers der Ängste und Hoffnungen des Menschen. Seine Schwierigkeiten glichen denen eines Fotografen, dem jemand den drohend erhobenen Finger direkt vor die Kameralinse hält[199].

Unmittelbarer Anlaß für das über die Schriftsteller hereinbrechende Scherbengericht mag die Veröffentlichung einer Gedichtsammlung von Wolf Biermann im Westberliner Wagenbach-Verlag gewesen sein. Die villonhafte Dreistigkeit, mit der Biermann seinen Spott über die Herrschenden in der DDR ausgoß, konnte von den Führungskadern nur als Sakrileg verstanden werden. Im Vorfeld des 11. Plenums setzte sich Klaus Höpcke, damals Kulturredakteur des "Neuen Deutschland", mit der "anarchistischen Philosophie" und der "selbstgefälligen Ichsucht" des Liedersängers auseinander. Er wiederhole in seinen Versen "die dürftigen Postulate des bürgerlichen Individualismus" und nähere sich "der Übermenschenideologie eines Nietzsche"[200]. Biermann mußte sich vorhalten lassen, daß er einen Generationsgegensatz konstruiere und sich im "Bunker der Skepsis" eingenistet habe. Abusch brachte die Kritik auf den Punkt, indem er feststellte, Biermann habe "seine Kloakenbegriffe benutzt zur Besudelung der Partei der Arbeiterklasse, für deren hohe Ziele sein eigener Vater von den Faschisten ermordet wurde!"[201] Erich Honecker, damals ZK-Sekretär für Sicherheitsfragen, holte im Bericht des Politbüros zu einem Rundumschlag gegen Filmemacher, die Autoren Heiner Müller, Biermann, Heym, Bräunig und die Beat-Musik aus[202]. Er rief zu einem Abwehrkampf gegen Skeptizismus und moralische Zersetzung der Jugend auf. Walter Ulbricht, ebenso wie Honecker davon ausgehend, daß die DDR ein sauberer Staat mit unverrückbaren Maßstäben der Ethik und Moral sei, sprach von der gefährlichen Tendenz, "Freiheit für Nihilismus, Halbanarchismus, Pornographie und andere Methoden der amerikanischen Lebensweise" zu verlangen. Kurt Hager, als oberste Instanz für Kulturfragen verantwortlich für die Edition der Kafka-Texte, stellte einen Zusammenhang zwischen der Konzeption der Entfremdung zwischen Individuum und Gesellschaft im Sozialismus und der auf der Nachahmung Kafkas beruhenden Grundsituation solcher Filme wie "Das Kaninchen bin ich" her. Die Kritik der Parteiführung machte jedoch nicht bei den eige-

---

198 Der Aufsatz wurde in Zeitschriften der französischen und italienischen Kommunisten nachgedruckt und erschien am 29. Oktober 1965 unter dem Titel "Die Langeweile von Minsk" in der *Zeit*. Vgl. Stefan Heym, *Wege und Umwege*, München 1980, S. 294-299.
199 Vgl. ebd., S. 297.
200 Klaus Höpcke, ... der nichts so fürchtet wie Verantwortung. Über Antrittsrede und Selbstporträt eines Sängers, ND, Nr. 334, 5.12.1965, in: *Dokumente* (Anm. 99), S. 1066.
201 Alexander Abusch, Grundprobleme unserer sozialistischen Literatur und Filmkunst, ND, Nr. 393, 14.12.1965, in: ebd., S. 1075.
202 Heiner Müller war bereits im November 1961 aus dem Schriftstellerverband ausgeschlossen worden. Die Auseinandersetzung um sein Stück "Die Umsiedlerin" zeigt, daß zu dieser Zeit selbst namhafte Autoren mehrheitlich bereit waren, "Erziehungsmaßnahmen" zu billigen. Vgl. Der Fall Heiner Müller. Dokumente zur "Umsiedlerin", in: *Sinn und Form*, 43. Jg. 1991, H. 3, S. 429-486.

nen Künstlern halt. Kurella hielt auch die Errichtung einer Kampffront "gegenüber massiven revisionistischen Tendenzen bei unseren Bundesgenossen im sozialistischen und kommunistischen Lager" für notwendig[203].

Die Anstrengungen der SED schlugen fehl. Statt sie von kritischen Intentionen abzubringen, büßte die Partei bei vielen gutwilligen Künstlern weiter an Vertrauen ein. Beispielhaft läßt sich dieser Vertrauensschwund an der Parteikarriere Christa Wolfs ablesen. Sie war auf dem VI. Parteitag der SED 1963 als Kandidatin des ZK aufgestellt worden, wurde aber nach ihrem engagierten Eintreten für Bräunig und ihrem Plädoyer für die subjektive Handschrift des Künstlers[204] auf dem VII. Parteitag 1967 von der Kandidatenliste gestrichen. Das gewachsene Selbstbewußtsein der Schriftsteller zeigt sich auch an der fehlenden Bereitschaft zur Selbstkritik[205]. Der Emanzipationsprozeß der Belletristik wird dokumentiert durch die sich abzeichnende Trennung der "Literatur von der Parteiliteratur"[206]. Während Heinz Sakowski und Dieter Noll sich ungebrochen zum Primat der Parteipolitik in der Literatur bekannten - Sakowski zitierte auf dem 11. Plenum Scholochows Parole "Zuerst sind wir Genossen, dann sind wir Künstler" -, unterstrich Paul Wiens die Eigengesetzlichkeit der Literatur und bekannte sich Hans Pfeiffer zur Kunst als einer zweiten Wirklichkeit[207].

Den Anspruch der Schriftsteller auf Subjektivität und ästhetische Autonomie kennzeichnet auch die Lyrik-Debatte des Jahres 1966 in der FDJ-Zeitschrift "Forum". Zu dieser Zeit war eine von Adolf Endler und Karl Mickel herausgegebene Lyrik-Anthologie erschienen, die sich dezidiert von zweitklassiger Agitationslyrik absetzte und deshalb der Schwerverständlichkeit geziehen wurde[208]. In der Lyrik-Diskussion distanzierte sich Karl Mickel von der gängigen Parteimeinung, die Entwicklung der Künste sei an die Entwicklung der Produktivkräfte gebunden. Mit seiner Weigerung, verständlicher zu schreiben, verstieß er überdies gegen das Gebot der Volksverbundenheit in der Kunst. In ähnlicher Weise äußerten sich Heinz Czechowski und Rainer Kirsch. Auf die Frage der "Forum"-Redaktion nach der neuen Stellung des Menschen in der sozialistischen Gesellschaft in der Periode der wissenschaftlich-technischen Revolution gab Günter Kunert eine zutiefst pessimistische Antwort. Als hervorragendste technische Errungenschaft wertete er die mögliche Massenvernichtung von Menschen. Wäh-

---

203 Alfred Kurella, Kultur ist keine Sache von Spezialisten, ND, Nr. 348, 19.12.1965, in: *Dokumente* (Anm. 99), S. 1100.

204 Vgl. den Diskussionsbeitrag Christa Wolfs auf dem 11. ZK-Plenum, ND, Nr. 348, 19.12.1965, in: ebd., S. 1098 f. Vgl. dazu: Therese Hörnigk, Das 11. Plenum und die Folgen. Christa Wolf im politischen Diskurs der sechziger Jahre, in: *Neue Deutsche Literatur*, 38. Jg. 1990, H. 10, S. 50-58. Zum 11. Plenum vgl. jetzt auch die ausführliche Dokumentation in: *Kahlschlag. Das 11. Plenum des ZK der SED 1965*, hrsg. v. Günter Agde, Berlin 1991.

205 Nur die für den Filmbereich zuständige stellvertretende Kulturminister Günter Witt übte auf dem 11. Plenum Selbstkritik. Vgl. *Dokumente* (Anm. 99), S. 1088-1092.

206 Sander, *Schöne Literatur* (Anm. 86), S. 229.

207 Ebd., S. 231.

208 Vgl. *In diesem besseren Land*, Halle 1966.

rend die Literaturwissenschaftler Dieter Schlenstedt und Dieter Schiller sich in
der Debatte um Interpretationshilfen bemühten, beanstandete Hans Koch die zahlreichen Modernismen in den umstrittenen Gedichten. In ihnen äußere sich eine
Weltsicht, deren Unbestimmtheit "etwas Bedrohliches, Gefahrdrohendes,
Schreckliches, Unheimliches, Erstickendes und Tödliches in dunklen Bildern reflektiert"[209]. Mit dem Hang zum Hermetischen, Dunklen hatte Koch einen We-
senszug der neuen Lyrik offengelegt, der aus der Sicht der Partei ebenso unvereinbar mit dem sozialistischen Realismus war wie die Tendenz, "eine Grenze
zwischen dem autonomen Gebiet des ganz eigenen Ich und dem Territorium der
Gesellschaft zu ziehen"[210]. Am Ende der Debatte war deutlich geworden, daß die
umstrittenen Poeten nicht mehr bereit waren, die ihnen von der Partei zugewiesene "Sprachrohr-Funktion" zu akzeptieren.

Die entstandene Kluft zwischen Partei und Künstlern sollte durch die Revision
des parteioffiziellen Geschichtsmodells noch vertieft werden. Die von Ulbricht
im September 1967 verkündete These, der Sozialismus sei keine kurzfristige
Übergangsphase, sondern eine "relativ eigenständige sozialökonomische Formation in der historischen Epoche des Übergangs vom Kapitalismus zum Kommunismus"[211] trug dazu bei, die utopischen Antriebe des Marxismus-Leninismus
einzufrieren[212]. Auf die Künstler mußte die Konservierung der bestehenden gesellschaftlichen Verhältnisse besonders ernüchternd wirken, da die bisherige Politik kulturpolitischer Repression immer als vorübergehend entschuldigt werden
konnte[213]. Die Folge war das Ende einer geplanten Literatur und das Entstehen
einer Belletristik, die "Literatur als eine Literaturfrage realisierte"[214].

Der VII. Parteitag (April 1967) blieb ohne kulturpolitisches Gewicht. Hingegen bot die Niederschlagung des "Prager Frühlings" durch den Einmarsch der
Warschauer-Pakt-Truppen in die CSSR im August 1968 den Anlaß, den Kampf
gegen die bürgerliche Ideologie noch einmal zu verstärken. Ulbricht gab in seiner
Rede auf der 13. Sitzung des Staatsrats (Oktober 1968) deutlich zu verstehen, daß
sich die SED mit ihrem Repressionskurs auf ganzer Linie bestätigt fühlte.

---

209 Hans Koch, Haltungen, Richtungen, Formen, in: *Forum*, 15-16/1966, S. 9.
210 Ebd.
211 Zit. nach *DDR Handbuch* (Anm. 148), S. 1174.
212 Die Preisgabe der Vorstellung, das kommunistische Endziel sei in absehbarer Zeit
     zu erreichen, läßt Sander von einer "Finalitätskrise" der kommunistischen Gesell-
     schaft sprechen. Auf den konservativen Grundzug dieser ideologischen Korrektur
     hat Hartmut Zimmermann hingewiesen. Sozialismus, verstanden als eigenständiges
     System statt als Übergangsperiode, setze eine befriedete Gesellschaft voraus. Es sei
     folglich nur konsequent gewesen, wenn Ulbricht in der Folgezeit von der sich her-
     ausbildenden "sozialistischen Menschengemeinschaft in der DDR" gesprochen habe.
     Vgl. Hartmut Zimmermann, Die DDR in den 70er Jahren, in: Günter Erbe u.a.,
     Politik, Wirtschaft und Gesellschaft in der DDR, Opladen 1980, S. 25.
213 Sander bemerkt deshalb zu Recht: "In der Perspektive eines Sozialismus als einer
     relativ selbständigen Formation konnte eine harte Gegenwart nicht mehr dadurch
     akzeptabel gemacht werden, daß man mit ihrer Aufhebung im Kommunismus gau-
     kelte." Sander, *Schöne Literatur* (Anm. 86), S. 242.
214 Ebd., S. 245.

"Sprechen wir doch offen: Die Krise in der Tschechoslowakischen Sozialistischen Republik wurde vorbereitet durch die ideologische Koexistenz zahlreicher Künstler und Wissenschaftler, durch ihre Isolierung von der Arbeiterklasse und durch die Fehleinschätzung des westdeutschen Spätkapitalismus."[215] Klaus Gysi, seit 1966 Nachfolger Hans Bentziens im Amt des Kulturministers, konstatierte, daß in den letzten Jahren das Feld kultureller Arbeit zu einem strategisch entscheidenden Abschnitt im Kampf der Systeme geworden sei. Die Ereignisse in der CSSR sprächen für eine "Aufweichung" und "Liberalisierung" der sozialistischen Ideologie, Kunst und Kultur. Gysi führte diese Entwicklung zeitlich auf die Parole von der "Abrüstung der Kultur" zurück, die Sartre 1962 auf dem Moskauer Weltfriedenskongreß verkündet hatte. Mit der Kafka-Konferenz in Liblice habe dann eine "Internationalisierung" des antisozialistischen Vorgehens auf der Grundlage eines "abgerüsteten" Marxismus bzw. Revisionismus begonnen. Biermann und Havemann fungierten als Exponenten dieser Kampagne in der DDR, während Fischer die kulturpolitische Isolierung der DDR betrieben habe. Ungeachtet der Tatsache, daß die Literatur in der DDR selbst auf dem Weg war, sich der Lenkung durch die Partei zu entziehen, verteidigte Gysi zäh die Errungenschaften des sozialistischen Realismus gegen Versuche, ihn durch Konzepte wie "Realismus ohne Ufer" oder "kritischer Realismus auf dem Boden der sozialistischen Gesellschaft" zu ersetzen. So blieb es in der Kulturpolitik bei dem Grundsatz, daß es "keine Konzessionen an die Dekadenz des Spätkapitalismus" geben dürfe[216].

Vor diesem kulturpolitischen Hintergrund war dem VI. Schriftstellerkongreß (Mai 1969) ein klägliches Los beschieden, da kein Autor von Rang das Wort ergriff[217]. Von Kritik blieb diesmal auch Christa Wolf nicht verschont, deren Roman "Nachdenken über Christa T." mit Verzögerung erschienen war[218]. Die Geschichte sei angetan, so der Vizepräsident des Verbandes, Max Walter Schulz, "unsere Lebensbewußtheit zu bezweifeln, bewältigte Vergangenheit zu erschüttern, ein gebrochenes Verhältnis zum Hier und Heute und Morgen zu erzeugen"[219]. Die Tendenz zur Innerlichkeit in der jüngeren Prosa sah Schulz mit der Gefahr des Individualismus belastet, für den es in der sozialistisch-realistischen Literatur weder einen inneren noch äußeren Auftrag geben dürfe.

---

215 Walter Ulbricht, Die sozialistische Nationalkultur ist unser gemeinsames Werk, ND, Nr. 290, 14.10.1968, in: *Dokumente* (Anm. 99), S. 1395.

216 Vgl. Klaus Gysi, Die Kunst im Kampf für die sozialistische Gemeinschaft, ND, Nr. 290, 19.10.1968, in: ebd., S. 1403 und 1411. Zum kritischen Realismus in der sozialistischen Gesellschaft vgl. Georg Lukács, *Wider den mißverstandenen Realismus*, Hamburg 1958, Kap. 3.

217 Vgl. Jäger, *Kultur und Politik* (Anm. 16), S. 134.

218 Vgl. Ch. Wolfs Darstellung des Zensurvorgangs in: *Zensur in der DDR*, Berlin 1991, S. 87 ff.

219 Max Walter Schulz, Das Neue und das Bleibende in unserer Literatur, in: *VI. Deutscher Schriftstellerkongreß vom 28. bis 30. Mai 1969 in Berlin. Protokoll*, Berlin/Weimar 1969, S. 55.

Alle Versuche der SED in der zu Ende gehenden Ulbricht-Ära, die literarisch-künstlerische Intelligenz wieder in das Prokrustesbett eines affirmativ verstandenen sozialistischen Realismus zu spannen, scheiterten. Die Zeit war reif für eine Zurücknahme des parteipolitischen Auftragscharakters und für eine neue Funktionsbestimmung der Kunst.

4.   Franz Kafka als Inbegriff des Modernismus (I)

4.1.   Erste Hinweise auf Kafka (1945-1957)

Neben Joyce und Proust war der Dichter Franz Kafka in der DDR jahrelang der Inbegriff der Dekadenz. In zahlreichen Debatten über Traditionsverständnis und Erbeaneignung stand sein Name stellvertretend für westlichen Modernismus, Formalismus und andere Schlagwörter der stalinistischen Kulturpolitik[220]. Im Septemberheft der Zeitschrift "Neue Deutsche Literatur" erschien 1957 ein Aufsatz des Leipziger Germanisten Hans Mayer unter der Überschrift "Weiskopf der Mittler". Der 1953 aus der Tschechoslowakei in die DDR übergesiedelte kommunistische Schriftsteller Franz Carl Weiskopf wurde von Mayer im Streit um das spätbürgerliche kulturelle Erbe als Bundesgenosse zitiert. Mayer schreibt: "Wie Weiskopf auch vor denen nicht kritiklos steht, die er liebt, so ist er gleichzeitig fähig und entschlossen, dort Größe zu sehen und anzuerkennen, wo er - wie bei Kafka und Hemingway - nicht zu lieben vermag. Dies scheint mir gleichfalls zum Bilde des Mittlers Weiskopf zu gehören. Sofern die Grenzen der Humanität nicht überschritten wurden, hielt er es für notwendig, daß der einfache Geschmack auch dadurch zum verwöhnten gesteigert werden könne, daß literarische Werte aus einer untergehenden Welt in ihrer Bedeutung erkannt und

---

220 Zur Kafka-Rezeption in der DDR vgl. Sigfrid Hoefert, Kafka in der DDR. Ein Bericht, in: *Seminar*, Bd. II, Nr. 1, Spring 1966, S. 43-52; Armand Nivelle, Kafka und die marxistische Literaturkritik, in: Johannes Hösle (Hrsg.), *Beiträge zur vergleichenden Literaturgeschichte*, Tübingen 1972, S. 331-354; Theodor Langenbruch, Eine Odyssee ohne Ende: Aufnahme und Ablehnung Kafkas in der DDR, in: Maria Luise Caputo-Mayr (Hrsg.), *Franz Kafka*, Berlin 1978, S. 157-169; J.H. Reid, Another Turn in the Road: Kafka in the GDR, in: *GDR Monitor*, Nr. 13, Summer 1985, S. 21-38; Karlheinz Fingerhut, Produktive Kafka-Rezeption in der DDR, in: *Franz Kafka. Symposium 1983*, hrsg. v. Wilhelm Emrich u. Bernd Goldmann, Mainz 1985, S. 227-328. Für die kulturpolitische und literaturwissenschaftliche Kafka-Rezeption ist Reid die ergiebigste Quelle. Fingerhut zeichnet den Kafka-Einfluß in der DDR-Literatur überzeugend nach. Meine Darstellung zielt stärker auf die Einbettung der Kafka-Rezeption in den größeren Zusammenhang der Auseinandersetzung mit der Moderne. Ich konzentriere mich dabei hauptsächlich auf den kulturpolitischen und literaturwissenschaftlichen Umgang mit Kafka, während die Rezeption durch die Schriftsteller nur fallweise Erwähnung findet.

'verwertbar' gemacht würden."[221]

Den Namen Kafka nannte Mayer nicht ohne Bedacht. In einer Rundfunkrede vom November 1956, die nicht gesendet werden durfte, hatte er gefordert, der Prager Dichter dürfe nicht länger ein Geheimtip bleiben[222]. In der nachfolgenden Debatte glaubte Mayer, sich auf Weiskopf berufen zu können, der Kafka nach Kriegsende in einem Aufsatz gewürdigt hatte. Der Beitrag war im September 1956 in der Kulturbund-Zeitschrift "Sonntag" erschienen[223]. Anders als Mayer ging es Weiskopf jedoch nicht darum, die jungen Schriftsteller dazu aufzufordern, die Werke Kafkas zu studieren. Daß dieses Werk auch von Sozialisten nicht ignoriert werden dürfe, war für ihn keine Frage. Problematisch erschien ihm eine Inanspruchnahme des Dichters durch bestimmte im Westen verbreitete weltanschauliche Strömungen. Weiskopf sah die Gefahr, daß der historisch-gesellschaftliche Raum, in dem Kafka gelebt und geschrieben hatte, das eigentümliche böhmische Kolorit seiner Denk- und Lebensweise, übersehen werden würde. Nur wenn man den spezifischen Einfluß des Herkunftsmilieus berücksichtige, werde man Kafka "den Platz innerhalb der deutschen Literatur anweisen können, der ihm als Charakterzeichner von außerordentlicher Einprägsamkeit, als Erforscher dunkelster Winkel der menschlichen Seele, als Meister der Sprache rechtens zukommt"[224]. Das böhmische Erbe lasse sich selbst im Stilistischen und in der für Kafka typischen Technik des Wechsels und Sichdurchdringens von Traum- und Wirklicheitsebene nachweisen. Einer existentialistischen Literatur der Angst und des Pessimismus sei Kafkas Werk schon deshalb nicht zuzurechnen, weil seine Helden nicht wie z.B. Camus' "Der Fremde" in Apathie verharrten, sondern in ihrem Bemühen nicht nachließen, ihren Platz in der Gesellschaft zu suchen. Bemerkenswert an diesem frühen Beitrag zur Kafka-Diskussion in der SBZ/DDR ist der Versuch, dem Werk einen positiven Grundzug abzugewinnen und es gegen die Vereinnahmung durch irrationalistische Strömungen des Westens zu verteidigen.

Weiskopfs Stellungnahme zu Kafka ist frei von Polemik und kulturkämpferischen Untertönen, wie sie die gereizten Modernismus-Debatten der fünfziger und sechziger Jahre kennzeichneten. In seinem Tenor verwandt ist ein früher Beitrag von Stephan Hermlin, der sich stets als ein Mittler im Sinne Hans Mayers verstanden hat, selbst dann, wenn er zeitweilig seine literarische Herkunft aus der bürgerlichen Moderne zu überwinden trachtete. Von Hermlin erschien 1947 ein Aufsatz über Franz Kafka, abgedruckt in dem gemeinsam mit Mayer herausgege-

---

221 Hans Mayer, Weiskopf der Mittler, in: *Neue Deutsche Literatur*, 5. Jg. 1957, H. 9, S. 89.
222 Vgl. oben Kap. 3.
223 Franz Carl Weiskopf, Franz Kafka und die Folgen. Mythos und Auslegung, in: *Sonntag*, 11. Jg. 1956, H. 37, S. 10, wiederabgedruckt in: *Kritik in der Zeit*, Halle 1970. Dieser Aufsatz, 1945 geschrieben, erschien erstmals 1947 in: *Die Neue Zeitung*. Vgl. Maria-Luise Caputo-Mayr/Julius M. Herz, *Franz Kafka*, Bern/Stuttgart 1987, S. 494 f.
224 Weiskopf, Kafka (Anm. 223), S. 99.

benen Band "Ansichten über einige Bücher und Schriftsteller"[225]. Die Bewunderung des Verfassers gilt dem großen Erhalter und Erneuerer der deutschen Sprache und dem einzigartigen Ethos des Werkes. Der Kommunist Hermlin sieht die Aktualität Kafkas bereits in dem Umstand, daß er "in jeder der unvergleichlich geschliffenen Zeilen, die er schrieb, eine Frage stellte, und daß wir selbst Fragende sind"[226]. Bemerkenswert ist, daß Hermlin in einer Periode gesellschaftlichen Umbruchs nach dem Kriege Kafka als Zeitgenossen versteht. "Es ist unsere Beleuchtung, es sind unsere Zustände - die Atmosphäre des 'unglückseligsten Zeitalters', wie es Kafka einmal nennt: noch ist hier nichts entschieden, selbst das Urteil scheint noch provisorisch, in Kafkas Wort hält sich die Welt in atemloser Schwebe."[227]

Das sind Worte eines Dichters, der noch im Jahr des Erscheinens seines Essays die jungen deutschen Schriftsteller auf dem I. Deutschen Schriftstellerkongreß mit der Forderung konfrontierte, daß die Form hinter der Frage nach dem Inhalt, nach der Idee, die nur eine revolutionäre Idee sein könne, zurückzutreten habe. Hermlin, so ist anzunehmen, war sich 1947 des Weges, der zur Rettung einzuschlagen war, gewiß. Es überracht deshalb die Feststellung, "daß wir selbst Fragende sind". Ist die seinerzeitige Nähe zu Kafka vielleicht auch dadurch zu erklären, daß Hermlin seinen Text ursprünglich als Rundfunkvortrag für ein westdeutsches Publikum geschrieben hatte?[228] Ihm konnte er nicht als Kommunist entgegentreten, der Antworten gewiß, um die sich Kafka zeitlebens vergeblich bemühte. Dennoch wäre diese Erklärung zu einfach. Hermlins Werdegang als Dichter zeigt, daß beide, der Fragende, der das Kafkasche Erbteil bewahrt, und der wissende Kommunist, einen dauernden Konflikt austragen sollten.

Weiskopfs Würdigung Kafkas und Hermlins Hommage ist ein Aufsatz von Peter A. Steinhoff zur Seite zu stellen, der 1947 in der Zeitschrift des Kulturbundes, "Aufbau", erschien. Bei Steinhoff lassen sich Ansätze zu einer marxistischen Interpretation erkennen, in der die Klassenlage des Dichters den Zugang zum Werk mitbestimmt. Kafkas Lebensthema sei die Ausgesetztheit des von der Gemeinschaft isolierten Menschen. Zugang zur geistigen Welt des Dichters finde man, wenn man ihn - ähnlich wie Kleist - als Repräsentanten und Opfer einer in Auflösung begriffenen Klasse verstehe. Kafka sei der Typus des in die Vereinsamung getriebenen Intellektuellen - durch Abstammung, Erziehung und wirtschaftlichen Druck vielfach gebunden an die Klasse des mittleren städtischen Bürgertums. "Die Menschen der geistigen Schicht zwischen den Fronten des

---

225 Vgl. Stephan Hermlin/Hans Mayer, *Ansichten über einige Bücher und Schriftsteller*, erw. Ausg., Berlin/Ost 1947, wiederabgedruckt in: Stephan Hermlin, *Äußerungen 1944-1982*, Berlin/Weimar 1983. In der westdeutschen Ausgabe, die 1947 im Limes-Verlag erschien, ist der Kafka-Essay nicht enthalten.
226 Hermlin, *Äußerungen* (Anm. 225), S. 47.
227 Ebd., S. 48.
228 Der Kafka-Essay geht auf einen Vortrag zurück, den Hermlin 1946 für Radio Frankfurt gehalten hatte.

Klassenkampfes - in Franz Kafkas Werk haben sie ihre Repräsentation gefunden, individuell gefärbt durch die Bedingungen jüdischer Denktradition und die besondere Kulturatmosphäre Prags."[229] Steinhoff sieht in Kafka den gültigen Sprecher einer Generation, deren historische Tragik es sei, den Ausweg aktiver Daseinsveränderung nicht erkannt zu haben. Kafka ehren heiße deshalb, die Welt zu ändern trachten, die ihn zugrunde gerichtet habe.

Weiskopfs, Hermlins und Steinhoffs Kafka-Würdigungen sind in einer Zeit entstanden, in der die Verwüstungen des 2. Weltkrieges und die Greuel des Faschismus jene "äußeren Peripetien" (Hermlin) darstellen, die Kafkas Visionen gleichsam bestätigen. Im Unterschied zu zeitgenössischen westlichen Kafka-Interpretationen, die in seinen Gleichnissen ein Modell des Weltzustandes gestaltet sahen, ging es ihnen jedoch auch darum, die Grenzen Kafkas aufzuzeigen. Aktive Daseinsveränderung, das Wissen um den Gang der Geschichte, der Glaube an die erlösende Kraft der russischen Oktoberrevolution - Kafka sei dieser Weg versperrt geblieben. Dennoch: hätten diese Aufsätze kulturpolitische Signalwirkung gehabt, wäre Kafka in der SBZ/DDR schon frühzeitig dem literarischen Erbe zugeschlagen worden. Mit der Gründung der beiden deutschen Staaten und dem Beginn des Kalten Krieges geriet Kafka jedoch in den Strudel einer Kulturpolitik, die auf Abgrenzung von der westlichen Moderne bedacht war. Eines der Opfer der Kampagnen gegen Dekadenz und Formalismus wurde der Dichter des "Prozeß", obwohl sein Name in den Debatten der frühen fünfziger Jahre kaum genannt wurde.

Johannes R. Becher, dem zukünftigen Kulturminister der DDR, blieb es vorbehalten, in seiner Rede auf dem Leipziger Kulturkongreß im Mai 1951 die kühne These aufzustellen, Kafka sei historisch überholt. Er sei in der DDR nicht etwa verboten, es sei ebenso wie im Falle Eliots, Sartres oder Greenes "gar nicht notwendig, hier zu einem Verbot die Zensur in Bewegung zu setzen, sondern, wie es heißt, diese Autoren 'stecken nicht mehr drin', in unserer gesellschaftlichen Entwicklung nämlich, sie sind von unserer gesellschaftlichen Entwicklung bereits überholt, interessieren keinen Menschen, haben uns nichts zu sagen"[230]. Im gleichen Sinne äußerte sich Becher 1953 in tagebuchähnlichen Notizen, die ein Jahr später unter dem Titel "Poetische Konfession" publiziert wurden. Es gehe nicht darum, Schriftsteller wie Eliot, Benn und Kafka zu verbieten. Unter den veränderten gesellschaftlichen Verhältnissen, die in der DDR erreicht seien, wirkten sie "fremdartig und geradezu provokatorisch unnütz", und "selbstredend ist es nicht so, daß die gesellschaftlichen Veränderungen, weiter vorwärtsschreitend, einen Zustand erreichen werden, worin diese Schriftsteller irgendwie wieder gesellschaftsfähig werden könnten"[231].

Diese gewagte Hypothese formulierte Becher zu einer Zeit, als der Feldzug gegen die westliche Dekadenz seinen ersten Höhepunkt bereits überschritten

---

229 Peter A. Steinhoff, Franz Kafka, in: *Aufbau*, 3. Jg. 1947, H. 6, S. 426.
230 Johannes R. Becher, *Publizistik*, III: *1945-1951*, Berlin/Weimar 1979, S. 555.
231 Ders., *Bemühungen*, I, Berlin/Weimar 1972, S. 551.

hatte. Nach Stalins Tod im März 1953 milderte die SED ihre Methoden im
Kampf für realistische Kunst, ohne prinzipielle Zugeständnisse im Programmati-
schen an die Künstler und Schriftsteller zu machen[232]. Erst in der
"Tauwetterperiode" nach dem XX. Parteitag der KPdSU vom Februar 1956, als
sich Unsicherheit über den neuen Kurs in der SED ausbreitete, erhielt die kulturpolitische Diskussion neuen Aufwind. Der Name Kafkas gewann zu dieser Zeit
erstmals größere Publizität duch den bereits erwähnten Diskussionsbeitrag Hans
Mayers, der unter der Überschrift "Zur Gegenwartslage unserer Literatur" im
Dezember 1956 in der Zeitung des Kulturbundes, "Sonntag", abgedruckt worden
war. Mayer, seit 1948 Literaturprofessor in Leipzig, hatte - wie seine Schüler be-
zeugen - der Gegenwartsliteratur stets in seinen Vorlesungen größeren Platz ein-
geräumt[233]. Zu den Schriftstellern des 20. Jahrhunderts, denen seine Aufmerksamkeit galt, gehörte Franz Kafka. Mayers Rolle als Vermittler moderner Literatur zeigte sich auch darin, daß er den Kafka-Kenner Wilhelm Emrich nach
Leipzig einlud, um mit den Studenten über den Dichter zu diskutieren[234]. Seine
Forderung nach einem ernsthaften Studium der literarischen Moderne fand jedoch
bei den Kulturfunktionären kein Gehör[235]. Kafka sollte bis Mitte der sechziger
Jahre in der DDR ein "Geheimtip" bleiben. Als ein solcher behielt er bei den
Schriftstellern und Literaturwissenschaftlern seine Anziehungskraft.

4.2. Erste Phase der wissenschaftlichen Kafka-Rezeption (1957-1963)

Seit Beginn der fünfziger Jahre hatten Alfred Kantorowicz an der Berliner Humboldt-Universität und Hans Mayer in Leipzig trotz des rigiden kulturpolitischen
Klimas Vorlesungen über moderne Weltliteratur, u.a. auch über Kafka, halten
können. Aus ihrem Schülerkreis gingen die ersten Dissertationen hervor, die in
der DDR über Kafka geschrieben wurden[236]. Kantorowicz verließ 1957 die
DDR. Im selben Jahr hatte sein Schüler Klaus Hermsdorf seine Dissertation
"Franz Kafkas Romanfragment 'Der Verschollene'" begonnen. Sie erschien 1961
unter dem Titel "Kafka: Weltbild und Roman" im Druck. Ein Jahr später veröffentlichte der Mayer-Schüler Helmut Richter die Arbeit "Franz Kafka: Werk und

---

232 Vgl. Manfred Jäger, *Kultur und Politik* (Anm. 16), S. 69.
233 Vgl. Materialien, in: *Zeitschrift für Germanistik (ZfG)*, 4. Jg. 1983, H. 4, S. 397
     und 5. Jg. 1984, H. 1, S. 9 (Anm. 146). Vgl. auch Helmut Richter, Zur Nachfolge
     Kafkas in der westdeutschen Literatur, in: *Franz Kafka aus Prager Sicht 1963*, Prag
     1965, S. 186.
234 Vgl. Hans Mayer, *Ein Deutscher auf Widerruf. Erinnerungen*, Bd. II, Frankfurt
     a.M. 1984, S. 61.
235 Zur kulturpolitischen Auseinandersetzung mit Mayer vgl. oben Kap. 3.
236 Vgl. Materialien zur Geschichte der marxistischen germanistischen Literaturwissen-
     schaft in der DDR. Gespräch mit Inge Diersen, in: *Zeitschrift für Germanistik*, 4.
     Jg. 1983, H. 3, S. 293, und Alfred Klein (Anm. 146), S. 397. Vgl. Sander, *Schöne
     Literatur* (Anm. 86), S. 321.

Entwurf"[237]. Beide hatten seit 1957 in den Zeitschriften "Sinn und Form" und "Weimarer Beiträge" Aufsätze über den Prager Dichter publiziert[238]. Diese und andere Beiträge zeigen, daß sich einzelne Literaturwissenschaftler selbst in den fünfziger Jahren, als das Dekadenzverdikt sakrosankt war, um eine differenziertere Sicht der spätbürgerlichen Moderne bemühten.

Den Auftakt zu einer vertieften wissenschaftlichen Beschäftigung mit Kafka in der DDR bildete der Beitrag des tschechoslowakischen Literaturhistorikers Paul Reimann über "Die gesellschaftliche Problematik in Kafkas Romanen"[239]. In Reimanns Interpretation werden Gedanken Peter A. Steinhoffs weitergeführt, der auf die soziale Problematik im Werk des Dichters hingewiesen hatte. Reimann tritt mit dem Anspruch auf, das wirkliche Bestreben Kafkas gegen bürgerliche Verfälschungen sichtbar zu machen und den Dichter gegen den Vorwurf der Dekadenz im eigenen Lager zu verteidigen. Seine Argumentation ist ein Musterbeispiel einer sich marxistisch verstehenden Literaturinterpretation und kann als wegweisend für alle weiteren Kafka-Interpretationen der fünfziger und sechziger Jahre in der DDR angesehen werden. Gefragt wird nach der Gestaltung der sozialen Problematik in Kafkas Werk und der weltanschaulichen Position des Dichters. Dabei sei zu entdecken, daß Kafka z.B. in seinem ersten Romanfragment "Amerika" als Gesellschaftskritiker ersten Ranges mit einer Fülle realistischer Details aufwarte, "zu einzelnen tiefen Einsichten in die Widersprüche der kapitalistischen Gesellschaft und in die Psychologie des bürgerlichen Menschen" vordringe und aus der Perspektive deutlicher Sympathie mit den Opfern kapitalistischer Despotie das Romangeschehen gestalte. Daß die soziale Problematik im Vordergrund des Denkens Kafkas stehe, spiegele sich auch im "Prozeß" wider; darin werde deutlich, daß die Entfremdung für ihn nicht allein ein psychologisches, sondern ein objektives Problem der bürgerlichen Gesellschaftsordnung sei. Zu bemängeln sei hier und mehr noch in den späteren Werken, daß eine gesellschaftsverändernde Perspektive fehle, die handelnden Figuren scheiterten bzw. resignierten.

Kafka, so heißt es folglich anerkennend, habe die Entfremdung der kapitalistischen Verhältnisse erkannt und in seinen Werken in vielerlei Gestalt nachgezeichnet, allein, ihm fehle das Bewußtsein der Veränderbarkeit der Welt. Kafka sei jedoch keinesfalls der Vertreter einer reaktionären Ideologie. Vielmehr gelte seine Sympathie den arbeitenden Klassen, nicht zuletzt dank seiner Berufserfah-

---

237 Vgl. Klaus Hermsdorf, *Kafka. Weltbild und Roman*, Berlin/DDR 1961 (hier zit. nach der 2. Aufl. 1966; eine 3. Auflage erschien 1978); Helmut Richter, *Franz Kafka. Werk und Entwurf*, Berlin/DDR 1962.

238 Vgl. Klaus Hermsdorf, Zu den Briefen Franz Kafkas, in: *Sinn und Form*, 9. Jg. 1957, H. 4, S. 653 ff.; ders., Hinweis auf einen Aufsatz von Franz Kafka, in: *Weimarer Beiträge*, 4. Jg. 1958, H. 4, S. 545 ff.; Helmut Richter, Im Maßstab der Klassik. Zu einigen Prosastücken Franz Kafkas, in: *Sinn und Form*, 11. Jg. 1959, H. 5/6, S. 837 ff.; ders., Zu einigen neueren Publikationen über Franz Kafka, in: *Weimarer Beiträge*, 5. Jg. 1959, H. 4, S. 568 ff.

239 Vgl. Paul Reimann, Die gesellschaftliche Problematik in Kafkas Romanen, in: *Weimarer Beiträge*, 3. Jg. 1957, H. 4, S. 598-618.

rung in der Arbeiter-Unfallversicherung. Er verkehrte in Kreisen der fortschrittlichen Intelligenz Prags - darauf hatte bereits F. C. Weiskopf hingewiesen -, und für Ressentiments gegenüber der Oktoberrevolution ließe sich kein Zeugnis finden. Seine Natur, ein höchst komplizierter Charakter, und die Umstände, unter denen er lebte, hätten ihm den Weg zu einer kämpferischen Haltung verwehrt. Kafka sei stets ein Suchender gewesen, der, im Bewußtsein, den Ausweg nicht gefunden zu haben, am Ende seines Lebens bestimmt habe, sein Werk zu vernichten. Reimann sieht, ähnlich wie Steinhoff, die Tragik in der Person Kafkas, für die Hermlin die Worte gefunden hatte, man habe das Gefühl, er sei manchmal der Antwort sehr nahe gewesen. Die Untersuchung der wirklichen Problematik Kafkas stecke erst in ihren Anfängen. Eine fortschrittliche Literaturkritik - so Reimann - habe "die Bedeutung seiner - fragmentarisch gebliebenen - Gesellschaftskritik nachzuweisen und durch Aufdeckung der Widersprüche, an denen er scheiterte, den Weg freizumachen für die Erkenntnis der realen Zusammenhänge des gesellschaftlichen Lebens"[240].

Es ist das Eigentümliche dieser Art von Literaturbetrachtung, daß sie Literatur mit Gesellschaftswissenschaft verwechselt und literarische Werke danach befragt, ob sie die Aussagen der marxistischen Theorie bestätigen. So gesehen, kann Reimann Kafka zubilligen, zu bestimmten Erkenntnissen über die bürgerliche Gesellschaft vorgestoßen zu sein und sie in seinen Werken realistisch gestaltet zu haben. Reimann weist damit den Vorwurf zurück, Kafka sei der bürgerlichen Dekadenz zuzurechnen. Sein Pessimismus entspringe der Beobachtung ernster gesellschaftlicher Widersprüche und des durch sie verursachten menschlichen Elends; er sei nicht mit einer "aristokratischen" Haltung zu den Leiden der Volksmassen gleichzusetzen.

Reimanns im Frühjahr 1957 erschienener Kafka-Aufsatz war ebenso wie die im Herbst des Vorjahres im "Sonntag" publizierte Kafka-Würdigung von Weiskopf geeignet, den Dekadenzvorwurf zu entkräften, den SED-Kulturfunktionäre anläßlich der Zurückweisung der Position Hans Mayers auf verschiedenen Kulturkonferenzen, die im Laufe des Jahres 1957 einander ablösten, auch gegen Kafka erhoben hatten. Reimanns Analyse war mithin als ein Klärungsversuch aus literaturwissenschaftlicher Sicht anzusehen. Ihm folgte bald darauf ein Kafka-Beitrag aus der Feder eines tschechoslowakischen Literaturwissenschaftlers, der im Dezember 1957 in den "Wissenschaftlichen Annalen" der Deutschen Akademie der Wissenschaften erschien. Sein Verfasser, Hugo Siebenschein, gibt eine Deutung des Werks, die keinen Zusammenhang mit einer Realismustheorie erkennen läßt und die deshalb in der DDR keine Schule machen sollte. Während Reiman Kafka als kritischen Realisten gewürdigt wissen wollte, zögert Siebenschein nicht, Kafka gegen Thomas Mann zu stellen, da er keine Illusion der Einheit von Typus und Individuum heraufbeschworen habe. Der Vergleich mit Thomas Mann wird jedoch nicht angestrebt, um Kafka als dekadent zu entlarven.

---

240 Ebd., S. 618.

Im Gegenteil, selbst der Pessimismusvorwurf sei unhaltbar. "Er war niemals ein Verkünder der Dekadenz, niemals Defaitist, und hat man die grenzenlose Skepsis des Existenzialismus aus seinem Werk und aus seinem Wesen herauslesen wollen, so konnte das nur auf Grund vollständigen Mißverstehens geschehen."[241]

Die Zuordnung Kafkas zur spätbürgerlichen Dekadenz konnte sich auf die literaturtheoretische Position des ungarischen Philosophen und Literaturhistorikers Georg Lukács stützen. In einer Studie über die westliche moderne Literatur, die er im Herbst 1956 abgeschlossen hatte und die er - in der DDR zur *persona non grata* geworden - 1958 im Hamburger Claassen-Verlag unter dem Titel "Wider den mißverstandenen Realismus" erscheinen ließ, bezeichnet Lukács das Kafkasche Grunderlebnis der Angst als ein Konzentrat "der ganzen modernen dekadenten Kunst"[242]. Für die moderne Literatur - Lukács spricht von Avantgardismus - sei die Einsamkeit des Menschen eine allgemeingültige "condition humaine". Kafka, dem er zugesteht, in den Details immer außerordentlich realistisch zu sein, konzentriere "alle seine Kunstmittel darauf, seine Angstvision vom Wesen der Welt als 'die' Wirklichkeit zum Ausdruck zu bringen"[243]. Lukács interessiert vor allem das Weltbild des Dichters, das er glaubt, aus seinen Dichtungen herauslesen zu können. Vor jeder Analyse einzelner Werke steht deshalb die weltanschauliche Ortsbestimmung. Generalisierend heißt es: "Dieses ins Weltanschauliche gesteigerte und erhobene Ohnmachtsgefühl, das sich bei Kafka zu einer erschütternden Angstvision eines jeden Weltgeschehens und des vollständigen Ausgeliefertseins des Menschen diesen unerklärbaren, undurchdringbaren und unaufhebbaren Schrecken gegenüber steigert, macht sein Lebenswerk zu einem Symbol der ganzen modernen Kunst."[244]

Folglich sieht Lukács in Kafka den "Klassiker dieses Stehenbleibens bei der blinden und panischen Angst vor der Wirklichkeit"[245]. Er hält ihm zugute, daß er dieses Lebensgefühl direkt und einfach, in schlichter Unmittelbarkeit, ohne formalistische, manierierte Darstellungsformen zum Ausdruck bringt. Formal sei er also Realist. Die künstlerische Grundlage seines Schaffens sei nicht das Erfinden neuer formaler Ausdrucksmittel, sondern "die zugleich suggestive und Empörung hervorrufende Evidenz seiner Gegenstandswelt und der Reaktion seiner Gestalten auf diese"[246]. Kafkas Begrenztheit und das Prototypische der Dekadenzkunst sieht Lukács darin, daß die dargestellte historisch-soziale Realität in ein zeitloses Sein überhöht werde. Demgegenüber fehle dem *hic et nunc* Thomas Manns, den Lukács dem Dekadenzdichter Kafka als kritischen Realisten gegenüberstellt,

---

241 Hugo Siebenschein, Franz Kafka und sein Werk, in: *Wissenschaftliche Annalen*, 6. Jg. 1957, 2. Teil, Beiheft, S. 15.
242 Lukács, Wider den mißverstandenen Realismus (Anm. 216), S. 37. Wiederabgedr. unter dem Titel "Die Gegenwartsbedeutung des kritischen Realismus", in: *Werke*, Bd. 4: *Probleme des Realismus I*, Neuwied/Berlin 1971.
243 Ebd., S. 23.
244 Ebd., S. 37.
245 Ebd., S. 86.
246 Ebd.

"jedwede Tendenz zum Transzendieren: sein Ort und seine Zeit, mit allen ihren Details, konzentrieren in sich immer das gesellschaftlich-geschichtlich Wesentliche einer konkreten gesellschaftlich-geschichtlichen Situation."[247]

Lukács' Dekadenzverdikt gegen die Moderne sollte die offizielle Kulturpolitik der DDR noch bis zum Ende der Ära Ulbricht begleiten. Den Autoritätsverlust des Philosophen, der wegen seiner Verwicklung in den ungarischen Volksaufstand vom Herbst 1956 als Konterrevolutionär gebrandmarkt wurde, wußten die Literaturwissenschaftler jedoch für Neuerkundungen auf dem Feld der Kafka-Forschung zu nutzen. Helmut Richter kritisiert in seinem Kafka-Buch, daß Lukács seine Thesen vom allegorischen und prototypischen Charakter der Werke Kafkas und der beispielhaften Position, die Kafka in der westlichen Literatur der Moderne einnehme, nicht belegt habe. Ebenso wie die meisten nichtmarxistischen Interpreten deute auch Lukács Kafka nur weltanschaulich, ohne sich auf eine detaillierte Analyse der einzelnen Werke einzulassen - ein methodisches Vorgehen, das Bloch schon in der Expressionismusdebatte kritisiert hatte[248]. Statt dessen sei es an der Zeit, das Wesen dieser Werke als Dichtung, "als Ergebnis der konkreten Lebenserfahrung eines bestimmten Menschen unter ganz bestimmten Umständen"[249], zu betrachten. Richter hält es deshalb für fruchtbarer, in seiner Untersuchung an Ergebnisse der Arbeit Reimanns anzuknüpfen, dem er das Verdienst zuspricht, auf Kafkas gesellschaftlichen und historischen Standort hingewiesen zu haben. Im Unterschied zu denjenigen Interpreten, die Kafka eine bestimmte, gleich bleibende Weltanschauung zuschreiben, versucht Richter zu zeigen, daß mehrere Etappen in der geistigen Entwicklung Kafkas unterschieden werden müssen. Diese Thesen werden jedoch ausschließlich aus der Analyse der Werke entwickelt, während der biographisch-gesellschaftliche Hintergrund nur schwach beleuchtet wird.

In der Charakterisierung der Wirklichkeitskonzeption und Bildgestaltung des Dichters nähert sich Richter bei aller Differenzierung nach einzelnen Etappen weitgehend der Einschätzung von Georg Lukács an. So kommt er zu dem Urteil, daß Kafka "nicht zu einer realistischen Gestaltung der Grundlagen seiner Zeit und ihrer bewegenden Kräfte"[250] vorstößt. Die künstlerische Gestaltung sei "sehr oft komplexer Ausdruck der unrealistischen Verabsolutierung einzelner Züge der kapitalistischen Gesellschaft und ihrer Auswirkung auf den einzelnen Menschen"[251]. Realistischen Charakter billigt Richter vor allem jenen Werken zu, die Kafka selbst veröffentlicht hat, während der zur Vernichtung bestimmte Nachlaß

---

247 Ebd., S. 88.
248 Vgl. oben Kap. 2.2. Der Vorwurf der "philosophischen Überinterpretation" der Texte richtet sich auch gegen Wilhelm Emrichs Kafka-Studie (*Franz Kafka*, Bonn 1958), ohne daß Richter selbst sich der Problematik der philosophischen Prämissen seines Widerspiegelungskonzepts bewußt ist. Vgl. Richter, *Franz Kafka* (Anm. 237), S. 17 ff.
249 Ebd., S. 27.
250 Ebd., S. 297.
251 Ebd., S. 298.

wohl ganz im Sinne Kafkas als mißlungen zu betrachten sei[252]. Trotz aller nicht-realistischen Züge im Werk sei es falsch, es in kulturpolitischen und ästhetischen Proklamationen als Beispiel für bürgerliche Dekadenz heranzuziehen. Richter konstatiert das vollständige Fehlen einer eigenen, geschlossenen Kafka-Konzeption in der marxistischen Literaturwissenschaft. Deshalb sei das kulturpolitisch gegen den Dichter ausgesprochene Verdikt um so befremdlicher. "Allen diesen Erwähnungen ist gemeinsam der Thesencharakter und die Abstraktion vom Werk und von seiner historisch-sozialen Bedingtheit. Der Name Kafka ist weithin synonym geworden mit inhumanem Gehalt und unrealistischer Schreibweise."[253] Richter geht soweit, Kafka Aktualität für die sozialistischen Länder zuzusprechen, wenn er feststellt: "Die Dichte der Atmosphäre überzeugt den Leser zumindest in der Phase der unmittelbaren Aneignung, weil sie ihn an Situationen erinnern kann, in denen er sich selbst einer ähnlichen Problematik gegenüber sah - Situationen, die durch das stets gegebene Spannungsverhältnis zwischen Mensch und Umwelt entstehen und die im geschilderten Ausmaß an eine bestimmte Gesellschaftsordnung gebunden, im grundsätzlichen jedoch nicht auf sie beschränkt sind."[254] Damit wird bereits die brisante Frage gestellt - und positiv beantwortet -, ob die von Kafka diagnostizierte Entfremdung ein systemübergreifendes Phänomen sei, eine Frage, die jedoch erst in der Folge der Prager Kafka-Konferenz ihre politische Sprengkraft enthüllte.

Klaus Hermsdorf mochte in der ersten Fassung seiner Dissertation, die 1961 erschien, auf die Zuordnung Kafkas zur westlichen Dekadenz nicht verzichten. Bemerkenswert ist die Ausklammerung dieser Kategorie in der 1966 erschienenen 2. Auflage des Buches, in der der Verfasser erklärt, dieser Begriff sei zu vieldeutig, um nicht als eine Art Schimpfwort mißverstanden zu werden. Hermsdorf konzentriert sich in seiner Untersuchung auf das frühe Romanfragment "Amerika" und geht den biographisch-sozialen Bezügen im Werk Kafkas nach. Ähnlich wie vor ihm Reimann stellt er die konkret-realistischen Elemente des Romans heraus und ordnet ihn ausdrücklich der Tradition des kritischen Realismus des 19. Jahrhunderts zu. In der Entwicklung der Kafkaschen Epik verstärke sich jedoch die "ästhetische Geschichtslosigkeit" der Figuren. Hermsdorf hebt hervor, daß Kafka die unteren Gesellschaftsschichten in seine Darstellung einbezogen und den zentralen Konflikt der zeitgenössischen Gesellschaft erfaßt habe, eine Seltenheit in der bürgerlichen Literatur jener Zeit. Besondere Beachtung widmet er der Berufserfahrung des Dichters: sie habe seinen Blick geschärft, im

---

252 In der Konzentration auf die von Kafka selbst zur Veröffentlichung bestimmten Werke sieht Kurt Krolop eine besondere Tugend marxistischer Untersuchungen. Bis zum Erscheinen einer historisch-kritischen Ausgabe sei "eine Beschränkung auf die von Kafka selbst autorisierten Texte am Platze, eine Rückbesinnung auf die letztwilligen Verfügungen des Dichters, deren heuristischer Wert gerade die marxistische Kafka-Forschung stets sehr ernst genommen hat". Nachbemerkungen von Kurt Krolop in: *Franz Kafka. Erzählungen*, Leipzig 1978, S. 284.
253 Richter, Zu einigen neueren Publikationen (Anm. 238), S. 575.
254 Richter, *Franz Kafka* (Anm. 237), S. 290.

bürokratischen Apparat der Versicherung "das grundsätzliche Symptom eines Zeitalters fortschreitender Entfremdung"[255] zu erkennen. Wie kein anderer zeitgenössischer Dichter habe Kafka das "Zur-Maschine-Werden" des Menschen dargestellt. Hermsdorf sieht in Kafkas Werken antikapitalistische Tendenzen, die dadurch abgeschwächt würden, daß nicht mehr als Mitleid für die unterdrückten Klassen erkennbar werde.

Hermsdorfs Versuch, den Kafka des "Amerika"-Fragments als kritischen Realisten vom späten, im Geschichtslosen beheimateten Kafka abzuheben, forderte den Widerspruch Kurt Batts, Cheflektor des Hinstorff-Verlages, heraus. Ein solches Vorgehen erinnere ihn an "die Meinung jener Kunstkritiker, die Picassos naturalistische Vorstudien loben, die fertigen Gemälde aber ablehnen"[256]. Batt sieht in Kafka den Meister der kleinen Form, dessen Romanentwürfe als Experimentierversuche zu verstehen seien, denen man mit dem Maßstab des bürgerlichen Realismus nicht gerecht werde. In seiner Rezension bezeichnet er die Kafka-Bücher von Hermsdorf und Richter als Vorarbeiten für künftige größere Darstellungen, die sowohl die Biographie als auch die Rezeptionsgeschichte berücksichtigen müßten.

Diese Forderung verhallte jedoch ungehört. Der Versuch, die Kafka-Rezeption wissenschaftlich zu fundieren, konnte vorerst nicht fortgesetzt werden. Die Prager Konferenz löste vielmehr eine erneute Politisierung der Kafka-Debatte aus, in der nunmehr die Kulturpolitiker den Ton angaben.

4.3. Die Kafka-Konferenz 1963

Auf der internationalen Kafka-Konferenz, die im Mai 1963 in Liblice bei Prag stattfand, war die DDR mit Anna Seghers, Klaus Hermsdorf, Helmut Richter, Ernst Schumacher, Werner Mittenzwei und Kurt Krolop vertreten. Die Beiträge der Kafka-Forscher aus der DDR unterschieden sich in ihrer Akzentsetzung deutlich von dem, was andere Teilnehmer wie Ernst Fischer, Roger Garaudy und die tschechischen Referenten Eduard Goldstücker, Ivan Svitak und Jiri Hajek vortrugen. Waren die DDR-Wissenschaftler bestrebt, Kafkas Werk zu historisieren und seine unmittelbare Aktualität für die sozialistische Gegenwart einzuschränken, forderte die Gegenpartei, Kafka endlich - wie Fischer es ausdrückte - ein Visum für die sozialistischen Länder zu erteilen.

Charakteristisch für ein zurückhaltendes Votieren, was die Aktualität Kafkas betrifft, sind die Stellungnahmen von Hermsdorf und Mittenzwei. Klaus Hermsdorf nimmt in seinem Vergleich der Erzählweisen Thomas Manns und Kafkas für die historisch und gesellschaftlich konkrete Darstellungsform Manns Partei, da sie geeigneter sei, die gegenwärtigen Aufgaben der Literatur zu erfüllen. Dem

---

255 Hermsdorf, *Kafka* (Anm. 237), S. 85.
256 Kurt Batt, Neue Literatur zum Werk Franz Kafkas, in: *Neue Deutsche Literatur*, 10. Jg. 1962, H. 12, S. 33.

Werk Kafkas gesteht er lediglich eine gewisse provokative Funktion zu, "das in Wirklichkeit zu bewältigen, was er als Unbewältigtes gestaltete. Das schließt die Aufgabe ein: ihn historisch zu machen."[257] Werner Mittenzwei vergleicht Kafka mit Brecht und betont ebenfalls, daß der Prager Dichter für junge sozialistische Schriftsteller kein Vorbild sein könne[258]. Mit anderen Kollegen aus der DDR ist er der Auffassung, daß Kafkas Werk von der Position aus betrachtet werden müsse, die die Literatur in der sozialistischen Gesellschaft einnehme.

Der nur zaghaften Bereitschaft Hermdorfs, Kafka auch in der sozialistischen Gesellschaft eine produktive Bedeutung beizumessen, setzt Jiri Hajek mit dem Hinweis auf die Arbeiten von Goldstücker und Fischer die These entgegen, daß die "Erkenntnis der Gültigkeit der Kafkaschen Symbolik auch für einige Wesenszüge in der ersten Etappe der Entwicklung der sozialistischen Gesellschaft gedanklich die produktivste Reaktion der marxistischen Kritik auf Kafkas Werk"[259] gewesen sei. Hajek sagt es noch deutlicher: "Kafka, dieser Dichter einer für uns sonst schon unendlich weit entfernten Welt, der unter ganz anderen gesellschaftlich-ökonomischen und ethischen Voraussetzungen aufwuchs, richtet über alles, was der Personenkult in unserem Gesellschaftssystem verschuldete, was von seinen Folgen noch unter uns und in uns geblieben ist und in krassestem Widerspruch mit dem befreienden humanistischen Sinn des Sozialismus steht."[260]

Gegen Hermsdorf und Mittenzweis Historisierungsversuche richtet Ernst Fischer seine Polemik. Kern seiner Argumentation ist die These, daß die Entfremdung auch in der sozialistischen Welt keineswegs überwunden sei; sie Schritt für Schritt aufzuheben, müsse die aktuelle Aufgabe sein. Die Lektüre der Werke Kafkas sei geeignet, mit zur Lösung beizutragen, denn "der sozialistische Leser wird in ihnen Züge der eigenen Problematik wiederfinden, und der sozialistische Funktionär wird genötigt sein, in manchen Fragen gründlicher und differenzierter zu argumentieren"[261]. Die Rede Fischers bezieht ihre Sprengkraft aus den Tabus marxistisch-leninistischer Rezeption spätbürgerlicher Kunst, mit denen er unbekümmert aufräumt. Weder läßt er die gängige Realismusdefinition gelten, noch hält er die Forderung für zulässig, der Schriftsteller sei verpflichtet, Lösungen

---

257 Hermsdorf, Künstler und Kunst bei Franz Kafka, in: *Franz Kafka aus Prager Sicht* (Anm. 233), S. 106, ebenfalls abgedruckt in: *Weimarer Beiträge*, 10. Jg. 1964, H. 3. Hermsdorfs Bewertung entspricht der späteren Lesart von Peter Weiß in: *Die Ästhetik des Widerstands* (s. Anm. 24 der Einleitung).
258 Vgl. unten den Exkurs "Brecht über Kafka".
259 Jiri Hajek, Kafka und wir, in: *Franz Kafka aus Prager Sicht* (Anm. 233), S. 109.
260 Ebd.
261 Ernst Fischer, Kafka-Konferenz, in: ebd., S. 157. Ein Kafka-Essay von Fischer war bereits 1962 noch z.Z. Huchels in "Sinn und Form" erschienen. Vgl. E. Fischer, Franz Kafka, in: *Sinn und Form*, 14. Jg. 1962, H. 4, S. 497-553, ebenfalls abgedruckt in: ders., *Von Grillparzer zu Kafka*, Frankfurt a.M. 1975. Fischer hob in diesem Essay den singulären Rang Kafkas in der modernen Literatur hervor und rückte ihn in die Nähe Kleists. Die Konstruktion einer Traditionslinie Romantik - Moderne bedeutete eine klare Distanzierung von der damals noch in der Literaturwissenschaft der DDR vorherrschenden Lukácsschen Gleichsetzung von Romantik/Moderne und Dekadenz.

vorzuschlagen. Daß Kafka die Kraft der Arbeiterklasse nicht zu sehen in der Lage war, veranlaßt Fischer zu der kühnen Feststellung, nicht nur eine Vielfalt künstlerischer Methoden sei unentbehrlich, sondern auch verschiedene soziale und individuelle Standpunkte seien in einer Welt voller Widersprüche unvermeidlich.

Fischers Appell stößt bei den Teilnehmern aus der DDR auf wenig Gegenliebe. Helmut Richter wendet sich gegen Fischers Forderung, dem Werk Kafkas in den sozialistischen Ländern größere Publizität zu verschaffen. Man solle Kafka publizieren, aber mit Einschränkungen. Das Problem Kafka sei unter den Bedingungen des Kalten Krieges in Deutschland nach wie vor eine politische Frage. Deshalb könne es nicht die Hauptaufgabe der Kulturpolitik in der DDR sein, "Kafkas Werke in ihrer Totalität und in großen Auflagen zu veröffentlichen und ihn nicht nur bei der Jugend, sondern auch bei den Schriftstellern und den Funktionären des Staatsapparats als das Heilmittel gegen bestimmte Überreste der Vergangenheit zu verbreiten"[262]. In einer Auseinandersetzung mit dem Kafka-Einfluß in der westdeutschen Literatur vertritt Richter die Auffassung, daß es angesichts des heutigen Gewichts sozialrevolutionärer Gegenkräfte nicht mehr möglich sei, das Weltbild des Prager Dichters zu übernehmen, was - so läßt sich daraus schließen - seiner Rezeption Grenzen setze.

Ernst Schumacher stellt in seinem Vortrag die Bedeutung der Kafka-Rezeption für die Kulturpolitik in der DDR am prägnantesten heraus. Er warnt vor einer existentialistischen Auslegung der Werke, da sie den Gegnern Kafkas im sozialistischen Lager Argumente für seine Diskriminierung liefere[263]. Schumacher versetzt sich in die Lage von Kulturfunktionären, die befürchteten, durch eine breite Rezeption der Werke würde eine mühsam erreichte weltanschaulich-literarische Position preisgegeben und Kafka bei den Schriftstellern in Mode kommen. Er charakterisiert Kafkas literarische Methode als doppelte Verfremdung. "Diese besteht darin, daß nicht so sehr ein Abbild als vielmehr ein Sinnbild dieser Welt gegeben werden soll. Kafka geht nicht den Weg vom Besonderen zum Allgemeinen, sondern sucht das Allgemeine so abstrakt, so frei vom Besonderen wie möglich zu gestalten."[264] Dazu diene die Parabel, die trotz hochgradiger Abstraktion bildhaft, anschaulich, sinnlich-plastisch sei. Die parabolische Verallgemeinerung erschwere eine historische Entzifferung der Texte bei denen, die nicht marxistisch zu denken gewohnt seien. Für ein sozialistisches Literaturverständnis sei deshalb allein schon die formale Beschaffenheit des Kafkaschen Werkes problematisch, da es keine realistischen Abbilder der Wirklichkeit enthalte.

Kulturpolitisch sei folgende Lage entstanden: "Die zögernde 'Heimholung' scheint auf die Furcht zurückzuführen, mit Kafka gleichzeitig den 'Kafkaismus'

---

262 Helmut Richter, Zur Nachfolge Kafkas in der westdeutschen Literatur, in: *Franz Kafka aus Prager Sicht* (Anm. 233), S. 186.

263 J. H. Reid irrt, wenn er meint, Schumachers Zurückweisung einer existentialistischen Kafka-Interpretation gelte der Position Fischers. Vielmehr bezieht sie sich auf den Beitrag des Philosophen Ivan Svitak.

264 Ernst Schumacher, Kafka vor der neuen Welt, in: *Franz Kafka aus Prager Sicht* (Anm. 233), S. 247.

einzuschleppen. Vielleicht wird diese Gefahr im sozialistischen Teil Deutschlands besonders stark empfunden, weil die Auswirkung des 'Kafkaismus' in der westdeutschen bürgerlichen Literatur so sehr ins Auge springt und andererseits die 'doppelt' verfremdete, parabolische Schreibweise Kafkas auch dann nicht als geeignetste Weise erscheint, den Lesern - und die Literaturgesellschaft der DDR ist wesentlich breiter geworden als früher - zu einem realen Bewußtsein ihrer selbst zu verhelfen."[265] Schumacher geht von einer notwendigen Zunahme des Informationscharakters der Literatur in der Übergangsphase vom Kapitalismus zum Sozialismus aus. In dieser Phase müßten die Werke Kafkas und eine daran anknüpfende parabolisch verschlüsselte Schreibweise mit einem gewissen Recht als unzeitgemäß betrachtet werden, da sie den angestrebten gesellschaftlichen Nutzeffekt nicht erzielen könnten. Die Befreiung des Kunstwerks vom soziologischen "Stoff" stünde jedoch bevor und die künstlerisch verfeinerte parabolische Darstellungsweise werde dann zu ihrem Recht kommen. Die Erscheinungen der DDR-Literatur in den siebziger Jahren vorwegnehmend, urteilt Schumacher: "Die sozialistische Literatur, vor allem die Epik, die von der Notwendigkeit, Wissen, Kenntnisse, Verständnis historisch-soziologischer Art zu vermitteln, entbunden sein wird, wird dann vielleicht eine größere Ähnlichkeit mit der 'doppelt' verfremdeten Erzählweise Kafkas als mit den konventionellen realistischen Romanen etwa Thomas Manns haben. ... Die Leser werden diese Literatur als durchaus realistisch empfinden, weil sie durch sie das Wesen der sie beschäftigenden, von ihnen mitgeschaffenen Wirklichkeit veranschaulicht bekommen."[266]

Bemerkenswert an den Ausführungen Schumachers ist das ihnen zugrundeliegende Etappendenken. In der Aufbauphase brauche die DDR eine Informationen bereitstellende Literatur traditionell realistischen Charakters. In einer höheren Entwicklungsphase seien modernistische Schreibtechniken, die nicht auf plane Information des Lesers zielten, möglich und angemessen. Schumachers Überlegungen decken sich hier mit der Auffassung Hanns Eislers, der zu Beginn der sechziger Jahre im Gespräch mit Hans Bunge für eine höhere Entwicklungsstufe des Sozialismus eine Kunst voraussagte, die weniger am politischen Nutzeffekt als am freien Spiel der Phantasie orientiert sein werde[267].

In seiner Zusammenfassung der Diskussion geht Eduard Goldstücker nochmals auf die Frage nach der Aktualität Kafkas ein. Auch er konstatiert, daß Entfremdungserscheinungen in der sozialistischen Gesellschaft weiterexistierten. Es sei sogar möglich, daß sich die Menschen in manchen Etappen der Gesellschaftsentwicklung noch stärker entfremdet fühlten als im Kapitalismus. Goldstücker sieht in der modernen Zivilisation ein dehumanisierendes Element, das beide Gesellschaftsformen betreffe. Kafka habe ein System der Symbole geschaffen, das die Welt unseres Zeitalters ausdrücke. In seiner epochalen Bedeutung sei er nur mit

---

265 Ebd., S. 252.
266 Ebd., S. 255.
267 Vgl. Hans Bunge, *Fragen Sie mehr über Brecht. Hanns Eisler im Gespräch*, München 1972, S. 316 ff. Vgl. unten Teil II, Kap. 3.

Baudelaire, dem Schöpfer der modernen Poesie, zu vergleichen. Er stehe am Beginn einer Art des Kunstschaffens, die dem superindustrialisierten Zeitalter entspreche.

Die Konferenzbeiträge der DDR-Literaturwissenschaftler, die teilweise - wie
im Falle Richters - hinter Erkenntnisse ihrer eigenen Forschungsarbeiten zurück-
fielen, werden erst vor dem Hintergrund der kulturpolitischen Debatten in der
DDR verständlich. Im März 1963 - zwei Monate vor der Kafka-Konferenz - war
es auf einer Beratung des SED-Politbüros und des Ministerrats mit Schriftstellern
und Künstlern zu einer scharfen Polemik des stellvertretenden Ministerpräsidenten Abusch gegen Günter Kunert gekommen. Abusch glaubte, bei Kunert eine
Abkehr von seinen Lehrern Becher und Brecht und eine Hinwendung zu Kafka
und Benn feststellen zu können[268]. Hier war offenbar das eingetreten, was die
Literaturwissenschaftler als fatale Vorbildwirkung Kafkas auf jüngere sozialistische Schriftsteller bezeichneten. Sie sahen sich folglich aufgerufen, für eine
"richtige Kanalisierung des Einflusses" (Mittenzwei) Kafkas zu sorgen.

4.4. Kulturpolitische Folgen der Kafka-Konferenz

Die Konferenzbeiträge von Hermsdorf und Mittenzwei wurden noch vor Erscheinen des Protokollbandes in den Zeitschriften "Weimarer Beiträge" und "Sinn und
Form" abgedruckt[269]. Der Beitrag Schumachers, der als einziger DDR-Teilneh-
mer die These vertreten hatte, daß die Entfremdung "im Sozialismus fortdauert
und zeitweilig unmenschlichste Formen angenommen hat", ist außerhalb des in
der DDR zwar angekündigten, aber nicht ausgelieferten Sammelbandes nicht erschienen[270]. Die erste Reaktion von offizieller Seite war im August 1963 von Alfred Kurella zu vernehmen. Kurella setzte sich mit einem Aufsatz des französischen Philosophen Roger Garaudy auseinander, der die Prager Konferenz als
Auftakt für eine Erneuerung des Marxismus bezeichnete. Diese betreffe die Erweiterung des Realismuskonzepts in der Literaturkritik und im literarischen
Schaffen selbst, was zugleich den Verzicht auf einen summarischen Dekadenzbegriff bedeute. Garaudy, so zitierte ihn Kurella, bezeichne den Kampf gegen die
weiterexistierende Entfremdung als das, was von Kafka zu lernen sei. Es gehe
darum, "'der Subjektivität ihren ganzen Platz einzuräumen und den Menschen

---

268 Vgl. oben Kap. 3.
269 Zu Hermsdorf vgl. Anm. 257. Mittenzweis Beitrag "Brecht und Kafka" erschien in:
     Sinn und Form, 15. Jg. 1963, H. 4.
270 Schumacher, Kafka vor der neuen Welt (Anm. 264), S. 256. Zur Nichtauslieferung
     des Protokollbandes *Franz Kafka aus Prager Sicht 1963*, der 1965 im Verlag der
     Tschechoslowakischen Akademie der Wissenschaften in Prag erschien, vgl. J.H.
     Reid, Kafka in the GDR (Anm. 220). Der Westberliner Voltaire-Verlag publizierte
     1966 eine Lizenzausgabe.

keiner seiner Dimensionen zu berauben'"[271]. Es war gerade diese These, in der bereits die Literaturdiskussion in der DDR der späten sechziger Jahre vorweggenommen wurde, die Kurellas Widerspruch herausforderte. Kurella bestritt, daß der Marxsche Begriff der Entfremdung geeignet sei, Phänomene der sozialistischen Gesellschaft zu erfassen. Die Eroberung der politischen Macht durch die Arbeiterklasse und die Umwälzung der kapitalistischen Produktionsverhältnisse habe einen Prozeß in Gang gesetzt, die Entfremdung, nämlich die Herrschaft der "toten Arbeit über die lebendige" und ihre Folgeerscheinungen in Staat und Gesellschaft zu beseitigen. Auch der Personenkult habe nichts mit Entfremdung zu tun. Es gehe nicht an, "im Namen Kafkas eine Fehde zu eröffnen, die sich ganz offen gegen eine wirklich marxistische Analyse wendet und unter der Flagge des Kampfes für eine Aktualisierung Kafkas ausgesprochen politische Ziele verfolgt"[272]. Kurella glaubte überdies, durch den Hinweis auf die materiellen und geistigen Aufbauleistungen der DDR jeden Hinweis auf Entfremdungserscheinungen und marxistische Sklerose als obsolet überführen zu können[273].

Kurellas Ausführungen zum Entfremdungsbegriff erwarben in der DDR autoritative Geltung. Nicht ohne Kritik hingegen blieb sein Versuch, das tradierte Realismus- und Dekadenzkonzept gegen jede von Kafkas Werk inspirierte Erweiterung zu immunisieren. Hier geriet er in Gegensatz zu literaturwissenschaftlichen Positionen, die z.B. Hermsdorf und Richter in ihren Arbeiten zu Kafka bezogen hatten. In einem Artikel im "Sonntag" (März 1964) bestritt Erwin Pracht, daß Kafka schlechthin ein Vertreter der Dekadenz sei. Wie schon Reimann und Hermsdorf vor ihm, verwies er auf die kritisch-realistische Erzähldisposition im Roman "Amerika". Gegen Kurella wandte er ein, daß zwischen realistischer Fabel und Parabel keine Alternative zu bestehen brauche. Andererseits ließen sich Symptome der Dekadenz in Kafkas Werk nicht übersehen. Ganz im Sinne von Lukács heißt es: "Die verzweifelte Hoffnungs- und Aussichtslosigkeit, die Kafka mit großer Suggestivkraft in seinen Werken beschwört, sind ohne Zweifel Ausdruck des spätbürgerlichen Krisenbewußtseins. Dieser welthistorische Pessimismus, der keinen Hoffnungsschimmer in die Finsternis der Gestal-

---

271 Alfred Kurella, Der Frühling, die Schwalben und Franz Kafka, in: Sonntag, 31/1963, abgedr. in: *Kritik in der Zeit. Literaturkritik der DDR 1945-1975*, 1. Bd., Halle/Leipzig 1978, S. 383.

272 Ebd., S. 388. Zum Entfremdungsbegriff vgl. ders., *Das Eigene und das Fremde*, Berlin/Weimar 1968. Auf einem im Juni 1991 veranstalteten Symposium in Klosterneuburg über "Franz Kafka in der kommunistischen Welt" nannte Jiri Stromsik die mit dem Versuch einer Rehabilitierung Kafkas einhergehenden Erneuerungsbestrebungen einen "Akt der Selbstrettung der marxistischen Intelligenz, die sich aus der erniedrigenden Bevormundung seitens des Parteiapparats, also aus ihrer (im wörtlichen Sinne) 'selbstverschuldeten Unmündigkeit' zu befreien suchte". Zit. nach Ulrich Weinzierl, Die Angst vor Josef K., in: *FAZ* v. 8.6.1991, S. 27.

273 Die Antworten von Garaudy, Fischer und Goldstücker erschienen im Wiener *Tagebuch* (November 1963/Januar 1964). Vgl. dazu Hans-Dietrich Sander, Der Streit um den Dichter Kafka, in: *SBZ-Archiv*, 14/1964, S. 215 ff.

tenwelt Kafkas eindringen läßt, ist ein Moment der Dekadenz."[274] Ebenso wie Mittenzwei meinte auch Pracht, daß Kafkas Weltbild und Helden nicht geeignet seien, ihn zum Vorbild für die literarische Bewältigung der Probleme des sozialistischen Aufbaus hochzustilisieren.

Unter den Schriftstellern, die sich nach der Prager Konferenz für die Veröffentlichung der Werke Kafkas aussprachen, sind Franz Fühmann und Stephan Hermlin an erster Stelle zu nennen. Fühmann beklagte im März 1964 in einem Brief an den damaligen Kulturminister Bentzien den Mangel einer ernsthaften wissenschaftlichen Auseinandersetzung mit Werken der spätbürgerlichen Literatur und nannte als Beispiele Kafka und Trakl. Ihr künstlerisches Vermächtnis solle man nicht dem Großbürgertum überlassen. Es gehöre zum kulturellen Erbe der DDR, wenngleich dies nicht heißen könne, die Werke dieser Dichter zu imitieren[275]. Die gleiche Forderung erhob Stephan Hermlin auf einem internationalen Schriftstellerkolloquium in Berlin (Dezember 1964). Hermlin hatte sich schon wiederholt für die Verbreitung der Werke spätbürgerlicher Literatur in der DDR eingesetzt, zuletzt auf dem 5. Schriftstellerkongreß 1961, wo er sich vor allem für die Publikation der Werke Musils und Kafkas aussprach[276]. Zu Kafka erklärte er nun, er bewundere ihn, ohne ihn nachahmen zu wollen. Hermlin verblüffte sein Publikum mit der Feststellung, daß Kafkas Einfluß auf die Schriftsteller Westdeutschlands gering sei, denn sonst müßten sie besser schreiben. Die Dogmatiker verleumdeten Kafka als dekadent. Darauf sei zu erwidern: "Kafka ist ein großer Dichter. Sein Werk ist aus einem ungeheuren Schmerz entstanden, deshalb gehört er zu uns, weil wir die Antwort auf jeden Laut der Qual geben."[277] Er zähle Kafka nicht zu seinen Ahnen, doch sei er sich bewußt, in einer Zeit zu leben, die durch das Werk Kafkas geprägt worden sei.

Auch Anna Seghers, die auf der Prager Konferenz geschwiegen hatte, kam zwei Jahre später auf dem "Internationalen Schriftstellertreffen" in Weimar (Mai 1965) auf Kafka zu sprechen. Vorher hatte sie sich in einem Brief an Georg Lukács kritisch zu der plötzlichen Kafka-Begeisterung geäußert. Es käme ihr "sonderbar vor, daß so ernste und ruhige und gebildete Menschen in Literatursachen einen Standpunkt beziehen, der gar nicht mehr von ihrem eigenen Aspekt bestimmt wird. (*Diese* Leute sind *gegen* Kafka, also bin *ich für* ihn.) Ernst F. hat einmal jede Überbewertung von Kafka abgelehnt, nun ist er Feuer und Flamme dafür."[278] In ihrer Rede auf dem Schriftstellertreffen bekannte sie nun öffentlich, welch große Bedeutung Kafka für ihr literarisches Schaffen gehabt habe. Sie

274 Erwin Pracht, Präzisierung oder Preisgabe des Realismus-Begriffs?, in: *Sonntag*, 11/1964, S. 8.

275 Vgl. Fühmann, *Essays* (Anm. 166), S. 15.

276 Vgl. *V. Deutscher Schriftstellerkongreß. Referate und Diskussionsbeiträge*, Berlin/DDR 1962, S. 216 f.

277 Stephan Hermlin, Rede auf einem internationalen Schriftstellercolloquium, in: *Neue Deutsche Literatur*, 13. Jg. 1965, H. 3, S. 108.

278 Anna Seghers, An Georg Lukács (Brief vom 29. September 1963), in: dies., *Über Kunstwerk und Wirklichkeit*, IV, Ergänzungsband, Berlin/DDR 1979, S. 165.

verglich ihn mit Gogol und E. T. A. Hoffmann. Ihr Fazit lautete: "Schlimme Märchen für Erwachsene."[279]

1965 erschienen im Verlag Rütten & Loening die wichtigsten Werke Kafkas (Erzählungen, "Das Schloß" und "Der Prozeß"), nachdem in der Sowjetunion eine Teilausgabe des Werks publiziert worden war[280]. Die Herausgabe der Schriften erfolgte vermutlich noch vor dem 11. ZK-Plenum der SED, das im Dezember 1965 tagte und zu einem Scherbengericht für diejenigen Künstler werden sollte, die von den erwünschten Grundpositionen des sozialistischen Realismus abwichen[281]. Die Nachwirkungen der Kafka-Konferenz waren auch in den folgenden Jahren der zu Ende gehenden Ulbricht-Ära an kulturpolitischen Grundsatzreden, in denen das Kunstverständnis der Partei gegen "revisionistische" Attacken verteidigt wurde, deutlich ablesbar. Im Mittelpunkt der Polemiken stand die Entfremdungskonzeption Ernst Fischers, der als Ideologe der Konvergenz "entlarvt" wurde[282]. Der politische Symbolcharakter der Kafka-Debatte trat schließlich erneut im Zusammenhang mit der tschechoslowakischen Reformbewegung und ihrer gewaltsamen Beendigung im August 1968 hervor.

In seiner Rede auf der 13. Sitzung des Staatsrats (Oktober 1968) kam der damalige Kulturminister Klaus Gysi darauf zu sprechen. Mit der Kafka-Konferenz 1963 habe man begonnen, sich vom Marxismus zu entfernen und eine internationale antisozialistische Front zu bilden, als deren Vertreter in der DDR Robert Havemann und Wolf Biermann gewirkt hätten[283]. Daß Kafka aus der Sicht der Funktionäre nur als Symbolfigur einer antisozialistischen Strategie begriffen werden konnte, machte Walter Ulbricht deutlich, als er ein Jahr später (November 1969) rückblickend feststellte: "Mit der Pseudotheorie 'Realismus ohne Ufer', mit der Idealisierung des längst verstorbenen Schriftstellers Kafka, nicht um ihn

---

279 Seghers, Rede auf dem Internationalen Schriftstellertreffen 1965, in: dies., *Über Kunstwerk und Wirklichkeit*, I, Berlin/DDR 1970, S. 150.
280 Vgl. Franz Kafka, *Erzählungen. Der Prozeß. Das Schloß*, Berlin/DDR 1965. 1967 folgte die Herausgabe des Romans "Amerika". Zu beiden Ausgaben schrieb K. Hermsdorf das Nachwort. Von Kafka erschienen in der DDR ferner: *Erzählungen*, Leipzig 1978 (Neuaufl. 1979 und 1980); *Beim Bau der chinesischen Mauer. Prosa und Betrachtungen aus dem Nachlaß*, Leipzig/Weimar 1979 (mehrere Neuaufl.); *Das erzählerische Werk* (2 Bde. hrsg. v. K. Hermsdorf), Berlin DDR 1983 (2. Aufl. 1988) und die *Amtlichen Schriften* (hrsg. v. K. Hermsdorf), Berlin DDR 1984. In der SU waren erstmals 1964 in einer Literaturzeitschrift Erzählungen von Kafka veröffentlicht worden. 1965 erschien die erste Buchpublikation mit Romanen, Novellen und Parabeln. Vgl. Lew Kopelew, Franz Kafkas schwierige Rußlandreise, in: *Was bleibt von Franz Kafka? Positionsbestimmung. Kafka-Symposium Wien 1983*, hrsg. v. Wendelin Schmidt-Dengler, Wien 1985, S. 174.
281 Vgl. oben Kap. 3. Günter Kunert berichtet, daß die aufgelegten Kafka-Bücher zum Teil in Bibliotheken gingen, "aus denen sie bald wieder verschwanden. Einige Jahre später durften sie nicht mal mehr entliehen werden". Die Zeit der Schurken. Mit Günter Kunert sprach Günter Netzeband, in: *Sonntag*, 36/1990, S. 3.
282 Vgl. Alexander Abusch, Rede auf dem 7. Bundeskongreß des Deutschen Kulturbundes, 5.-7. April 1968, in: *Dokumente* (Anm. 48), S. 1333 f.
283 Vgl. Klaus Gysi, Die Kunst im Kampf für die sozialistische Gemeinschaft, in: ebd., S. 1400 ff.

zu ehren, sondern ihn als Rammbock gegen den sozialistischen Realismus zu nutzen, versuchten die rechten Revisionisten, die künstlerische Intelligenz in den sozialistischen Staaten aufzuweichen."[284] Ähnlich wie Johannes R. Becher 1951 in
seinem Tagebuch beharrte Klaus Gysi fast zwanzig Jahre später (Juni 1970) darauf, daß Kafka in der gesellschaftlichen Entwicklung der DDR keinen Platz mehr
habe. Eine kulturpolitische Orientierung an der westlichen Moderne wäre nach
dem Kriege für die Kulturentwicklung in der SBZ verhängnisvoll gewesen:
"Unsere eigene unmittelbare Erfahrung des Jahres 1945 und der Jahre danach befähigte und verpflichtete uns, den Versuch zurückzuweisen, an die Stelle jener
Traditionslinie, die von der Aufklärung über die Klassik und den kritischen
Realismus bis zum sozialistischen Realismus, also zu der sozialistischen Kunst
unserer Tage, führt - etwa Joyce oder Kafka - zu setzen. Was hätten sie uns damals, 1945, helfen können, wie könnten sie es heute!"[285]

4.5. Das Kafka-Bild in der DDR-Germanistik am Ende der Ära Ulbricht

Im kulturpolitischen Klima der sechziger Jahre konnte sich die wissenschaftliche
Auseinandersetzung mit Kafka nicht über die von Hermsdorf und Richter vorgestellten Ansätze hinaus entwickeln. Nach dem Weggang von Kantorowicz und
Mayer fehlten auch die akademischen Mentoren, die eine weitere Beschäftigung
mit dem Prager Dichter hätten anregen können. Für Inge Diersen, einer Schülerin
von Kantorowicz, erschwerten es die Auswirkungen der Kafka-Konferenz, ein
vernünftiges Verhältnis zu Kafka zu finden. Diersen teilt mit, daß Ende der sechziger Jahre das Germanistische Institut der Humboldt-Universität und die Akademie der Wissenschaften ein Projekt "zur Öffnung unserer Realismusauffassung
oder überhaupt zur Differenzierung unserer literarischen Wertauffassungen über
Moderne bzw. zu dem, was als modernistisch abqualifiziert wurde"[286], planten,
das nicht zustande kam. Es sei an eine Analyse deutschsprachiger Romane des
20. Jahrhunderts, u.a. an eine Kafka-Interpretation, gedacht worden.
    Das Kafka gewidmete Kapitel der repräsentativen "Geschichte der deutschen
Literatur", deren 9. Band die Periode 1900-1917 umspannt (verantwortlich für
den das Kafka-Kapitel enthaltenden Teil ist Silvia Schlenstedt), spiegelt den Stand
der Rezeption der späten Ulbricht-Ära wider. Hinweise auf den biographisch-hi-
storischen Hintergrund, Textanalysen, Inhaltswiedergaben und Weltbild-Kritik
bekräftigen das in der DDR-Germanistik vorherrschende Urteil über den Dichter,
dessen Werke zu "wichtigen Dokumenten einer historisch und sozial bestimmten

---

284 Walter Ulbricht, Die Entwicklung der sozialistischen Kultur in der Deutschen De-
     mokratischen Republik, in: ebd., S. 1583.
285 Klaus Gysi, Festansprache zum 25. Jahrestag der Gründung des Deutschen Kultur-
     bundes, in: ebd., S. 1741.
286 Materialien (Anm. 236), S. 295.

subjektiven Situation in den Widersprüchen der kapitalistischen Gesellschaft"[287] erklärt werden. Die besondere ideologische Brisanz Kafkas lasse sich an seiner Wirkung auf kleinbürgerliche Intelligenzkreise ablesen, die sich in ihrer Macht- und Ratlosigkeit bestätigt fänden. In Anspielung auf die Prager Kafka-Konferenz heißt es, daß Kafkas Schriften auch in den sozialistischen Ländern dazu beigetragen hätten, kleinbürgerliches Bewußtsein neu zu beleben. Dieser Feststellung folgt eine Werkinterpretation, die die Problematik des bürgerlichen Menschen ausschließlich unter kapitalistischen Entfremdungsbedingungen dargestellt sehen will. Die Grenzen der Kafkaschen Kunst seien dort zu erkennen, wo es ihm nicht gelinge, einen historisch-sozialen Boden für das Erzählte zu finden. Der Roman "Amerika" biete zwar Raum für eine konkretere Darstellung der unmenschlichen Situation, in der der Mensch der großstädtischen Maschinerie und kapitalistischen Ausbeutungspraktiken unterworfen sei, das Wechselverhältnis zwischen Individuum und Gesellschaft werde dialektisch erfaßt, doch "das Gespürte nicht auf die Bewegung der wirklichen Klassenkämpfe bezogen"[288].

Diese das offizielle Kafka-Bild Anfang der siebziger Jahre wiedergebende Darstellung ist in ihren ideologischen Akzentsetzungen der Abwehrstrategie der SED nach der Prager Kafka-Konferenz verpflichtet und führt interpretatorisch nicht über die Positionen von Hermsdorf und Richter aus den frühen sechziger Jahren hinaus. Erst Ende der siebziger Jahre - nach fast fünfzehnjähriger Stagnation - trat die Kafka-Forschung mit neuen Ergebnissen wieder publizistisch hervor.

Exkurs: Brecht über Kafka

Brechts Äußerungen zu Kafka, soweit sie als eigene Notizen vorliegen, wurden vollständig erstmals 1966 publiziert[289]. In dem Jahr erschienen im Frankfurter Suhrkamp-Verlag auch Benjamins Aufzeichnungen über Gespräche mit Brecht[290]. Sie wurden bis 1989 in der DDR nicht veröffentlicht. Der Brecht-Forscher Werner Mittenzwei nahm bereits 1963 auf der Kafka-Konferenz in Liblice zum Thema Brecht - Kafka Stellung. Er konnte sich damals auf Materialien des Brecht-Archivs und des Archivs der Ostberliner Akademie der Künste stützen, die auch Benjamins Aufzeichnungen über Gespräche mit Brecht enthalten. Das Kafka-Bild Brechts, das Mittenzwei vermittelte, war jedoch selektiv und darauf angelegt, die sozialistischen Schriftsteller von einer intensiven Beschäftigung mit dem Prager Dichter abzuhalten. Mittenzwei sprach offen aus, daß es ihm darum ging, den Einfluß Kafkas zu kanalisieren. Zu diesem Zweck konstruierte er einen

---

287 *Geschichte der deutschen Literatur*, 9. Bd., Berlin/DDR 1974, S. 451.
288 Ebd., S. 455.
289 Vgl. Bertolt Brecht, *Schriften zur Literatur und Kunst*, Bd. I und II, Berlin/Weimar 1966. Zitiert wird aus der Suhrkamp-Ausgabe der *Gesammelten Werke*, Bd. 18 und 19, Frankfurt a.M. 1967.
290 Walter Benjamin, *Versuche über Brecht*, hrsg. v. Rolf Tiedemann, Frankfurt a.M. 1966. Zitiert wird aus der 1978 erschienenen erweiterten Ausgabe.

Gegensatz zwischen dem Kafka-Bild Brechts in den frühen dreißiger Jahren und in der Nachkriegszeit. Die Verkehrung des anfänglich positiven Urteils in ein eher negatives glaubte Mittenzwei durch eine Notiz dokumentieren zu können, die er irrtümlich in die fünfziger Jahre verlegte, obgleich es sich wahrscheinlich um eine Aufzeichnung zur Realismusdiskussion im Exil handelt[291]. Mittenzwei verkannte damals völlig die Bedeutung, die Brecht Kafkas parabolischer Schreibweise für sein eigenes Schaffen beimaß. Anstatt am Beispiel Brecht - Kafka zu zeigen, wie sich ein marxistisch denkender, an Neuerungen interessierter Schriftsteller produktiv mit einem "bürgerlichen" Künstlerkollegen auseinandersetzt, reduzierte er die Brechtsche Fragestellung darauf, wie weit es Kafka gelungen sei, den "gesellschaftlichen Kausalkomplex" aufzudecken. Eine genauere Betrachtung hätte ergeben, daß Brecht sich in Fragen der literarischen Technik, d.h. der künstlerischen Bewältigung von Realität, Kafka mehr verbunden fühlte als sogenannten realistischen Schriftstellern, die an traditionellen Erzählformen festhielten. Eine solche Rezeptionsweise war jedoch Anfang der sechziger Jahre in der DDR kulturpolitisch nicht erwünscht.

Die erste Notiz Brechts zu Kafka geht auf das Jahr 1926 zurück. Brecht begutachtet die zeitgenössische Epik und fällt ein vernichtendes Urteil. Mit Ausnahme einiger Bücher von Wedekind und Kafka gebe es nichts, in dem wirkliches episches Material stecke[292]. Was bei Kafka an epischem Material zu finden ist, bleibt in Brechts Bemerkung ebenso im Dunkeln wie in einer zwei Jahre später verfaßten Notiz. Kafka sei "eine wirklich ernste Erscheinung", heißt es da, "inmitten einer literarischen Umwelt, der gegenüber Ernst jeder Art einfach ungerecht wäre"[293].Brecht spricht dem bürgerlichen Literaturbetrieb das Recht ab, Kafka zu einem der ihren zu erklären. Als 1931 der Nachlaßband "Beim Bau der chinesischen Mauer" erschien, fand er in Brecht - nach Mitteilung Walter Benjamins - einen aufmerksamen Leser[294]. Wiewohl aus Benjamins Aufzeichnungen nicht immer deutlich hervorgeht, welches die Gedanken Brechts und welches seine eigenen sind, kann festgehalten werden, daß Brecht für Kafka ein starkes Interesse bekundete. Er hielt ihn für einen "prophetischen Schriftsteller". Kafka habe "ungeheure Verschiebungen in allen Verhältnissen sich anbahnen" sehen und auf die "Entstellungen des Daseins" mit Staunen reagiert. Um die entstellten Dinge darstellen zu können, habe er mit einer rein erzählenden Prosa gebrochen. "Der dauernden visionären Gegenwart der entstellten Dinge erwidert der untröst-

---

291 Es betrifft Brechts Notiz "Über die moderne tschechoslowakische Literatur". Vgl. Brecht, *Gesammelte Werke*, Bd. 19 (Anm. 289), S. 447 f. Der Herausgeber Werner Hecht hat diese Notiz dem Abschnitt "Aufsätze zur Literatur 1934 bis 1946" zugeordnet.
292 Vgl. Brecht, *Gesammelte Werke*, Bd. 18 (Anm. 289), S. 50.
293 Ebd., S. 61.
294 Vgl. Benjamins Brief an Scholem vom 3.10.1931: "Überrascht hat mich in einigen Gesprächen, die in besagte Wochen fallen, Brechts überaus positive Stellung zu Kafkas Werk. Er schien den Nachlaßband sogar zu verschlingen." *Benjamin über Kafka. Texte, Briefzeugnisse, Aufzeichnungen*, hrsg. v. Hermann Schweppenhäuser, Frankfurt a.M. 1981, S. 65.

liche Ernst, die Verzweiflung im Blick des Schriftstellers selbst. Dieser Haltung wegen will Brecht ihn als den einzig echten bolschewistischen Schriftsteller gelten lassen"[295], notiert Benjamin. Die provokative Formulierung vom bolschewistischen Schriftsteller Kafka gewinnt ihren Sinn, wenn man sie auf die frühere Bemerkung Brechts bezieht, Kafka sei einer der wenigen zeitgenössischen Schriftsteller, die "wirkliches episches Material" vorgelegt hätten, Material, das - so könnte der Dialektiker Brecht gemeint haben - eine bolschewistische Revolutionierung der Gesellschaft rechtfertige[296].

Drei Jahre später, im dänischen Exil, setzen Benjamin und Brecht ihre Kafka-Erörterungen fort. In diesen Gesprächen bringt Brecht erneut die prophetische Seite Kafkas zur Sprache. "Kafka habe ein, nur ein einziges Problem gehabt, und das sei das der Organisation. Was ihn gepackt habe, das sei die Angst vor dem Ameisenstaat gewesen: wie sich die Menschen durch die Formen ihres Zusammenlebens sich selbst entfremden. Und gewisse Formen dieser Entfremdung habe er vorhergesehen, wie zum Beispiel das Verfahren der GPU."[297] Brecht setzt sich nach Mitteilung Benjamins zugleich kritisch von Kafkas Realitätssicht ab, die die des Kleinbürgers sei, der sich in seiner Lage nicht mehr zurechtfinde. In seinen Geschichten gebe es eine Reihe guter Bilder, aber zuviel Geheimniskrämerei. Man dürfe sich von der Tiefe Kafkas nicht beeindrucken lassen. Alles käme darauf an, "Kafka zu lichten, das heißt, die praktikablen Vorschläge zu formulieren, welche sich seinen Geschichten entnehmen ließen"[298]. Neben dem Thema der Organisation war nach Brechts Meinung in Kafkas Geschichten die alpdruckhafte Angst vor dem unaufhaltsamen Wachstum der großen Städte spürbar, ein Thema, das auch Brecht beschäftigte.

In seiner Notiz über die moderne tschechoslowakische Literatur - vermutlich Ende der dreißiger Jahre geschrieben - sieht Brecht in Kafkas Werk in Anknüpfung an seine Äußerungen im Gespräch mit Benjamin Vorahnungen der kommenden Konzentrationslager, der kommenden Rechtsunsicherheit und der Verabsolutierung des Staatsapparats in alpdruckhafter Wirrnis geschildert. Er sei zwar weit davon entfernt, Kafka als Vorbild vorzuschlagen, doch werde der deutsche Schriftsteller unbedingt diese Werke lesen müssen[299]. In seinen "Notizen über realistische Schreibweise", die er anläßlich der Realismusdebatte im Exil anfertigte, distanziert sich Brecht von Lukács' Auffassung, den zeitgenössischen Schriftstellern ästhetische Gestaltungsformen einer vergangenen Epoche als Norm zu empfehlen. Die literarischen Techniken eines Joyce, Döblin, Dos Passos und Kafka seien nicht lediglich Verfallsprodukte. In ihren Werken seien wertvolle Produktivkräfte, hochentwickelte technische Elemente repräsentiert, von denen

---

295 Benjamin, *Versuche* (Anm. 290), S. 145.
296 Vgl. Klaus Hermsdorf, Anfänge der Kafka-Rezeption in der sozialistischen deutschen Literatur, in: *Weimarer Beiträge*, 24.Jg. 1978, H. 9, S. 51.
297 Benjamin, *Versuche* (Anm. 290), S. 155.
298 Ebd., S. 158.
299 Vgl. Brecht, Über die moderne tschechoslowakische Literatur (Anm. 291), S. 447.

gerade sozialistische Schriftsteller profitieren könnten[300]. An Kafka interessiert Brecht die Technik der Verfremdung. In der Form der Parabel sieht er einen Anknüpfungspunkt für seinen Versuch, die Dichtung in die Lehre zu überführen[301].

Nach Erscheinen der Schriften Brechts zur Literatur und Kunst und der Publikation der Gespräche Benjamins mit Brecht war eine neue Sachlage in der marxistischen Kafka-Rezeption geschaffen worden. Es ist das Verdienst Werner Mittenzweis, in seinem Aufsatz "Die Brecht-Lukács-Debatte", der 1967 in "Sinn und Form" erschien, die Brechtsche Methode der Umfunktionierung bestimmter Techniken spätbürgerlicher Autoren nunmehr in deutlicher Differenz zu seinem Beitrag auf der Prager Kafka-Konferenz herausgearbeitet zu haben.[302] Für die Beurteilung Kafkas in der DDR-Germanistik blieb die materialästhetische Methode Brechts, die in Mittenzwei einen engagierten Befürworter fand, zunächst folgenlos. Erst in der zweiten Hälfte der siebziger Jahre sollte die Kafka-Rezeption einen neuen Aufschwung erfahren.

---

300 Vgl. Brecht, Notizen über realistische Schreibweise, in: ebd., S. 361.
301 Vgl. Hermsdorf, Anfänge (Anm. 296), S. 54.
302 Vgl. Werner Mittenzwei, Die Brecht-Lukács-Debatte, in: *Sinn und Form*, 19. Jg. 1967, H. 1, S. 235-269.

II. Das Nachlassen des Affekts gegen die Moderne in der Kulturpolitik und die Emanzipation der Literatur in der DDR (1971-1989)

1. Kulturpolitische Zäsuren in der Ära Honecker

Die Rehabilitierung von Moderne und Avantgarde, die in den achtziger Jahren selbst führende Kulturpolitiker forderten und die am Ende der Ära Honecker noch keineswegs abgeschlossen war, ist ein differenziert zu bewertender Vorgang. Das Thema blieb ideologisch brisant, und es gehörte ein nicht geringes Maß dialektischer Argumentationskunst dazu, das einst Verfemte nunmehr gutzuheißen. Fragt man nach den Gründen, die es den SED-Kulturfunktionären geraten sein ließen, Klassiker der Moderne wie Kafka, Proust, Joyce, Musil u.a. dem kulturellen Erbe zuzuschlagen, ist ein Rückblick auf die politisch-soziale Entwicklung der DDR seit Beginn der sechziger Jahre aufschlußreich.

Die DDR erlebte in diesem Zeitraum eine ökonomische und politische Stabilisierung. Durch den Bau der Berliner Mauer vor weiterer Arbeitskräfteauszehrung geschützt, konnte der Lebensstandard der Bevölkerung durch wissenschaftlich-technische und ökonomische Aufbauleistungen angehoben und die Stellung der DDR gegenüber der Bundesrepublik gestärkt werden. Die ökonomischen Erfolge und die internationale politische Anerkennung milderten das große Legitimationsdefizit des Staates gegenüber seinen Bürgern. Die DDR begann in diesen Jahren immer mehr Züge einer modernen Industriegesellschaft anzunehmen[1]. Die sozialökonomischen Umwälzungen der vierziger und fünfziger Jahre hatten eine neue Sozialstruktur entstehen lassen, die sich im Verlauf einer auf Intensivierung des Wachstums zielenden Wirtschaftspolitik weiter differenzierte. Dem hohen Industrialisierungsgrad, den die DDR in den sechziger Jahren erreichte, entsprach ein Lebensstandard, der trotz spezifischer planwirtschaftlich bedingter Mängel mit dem mancher westlich-kapitalistischer Konsumgesellschaften durchaus vergleichbar war.

Als sich gegen Ende dieses Jahrzehnts deutlicher abzeichnete, daß die angestrebte klassenlose Gesellschaft in weiter Ferne lag und die Ulbrichtsche Formel von der sozialistischen Menschengemeinschaft die noch vorhandenen und neu entstandenen sozialen Differenzen und Konflikte unberücksichtigt ließ, revidierte die SED ihr Sozialismusbild. Zwar hielt die Partei weiterhin an der sozialistischen Zukunftsperspektive fest; das harmonistische Bild einer Gesellschaft, in der die sozialen Konflikte beseitigt wären, wurde jedoch aufgegeben. Die SED wollte

---

1 Vgl. Hartmut Zimmermann, Die DDR in den 70er Jahren, in: Günter Erbe u.a., *Politik, Wirtschaft und Gesellschaft in der DDR*, Opladen 1980, S. 17 f.

vielmehr im Übergang zur Ära Honecker den ungleichartigen Bedürfnissen und Interessenlagen unterschiedlicher gesellschaftlicher Gruppen besser als bisher gerecht werden, ohne jedoch ihr Machtmonopol aufzugeben. Die Formel vom "real existierenden Sozialismus" bringt den Pragmatismus dieser Politik und den Mangel an utopischem Denken pointiert zum Ausdruck[2]. Kulturpolitisch mußte die neue real-sozialistische Orientierung jedoch in ein Dilemma geraten, wenn sie von der Kunst weiterhin sozialistisch-utopischen Ideengehalt verlangte, der in der Gesellschaftspolitik auf pragmatische Nahziele zusammengeschrumpft war.

Was die Parteiideologen zu Beginn der siebziger Jahre zu kritischer Bestandsaufnahme veranlaßte, hatte die Literatur längst ausgesprochen. Die Realität des Landes war weit entfernt von der Vision der Ulbrichtschen Menschengemeinschaft und der allseitigen Entwicklung sozialistischer Persönlichkeiten. Entstanden war eine sozial differenzierte Gesellschaft mit einer vielschichtigen Bedürfnisstruktur, in der die Diskrepanz zwischen dem an humanistischer Bildung orientierten Erziehungsideal und der von der Partei gelenkten Erziehungspraxis immer deutlicher in Erscheinung trat. Zwar waren durch bildungspolitische Maßnahmen für Bevölkerungskreise, die bisher kaum Bildungschancen besessen hatten, Voraussetzungen geschaffen worden, an der Rezeption von Kunst und Literatur teilzuhaben. Faktisch blieben jedoch Verlautbarungen, die Bildungsideale der deutschen Klassik und die kommunistische Bildungsutopie des allseitig harmonisch entwickelten Menschen in den Köpfen breiter Schichten zu verankern, Makulatur. Wie sollte es auch möglich sein, das, was in der Zeit des frühen Bürgertums lebendige Realität gewesen sein mochte, ohne kritische Auseinandersetzung davor zu bewahren, zum Kulturgut herabzusinken? Die Tendenz zur musealen Reproduktion der klassischen Werke wurde schließlich selbst von der SED registriert[3].

Schon Anfang der siebziger Jahre ließ sich nicht mehr übersehen, daß die offiziell betriebene kulturelle Traditionspflege bei einem Großteil der Bevölkerung nicht die gewünschte Wirkung erzielte. Soziologische Untersuchungen hatten gezeigt, daß z.B. im Leseverhalten der breiten Bevölkerung Unterhaltungsliteratur einen bevorzugten Platz einnahm, während die Lektüre anspruchsvollerer Literatur vor allem auf die Intelligenz beschränkt blieb[4]. Die Einsicht, daß nach wie vor nur ein geringer Teil der Bevölkerung über die materiellen und geistigen Voraussetzungen verfügte, sich Kunst und Literatur zuzuwenden, förderte die Revision des bisher gültigen Kulturverständnisses. Die Orientierung an einem Kulturbegriff, der vor allem die geistige Sphäre umfaßte, wurde zugunsten eines erweiterten, die verschiedenen Sektoren des geistigen und materiellen Lebens berücksichtigenden Kulturbegriffs aufgegeben. Das bedeutete, daß die Aneignung

---

2 Vgl. ebd., S. 46.
3 Vgl. *Die SED und das kulturelle Erbe*, Berlin/DDR 1986, S. 342.
4 Vgl. Richard Albrecht, "'Literaturgesellschaft' DDR. Leseverhalten, Lektüreinteressen und Leseerfahrungen", in: *Aus Politik und Zeitgeschichte*. Beilage zur Wochenzeitung "Das Parlament", 7.7.1984, S. 26.

des kulturellen Erbes, das nunmehr auch Arbeitstraditionen, technische Fertig-
keiten, Sitten und Gebräuche usw. einschließen sollte, als ein Beitrag "zur weiteren Ausprägung der sozialistischen Lebensweise"[5] verstanden wurde.

Die realistische Einschätzung, daß die Arbeits- und Lebensbedingungen ver-
bessert werden müßten, um den unter körperlich und psychisch belastenden Bedingungen Arbeitenden die Möglichkeit zu geben, an der Rezeption z.B. klassischer Kunst teilzuhaben, bot den Anlaß, den bisherigen Maßstab kultureller Bewertung selbst in Frage zu stellen. Aus der stärkeren Orientierung an der
"Lebensweise" folgte, daß das Verhältnis der arbeitenden Schichten zur Kultur
"nicht mehr hauptsächlich an ihren Beziehungen zu den Leistungen klassischer
Kunst, den Künsten überhaupt, gemessen" wurde[6]. In der Konsequenz bedeutete
dies, Massenbedürfnisse, die ausschließlich auf Unterhaltung und Entspannung
abzielten, nicht nur zu legitimieren, sondern festzuschreiben. Die pragmatischere
Politik der SED war seit ihrem VIII. Parteitag 1971 auf eine flexiblere Anpassung an Konsum- und Kompensationsbedürfnisse ausgerichtet[7]. Die Erzeugnisse
der geistigen Kultur blieben somit wiederum der Intelligenzschicht vorbehalten,
die immer schon ein Privileg darauf besaß. Die Tendenz, Kunst in zwei Richtungen aufzuspalten - Unterhaltung für die breite Masse, künstlerisch Anspruchs-
volles für eine intellektuelle Elite -, war in dieser politischen Weichenstellung
immerhin angelegt. Die Rehabilitierung der Moderne muß insofern im Zusammenhang mit der gleichzeitig erfolgten Aufwertung von Unterhaltungskunst und
-literatur gesehen werden.

Die auf dem VIII. Parteitag der SED (Juni 1971) verkündete "Hauptaufgabe",
das materielle und kulturelle Lebensniveau der Bevölkerung zu erhöhen, und die
politisch folgenreiche Erweiterung des Kulturbegriffs bildeten den Rahmen für
das neue, die Erbeaneignung bestimmende Konzept von der "Weite und Vielfalt
der künstlerischen Traditionen"[8]. Auf der 4. Tagung des ZK der SED (Dezember
1971) erklärte Honecker, daß es in Kunst und Literatur keine Tabus geben dürfe.
Das betreffe sowohl die Frage des Inhalts als auch die des Stils. Diese Konzession an die Künstler in der DDR wurde jedoch relativiert durch die einschrän-
kende Bemerkung: "Wenn man von der festen Position des Sozialismus ausgeht."[9] Letztlich blieb es der SED überlassen zu entscheiden, wo die Grenze zwischen künstlerischem Gestaltungsanspruch und sozialistischem Standpunkt zu
ziehen war. Honeckers vielbeachtete Äußerung signalisierte gleichwohl eine Öffnung der Kulturpolitik. Sie weckte neue Hoffnungen bei Künstlern und Schrift-

---

5 *Die SED und das kulturelle Erbe* (Anm. 3), S. 368.
6 Ebd., S. 371.
7 Vgl. dazu Ralf Rytlewski, Kommunismus ante portas?, in: *Die DDR in der Ära
   Honecker*, hrsg. v. G.-J. Glaeßner, Opladen 1988, S. 633-643.
8 *Die SED und das kulturelle Erbe* (Anm. 3), S. 371.
9 Erich Honecker, Hauptaufgabe umfaßt auch weitere Erhöhung des kulturellen Niveaus, in: *Dokumente zur Kunst-, Literatur- und Kulturpolitik der SED 1971-1974*,
   hrsg. v. Gisela Rüß, Stuttgart 1976, S. 287.

stellern und wurde als Bestätigung der Konzeption "Weite und Vielfalt" verstanden.

Kurt Hager hatte diese Losung auf der 6. Tagung des ZK (Juli 1972) nochmals bekräftigt, sich jedoch erneut entschieden vom Modernismus distanziert. Er denunzierte die ästhetische Moderne als sozialen, weltanschaulichen und künstlerischen Ausdruck der krisenhaften Situation der Kunst in der imperialistischen Gesellschaft. Die subjektive Protesthaltung einzelner Künstler war für Hager zwar Anlaß für bündnispolitische Überlegungen, änderte aber nichts an seiner Überzeugung, daß sozialistischer Realismus und Moderne sich unversöhnlich gegenüberstünden. Die Aufgabe ästhetischer Tabus dürfe die Künstler nicht zu Anleihen beim Modernismus verführen. Hagers Fazit lautete: "Wenn wir uns entschieden für die Weite und Vielfalt aller Möglichkeiten des sozialistischen Realismus, für einen großen Spielraum des schöpferischen Suchens in dieser Richtung aussprechen, so schließt das jede Konzession an bürgerliche Ideologien und imperialistische Kunstauffassungen aus."[10]

Trotz Hagers Vorbehalte gegen modernistische Einflüsse konnten sich seit Honeckers Regierungsantritt die neuen, in den sechziger Jahren bereits anklingenden Ansätze in der DDR-Literatur, die allerdings nicht pauschal der Moderne zuzurechnen sind, relativ ungehindert entfalten. Manuskripte wie Heyms "Lassalle" und "Der König David Bericht" und Kants "Impressum", die unter Ulbricht in den Schubladen liegen geblieben waren, wurden jetzt veröffentlicht. Die Debatte um Endlers Germanistikschelte und die Diskussion um Plenzdorfs "Die neuen Leiden des jungen W." - beide in "Sinn und Form" abgedruckt - bewiesen eine neue Offenheit in der Austragung kontroverser Standpunkte.

Der Schriftsteller Adolf Endler hatte die Unfähigkeit der Germanisten beklagt, sich kompetent zum poetischen Schaffen in der DDR zu äußern. So ignorierten sie nahezu vollständig den internationalen Kontext, in dem sich die Poesie der DDR bewege[11]. Endler wollte jedoch die DDR-Lyrik keineswegs einem verengten Begriff von Moderne zuordnen. Wenn er die Modernität des lyrischen Schaffens in der DDR hervorhob, bezog er sich auf jene Tendenz in der modernen Poesie, die sich bewußt von reiner Esoterik abhob. Der Germanistik sei hingegen vorzuwerfen, daß sie sich negativ auf das esoterische Modernekonzept einer bürgerlichen Ästhetik fixiere, statt die Vielfalt der Moderne zu berücksichtigen[12].

---

10 Kurt Hager, Zu Fragen der Kulturpolitik der SED, in: *Beiträge zur Kulturpolitik*, Berlin/DDR 1981, S. 36.

11 Was die Germanisten versäumten, wurde von den Schriftstellern selbst geleistet. Endler weist vor allem auf die Vermittlungstätigkeit des Lyrikers Georg Maurer hin, der 1955-1970 am Becher-Literaturinstitut unterrichtete. Heinz Czechowski urteilt über Maurers Essay "Welt in der Lyrik" (1967): "Damit gelang ihm die von der Literaturwissenschaft der DDR bis dato versäumte Aufarbeitung der Moderne in bedeutenden Ansätzen." H. Czechowski, *Nachbemerkung zu Georg Maurer, Was vermag Lyrik?*, Leipzig 1982, S. 209.

12 Vgl. dazu die Feststellung Karlheinz Barcks, daß die Bewertungskriterien Hugo Friedrichs in seiner Darstellung "Die Struktur der modernen Lyrik" (1956) "auch von der marxistischen Ästhetik weitgehend unbesehen übernommen wurden". K.

Endler sprach von einem "vollkommenen Abbruch der Beziehungen zwischen Germanisten und Poeten"[13].

Ulrich Plenzdorf hatte eine berühmte klassische Vorlage benutzt, um Probleme von DDR-Jugendlichen direkt und ungeschminkt zur Sprache zu bringen. Er zog sich damit zum einen den Unmut der Gralshüter des klassischen Erbes zu und mußte sich andererseits vorwerfen lassen, durch die Beschreibung eines Außenseiterschicksals Untypisches über die DDR-Jugend zu verbreiten. Die offene Diskussion über den Text, in der die positiven Stimmen überwogen, und der überwältigende Erfolg der Bühnenfassung zwangen die Kritiker zum Rückzug[14]. Honeckers Erklärung, es brauche bei einer sozialistischen Grundhaltung keine Tabus mehr in Kunst und Literatur zu geben, schien erste Früchte zu tragen.

Die gedämpft optimistische Stimmung unter den Schriftstellern vor der Biermann-Ausbürgerung im Herbst 1976 verriet denn auch die Antwort Fühmanns auf die Frage eines amerikanischen Interviewers, welchen Unterschied er zwischen der DDR-Literatur der siebziger und der vorangegangenen Jahre sehe. Fühmann sprach von einem in Gang gekommenen Demokratisierungsprozeß in der DDR, der sich vor allem in der Literatur zeige und zu der Hoffnung berechtige, daß die Auffassung vom Instrumentalcharakter der Kunst im Schwinden begriffen sei. Literatur sei nicht dazu da, Antworten zu geben, sondern Fragen zu stellen. "Wir entdecken heute auch formal und kompositionell neue Möglichkeiten in der Auseinandersetzung mit dem, was man 'ein heißes Eisen' nennt. Da sehe ich schon große und sehr positive Unterschiede."[15]

Dieser Prozeß, keine Tabus mehr zu respektieren und die Befindlichkeiten der Menschen in der DDR ohne ideologische Rücksichten offenzulegen, wurde durch die Biermann-Ausbürgerung und ihre Nachwirkungen zunächst gestoppt. Die Hoffnung, daß eine jüngere Generation von Kulturfunktionären - Abusch und Kurella waren inzwischen abgetreten - die Geschicke der Kulturpolitik kompetenter leiten werde, wie Paul Wiens meinte[16], mußte vorerst begraben werden. Die SED-Führung sah sich innenpolitisch erneut zu besonderer Wachsamkeit veranlaßt, um unliebsame Folgen der Normalisierung im Verhältnis zur Bundesrepublik und im internationalen Bereich (1975 Unterzeichnung der Schlußakte der KSZE-Konferenz von Helsinki) zu vermeiden. Die Bereitschaft, der künstlerischen Intelligenz Gestaltungsfreiheit zuzusichern, hatte dort ihre Grenzen erreicht, wo nicht nur das erwartete Gefühl der Dankbarkeit ausblieb, sondern die Neigung zur Selbstzensur schwand und die Künstler gar bestrebt waren, den ihnen gewährten Freiraum auszudehnen. Reiner Kunze und Wolf Biermann - beide keine "Modernisten" - hatten auf ihre Weise Tabuthemen des politischen Alltags

---

Barck, Baudelaires Ästhetik der Modernität, in: *Literarische Widerspiegelung*, Berlin/Weimar 1981, S. 302.

13 Adolf Endler, Im Zeichen der Inkonsequenz, in: *Dokumente* (Anm. 9), S. 267.
14 Vgl. dazu Manfred Jäger, *Kultur und Politik in der DDR*, Köln 1982, S. 149 f.
15 Interview mit Franz Fühmann, in: Richard A. Zipser, *DDR-Literatur im Tauwetter*, Bd. III: *Stellungnahmen*, New York/Bern/Frankfurt a.M. 1985, S. 109.
16 Vgl. Interview mit Paul Wiens, in: ebd., S. 122.

zur Sprache gebracht, so daß die Teile des Apparats, die dem Liberalisierungs-
kurs von vornherein skeptisch gegenübergestanden hatten, den Augenblick zum
Einschreiten gekommen sahen.

Auf die Ausbürgerung Biermanns reagierte eine Reihe bekannter DDR-Schriftsteller mit einem Protestschreiben an die Parteiführung. Liest man die Liste der
Unterzeichner, so fehlt kaum ein Name, der nicht wie z.B. der Erich Arendts,
Heiner Müllers und Christa Wolfs für das hohe Niveau und die Anerkennung,
welche die DDR-Literatur im deutschsprachigen Raum und darüber hinaus gefunden hat, in Anspruch zu nehmen wäre. Erstmals in der Geschichte der DDR
hatte eine größere Gruppe der literarischen Intelligenz mit ihrer Unterschrift gegen eine von Partei und Staat getroffene Maßnahme öffentlich protestiert. Die
Folgen dieser "Fraktionsbildung" waren beträchtlich. Sanktionen, die vom Ausschluß aus der Partei und aus dem Schriftstellerverband bis hin zu direkten Publi-
kationsverboten und Verhaftungen reichten, ließen die betroffenen Schriftsteller
und Künstler resignieren. Einige verließen die DDR oder wurden ausgewiesen,
andere versuchten aus den ihnen eingeräumten Arbeitsmöglichkeiten im Westen
das Beste zu machen. Wer in der DDR blieb, sah sich an den Rand gedrängt,
ständig vom Verbot bedroht zu publizieren.

Trotz harter Repressionen gegen die Unterzeichner der Biermann-Petition und
dem Ausschluß von neun mißliebigen Autoren aus dem Schriftstellerverband
(1979) war die SED bemüht, die durch den VIII. Parteitag eingeleitete Öffnung
der Kulturpolitik nicht gänzlich rückgängig zu machen[17]. Zwar versuchte man
durch strafrechtliche Maßnahmen zu verhindern, daß DDR-Autoren ihre in der
DDR nicht zum Druck zugelassenen Manuskripte in der Bundesrepublik erscheinen ließen und ihren Unmut über die Verhältnisse in der DDR in der westlichen
Presse äußerten. Dies scheiterte aber an der Standhaftigkeit der betroffenen
Schriftsteller, sofern es nicht gelang, sie zur Ausreise zu nötigen. Franz Fühmann
meinte, der Entfremdung zwischen Parteiführung und Schriftstellern sogar etwas
Positives abgewinnen zu können. Die fehlende Antwort der Partei auf das Protestschreiben der Autoren verweise den Schriftsteller auf sich selber und zwinge
ihn, "Fragen weiterzudenken, etwa die des Verhältnisses von Literatur und
Macht, und zwar radikaler weiterzudenken, als er es sonst in einer Gesprächs-
runde getan hätte"[18]. Von dieser Radikalität sollten in den folgenden Jahren nicht
nur Äußerungen von Fühmann, Kunert, Christa Wolf und anderen Schriftstellern
dieser Generation zeugen, sondern mehr noch die Stellungnahmen jüngerer, in
die DDR hineingeborener Autoren.

Dies kündigte sich bereits in einer Dokumentation von Selbstäußerungen junger Schriftsteller an, die 1979 in den "Weimarer Beiträgen" erschien[19]. Die Vor-

---

17 Vgl. *Protokoll eines Tribunals*, hrsg. v. Joachim Walther u.a., Reinbek 1991.
18 "Verstörung bis zur Resignation". Marlies Menge sprach mit Franz Fühmann, in:
    Die Zeit, 12. Mai 1978, abgedr. in: *Dokumente zur Kunst-, Literatur- und Kultur-
    politik der SED 1975-1980*, hrsg. von Peter Lübbe, Stuttgart 1984, S. 543.
19 Vgl. *Weimarer Beiträge*, 25. Jg. 1979, H. 7, S. 11-22, 41-52.

stellung von einer engagierten Literatur im Sinne der Vätergeneration hat für diese Autoren jegliche Verbindlichkeit eingebüßt. Demonstrativ nennen sie in der offiziellen Ideologie als irrationalistisch oder reaktionär abqualifizierte Philosophen und Schriftsteller wie Schopenhauer, Nietzsche, Benn und Sartre als prägende geistige Einflüsse. Kunst dient ihrem Verständnis nach nicht so sehr der Veränderung im Großen, Ganzen, sie ist Lebenshilfe, Stütze des Individuums, nicht der Gesellschaft. Fühmann, ein Mentor der jungen Dichtergeneration, sah ihre Chance darin, das zu leisten, was ihm verwehrt war: sich umfassend im Kunstwerk auszudrücken, ohne gegen ideologischen Ballast ankämpfen zu müssen. Elke Erb, ebenfalls eine Mentorin der jungen Lyriker, wies in einer von ihr und dem jungen Nachwuchsdichter Sascha Anderson herausgegebenen Anthologie darauf hin, daß diese Autorengeneration in besonderer Weise der Tradition der europäischen Moderne verpflichtet sei[20]. Im Unterschied zu den Älteren war ihnen der Zugang zu Werken der Moderne und der Avantgarde nicht mehr versperrt. Mußte sich die Vorgängergeneration diese Texte noch unter Schwierigkeiten aus der Bundesrepublik beschaffen - von großem Einfluß war z.B. Enzensbergers "Museum der modernen Poesie" -, konnten die Jüngeren auf die in der DDR erschienenen Ausgaben von "Klassikern der Moderne" zurückgreifen.

Nachdem bereits in den sechziger Jahren eine Teilausgabe der Werke Kafkas und Sammlungen expressionistischer Dichtungen erschienen waren[21], konnte man seit Mitte der siebziger Jahre eine kontinuierliche Zunahme des Verlagsangebots an moderner Weltliteratur beobachten. In den Jahren 1974 bis 1976 wurden Prousts Romanzyklus "Auf der Suche nach der verlorenen Zeit" und Musils "Mann ohne Eigenschaften" publiziert. 1980 folgte schließlich der "Ulysses" von Joyce. Zuvor schon waren Werke von Baudelaire und Rimbaud veröffentlicht worden, ferner von Valéry, Eliot, Woolf und auch von politisch-ideologisch so problematischen Dichtern wie Pound, Benn und Genet. Ende der achtziger Jahre feierte Beckett auf den Bühnen der DDR späte Triumphe[22]. Diese Veröffentlichungspolitik war nicht zuletzt ein Resultat des internationalen Kommunikationsverbundes, dem die DDR seit den siebziger Jahren angehörte. Sie entsprach dem erweiterten Erbekonzept, in dem das Bürgerlich-Humanistische auch dann seinen Platz hatte, wenn es in modernistischem Gewand erschien. Die Fälle Benn und Pound zeigen, daß selbst das dem offiziellen Humanismusverständnis Widerstre-

---

20 Vgl. Elke Erb, Vorbemerkung zu *Berührung ist nur eine Randerscheinung*, hrsg. v. Sascha Anderson u. Elke Erb, Köln 1985, S. 13.

21 1965 und 1967 erschienen die wichtigsten Werke Kafkas. In der zweiten Hälfte der 60er Jahre wurden Werke expressionistischer Dichter wieder zugänglich gemacht. 1966 erschienen Gedichte von Georg Heym (Nachwort Stephan Hermlin), 1967 zwei Bände mit expressionistischen Dramen (Nachwort Klaus Kändler), 1968 die Anthologie *Menschheitsdämmerung* (Nachwort Werner Mittenzwei) und 1969 ebenfalls ein Band mit expressionistischer Lyrik (Nachwort Silvia Schlenstedt).

22 Vgl. dazu Andreas Roßmann, Die späte Zusage für den Clown S.B., in: *Deutschland Archiv*, 20. Jg. 1987, H. 12, S. 1302-1311.

bende der kritischen Aneignung nicht mehr in jedem Fall entzogen blieb[23].

Der gelassenere Umgang mit der spätbürgerlichen Literatur war jedoch nicht ohne Risiko. Was in der DDR - wenn auch in kleinen Auflagen für den intellektuell anspruchsvolleren Leser - gedruckt und verbreitet wurde, konnte den Schriftstellern nun nicht mehr warnend als Dekadenzliteratur, in unversöhnlichem Gegensatz zum sozialistischen Realismus stehend, entgegengehalten werden. Die verzögerte Herausgabe der Kafka-Texte war ja in den sechziger Jahren nicht zuletzt damit begründet worden, daß diese Literatur von verderblichem Einfluß sei und Schule machen könnte. Die Kulturfunktionäre hatten inzwischen dazugelernt. Nicht eine Literatur in der Nachfolge Kafkas, Prousts oder Musils stellte das eigentliche Gefahrenmoment dar, sondern auf Massenwirksamkeit zielende, in deutlicher Sprache abgefaßte Texte eines Kunze, Biermann oder Heym. Elitäre Dichtungen, die an Valéry oder Pound anknüpften, waren das kleinere Übel. Sie erreichten ohnehin nur ein kleines Publikum, dessen kulturelle Bedürfnisse zu befriedigen durchaus den kulturpolitischen Zielsetzungen der Honecker-Zeit entsprach[24].

Offensichtlicher als Anleihen beim Poetik-Verständnis der Moderne und der Avantgarde war bei vielen Autoren der älteren und mittleren Generation wie Seghers, Hermlin, de Bruyn, Fühmann, Kunert und Christa Wolf der Rückgriff auf die Romantik. Christa Wolf hat ihr Interesse an der frühen Romantik mit der Situation des Schriftstellers in der DDR nach der Biermann-Ausbürgerung in Verbindung gebracht. "Das reine Zurückgeworfensein auf die Literatur brachte den einzelnen in eine Krise; eine Krise, die existenziell war. Daraus ist bei mir unter anderem die Beschäftigung mit dem Material solcher Lebensläufe wie denen von Günderode und Kleist entstanden ... Es war eine Selbstverständigung, es war auch eine Art von Selbstrettung, als mir der Boden unter den Füßen weggezogen

---

23 Joachim Schreck hat in seinem Nachwort zu einem 1987 bei "Volk und Welt" er-
    schienenen Band mit Gedichten Benns festgehalten, daß es "eine einfache Formel
    für eine der Weltanschauung des Autors entsprechende dichterische Aussage" nicht
    gebe. Seine geistige Welt ließe sich "nicht schlechthin als geschlossenes reaktionäres
    System identifizieren, als dessen Kehrseite seine Dichtung fungiert". Gottfried Benn,
    Einsamer nie –, Berlin (DDR) 1987 (2.Aufl. 1989), S. 164. In Schrecks Benn-In-
    terpretation beweist sich einmal mehr die Crux der materialistischen Betrachtung,
    die prononciert antidemokratische Haltung eines Dichters mit den ästhetischen Qua-
    litäten seiner Dichtung zu verrechnen. Vgl. H.R. Jauß, Der literarische Prozeß des
    Modernismus von Rousseau bis Adorno, in: *Adorno-Konferenz 1983*, Frankfurt
    a.M. 1983, S. 115.
24 In einem Brief an das Politbüromitglied Kurt Hager vom 14.7.1987 begründet Kul-
    turminister Hans-Joachim Hoffmann sein Plädoyer für die Herausgabe des Lyrik-
    bandes "Langsamer knirschender Morgen" von Volker Braun: "Im übrigen weisen
    sowohl die Genossen des Ministeriums als auch des Verlags darauf hin, daß dieser
    Band angesichts seiner komplizierten literarischen Struktur und Rezipierbarkeit we-
    nig Resonanz beim Lesepublikum finden, d.h. in keinem Fall eine massenwirksame
    Publikation werden wird." Dokument der Ausstellung "Zensur in der DDR", Berlin
    1991.

war."[25] Die Romantik stellte sich den Schriftstellern als Projektionsraum dar, der es ihnen ermöglichte, die eigene Problematik des Scheiterns zu reflektieren.

Die DDR-Germanistik leistete parallel zur Romantik-Rezeption der Schriftsteller ihren Beitrag zur Rehabilitierung dieser Literaturtradition[26]. In offiziösen Quellen fehlte es nicht an Versuchen, den "Siegeszug der Subjektivität" (Jäger) mit dem Konzept der entwickelten sozialistischen Gesellschaft zu versöhnen. Zugleich wurde jedoch davor gewarnt, "die Romantik-Rezeption einseitig als Bezugsfeld für eine individualistische Privatisierung ins Spiel zu bringen"[27].

Die Erweiterung des kulturellen Erbes um Aspekte der Traditionsfelder von Romantik und Moderne entsprach zu Beginn der achtziger Jahre den neuen bündnispolitischen Akzentsetzungen in der Politik der SED. Das Bemühen um "Schadensbegrenzung" angesichts der Verschlechterung des politischen Klimas zwischen Ost und West, die durch den neu entfachten Rüstungswettlauf eingetreten war, machte sich in einer flexibleren Haltung zur Bundesrepublik bemerkbar. Die angestrebte "Koalition der Vernunft" zur Abwehr der Kriegsgefahr und die Gewißheit, in *einer* Welt zu leben, waren Anlaß, die bisherigen Voraussetzungen politisch-strategischen und auch kulturpolitischen Denkens zu überprüfen. Kulturwissenschaftler nutzten die Gelegenheit, um neue, "internationale Prämissen in der Kunsttheorie" zu fordern[28]. Auf der von Hermlin - mit Rückendeckung Honeckers - einberufenen "Berliner Begegnung zur Friedensförderung" (Dezember 1981) plädierte Fühmann für eine "Weltinnenpolitik von unten"[29].

Das durch die Entwicklung der DDR-Literatur, den Stand der literaturwissenschaftlichen Diskussion und die Aktualität neuer bündnispolitischer Konzepte längst obsolet gewordene Verdikt gegen den Modernismus wurde schließlich auch offiziell zurückgenommen. Im März 1985, anläßlich des 35. Jahrestages der Akademie der Künste und der Errichtung der "Nationalen Forschungs- und Gedenkstätten der DDR für deutsche Kunst und Literatur des 20. Jahrhunderts", führte der ZK-Sekretär für Wissenschaft und Kultur, Kurt Hager, aus: "Unser Hauptaugenmerk gilt der Literatur und Kunst des sozialistischen Realismus, aber wir verschließen unsere Augen nicht vor dem Wertvollen, das in anderen humanistisch fundierten künstlerischen Richtungen entstanden ist. Pauschale Aburteilungen etwa expressionistischer und avantgardistischer Werke als 'dekadent' oder

---

25 Christa Wolf, Projektionsraum Romantik. Ein Gespräch, in: Ch. u. G. Wolf, *Ins Ungebundene gehet eine Sehnsucht*, Berlin/DDR 1985, S. 376/377.
26 Vgl. dazu Patricia Herminghouse, Die Wiederentdeckung der Romantik: Zur Funktion der Dichterfiguren in der neueren DDR-Literatur, in: *DDR-Roman und Literaturgesellschaft. Amsterdamer Beiträge zur neueren Germanistik*, Bd. 11/12, hrsg. v. Jos Hoogeveen u. Gerd Labroisse, Amsterdam 1981, S. 217-248; *Neue Ansichten. The Reception of Romanticism in the Literature of the GDR*, hrsg. v. Howard Gaskill u.a., Amsterdam/Atlanta 1990 (*GDR Monitor Special Series*, Nr.6).
27 *Die SED und das kulturelle Erbe* (Anm. 3), S. 397 f.
28 Robert Weimann, Realität und Realismus, in: *Sinn und Form*, 36. Jg. 1984, H. 5, S. 929.
29 Zit. nach: Harald Kleinschmidt, Ich habe mir einen Traum erfüllt, in: *Deutschland Archiv*, 15. Jg. 1982, H. 1, S. 7.

'formalistisch' haben sich, wie bekannt, nicht als förderlich für das Verständnis dieser Richtungen und die Intentionen der Schriftsteller und Künstler erwiesen."[30] Hager gestand den modernistischen Künstlern humanistische Intentionen zu und erkannte ihre ästhetischen Leistungen an. Andererseits dürften "politisch-weltanschauliche Begrenztheiten" und "ästhetisch-künstlerische Irrwege" nicht übersehen werden. In dem von Hager formulierten Aneignungskonzept ist die These der Unvereinbarkeit von sozialistischem Realismus und Modernismus aufgegeben und zugunsten einer Auffassung von noch bestehenden weltanschaulichen und ästhetischen Unterschieden fallengelassen worden. Herauszufinden sei nun, "was im Schaffen solcher Künstler sich mit unseren Traditionen verbindet und deshalb von uns auf fruchtbare Weise angeeignet werden kann, und was uns von ihnen und ihrem politisch-weltanschaulichen und möglicherweise auch von ihrem künstlerischen Konzept unterscheidet"[31].

Die immer wieder demonstrierte Offenheit der Parteiführung in Fragen des literarisch-kulturellen Erbes bedeutete keinesfalls einen Verzicht auf den Primat der Politik in Kunst und Literatur, obwohl der politische Zugriff immer seltener erfolgte. Der 11. Parteitag der SED (April 1986) hatte die kulturelle Führungsrolle der Partei noch einmal deutlich unterstrichen. In seinem Vorfeld hatte Hager die Schriftsteller noch einmal auf die Forderungen der Partei an Kunst und Literatur eingestimmt. So wandte er sich gegen Anzeichen von Pessimismus und Resignation in den Texten vor allem junger Autoren und gegen die Vorstellung, die DDR-Literatur der achtziger Jahre befinde sich im Umbruch zu einem neuen Funktionsverständnis, "mit dem eine Neigung zum problematischen Helden, zum leidenden Helden, zum Antihelden zusammenhänge"[32]. Durch eine Verabsolutierung des kritischen Elements werde die Literatur auf einen Irrweg geleitet. Hager forderte statt dessen eine optimistische, Zukunftsgewißheit fördernde Literatur, in deren Mittelpunkt wieder "der aktive, geschichtsgestaltende Held, die Arbeiterklasse und ihre Repräsentanten"[33] stehen sollten. In diesem Sinne äußerte sich auch Honecker in seiner Parteitagsrede, in der er die Schriftsteller an die Prinzipien der sozialistisch-realistischen Literatur - Parteilichkeit, Volksverbundenheit und sozialistischen Ideengehalt - erinnerte. Eine kritische Literatur, die nicht zugleich die vorwärtsweisende Perspektive enthalte, könne diesen Erfordernissen nicht entsprechen. Parteilichkeit in der Kunst sei mit der Position des Beobachters oder Kritikers der Gesellschaft unvereinbar[34].

Das unbeirrte Festhalten der Parteiführung an den Losungen des sozialistischen Realismus hatte mehr als nur rituellen Charakter. Man wußte zwar, daß ein

---

30 Kurt Hager, Tradition und Fortschritt, in: *Sinn und Form*, 37. Jg. 1985, H. 3, S. 449.
31 Ebd., S. 450.
32 Kurt Hager, Probleme der Kulturpolitik vor dem XI. Parteitag der SED, in: *Neue Deutsche Literatur*, 34. Jg. 1986, H. 1, S. 21. f.
33 Ebd., S. 17.
34 Vgl. *Protokoll der Verhandlungen des XI. Parteitages der Sozialistischen Einheitspartei Deutschlands*, Berlin/DDR, 1986, S. 84. Siehe Teil I, Kap. 1.

erheblicher Teil der Schriftsteller längst eigene Wege ging und sich von Forderungen der Partei nicht mehr beeindrucken ließ. Die SED war sich auch darüber im klaren, daß sie den Emanzipationsprozeß der Literatur zwar behindern, aber nicht rückgängig machen konnte. Was Honecker und Hager zur Kunst- und Literaturpolitik der Partei verkündeten, war deshalb eher ein Appell an die Künstler, sich nicht gänzlich einer Zusammenarbeit zu verweigern. Andererseits wurden sie nicht einen Augenblick im Unklaren darüber gelassen, daß die Partei, wenn sie schon nicht in der Lage war, eine Kunst nach ihrem Geschmack zu erzwingen, jederzeit nichtgenehme Kunst unterdrücken konnte. Indem sie ihre Kulturpolitik der Moderne und der Avantgarde geöffnet hatte, hatte die SED zugleich die Entwicklung hin zu einer kritischen, in Inhalt und Form nicht mehr von außen gelenkten Literatur weiter beschleunigt. Was als Konzession an die kulturellen Bedürfnisse der Intelligenz und als Demonstration der Weltoffenheit der DDR gemeint war, trug dazu bei, die Maßstäbe für das literarisch-künstlerische Schaffen im eigenen Land zu verändern und vergrößerte die Kluft zwischen der von den Kulturfunktionären gewünschten und der tatsächlich geschriebenen Literatur.

Schließlich ermutigte auch die Reformpolitik Gorbatschows die Schriftsteller, jeglicher Reglementierung durch die Kulturbürokratie den Kampf anzusagen. Auf dem 10. Schriftstellerkongreß (November 1987) verlangten Günter de Bruyn und Christoph Hein die Aufhebung der Zensur. Die Autoren sollten zusammen mit den Verlagen selbst über Buchveröffentlichungen bestimmen, ohne daß eine übergeordnete Behörde sich einmische[35]. Den drohenden Provinzialismus in der DDR-Literatur nahm Hein zum Anlaß, Reisen für die Autoren zur Pflicht zu erklären. Ein Licht auf das Selbstverständnis der Schriftsteller und ihr Verhältnis zur Moderne wirft nicht zuletzt der heftig entbrannte Streit um Nietzsche. Ausgelöst hatte die Debatte der Philosoph und Literaturhistoriker Wolfgang Harich, der wieder einmal eine "falsche" Erbeaneignung diagnostizierte und einen harten Kurs gegen dekadente Erscheinungen in Philosophie und Kunst verfocht[36]. Die ganze Richtung des Neulesens und Neubewertens bislang als irrationalistisch und dekadent verfemter Schriften behagte dem Lukács-Schüler nicht. Nicht nur die geplante kritische Auswahl von Texten Nietzsches, sondern alle Versuche, bürgerliche Moderne und Avantgarde zu rehabilitieren, erschienen ihm mit marxistisch-leninistischer Kulturpolitik unvereinbar. Einem der Wortführer eines undogmatischen Umgangs mit dem kulturellen Erbe, Stephan Hermlin, schrieb Harich: "'Verschonen Sie uns, bitte, künftighin mit kulturpolitischen Ratschlägen, Herr Hermlin! In Fragen des Kulturerbes, das der sozialistischen Gesellschaft anstünde, sind Sie inkompetent. Und hüten Sie sich vor allem, über Dinge mitzure-

---

35 Vgl. *X. Schriftstellerkongreß der Deutschen Demokratischen Republik*. Bd. I: *Plenum*, Berlin/Weimar 1988, S. 128-131 und Bd. II: *Arbeitsgruppen*, ebd., S. 224-247.
36 Harich hatte bereits mit seiner Polemik gegen Heiner Müllers "Macbeth"-Bearbeitung auf sich aufmerksam gemacht. Vgl. W. Harich, Der entlaufene Dingo, das vergessene Floß, in: *Sinn und Form*, 25. Jg. 1973, H. 1, S. 189 ff.

den und mitbefinden zu wollen, für die einzig die marxistisch-leninistische Philosophie und Literaturwissenschaft zuständig ist!'"[37] Harich erneuerte und bekräftigte die in den dreißiger Jahren von Lukács und Kurella am Beispiel des Expressionismus entwikkelte These, Avantgardismus und faschistische Ideologie bedingten einander. Das zeitweilige Zusammenspiel von italienischem Futurismus und Faschismus beweise die Gültigkeit dieser These über den von Lukács behaupteten Zusammenhang hinaus. Hätte dieser sich mit Marinetti und dem italienischen Futurismus näher befaßt, "mit dessen enormer Wirkung auf die deutsche, die französische, die spanische, auch die russische Pseudoavantgarde, ihm wäre bewußt geworden, daß faschistische Politik und spätbürgerliche Kulturzersetzung eineiige Zwillinge sind"[38]. Der Futurismus habe die expressionistischen Maler "zur Mißachtung der Perspektive sowie zu anderweitig bequemer Primitivität"[39] ermutigt.

Solche Töne hatte man in der DDR lange nicht mehr vernommen. Der angegriffene Hermlin ließ es in seiner öffentlichen Replik auf dem Schriftstellerkongreß nicht an Deutlichkeit fehlen. "Was hier stattfindet und uns allerdings besonders betrifft, ist eine reaktionäre Rückwärtswendung in Richtung auf erledigte Positionen, die Hunderten von fortschrittlichen Künstlern in vielen Ländern die Beschädigung oder die Auslöschung ihres Werks und selbst den Tod einbrachten und sozialistischen Ländern die Schmach zufügten, mit Faschisten verglichen zu werden."[40] Der Verbandspräsident Hermann Kant distanzierte sich ebenfalls von Harichs Ansinnen, die Kulturpolitik auf das Niveau der fünfziger Jahre zurückzuschrauben. Die Abfuhr, die man Harichs Attacke auf dem Schriftstellerkongreß erteilte, und die in "Sinn und Form" abgedruckten Antworten zeigten, daß die Zeit für eine Wiederbelebung antimodernistischer Affekte in der DDR endgültig abgelaufen war.

2. Rehabilitierung von Moderne und Avantgarde in den Literaturwissenschaften

Kurt Hager konnte sich 1985 in seiner Rede vor der Akademie der Künste, in der er das Dekadenzurteil über die Moderne revidierte, auf Positionen stützen, die in der Literatur- und Kunstwissenschaft der DDR an Bedeutung gewonnen hatten. Während Adolf Endler Anfang der siebziger Jahre noch die Verständigungs-

---

37 Stephan Hermlin, Von älteren Tönen. Meinungen zu einem Streit, in: *Sinn und Form*, 40. Jg. 1988, H. 1, S. 180.
38 Wolfgang Harich, Revision des marxistischen Nietzschebildes?, in: *Sinn und Form*, 39. Jg. 1987, H. 5, S. 1020.
39 Ebd., S. 1021.
40 Hermlin, Meinungen (Anm. 37), S. 181.

schwierigkeiten zwischen Schriftstellern und Germanisten beklagt hatte, war es für die avancierteren Autoren inzwischen leichter geworden, unter den Wissenschaftlern kompetente Dialogpartner zu finden. In den Literaturwissenschaften hatten in den vergangenen zehn bis fünfzehn Jahren Veränderungen stattgefunden, die den ästhetischen Kanon nicht unberührt ließen. Liest man die zahlreichen Beiträge zur Realismusdiskussion, so ist nicht zu übersehen, daß zwischen dem, was sich Parteifunktionäre Mitte der achtziger Jahre vielfach noch unter sozialistisch-realistischer Literatur vorstellten und dem, was in den Literaturwissenschaften unter dem Titel Realismus diskutiert wurde, ein nicht geringer Unterschied besteht. Das Beispiel Hagers läßt jedoch vermuten, daß der Literaturwissenschaft eine Mittlerrolle zufiel. Sie sollte der Parteiführung Interpretationsangebote unterbreiten, die es ihr ermöglichten, sich ohne größeren Gesichtsverlust auf die neuen literarisch-künstlerischen Entwicklungen einzustellen. Dies betraf vor allem das Verhältnis zur Moderne. Ein weit gefaßter, undogmatischer Realismusbegriff sprengte die Grenzen, die bisher ästhetisch und weltanschaulich zu dieser Tradition gezogen wurden. Um zu zeigen, daß Realismus und Moderne nicht mehr in jenem unversöhnlichen Gegensatz zueinander standen, wie ihn Hager noch 1972 postuliert hatte, sollen einige neuere literaturwissenschaftliche Beiträge zur Moderne- und Avantgarderezeption vorgestellt werden.

Von der Neubewertung dieser Kunstströmungen war der Begriff "Dekadenz" in seiner auf Literatur und Kunst zielenden Bedeutung zuallererst betroffen. Bevor ich mich der Moderne- und Avantgardediskussion zuwende, soll deshalb das Bedeutungsspektrum des Dekadenzbegriffs von seiner ursprünglich pejorativ-orthodoxen Fassung bis zu den später überwiegenden differenzierten Sichtweisen umrissen werden.

2.1. Differenzierungen im Begriff "Dekadenz"

Charakteristisch für die unter den Kulturfunktionären in den fünfziger und sechziger Jahren vorherrschende Auffassung von Dekadenz ist die Position Alfred Kurellas. In einer Rede vor dem Leipziger Kulturbund (Juli 1957) bezeichnete er die Dekadenz als einen Vorgang des geistig-moralischen Verfalls, der das Bürgertum seit "dem Eintritt des Kapitalismus in seine imperialistische Phase" ergriffen habe[41]. Er zeige sich in einer Auflösung des klassischen Menschenbildes, in einer Verherrlichung der Nachtseiten der menschlichen Existenz, in dem Bestreben, "Entartung und Krankheit zu verherrlichen, ja, sie mitunter zur Quelle aller großen Leistungen, vor allem in der Kunst zu erklären"[42]. In der dekadenten Auffassung existiere der Mensch als ein verworfenes, angstgepeinigtes, zum

---

41 Alfred Kurella, Einflüsse der Dekadenz, in: *Dokumente zur Kunst-, Literatur- und Kulturpolitik der SED 1946-1970*, hrsg. von Elimar Schubbe, Stuttgart 1972, S. 470.
42 Ebd.

Scheitern verurteiltes Wesen. Kurella polemisiert gegen Kunsttheoretiker in der DDR - gemeint sind vor allem Hans Mayer und die Brecht-Schule -, die die Formensprache der modernen bürgerlichen Kunst studieren, sie von ihrer weltanschaulichen Grundlage lösen und für neue sozialistische Inhalte verwenden wollen. Kurella sieht sich dagegen als Verteidiger der "großen Tradition". Die sozialistische Gesellschaft - so fordert er - habe künstlerisch an die Werke des aufsteigenden Bürgertums, als dessen Testamentsvollstreckerin sie sich begreife, und an die Werke der Sowjetliteratur anzuknüpfen.

Kurellas Attacke gegen "Einflüsse der Dekadenz" konnte Mitte der fünfziger Jahre noch auf positive Resonanz bei vielen Künstlern und Kunsttheoretikern in der DDR hoffen. Mit überragenden Künstlerpersönlichkeiten wie Brecht und Eisler und einflußreichen Theoretikern wie Bloch und Mayer war jedoch die Gegenposition von nicht geringem Gewicht. Aus der Schule Brechts gingen Künstler hervor, die sich keineswegs auf ein Dekadenzurteil á la Kurella verpflichten ließen (z.B. Heiner Müller). Die Leipziger Universität war mit Bloch und Mayer gar ein Zentrum undogmatischer, der Moderne gegenüber aufgeschlossener Kunstauffassungen. Kurellas Stellungnahme zur Dekadenz, die für die Kulturpolitik der fünfziger und sechziger Jahre verbindlich bleiben sollte, fiel selbst hinter die Position zurück, die Georg Lukács inzwischen eingenommen hatte. In seiner nur im Westen erschienenen Schrift "Wider den mißverstandenen Realismus" (1958) weist er anhand einer Untersuchung der Werke "avantgardistisch-dekadenter" Autoren wie Joyce, Musil und Kafka nach, daß bestimmte als avantgardistisch geltende literarische Techniken wie "innerer Monolog", "Bewußtseinsstrom" usw. sich auch im Werk des kritischen Realisten Thomas Mann finden lassen[43]. Bei Thomas Mann seien diese literarischen Techniken allerdings nichts künstlerisch Letztes, sondern nur untergeordnete Momente in der epischen Gestaltung. Der Unterschied beider literarischer Strömungen sei nicht so sehr in der Schreibweise, sondern in der dichterischen "Weltanschauung", dem Wirklichkeitsverständnis der Autoren, zu suchen. An der Alternative: "Franz Kafka oder Thomas Mann?" hält Lukács deshalb trotz der Anerkennung realistischer Züge im Werk des Prager Dichters beharrlich fest.

1962, ein Jahr vor der Kafka-Konferenz, erschien in "Sinn und Form" - noch unter Huchels Leitung - Ernst Fischers Aufsatz "Entfremdung, Dekadenz, Realismus". Er sprengte die Grenzen dessen, was bisher in der DDR zu diesem Gegenstand publiziert worden war. Fischer wendet sich gegen die strikte Trennung von Realismus und Dekadenz in der bürgerlichen Literatur. Die Werke aller bedeutenden modernen bürgerlichen Künstler seien von Elementen der Dekadenz durchsetzt. Auch Thomas Mann bilde da keine Ausnahme. Er gehöre ebenso der Dekadenz an und rage über sie hinaus wie Proust, Musil und Faulkner. Der gesellschaftliche Niedergang des kapitalistischen Systems vollziehe sich nicht ein-

---

43 Vgl. Georg Lukács, *Wider den mißverstandenen Realismus*, Hamburg 1958, S. 13 ff.

heitlich und geradlinig. Auch in dieser geschichtlichen Periode sei es möglich, "neue, für die Entwicklung der Kunst bedeutsame Ausdrucksmittel zu entdek-ken"[44]. Fischer sieht in der Dekadenz nicht allein ein Phänomen der spätbürgerlichen Epoche. Entfremdung des Menschen, Vereinsamung, Deformation habe es schon in der Anfangsphase des Bürgertums gegeben. In der imperialistischen Phase des Kapitalismus hätten diese Phänomene jedoch alle Wirklichkeitsbereiche durchdrungen. Fischer hält es für unangemessen, das Attribut "bürgerlich" undifferenziert auf die gesamte Kunst und Literatur in der bürgerlichen Gesellschaft zu beziehen. Sie sei eben nicht zur Gänze "bürgerlich", wenn sie die Dekadenzerscheinungen kritisch und nicht affirmativ - Fischer nennt hier u.a. George und d'Annunzio - darstelle, ein Unterscheidungskriterium, das für Lukács wenig Gewicht besaß.

Fischer kommt in seiner Untersuchung einzelner Werke von Musil, Sartre, Moravia, Camus, Faulkner und anderer westlicher Schriftsteller zu dem Ergebnis, daß sie das Typische ihrer Zeit gestaltet hätten, indem sie die Gleichgültigkeit, die Beziehungslosigkeit, die Einsamkeit, die Langeweile in der kapitalistischen Welt zu ihrem Thema machten. Realistisches Schreiben im Sinne einer Gestaltung des Typischen ist also nicht mehr unbedingt wie bei Lukács an die Überwindung des Ohnmachtsbewußtseins und die Einführung der "Perspektive", d.h. an ein zielorientiertes, dynamisches Gesellschafts- und Geschichtsbild, geknüpft, obgleich auch nach Auffassung Fischers erst die Berücksichtigung der Dimension der Zukunft den Wirklichkeitsverlust in dieser Literatur aufheben würde. Nur in sozialistischer Perspektive - so der überzeugte Marxist Fischer - sei die moderne gesellschaftliche Wirklichkeit in ihrer Totalität literarisch-künstlerisch zu bewältigen. Die sozialistische Kunst der Sowjetunion habe jedoch wenig dazu beigetragen, den Schriftstellern in der kapitalistischen Gesellschaft das Vertrauen auf die Zukunft zurückzugeben. Es sei zu hoffen, daß die nach dem XX. und XXII. Parteitag in der Sowjetunion zur Rezeption freigebene westliche Literatur der Moderne einen Prozeß gegenseitiger Ermutigung einleiten werde.

Ernst Fischer kommt das Verdienst zu, zu einem Zeitpunkt, als in der DDR Positionen wie die Kurellas die offizielle Kulturpolitik bestimmten, das pauschale Dekadenzverdikt, die Handhabung des Dekadenzbegriffs als eines Schimpfworts, durch eingehende Betrachtung hervorragender Werke der spätbürgerlichen Literatur zu entkräften. Indem er nachweist, daß dieser Literatur Elemente des Realismus innewohnen, daß formale Innovation und regressive Wirklichkeitssicht oftmals einander durchdringen, schlägt er - ähnlich wie Hans Mayer sechs Jahre zuvor - eine Bresche für einen differenzierteren Umgang mit der Moderne[45].

Ähnliche Überlegungen stellte zu dieser Zeit auch Stephan Hermlin an. Auf dem V. Schriftstellerkongreß 1961 hatte Hermlin bürgerliche Schriftsteller, die als Kritiker des gesellschaftlichen Niedergangs auftraten, von Apologeten des

---

44 Ernst Fischer, Entfremdung, Dekadenz, Realismus, in: *Sinn und Form*, 14. Jg. 1962, H. 5/6, S. 822.
45 Vgl. oben Teil I, Kap. 3.

Verfalls (Benn, Jünger) unterschieden[46]. Mitte der sechziger Jahre mehrten sich
in der DDR-Germanistik die Anzeichen, den Dekadenzbegriff in bezug auf die
Moderne zu problematisieren. In der 2. Auflage seines Buches über Kafka (1966)
ordnet Klaus Hermsdorf den Dichter nicht mehr der Dekadenz zu, da "der heutige Gebrauch des Begriffs noch vieldeutig genug ist, um nicht die Mißdeutung
auszuschließen, er sei eine Art von Schimpfwort"[47]. Werner Mittenzwei drückt in
seinem Aufsatz über die "Brecht-Lukács-Debatte" (1967) sein Befremden darüber
aus, daß Lukács seine Dekadenzkritik vor allem auf die literarischen Techniken
von Joyce, Proust und Kafka richte, während die - unter inhaltlichem, gesell-
schaftlichem Aspekt - "wirkliche Dekadenz", durch George, Marinetti und Benn
repräsentiert, nur beiläufig Erwähnung finde. Für Brecht stellten die Werke Kafkas, Joyces und Prousts nicht nur Produkte des Niedergangs dar. Sozialistische
Schriftsteller könnten in diesen "'Dokumenten der Ausweglosigkeit wertvolle
hochentwickelte technische Elemente kennenlernen'"[48]. Literarische Techniken
des modernen bürgerlichen Romans wie Montage, Verfremdung, innerer Monolog seien folglich von ihrem Inhalt ablösbar und für andere Zwecke zu verwenden. Indem ein mit der Methode Brechts sympathisierender Literaturwissenschaftler avancierte, moderne literarische Verfahrensweisen dem Lukácsschen
Dekadenzverdacht entzog, optierte er konsequent für eine "sozialistische Moderne", ohne daß diese sich auf ein weniger entwickeltes Formenarsenal verwiesen sah. Es brauchte allerdings noch weitere zehn Jahre, bis die Anstöße, die von
Mittenzweis Brecht-Rezeption ausgingen, zu einer weitergehenden Rehabilitierung von Moderne und Avantgarde in der Literaturwissenschaft führen sollten[49].

Zur Demontage der herrschenden Dekadenzauffassung trug 1971 auch ein
Aufsatz des Historikers Jürgen Kuczynski über "Die Dekadenz in der französischen schönen Literatur von 1830 bis 1870" bei. Kuczynski widerlegt die schon
von Fischer angefochtene These, daß die Dekadenz ausschließlich ein Ausdruck
des gesellschaftlichen Niedergangs sei. Der französische Kapitalismus habe in
den Jahren 1830 bis 1870 eine Blütezeit erlebt, und dennoch seien dort sehr
starke Strömungen der künstlerischen Dekadenz entstanden. Als beschränkt erweist sich schließlich auch die Auffassung Kurellas, der Dekadenz mit zur Schau
gestellter "Animalität des Trieblebens" in Verbindung gebracht hatte. Vielmehr
zeichnet sich die Dekadenz in Frankreich (Baudelaire, Verlaine, Mallarmé) - wie
Kuczynski zeigt - sowohl durch grelle Effekte, durch einen Kult des Häßlichen

---

46 Vgl. Stephan Hermlin, An 'Politikon', in: ders., *Lektüre 1960-1971*, Berlin/Weimar
    1975 (1. Aufl. 1973), S. 236.
47 Klaus Hermsdorf, *Kafka. Weltbild und Roman*, Berlin/DDR 1966, S. 5.
48 Werner Mittenzwei, Die Brecht-Lukács-Debatte, in: *Sinn und Form*, 19. Jg. 1967,
    H. 1, S. 246.
49 Vgl. Werner Mittenzwei, *Der Realismus-Streit um Brecht*, Berlin/Weimar 1978, S.
    117: "Während die *Brecht-Lukács-Debatte* in der DDR bis auf einen späten Beitrag
    des Germanisten Dietrich Löffler, der 1975 in einer polnischen Publikation erschien,
    ohne Folgen blieb, erreichte sie eine erstaunliche internationale Resonanz und rief
    dort eine jahrelange Auseinandersetzung hervor."

als auch durch eine verfeinerte Erotik und Sensibilisierung der Wahrnehmung aus. Kuczynski sieht in der literarischen Dekadenz eine Reaktion auf die Mittelmäßigkeit des gesellschaftlichen Lebens in einer Phase bürgerlicher Prosperität. Die unterschiedlichen Urteile Bechers und Brechts über Baudelaire anführend - die glühende Verehrung des Décadents durch Becher konstrastiert merkwürdig mit der kühlen Verachtung Brechts -, resümiert er: "So berechtigt der Kampf gegen Erscheinungen oder Einflüsse der Dekadenz in einem Lande, das den Sozialismus aufbaut, so unberechtigt wäre es, die Dekadenz in der Vergangenheit billig abzuurteilen, auf den Kehrichthaufen der Geschichte werfen zu wollen."[50]

Erscheinungen der Dekadenz nicht nur im eigenen Land zu bekämpfen, sondern auch die der Vergangenheit "billig abzuurteilen", wurden die Kulturpolitiker in der DDR jedoch noch lange nicht müde. Während Hager Anfang der siebziger Jahre noch die Unversöhnlichkeit von Modernismus und sozialistischem Realismus verkündete, war die Literaturwissenschaft schon auf dem Wege, den Problemkomplex Dekadenz-Modernismus-Avantgarde historisch-analytisch zu durchdringen. Die Früchte dieser Arbeit sollten nicht ausbleiben. Seit Ende der siebziger Jahre ist eine Fülle von Sammelbänden, Einzelstudien und Aufsätzen sowie lexikalischen Erörterungen erschienen, die den undifferenzierten Dekadenzbegriff der Kulturpolitiker endgültig verabschieden.

Als ein Beispiel für den Reflexionsstand der achtziger Jahre mag die Arbeit eines Romanisten sprechen. Manfred Starke, der Herausgeber ästhetischer Texte von Baudelaire bis Mallarmé, beklagt das Zurückbleiben der Literaturwissenschaft hinter dem Stand der Debatten unter Schriftstellern. Die marxistische Literaturwissenschaft habe sich der französischen avantgardistischen Literatur nur zögernd genähert und es dadurch versäumt, "alle Ursprünge der sozialistischen Gegenwartsdichtung klärend ausgebreitet zu haben"[51]. Starke schlägt statt des Begriffs Avantgardismus, der von der bürgerlichen Literaturkritik und -wissenschaft seines progressiven Sinns entleert worden sei, und der Bezeichnung Modernismus, die eigentlich erst mit dem Entstehen der Avantgardebewegung ihren Bedeutungsgehalt - Negation der Tradition - erhalten habe, den Ausdruck "Literatur der Modernität" vor. Für die von ihm untersuchte Literatur der Baudelaire, Lautréamont, Rimbaud und Mallarmé sei dieser Begriff am zutreffendsten, weil er das Geschichtsbewußtsein der Autoren, ihren Anspruch, auf der Höhe der Zeit zu sein, am besten reflektiere. Starke sieht sich in der Nachfolge Walter Benjamins, dessen Werke 1970 in einer einbändigen Auswahl in der DDR veröffentlicht worden waren[52]. Auszugehen sei von Benjamins Forderung, man

---

50 Jürgen Kuczynski, Die Dekadenz in der französischen schönen Literatur von 1830 bis 1870, in: ders., *Gestalten und Werke*, Berlin/Weimar 1971, S. 336.

51 *Der Untergang der romantischen Sonne*, hrsg. v. Manfred Starke, Leipzig/Weimar 1980, 2. Aufl. 1984, S. 9.

52 Vgl. Walter Benjamin, *Lesezeichen*, hrsg. v. Gerhard Seidel, Leipzig 1970. Eine zweite Auswahl Benjaminscher Schriften folgte unter dem Titel *Allegorien kultureller Erfahrung. Ausgewählte Schriften 1920-1940*, hrsg. v. Sebastian Kleinschmidt, Leipzig 1984.

müsse bei der Betrachtung Baudelaires die Schranken bürgerlichen Denkens hinter sich gelassen haben, um sein Werk zu verstehen. Gleiches sei auch bei der Beurteilung anderer l'art-pour-l'art-Poeten die methodische Voraussetzung. Starke versteht Benjamins Bemerkung als eine Aufforderung an den Interpreten, positive, konstruktive Elemente in der Literatur der Modernität nachzuweisen, die den Horizont der bürgerlichen Gesellschaft transzendieren. Er wirft seinen marxistischen Kollegen in der DDR vor, diesen Aspekt völlig übersehen zu haben. Dadurch seien sie unfreiwillig zu Adepten des bürgerlichen Literaturhistorikers Hugo Friedrich geworden, der die moderne Lyrik nur in negativen Kategorien fasse[53].

Starke ist der Meinung, daß in "Parnasse, Décadence, Symbolismus, Impressionismus" ästhetische Schätze darauf warteten, historisch-kritisch erschlossen zu werden, um zu weiterem Kunstfortschritt zu gelangen. Das Dekadenzurteil über diese Richtungen - als politisch-ideologische und ästhetische Abqualifizierung - verkenne die "fruchtbaren sozialen und politischen Motive und die gesellschaftskritischen Elemente, die in ihnen wirkten"[54]. Die demokratiefeindlichen Züge des *l'art pour l'art* seien sowohl eine Reaktion auf den Gleichheitsformalismus der bürgerlichen Demokratie als auch auf die in den sozialistischen Sekten vorherrschende Tendenz zu "'einem allgemeinen Asketismus und einer rohen Gleichmacherei' (Marx)"[55]. Die Décadence sei eine literarische Strömung, die "nicht nur die reichere, intensivere Anwendung der bisher errungenen künstlerischen Mittel, nicht nur ästhetisches Raffinement, sondern auch die Zersetzung des Konventionell-Normalen, des 'Natürlichen'" verkörpere[56]. In deutlicher Distanz zu Lukács meint Starke, daß das Bemühen der modernen Literatur, die Zerrissenheit des Daseins zu gestalten, nach Verfremdung des Vertrauten verlange. Die Décadence habe sich dabei auf die Verfahrensweisen des Manierismus stützen können.

Die Einsichten Starkes über die französische Décadence überführen das von den Kulturfunktionären pauschal gehandhabte Dekadenzverdikt der historischen Ignoranz. An die Stelle eines politischen Kampfbegriffs tritt ein historisch-kritischer Begriff von Dekadenz, die zu beerben sei, wenn man zu weiterem Kunstfortschritt gelangen wolle. Problematisch an Starkes "Rettungsversuch" bleibt jedoch die unangezweifelte geschichtsphilosophische Prämisse einer die bürgerliche Gesellschaft ablösenden höheren Gesellschaftsformation. Sie kennzeichnet auch

---

53 Vgl. *Untergang* (Anm. 51), S. 13, 248. Starkes Kritik hat dort ihre Berechtigung, wo sie auf den Mangel an sozialgeschichtlicher Vermittlung bei Friedrich zielt. Die von diesem in die Analyse moderner Lyrik eingeführten negativen Kategorien wie "Entpersönlichung", "leere Idealität", "Deformierung", "Dissonanz" usw. sind allerdings nicht pejorativ gemeint, sondern sollen das der Zeiterfahrung entsprechende Neue dieser Literatur definieren. Vgl. Hugo Friedrich, *Die Struktur der modernen Lyrik*, erw. Neuausg., Hamburg 1967, S. 19.

54 *Untergang* (Anm. 51), S. 29.

55 Ebd., S. 30.

56 Ebd., S. 52.

sein Bemühen um den Nachweis positiver, konstruktiver Elemente der Literatur der Modernität, um sie auf diese Weise der in negativen Kategorien verharrenden "bürgerlichen" Literaturwissenschaft zu entreißen. Starke kommt selbst nicht umhin, den Stilwillen der avantgardistischen Literatur mit ihrer "unendlich kritischen Negativität" in Zusammenhang zu sehen. Dieser extreme Zug zur Negativität enthält zwar den Hinweis auf ein die bürgerliche Gegenwart transzendierendes Moment. Es freizusetzen kann aber nicht heißen, der l'art-pour-l'art-Dichtung positive Elemente im Sinne eines bestimmten geschichtlichen Ziels anzutragen.

Über den untersuchten Gegenstand hinausgehende Einsichten vermitteln Starkes Ausführungen zur Autonomieproblematik. Baudelaire habe nach seiner Entpolitisierung durch den 18. Brumaire des Louis Bonaparte eine literarische Strategie entwickelt, "nach der die Kunst ihre revolutionär-humanistische Mission mehr auf der Grundlage der Autonomie (l'art pour l'art) als auf der Grundlage der ... gesellschaftlichen Solidarisierung erfüllen sollte"[57]. Der Rückzug der Literatur auf sich selbst sei eine Folge der gescheiterten Revolution von 1848. Die Proklamierung des *l'art pour l'art* als einer Radikalisierung des Autonomiebestrebens der Literatur sei aber nicht mit "Enthumanisierung" gleichzusetzen. Über Baudelaire heißt es: "Das nachdrückliche Bestehen auf der Autonomie der Literatur bedeutete keineswegs, daß er am Schicksal der Allgemeinheit keinen Anteil mehr nahm; es bezeichnete vielmehr die historische Neubesinnung einer Literatur, die den vom bürgerlichen Republikanismus geschlossenen Bund mit der Kunst, die von der 'nützlichen Kunst' (art utile) verkündete Interessenidentität der Kunst mit der bürgerlich-republikanischen (bürgerlich-sozialistischen, demokratischen, liberalen und konservativen) Politik, Philosophie und Moral in Frage stellte."[58]

Die Aktualität dieser Analyse für die Literatur der ausgehenden Honecker-Ära ist nicht zu übersehen. Was auf Baudelaire gemünzt ist, mußte den Lyrikern jener Jahre vertraut erscheinen: "Der ungenügende künstlerisch-geistige Gehalt der damals herrschenden politisch-engagierten Poesie bewog den Literaturrevolutionär immer wieder zu scharfer Kritik und zur Verkündung eines ungewöhnlich anspruchsvollen, ans Elitäre grenzende Bildungs- und Formideals."[59] Es kann deshalb nur als eine ideologische Absicherungsfloskel verstanden werden, wenn Starke versichert: "Dabei blieb er jedoch stets der Überzeugung treu, daß die Poesie militant-humanistisch sein muß."[60]

---

57 Ebd., S. 249.
58 Ebd., S. 250.
59 Ebd., S. 254.
60 Ebd.

2.2. Aspekte der Neubewertung von Moderne und Avantgarde

Der These vom Übergang der kapitalistischen Gesellschaft in die neue Epoche
des Sozialismus, der wir bei Starke begegnet sind, zieht sich als geschichtsphilosophische Prämisse durch fast alle Arbeiten der DDR-Literaturhistoriker, die der
Moderne oder Avantgarde für die sozialistische Gegenwartsdichtung aktuelle Bedeutung zusprechen. Den geschichtlichen Prozeß als einen Übergang in ein hö-
heres Stadium kapitalistischer Vergesellschaftung zu analysieren, kommt ihnen
nicht in den Sinn. Um aus sozialistischer Perspektive die "Literatur der Modernität" legitim zu beerben, muß ihr offensichtlich ein realutopisches, über die bürgerliche Gesellschaft hinausweisendes Moment zugeschrieben werden.

Für den Stand der Moderne-Rezeption in der DDR-Literaturwissenschaft mag
als weiteres Beispiel ein Artikel Claus Trägers in dem von ihm 1986 herausgegebenen "Wörterbuch der Literaturwissenschaft" sprechen. Träger rekonstruiert die
Geschichte des Begriffsfeldes "Moderne" und setzt die letzte Bedeutungsvariante
bei der französischen Décadence und beim deutschen Naturalismus an, während
der dem Wort innewohnende rebellische Zug in den Avantgardebewegungen dieses Jahrhunderts noch einmal aufgelebt sei. Es zeige sich, daß völlig unterschiedliche Bedeutungen den Begriff in seinen neueren historischen Varianten charakterisieren, da sowohl naturalistisch-realistische Richtungen als auch l'art-pour-l'art-
Strömungen ihn für sich reklamierten. Angesichts dieser verwirrenden Vielfalt
sei es sinnvoll, "'modern' und 'Moderne' weder auf die Bewegungen seit
Décadence und Symbolismus einzugrenzen noch gar, dieser Modernität einen
pejorativen Sinn zu unterlegen, der, rein sprachlich durch die wertende
Verwendung von Suffixen hergestellt (modernistisch - Modernismus), den
Begriff dann in die Nähe ähnlicher Bildungen rückt (individualistisch,
chauvinistisch etc.) und in der Konfrontation mit solchen wie realistisch,
materialistisch usw. verwirrende Antinomien konstruiert, die ideologie-,
literatur- und sprachgeschichtlich weithin ungestützt sind"[61]. Träger sieht den
Sinn des Modernitätskonzepts darin, daß es "in seiner historischen Genesis
offenbar auf spezifische Weise die im Zeitalter der Französischen Revolution
wurzelnde Krise der Fortschrittsidee, der Demokratie, des Vernunftglaubens und
des Humanismus" widerspiegele[62]. Insofern sei Moderne ihrem Sinngehalt nach
die "Signatur einer weitgespannten Geschichtskonzeption", die das Literarisch-
Ästhetische einschließe. Wenn er jedoch konstatiert, daß die erhoffte Aufhebung
dieser Krise auf kapitalistischer Grundlage *ad absurdum* geführt worden sei, so
übersieht er ein wesentliches Charakteristikum der Literatur der Modernität: ihre
radikale Skepsis. Andererseits unterstellt er damit implizit, daß die ästhetische
Moderne in Gesellschaften mit anderer sozialökonomischer Grundlage kein
Wirkungsfeld mehr hat, sondern als historisches Phänomen zu betrachten ist.

---

61 *Wörterbuch der Literaturwissenschaft*, hrsg. von Claus Träger, Leipzig 1986, S.
    347.
62 Ebd.

Trägers Begriffsbestimmung, die auch dem westlichen Forschungsstand Rechnung zu tragen versucht[63], steht in deutlichem Kontrast zu der Auffassung, die das "Kulturpolitische Wörterbuch" mit dem Begriff "Modernismus" verbindet. Das 1978 in zweiter Auflage im Dietz-Verlag erschienene Nachschlagewerk trägt sichtbar die Handschrift eines seiner Herausgeber, Hans Koch, der bis zu seinem Tod 1986 zum orthodoxen Flügel der SED gehörte. Charakteristisch für das Verfahren des "Wörterbuchs" ist nicht wie bei Träger eine Rekonstruktion der Begriffsgeschichte und kritische Auflösung des Schlagworts Modernismus, sondern die schon von Endler und Starke beklagte Fixierung auf einen in der westlichen Literaturwissenschaft in den fünfziger und sechziger Jahren dominierenden Modernebegriff, der - wie in der ästhetischen Theorie Adornos - die hermetische Kunst des 20. Jahrhunderts favorisierte. Der so von den Verfassern des Wörterbuchs eingeengte, pejorativ gefaßte und außerdem noch grotesk verzerrte Begriff der Moderne, der den linksavantgardistischen Gruppierungen keine Eigenbedeutung zuerkennt, wird mit den bekannten stereotypen Inhalten des tradierten marxistisch-leninistischen Dekadenzbegriffs belegt: "Verfälschung des Wesens der bildenden Kunst", "sich bis zum Solipsismus steigernder Subjektivismus", "qualvoller Prozeß der aktiven Zerstörung der humanistischen, künstlerischen Substanz" usw. Geht man nicht einfach von der Voraussetzung aus, daß die Kulturpolitik der achtziger Jahre sich radikal von der 1978 formulierten Position ihres bis dato noch nicht durch eine Neuauflage ersetzten Wörterbuchs entfernt hat, muß auf eine beträchtliche Diskrepanz zwischen Literaturwissenschaftlern und Kulturfunktionären in der Bewertung der Moderne geschlossen werden. Trotz Hagers bemerkenswerten Einsichten in die Unangemessenheit des Umgangs mit der Moderne in den vergangenen Jahrzehnten blieben die Parolen der Parteilichkeit, der Volksverbundenheit, des sozialistischen Ideengehalts, des Aktivismus und Optimismus in der Kunst und Literatur in kraft. Die Moderne war aus der Sicht dieser Funktionäre immer noch das Gegenbild zu einer vorwärtsweisenden sozialistisch-realistischen Kunst, deren Terrain sie zäh verteidigten[64].

Die Auffassungen über Avantgarde bzw. Avantgardismus klaffen ähnlich auseinander. Nach der Darstellung im "Kulturpolitischen Wörterbuch" ging die ursprünglich von Künstlern in der Vorbereitungsphase der französischen Revolution von 1848 mit dem Begriff Avantgarde bezeichnete Einheit von künstlerischer und politischer Aktion später verloren. "Abstrakte Antibürgerlichkeit, anarchistische und utopisch-sozialistische Haltung von Kunstschaffenden, die den realen Klassenkämpfen fernstanden, führten um die Jahrhundertwende zu lediglich rein künstlerisch-ästhetischen Revolten."[65] Danach beschränkten sich die zu Beginn des 20. Jahrhunderts als Avantgarde firmierenden Künstler darauf, gegen akade-

---

63 Vgl. z.B. Jauß, Modernismus, in: *Adorno-Konferenz 1983* (Anm. 23); Peter Bürger, *Theorie der Avantgarde*, Frankfurt a.M. 1974.
64 Vgl. Honeckers Rede auf dem XI. Parteitag. Siehe dazu oben Teil II, Kap. 1.
65 *Kulturpolitisches Wörterbuch*, hrsg. v. Manfred Berger u.a., Berlin/DDR 1978, S. 67.

mische Kunstauffassungen und -praktiken und die realistische Kunsttradition überhaupt anzukämpfen. Paradoxerweise werden der Avantgarde Flucht aus der Realität und illusionäre Vorstellungen von einer Autonomie der Kunst vorgeworfen. Einzig die russischen Konstruktivisten und Futuristen hätten durch ihre Verbindung mit der Oktoberrevolution etwas von dem ursprünglichen Anspruch der Avantgarde bewahrt. In Verkennung der Intention der historischen Avantgarden, die Trennung der Kunst vom Leben und damit ihren elitären Status aufzuheben, wird dieses Anliegen ausschließlich dem sozialistischen Realismus attestiert[66]. Resümierend heißt es lapidar, die marxistisch-leninistische Ästhetik gebrauche den Begriff Avantgardismus nicht.

Differenziert und kenntnisreich, den internationalen Forschungsstand verarbeitend, erläutert dagegen Karlheinz Barck den Begriff "Avantgarde" im "Lexikon der französischen Literatur" (1987). Barck unterscheidet kritisch "Avantgarde" von dem in einer Spätphase dieser Bewegung aufkommenden "Avantgardismus", durch den der Begriff in die Krise geraten sei. Seine Begriffsdarstellung läßt kaum noch eine spezifisch marxistisch-leninistische Akzentsetzung erkennen und könnte in jedem "bürgerlichen" Wörterbuch Platz finden. Einzig die gelegentliche Verwendung des Attributs "bürgerlich" signalisiert eine marxistische Besonderheit, wenn er die Attacken der historischen Avantgardebewegungen gegen das herrschende Kunstverständnis charakterisiert. Der geschichtliche Ort dieser typischen Bewegungen des Umbruchs im System der Kunst sei die Epoche der industriellen Revolution des 19. Jahrhunderts und die des Übergangs vom Kapitalismus zum Sozialismus. Die Avantgarden der Zeit zwischen ca. 1909 und 1930 revoltierten nicht nur gegen die Institutionen des bürgerlichen Kulturbetriebs, sie brachen auch mit dem mimetischen Realismus des 19. Jahrhunderts. Zu ihrem experimentellen Wesen gehöre die Entdeckung der "niederen" Alltagssphäre für die Kunst. Die Genesis des Begriffs lasse sich bis ins frühe 19. Jahrhundert zurückverfolgen. Barck vertritt die Auffassung, daß mit dem Aufkommen der historischen Avantgardebewegungen zu Beginn des 20. Jahrhunderts der Begriff Avantgarde den der Moderne abgelöst habe. Ende der zwanziger Jahre, als sich ihre kunstrevolutionären Impulse zu erschöpfen begannen, sei die Frage nach "der Stellung der Avantgarde in den gesellschaftlichen Veränderungen und damit die Korrektur ihrer ästhetischen Programme"[67] im Sinne einer Verbindung von Avantgarde und neuem "sozialen Realismus" aktuell geworden.

Barcks Darstellung der Avantgarde ist das Resultat einer bei Erscheinen des "Lexikons der französischen Literatur" bereits etwa zehnjährigen Forschungstätigkeit von DDR-Literaturwissenschaftlern zu diesem Thema. Erste Ergebnisse zur Avantgardeforschung präsentierte 1979 der Sammelband "Künstlerische

---

66 Zur "Aufhebung" des Avantgardeprojekts im sozialistischen Realismus s. das folgende Kapitel.
67 *Lexikon der französischen Literatur*, hrsg. v. Manfred Naumann, Leipzig 1987, S. 57.

Avantgarde", eine Gemeinschaftsarbeit von Literatur- und Kunstwissenschaftlern aus mehreren sozialistischen Ländern. Die Beiträge der DDR-Autoren befassen sich u.a. mit dem Expressionismus, dem sowjetischen Konstruktivismus und dem französischen Surrealismus. Ziel der Herausgeber - Karlheinz Barck, Dieter Schlenstedt und Wolfgang Thierse - war es, Voraussetzungen und Anregungen für eine weitere geschichtliche Aufarbeitung des Avantgardephänomens zu vermitteln. Weder ein eindeutiger Begriff noch gar eine Theorie der Avantgarde seien beim gegenwärtigen Forschungsstand möglich. Auffallend ist die Nähe zu westlichen Arbeiten. Ähnlich wie der Bremer Literaturwissenschaftler Peter Bürger unterscheiden die Autoren Avantgarde und Moderne bzw. begreifen die Avantgarde als einen spezifischen Fall der Moderne[68]. Ihre Eigenart sei der mit unterschiedlichen Intentionen und Methoden unternommene Versuch, Kunst- und Lebenserneuerung zusammenzuführen. Das besondere Interesse marxistischer Forschungen gelte den Erscheinungsformen einer "neuen" oder "sozialistischen Avantgarde", "jenen Erneuerungen, die sozialistische Künstler, etwa des sowjetischen Konstruktivismus, der Produktionskunst oder des Kreises um Brecht in den Prozeß einbrachten"[69]. Als historisch-ästhetisches Problem- und Bezugsfeld der Avantgarde zwischen 1900 und 1930, aber auch der Neo-Avantgarde nach dem Krieg bezeichnen die Autoren des Sammelbandes das "widersprüchliche Verhältnis von politischer Avantgarde und Kunstfortschritt in der Epoche des Übergangs vom Kapitalismus zum Sozialismus"[70]. In dieser vieles im dunkeln lassenden Formulierung, die an die in den dreißiger Jahren von Bloch/Eisler gestellte Frage erinnert, wie sich das sozial fortgeschrittenste Bewußtsein mit dem ästhetisch fortgeschrittensten verbinden lasse, wird eine Tabugrenze sichtbar. Die Eliminierung der Avantgarde in der Sowjetunion und die bis in die Gegenwart reichende restriktive Praxis im Umgang mit neo-avantgardistischen Strömungen bleiben unerwähnt. Erst in der zweiten Hälfte der achtziger Jahre erfährt man auch in DDR-Publikationen Genaueres über den stalinistischen Terror gegen Künstler der Avantgarde[71].

Von weitreichender Konsequenz für das bislang gültige, noch von Lukács beeinflußte marxistisch-leninistische Kunstverständnis in der DDR ist die Abkoppelung des Avantgardebegriffs und damit auch bestimmter künstlerischer Verfahrensweisen von einem weltanschaulich gefaßten Dekadenzbegriff. Lukács meinte, wenn er den Avantgardismus kritisierte, vor allem die herausragenden Repräsentanten der Moderne - Joyce, Kafka und Proust. Für ihn waren aber auch die Kampagnen gegen die ästhetische Norm des organischen Kunstwerks, wie sie die Avantgardeströmungen betrieben, gleichbedeutend mit Dekadenz, selbst wenn die

---

68 Zum Avantgardebegriff Peter Bürgers vgl. das folgende Kapitel.
69 *Künstlerische Avantgarde*, hrsg. v. Karlheinz Barck u.a., Berlin/DDR 1979, S. 7.
70 Ebd., S. 12.
71 Vgl. z.B. den in *Sinn und Form* veröffentlichten Bericht über Pasternak und Johannes R. Bechers Artikel "Selbstzensur", abgedr. in: *Sinn und Form*, 2/1988, S. 261 ff. und 3/1988, S. 543 ff.

Künstler Marxisten waren. Bestimmte Formen und literarische Techniken sah Lukács unauflöslich mit bestimmten weltanschaulichen Gehalten verbunden. Barck u.a. konstatieren zu Recht: "Es ist die Fortschreibung der Ideen eines bestimmten künstlerischen Funktionstyps, die Lukács unfähig machte, in der Moderne und auch in dem, was wir Avantgarde nennen, etwas anderes zu sehen als eine Richtung, die in Konvergenz zu allem Fortschrittsfeindlichen steht, als eine Auflösung der weltanschaulichen Voraussetzungen produktiver ästhetischer Tätigkeit in Subjektivismus und Abstraktionismus, als die Zerstörung der bewährten Tradition humanistischer, demokratischer, realistischer Kunst und deshalb als Verfall."[72] Dieser der sozialistischen Kunst abträglichen Konstruktion eines Gegensatzes von Realismus und Moderne bzw. Avantgarde wollen die Autoren den Boden entziehen.

Die Kunstwissenschaftlerin Karin Hirdina knüpft unmittelbar an diese Überlegungen an. Als einen wichtigen Ansatz bezeichnet sie die These, daß die "bürgerliche" Avantgarde Neuerungen vorwegnahm, die ihrem Wesen nach der sozialistischen Kunst zugehörten. Die Frage nach der Funktion der Avantgarde im Kunstprozeß löse deren ideologiekritische Verurteilung ab. Ebenso wie die Herausgeber des Sammelbandes stützt sie sich auf Argumente Peter Bürgers zur Avantgardeproblematik. Die historischen Avantgardebewegungen hätten vor allem die bürgerliche Institution Kunst, d.h. die Kunstautonomie, den überkommenen Kunstbegriff und einen bestimmten Kunstwerktyp in Frage gestellt. Keine Theorie komme heute mehr an der Tatsache vorbei, daß mit der Avantgarde Anfang dieses Jahrhunderts eine Zäsur in der Kunstentwicklung eingetreten sei. Hirdina unterscheidet zwei Zielrichtungen: 1. Die Aufhebung der autonomen, apolitischen Kunst zugunsten einer politisch engagierten. Hier gebe es Berührungspunkte mit der proletarisch-revolutionären Kunstrichtung. Brecht, Heartfield, Piscator u.a. repräsentierten diesen Avantgarde-Typus. 2. Der Standpunkt der autonomen Kunst wird beibehalten, jedoch deren traditionelle Gestalt in Frage gestellt (Klee, Picasso). Vor allem diese zweite Richtung der Avantgarde sei oft einseitig als formalistisch abqualifiziert und dem Realismus gegenübergestellt worden[73].

Die Arbeiten von Hirdina und anderen Kunst- und Literaturwissenschaftlern zur Avantgarde eroberten ein Terrain für die marxistische Ästhetik zurück, das die offizielle Kulturpolitik in der DDR noch wenige Jahre zuvor ausgegrenzt hatte. Den Studien über avantgardistische Künstler korrespondierten Arbeiten über marxistische bzw. "linksbürgerliche" Theoretiker, die im offiziellen Marxismus-Leninismus ebenfalls lange Zeit ein Schattendasein fristeten. Neben Walter Benjamin wurde auch Ernst Bloch Ende der achtziger Jahre neu rezipiert[74].

---

72 *Künstlerische Avantgarde* (Anm. 69), S. 17.
73 Vgl. Karin Hirdina, Der Kunstbegriff der Avantgarde, in: *Weimarer Beiträge*, 32. Jg. 1986, H. 9, S. 1472.
74 Auf die wichtigen Pionierarbeiten auf dem Gebiet der Slawistik (u.a. von Fritz Mierau) sei hier wenigstens am Rande hingewiesen. Zur Benjamin-Rezeption vgl.

2.3. Gibt es ein Zusammenspiel von Avantgarde und sozialistischem Realismus bei der Zerstörung der Kunstautonomie?

Der Germanist Klaus Kändler nimmt in seiner Antwort auf Wolfgang Harichs Versuch, das Dekadenzverdikt der Ulbricht-Ära zu erneuern, dessen These auf, daß die Destruktion der bürgerlichen Kunstautonomie und -tradition im Sinne des Programms der historischen Avantgardebewegungen geradewegs in den Faschismus geführt habe[75]. Diese Position, von Lukács und Kurella in den dreißiger Jahren vorgetragen und von Harich verteidigt, wird heute - so abstrus sie erscheint - von westlichen Autoren auch nichtmarxistischer Provenienz zur Diskussion gestellt. Anläßlich einer Betrachtung des Films "Mephisto" des ungarischen Regisseurs Istvan Szabó konstatiert der amerikanische Germanist Russell Berman: "Durch den Angriff der Avantgarde auf die bürgerliche Kultur und die Autonomieästhetik (Oper) wird der Weg geebnet für die Aufhebung von Kunst und Leben im totalitären Spektakel."[76] Die Avantgarde habe der Ästhetisierung der Politik durch den Faschismus den Boden bereitet. Ebenso gehe es Szabó im "Mephisto" aber auch um die "Folgen, die die Avantgarde in den Ländern des real existierenden Sozialismus zeitigte"[77]. Berman zufolge protestierte die Avantgarde gegen die Art und Weise, wie die bürgerliche Kultur ihre eigenen Werte nur unvollkommen verwirklichte. Sie versprach "das ganze bürgerliche Projekt erfolgreicher durchzuführen, indem sie ein charakteristisches Merkmal über Bord wirft, die ästhetische Autonomie"[78]. Und weiter heißt es: "Die Avantgarde hat zu einer Kultur ihren Beitrag geleistet, die alles als Kunst betrachtet; und diese Zerstörung der ästhetischen Hierarchie garantiert die Kontinuität der Heteronomie ... Ungeachtet seiner emanzipatorischen Ansprüche ist der Avantgardismus in die Konstruktion moderner Herrschaftssysteme verstrickt. Der Angriff auf das autonome Werk arbeitet mit an der Auflösung des autonomen Individuums."[79] Berman steht mit seiner Auffassung, daß die Avantgarde in die Konstruktion mo-

---

z.B. Gudrun Klatt, Benjamins Baudelaire-Studien - Baustein zu einer "Ästhetik des Widerstands", in: *Weimarer Beiträge*, 28. Jg. 1982, H. 6; dies., Rettende Kritik, in: Klatt, *Vom Umgang mit der Moderne*, Berlin/DDR 1984; im kritischen Rückblick: Günter Hartung, Zur Benjamin-Edition-Teil II, in: *Weimarer Beiträge*, 36. Jg. 1990, H. 6, S. 969-999. Benjamins Schriften erschienen in zwei Auswahlbänden (siehe Anm. 52). Das genannte Buch von Klatt enthält auch ein Kapitel über Bloch. Zur Bloch-Rezeption vgl. ferner Gerd Irrlitz, Ernst Bloch - Der Philosophiehistoriker, in: *Sinn und Form*, 37. Jg. 1985, H. 4, S. 838 ff.; Manfred Jäger, Die langsame Wiederkehr eines Verfemten, in: *Deutschland Archiv*, 19. Jg. 1985, H. 10, S. 1084-98.

75 Vgl. Klaus Kändler, "Nun ist dieses Erbe zu Ende ...!?", in: *Sinn und Form*, 40. Jg. 1988, H. 1, S. 189-192.

76 Russell A. Berman, Konsumgesellschaft. Das Erbe der Avantgarde und die falsche Aufhebung der ästhetischen Autonomie, in: *Postmoderne*, hrsg. v. Christa u. Peter Bürger, Frankfurt a.M. 1987, S. 57.

77 Ebd.

78 Ebd., S. 62.

79 Ebd., S. 67.

derner Herrschaftssysteme verstrickt sei, nicht allein. Boris Groys hat in einer
Untersuchung der Genesis des sozialistischen Realismus die Anteile der russischen Avantgarde am Zustandekommen einer totalitären Ästhetik hervorgeho-
ben[80]. Die polemische Seite des Beitrags, der in der These gipfelt, Stalin sei der
avantgardistische Künstler par excellence gewesen, darf nicht über den zweifellos
vorhandenen Zusammenhang zwischen den kunstpolitischen Zielsetzungen russischer Avantgardekünstler und der Programmatik des sozialistischen Realismus
hinwegtäuschen. Der totalisierende Anspruch der Avantgarde, Kunst ins Leben
zu überführen, jegliche Differenz zwischen Kunst und Alltag aufzuheben und die
Kunstautonomie als bürgerliche Institution zu liquidieren, arbeitete mit an den
ideellen Voraussetzungen für eine in staatliche Regie genommene Politisierung
der Kunst. Wenn demgegenüber Benjamin in seinem Kunstwerk-Aufsatz der Ästhetisierung der Politik im Faschismus die Politisierung der Kunst durch den
Kommunismus entgegenstellte, so übersah er, daß zum Zeitpunkt der Abfassung
seiner Schrift (1936) in der Sowjetunion die Ästhetisierung der Politik als pathe-
tische Verklärung der Stalinschen Politik mit den Mitteln des sozialistischen
Realismus bereits Triumphe feierte[81].

Die gemeinsame Intention eines Teils der Avantgarde und der Propagandisten
des sozialistischen Realismus war es, die bürgerliche Kunstautonomie zu beseitigen[82]. Daß die linksavantgardistischen Künstler in der Sowjetunion Opfer ihrer
Strategie wurden und diese von einer politischen Avantgarde übernommen und
gegen die Intentionen ihrer Schöpfer verwirklicht wurde, ändert nichts an dieser
Gemeinsamkeit. Dagegen hatte Lukács, wenn er in den dreißiger Jahren den
Geist des Expressionismus zum Vorläufer der faschistischen Ideologie erklärte,
nicht die Beseitigung der Kunstautonomie im Auge. Die Zerstörung des traditio-
nellen Kunstwerkbegriffs durch die Avantgarden war für ihn bereits ein Akt der
Inhumanität, der sie zu Wegbereitern faschistischer Ideologie werden ließ[83]. Lukács verteidigte die Tradition großer autonomer Kunst des 19. Jahrhunderts, ohne
dem Sachverhalt Bedeutung beizumessen, daß die von ihm mit der aktivistischen
Avantgarde gleichgesetzte Moderne, repräsentiert durch die Namen Proust und
Joyce, selbst eine Fortsetzung des Typs des autonomen Kunstwerks darstellte.
Seine Kritik des Expressionismus richtete sich nicht gegen programmatische Er-
klärungen, die eine Abschaffung der bürgerlichen Kunstautonomie forderten,
sondern beschränkte sich auf Form- und Weltanschauungsfragen. Wenn es Lukács zuallererst um die Verteidigung der Kunstautonomie gegangen wäre, hätte

---

80 Vgl. Boris Groys, Kunstwerk Stalin, in: *Frankfurter Allgemeine Zeitung*, 21.3.1987,
    Beilage; ders., *Gesamtkunstwerk Stalin*, München 1988. Vgl. auch Hans Günther,
    Ein Traktor, der die Seele umpflügt, in: *Frankfurter Allgemeine Zeitung*, 24.7.1987,
    S. 19, und Vassily Rakitin, The Avant-Garde and Art of the Stalinist Era, in: *The
    Culture of the Stalinist Period*, hrsg. v. H. Günther, London 1990, S. 178-189.
81 Zum Begriff der Ästhetisierung der Politik vgl. Rainer Stollmann, *Ästhetisierung der
    Politik*, Stuttgart 1978, S. 7.
82 Zum Autonomiebegriff vgl. das folgende Kapitel.
83 Zu Lukács' Einschätzung des Expressionismus vgl. oben Teil I, Kap. 2.

ihm die Konstitution des sozialistischen Realismus weit mehr Anlaß zur Besorgnis geben müssen. Hier war eine Kunst im Entstehen begriffen, die sich zwar formal auf das klassische Erbe des 19. Jahrhunderts berief, mit dem Verzicht auf ihre Autonomie sich jedoch in Inhalt und Funktion der direkten politischen Instrumentalisierung auslieferte.

Die Rehabilitierung von Moderne und Avantgarde in der DDR-Literaturwissenschaft zielt darauf, alle Wurzeln der sozialistischen Gegenwartskunst offenzulegen. Eine dieser Wurzeln ist die linksaktivistische Avantgarde, die die Inkubationsphase des sozialistischen Realismus begleitete. Vornehmlich interessiert die DDR-Literaturwissenschaft an den historischen Avantgardebewegungen jedoch nicht ihr totalisierender Anspruch einer Verbindung von Kunst- und Gesellschaftsrevolution, sondern das Formenarsenal, das sie der modernen Kunst zuführten und das sich der sozialistischen Gegenwartskunst zur Adaption anbietet. Der gesellschaftsrevolutionäre Impetus ist lediglich von historischem Interesse. Nicht ihrer ursprünglichen Intention, die bürgerliche Institution Kunst im Sinne der Kunstautonomie zu beseitigen, gilt die Aufmerksamkeit, sondern der gescheiterten Avantgarde, die in der bürgerlichen Gesellschaft letztlich auf Kunstinnovation verwiesen blieb, ohne am Autonomiestatus der Kunst zu rütteln[84].

2.4. Realismusdiskussion im Zeichen der Postmoderne

Folgenreich ist die Rehabilitierung von Avantgarde und Moderne für die den Kern der marxistisch-leninistischen Ästhetik bildenden Realismustheorie. Deren Neubestimmung hat das Phänomen der Postmoderne zu bedenken, das Vermischungen mit einer realistischen Formensprache erkennen läßt. Über die jüngste Entwicklung in der kunstpolitischen Szene der Bundesrepublik urteilt Karin Hirdina: "Realismus wie Postmodernismus werden als Alternativen zur Avantgarde der zwanziger und dreißiger Jahre gefaßt - als Absage an deren forcierten Technikoptimismus, als Rückkehr zur Tradition, als neue Qualität von Volkstümlichkeit."[85] Interessant ist nun, daß zu einem Zeitpunkt, da im Westen die Postmoderne die Moderne in der Kunst zu verdrängen beginnt, in den Kulturwissenschaften und schließlich auch in der Kulturpolitik der DDR eine Annäherung an Moderne und Avantgarde stattfindet. Sieht man von kunstinternen Prozessen und tieferliegenden Veränderungen in der kulturellen Landschaft der DDR einmal ab,

---

84 Karin Hirdina beklagt im Rückblick die Ausgrenzung der Avantgarde in der DDR. Andererseits spricht sie den kritisch engagierten Künstlern avantgardistische Wirkungsabsichten zu, da sie für ein anderes Politikverständnis eingetreten seien. Demgegenüber ist festzustellen, daß, wie die jüngere Künstlergeneration beweist, ein Mehr an "Avantgardismus" nur durch radikalere künstlerische Autonomieansprüche zu erreichen war. Vgl. Karin Hirdina, Umgang mit den alten Erfahrungen, in: *Neue Deutsche Literatur*, 38. Jg. 1990, H. 10, S. 154-163.

85 Karin Hirdina, Realismus in der Diskussion, in: *Weimarer Beiträge*, 30. Jg. 1984, H. 3, S. 402.

so ist das Nachlassen avantgardistischer Impulse im Westen sicherlich mitent-
scheidend dafür, daß das als bürgerlich-ideologisch besetzt wahrgenommene Terrain nunmehr marxistisch erobert wird. Für diesen Aneignungsversuch sind die
Arbeiten der Anglisten Robert Weimann und Utz Riese charakteristisch.

Utz Riese, ein Schüler Robert Weimanns, führt die Abwertung der Moderne in
der Vergangenheit vor allem auf gesellschaftspolitische Gründe zurück. Er behauptet, daß Autoren wie Joyce, Eliot und Woolf, Kafka, Proust und Musil bis
in die sechziger Jahre im Westen als Leitsterne einer modernistischen Ästhetik
fungierten, in der Antirealismus und Antikommunismus eine fragwürdige
Verbindung eingegangen seien. Hinzugekommen sei der überragende Einfluß
Georg Lukács', der seine Dekadenzthese ebenfalls nicht literarhistorisch, sondern
gesellschaftspolitisch begründet habe, da er den Zusammenbruch des kapitalistischen Systems für unvermeidlich hielt. Die Schwächung der Position Lukács'
nach 1956 habe zwar Chancen zu einer Kritik des Dekadenztheorems eröffnet,
diese seien aber durch die politisch-ideologische Ausuferung der Kafka-Diskussion wieder zunichte gemacht worden. Erste Ansätze zu einem differenzierteren
Umgang mit der Moderne-Problematik sieht Riese in den Kafka-Dissertationen
von Klaus Hermsdorf (1961) und Helmut Richter (1962) und in einem Proust-Es-
say des Romanisten Manfred Naumann (1967), in dem der Autor versucht habe,
den Modernismus bündnispolitisch und literaturtheoretisch aufzuwerten. Nachdem Mitte der sechziger Jahre erstmals Werke Kafkas in der DDR veröffentlicht
worden waren, habe es ein weiteres Jahrzehnt gedauert, bis die Werke anderer
Schriftsteller der Moderne erscheinen konnten und die Literaturwissenschaft sich
ihrer annahm.

Als wesentlichen Grund für die Annäherung von Realismus und Moderne
nennt Riese in Übereinstimmung mit Hirdina und Weimann das Aufkommen der
Postmoderne. Diese könne nur verstanden werden als "eine spezifische Antwort
auf die unausweichlich gewordene Eingliederung des institutionalisierten Kunstbetriebs in die massenhafte Produktion, Verteilung und Rezeption von Kulturgü-
tern"[86]. Aus der Sicht Rieses ist die Postmoderne keine einfache Fortschreibung
der Moderne. Ihr entscheidendes Kennzeichen sei "ihre Absage nicht schlechthin
an die bourgeoise Gesellschaft, sondern gleichfalls an die Restutopie klassisch-
bürgerlicher Humanität sowie überhaupt eines aufklärerischen Geschichtsoptimismus"[87]. Die postmoderne Ideologie räume solchermaßen mit dem Anthropo-
zentrismus auf, daß von daher ganz neue Fragen an das Verhältnis von Moderne
und Realismus zu stellen seien. Für die Moderne (z.B. Joyce) gelte, daß der ver-
einseitigten humanistischen Utopie nach wie vor eine ins Werk hineingeschrie-
bene Sinngebung entspreche. Das werde in der Postmoderne problematisch, deren Intention es sei, ein "epistemologisches Vakuum" zu erzeugen. In der Rezension eines Buches des amerikanischen Autors Thomas Pynchon spricht Riese von

---

86 Utz Riese, Rezension: Robert W. Weber, Der moderne Roman, in: *Weimarer Bei-
    träge*, 30. Jg. 1984, H. 3, S. 507.
87 Ebd.

der "Form einer utopiefreien Gesellschaftskritik, einer vom Zwang zur Utopie
und vom Alp der Zukunft befreiten Ästhetik des Widerstands", die "wir" - die
Literaturwissenschaftler und die Leser in der DDR - "erst noch begreifen lernen"
müssen[88]. Was es zu begreifen gelte, umreißt Riese mit den Worten des bundes-
republikanischen Romanisten Hans Ulrich Gumbrecht: "Wir müssen 'einen geschichtlichen Begriff von Geschichte konstituieren' (Taubes), das heißt: wir müssen lernen, Geschichte anders zu denken, ohne aufzuhören, überhaupt geschichtlich zu denken. Was wären Grundelemente eines neuen Begriffs von Geschichte?
Vielleicht die Ersetzung des einen Telos durch viele Nahziele; vielleicht die Sub-
stitution des Begriffs von der 'Perfektibilität' durch einen Begriff von der Erhaltung des Menschen."[89]

Den Realismusbegriff zu überdenken, fordert auch Robert Weimann, Vizepräsident der Akademie der Künste und einer der international angesehensten Literaturwissenschaftler der DDR. Weimann spricht von einem weltweiten Paradig-
menwechsel, "in dessen Verlauf der Modernismus abgelöst wird durch jenen
postmodernen Wandel in Stil, Funktion und Theorie der Künste, der von der Literatur über die bildende Kunst bis zur Architektur reicht"[90]. Der alte Gegensatz
von Realismus und Modernismus bleibe davon nicht unberührt. Identität und Position des "modernen Realismus" könnten nicht mehr aus dem Gegensatz zum
Modernismus bestimmt werden. Entsprechend den Differenzierungsprozessen in
der Gesellschaft vergrößere sich das Spektrum der künstlerischen Themen und
Darstellungsformen. In Abgrenzung von einer normativen Ästhetik bedeute dies:
"In Erwägung der tatsächlich gegebenen Aufspaltungen, aber auch im Hinblick
auf die Differenzierungen in den Publikumserwartungen bleibt überhaupt kein
Raum für eine Deduktion *des* Realismuseffekts - weder aus einem vorher be-
stimmten Kunstbegriff noch aus einem undifferenzierten Realitätsbegriff. An die
Stelle der Präferenz einer bestimmten Form realistischer Weltaneignung tritt das
Studium der konkreten Bedingungen künstlerischer Produktion, Vermittlung,
Aufnahme und Wirkung in bezug auf die unterschiedlichsten Lebensinteressen
und Bedürfnisse in der sozialistischen Gesellschaft heute."[91]

Weimann sieht das Realismuskonzept in weltliterarische und gesellschaftshi-
storische Zusammenhänge eingebettet, die ein ständiges Überdenken tradierter
Vorstellungen erzwingen. Die Relation zwischen Realität und Realismus sei als
eine dynamische, widersprüchliche und veränderliche anzusehen. Realismus in
der Kunst bzw. Mimesis oder Widerspiegelung müßten als Kommunikation, als
Tätigkeit, Verkehr und Ereignis verstanden werden. In früheren Betrachtungen
zum Realismusproblem sei der eigentliche Realismuseffekt, der reale kommuni-

---

88 Utz Riese, Rezension: Thomas Pynchon, Die Versteigerung von No. 49, in: *Weima-
    rer Beiträge*, 32. Jg. 1986, Nr. 10, S. 1696.
89 Ebd., S. 1699.
90 Robert Weimann, Realität und Realismus, in: *Sinn und Form*, 36. Jg. 1984, H. 5, S.
    942; vgl. ders., Das Ende der Moderne?, in: *Sinn und Form*, 41. Jg. 1989, H. 6, S.
    1146-1182.
91 Weimann, Realität (Anm. 90), S. 937.

kative Aspekt der Wirkung eines Kunstwerks, vernachlässigt worden, so daß die
avanciertere Kunstproduktion der fünfziger und sechziger Jahre in der DDR
kaum jemals angemessen begriffen worden sei. Die politische Weltlage, die
neuen Konstellationen der internationalen Klassenauseinandersetzung erforderten
ein Realismusverständnis, das sich nicht mit der Traditionsaneignung des klassischen bürgerlichen Humanismus bescheide. "Zwischen dieser unserer Welt und
ihren ehemals humanistischen Mustern der Beschreibung ist ein gut Teil Dek-
kungsgleichheit verloren gegangen; der realistische Verkehr mit dem heutigen
Weltzustand verlangt Unruhe mehr als Harmonie, Reibung mehr als Bestätigung."[92] Dies mache den Realismus unserer Tage härter und qualvoller. Der
"wissende selbstsichere Habitus des klassischen Realisten" sei nicht mehr an der
Zeit. Der Verlust der Maßstäbe der klassischen bürgerlichen Humanität eröffne
auch das Verständnis für Werke moderner bzw. postmoderner Kunst und Literatur, in denen - wie bei Beckett - das Schweigen an die Stelle irgendeiner Hand-
lungsperspektive trete.

Man ist geneigt zu fragen, ob nicht in diesem Realismuskonzept das sozialistische Geschichts- und Menschenbild als *conditio sine qua non* bisherigen Ver-
ständnisses von sozialistischem Realismus in einer Vielfalt möglicher Geschichts-
und Gesellschaftsperspektiven aufgegangen ist. Die traditionelle Realismustheorie
eines Lukács hatte die Trennungslinie zwischen Moderne und Realismus sowohl
im Formal-Ästhetischen als auch im Weltanschaulichen gezogen. Diese Differen-
zierungskriterien setzt Weimann zwar nicht ausdrücklich außer Kraft. Er erkennt
jedoch an, daß "die Tradition des Realismus selbst vielfältig aufgefächert und un-
erwarteter Variation und problematischer Nachbarschaft unterworfen"[93] wird.
Diese Nachbarschaft betrifft auch das, was man als geschichtliche Erfahrung von
ästhetischer Moderne bezeichnen könnte, deren Signatur Claus Träger als Krise
der Fortschrittsidee, des Vernunftglaubens und des Humanismus beschrieben
hatte[94]. Im modernen Realismusverständnis Weimanns werden die weltanschaulichen Konturen unscharf. Sein kommunikationsästhetisches Realismuskonzept
würde vermutlich auch Spielraum für einen "sozialistischen" Beckett oder Kafka
bieten. Unklar bleibt denn auch in seinen Ausführungen der Stellenwert der von
ihm nicht aufgegebenen Begriffe "sozialistischer Realismus" und
"nichtrealistische Kunst". Die Erweiterung des Realismuskonzepts gerät dort in
Schwierigkeiten, wo Realismus an ein bestimmtes teleologisches Geschichtskon-
zept gebunden bleibt, ohne daß dieses näher ausgewiesen werden kann. Zu fragen
ist, wie denn die literarische Gestaltung von Fortschrittskritik, Geschichtsskepsis
und Existenzangst in ein Konzept sozialistisch-realistischer Literatur einzubinden
ist, ohne dessen geschichtsphilosophischen und politisch-ideologischen Rahmen
zu sprengen. Die These von der Annäherung von Moderne und Realismus, wie
sie Weimann vertritt, läßt vermuten, daß angesichts des anti-utopischen Elements

---

92   Ebd., S. 931.
93   Ebd., S. 942 f.
94   Siehe oben.

im Denken der Postmoderne es die Prämissen des europäischen, vom Marxismus weitergeführten Aufklärungsdenkens sind, die sie verbinden. Die literarische Moderne würde - so betrachtet - zum Bündnispartner des Realismus, da sie im Unterschied zur Postmoderne dem Anspruch auf Selbstbestimmung des Individuums verpflichtet bleibt, selbst dort, wo sie das Abdanken des bürgerlichen Subjekts beklagt.

Welt- und Menschenbild sind für die Differenzierung von Realismus und Moderne auch deshalb von Belang, weil sich zahlreiche künstlerische Werke in der DDR der siebziger und achtziger Jahre in der Tat von "spätbürgerlichen Kreationen einer gemäßigten Moderne", wie Hans Mayer es formuliert, kaum noch unterscheiden[95]. Mayer ist ebenso wie Stephan Hermlin der Auffassung, daß die Bestrebungen, die bürgerliche Kultur politisch zu negieren, ohne sie ästhetisch transzendieren zu können, den sozialistischen Schriftsteller nicht aus dem spätbürgerlichen Bereich herausgeführt haben. Man könnte die Arbeiten von Christa Wolf, Franz Fühmann, Heiner Müller und Christoph Hein, um nur einige zu nennen, sowohl als Beispiele für die von Weimann konstatierte Annäherung oder gar Verschmelzung von Realismus und Moderne als auch für den von Mayer hervorgehobenen spätbürgerlichen Kontext, dem die DDR-Literatur verbunden ist, anführen. Modern sind diese Werke als konzentrierter und zugespitzter Ausdruck eines Zeitbewußtseins, das die Gegenwart als krisenhaft erfährt und dem die Geschichtsutopie des Marxismus-Leninismus problematisch geworden ist. In dem Maße, in dem das marxistisch-leninistische Weltbild in die Krise gerät, verschwimmen die Grenzen zu dem, was bisher als bürgerliche Weltanschauung galt. Der fortschrittsskeptische Sozialist begibt sich aus der Sicht marxistischer Orthodoxie unversehens auf bürgerliches Terrain, denn die produktive Aneignung der Moderne ist nicht mehr allein wie bei Brecht und Seghers eine Aneignung ihrer formalen Bestände. Sie macht nicht länger Halt vor den weltanschaulichen Trennungslinien und nimmt den Vorwurf des Geschichtspessimismus und Irrationalismus ungerührt in Kauf.

Die offizielle Kulturpolitik der achtziger Jahre ging zwar weiterhin von der geschichtsphilosophischen Annahme aus, daß der Kapitalismus absterben und von der kommunistischen Gesellschaftsformation abgelöst werde. Der "bürgerlichen" Moderne wurde jedoch selbst dort, wo sie Endzeitvisionen zum Ausdruck bringt, nicht mehr ohne weiteres das Etikett Dekadenz angeheftet. Das läßt sich z.B. an der Kafka- und Beckett-Rezeption jener Jahre ablesen. Die Politiker in der DDR sahen sich mit der akuten Gefahr der Selbstvernichtung der Menschheit konfrontiert. Das Endzeit-Syndrom ließ sich nicht mehr allein auf die kapitalistischen Länder beschränken. Ökologische Katastrophen im eigenen Machtbereich führten vielmehr die unmittelbare Bedrohung vor Augen, die von einer auch unter sozialistischen Bedingungen nicht mehr beherrschbaren Technik für die Bevölkerung

---

95 Hans Mayer, Stationen der deutschen Literatur, in: *Frankfurter Allgemeine Zeitung*, 16.6.1979.

ausging. Die herrschende Ideologie war darüber hinaus immer weniger in der
Lage, angesichts der schwerwiegenden Mängel und eingestandenen Krisenhaftigkeit des eigenen Systems noch Anhänger für ihre These von der historischen
Überlegenheit des realen Sozialismus zu gewinnen. Eine Literatur, die dies aussprach, konnte nicht mehr leichthin mit dem Vorwurf des Geschichtspessimismus
ins ideologische Abseits gedrängt werden.

2.5. Franz Kafka als Inbegriff des Modernismus (II): Die zweite Phase der wissenschaftlichen Kafka-Rezeption (seit 1978)

Daß bestimmte Probleme der Situation des Menschen in industrialisierten und bü-
rokratisierten Gesellschaften, wie sie von Schriftstellern aufgegriffen und gestaltet wurden, gerade auch in sozialistischen Ländern existieren und wahrgenommen
werden, zeigt - wie im ersten Teil dieser Arbeit dargestellt - das Echo auf die
Werke Kafkas. Während in den sechziger Jahren die Entfremdungsproblematik
noch tabu war und die Kulturfunktionäre folglich dem Dichter jegliche Aktualität
absprachen, hat sich in den folgenden beiden Jahrzehnten das Bild gewandelt. In
der Ära Honecker sollte die Kafka-Forschung neuen Auftrieb erhalten. Klaus
Hermsdorf, Verfasser der ersten Dissertation über Kafka und wohl der profunde-
ste Kenner seines Werkes in der DDR, untersucht in einem 1978 erschienenen
Aufsatz die Resonanz, die Kafka bei Brecht und Seghers gefunden hat. Darin
korrigiert er die einseitige Charakterisierung, die Mittenzwei auf der Prager Konferenz 1963 über das Verhältnis Brechts zu Kafka vorgetragen hatte. Mittenzwei
legte den Akzent seiner Darstellung auf das Prophetische und Visionäre in den
Werken Kafkas, das Brecht fasziniert hätte, ohne die neue Gestaltungsweise der
Wirklichkeit, die Kafkas künstlerischen Rang ausmacht, eingehender zu untersuchen. Unerhellt blieb auch Brechts von Benjamin überlieferte Formulierung,
Kafka sei der einzige "echte bolschewistische Schriftsteller"[96]. Mittenzwei ord-
nete diese Vorstellung dem jungen Brecht zu. In späteren Jahren habe Brecht
stärker die Ausweglosigkeit im Werk Kafkas gesehen und dessen Unfähigkeit,
den "gesellschaftlichen Kausalkomplex" aufzudecken. Mittenzwei nahm Brechts
Äußerung, er sei weit davon entfernt, Kafka als ein Vorbild zu betrachten, damals zum Anlaß, vor dem bedenklichen Einfluß des Dichters auf eine junge sozialistische Dichtergeneration zu warnen[97].

Ende der siebziger Jahre stellte sich dieses Problem nicht mehr. Kafkas unaufhaltsamer Aufstieg zum Klassiker der Moderne war auch in der DDR nicht mehr
rückgängig zu machen. Die Kritik an Entfremdungserscheinungen im realen Sozialismus wurde zum Normalfall. Sie findet sich in einer Vielzahl literarischer

---

96 Vgl. *Benjamin über Kafka*, hrsg. v. Hermann Schweppenhäuser, Frankfurt a.M.
    1981, S. 131.
97 Vgl. Werner Mittenzwei, Brecht und Kafka, in: *Sinn und Form*, 15. Jg. 1963, H. 4.
    Vgl. auch den Exkurs "Brecht über Kafka", oben Teil I, Kap. 4.

Werke, nicht nur in der Form der Parabel, sondern auch in der Ausbreitung realistischer Details. Die ideologische Brisanz der Werke Kafkas wurde gleichsam von der DDR-Literatur eingeholt. Unter diesen Voraussetzungen konnte es sich die Literaturwissenschaft leisten, ein sachlicheres Kafka-Bild zu entwerfen. Für Hermsdorf gründet Brechts pointierte Formulierung, Kafka sei ein "echter bolschewistischer Schriftsteller", in der gemeinsamen Epochenerfahrung beider Dichter und einer den Materialwert der Werke Kafkas betonenden Rezeption durch Brecht. Kafka sei in den Augen Brechts "bolschewistisch", da er episches Material über eine Gesellschaft vorlege, das deren Revolutionierung rechtfertige. Brechts "dialektische" Lesart habe hinter den ideologischen Irrtümern Kafkas das literarisch Produktive, die Parabelform, herauszuarbeiten versucht. Kafka und Brecht sind für Hermsdorf moderne Erzähler, die darin übereinstimmten, "daß bloße Abbildungen von Wirklichkeit heutige Wirklichkeit nicht eindringlich wiedergeben"[98]. Das künstlerische Problem Kafkas liege in der Undurchsichtigkeit seiner Parabeldichtungen als Ausdruck weltanschaulicher Ratlosigkeit, während Brecht Gefahr laufe, seine Parabeln durch allzu rationale Transparenz zu entwerten. Indem Hermsdorf den produktiven Umgang Brechts mit dem Werk Kafkas hervorhebt, demonstriert er, wie ein junger sozialistischer Autor - Brecht war 1931/34 zum Zeitpunkt seiner intensiven Kafka-Studien Anfang/Mitte dreißig - sich das Werk eines "dekadenten" Schriftstellers aneignen kann.

Als ein zweites Beispiel produktiver Aneignung führt Hermsdorf Anna Seghers' Kafka-Rezeption an. Anders als Brecht fühlte sich Seghers zu Kafka als einem tragischen Dichtertypus hingezogen, der Verwandtschaft mit Lenz, Kleist und Hölderlin aufwies. Kafkas Auffassung, daß Literatur zu wirken habe wie ein Axthieb, sei ihr - im Unterschied zu Brecht, der der kathartischen Wirkung von Dichtung entgegenarbeitete - vertraut gewesen. Mit ihrem Anschluß an die kommunistische Arbeiterbewegung habe Anna Seghers allerdings die ursprüngliche Nähe zu Kafkas Weltbild und Lebensgefühl der Entfremdung überwunden. Geblieben sei jedoch die ästhetische Verwandtschaft, das Element des Phantastischen, Märchenhaften, das an die Kafkaschen Parabeln erinnere. Verwiesen wird auf Seghers spätere Erzählung "Die Reisebegegnung" (1972), in der ihre Einstellung zu Kafka in einer Gegenüberstellung des Prager Dichters mit Gogol und E.T.A. Hoffmann deutlich beschrieben wird. Auf die Frage Kafkas, ob er nicht das Recht habe, wenn ihm die Wirklichkeit ausweglos vorkomme, sie darzustellen, wie er sie sehe, läßt Seghers Hoffmann antworten: "Man muß aber nach einem Ausweg suchen, nach einer Bresche in der Mauer."[99] Seghers habe Kafka "entmythologisiert", so lautet das Urteil Hermsdorfs mit Hinblick auf ihren Roman "Transit", in dem sie Kafkasche Themen und Verhaltensmuster historisch-sozial konkretisiert und in die "Wirklichkeit als Ganzes" überführt habe.

---

98 Klaus Hermsdorf, Anfänge der Kafka-Rezeption in der sozialistischen deutschen Literatur, in: *Weimarer Beiträge*, 24. Jg. 1978, H. 9, S. 56.
99 Anna Seghers, *Sonderbare Begegnungen*, Berlin/Weimar 1973, S. 142.

Eine Wiederholung und Fortführung der Argumente Hermsdorfs findet man in einem Vortrag Sigrid Bocks, den sie auf der Berliner Kafka-Konferenz 1983 hielt. Bock will anhand der Kafka-Lektüre von Anna Seghers zeigen, wie sich im 20. Jahrhundert ein Prozeß der Differenzierung von bürgerlich-humanistischem und sozialistischem Erzählen vollzieht, der die Einheit beider nicht ausschließe[100]. Seghers rücke Kafka an den Anfang einer modernen Weise des Erzählens. Sie teile mit dem Prager Dichter die Auffassung, daß unter den neuen Zeitverhältnissen eine einfache Fortsetzung der alten Romantradition nicht mehr möglich sei. Ähnlich wie Hermsdorf sieht Bock den Einfluß Kafkas im Werk von Seghers vor allem in der Adaptierung des Phantastischen als einem legitimen Element realistischer Erzählweise.

Mit dem Kafka-Kongreß, den das Zentralinstitut für Literaturgeschichte der Akademie der Wissenschaften im Juni 1983 anläßlich des 100. Geburtstags des Dichters in Ost-Berlin veranstaltete, versuchte die DDR-Germanistik Anschluß an den Stand der internationalen Forschung zu finden. Der Konferenz-Berichterstatter Eike Middell konstatiert in der "Zeitschrift für Germanistik", daß die Zeit der Exegesen und Deutungen vorbei sei und die Philologen das Feld der Forschung beherrschten[101]. Daß sich die Funktion des Kafkaschen Werkes im Streit politischer Ideologien erschöpft hat, wird aufatmend zur Kenntnis genommen. Dies ermöglicht es der Germanistik in der DDR, den seit der Konferenz von Liblice 1963 tabuierten Autor erneut zum Gegenstand wissenschaftlicher Analyse zu machen und an die frühen Forschungsergebnisse von Hermsdorf und Richter anzuknüpfen. Die besonderen Leistungen der neueren Kafka-Forschung in der DDR sieht Middell in Untersuchungen zu Kafkas Rolle im öffentlichen Leben und zu literaturgeschichtlichen Traditionsbezügen des Dichters. Vor allem der kontinuierlichen Forschungs- und Publikationstätigkeit Klaus Hermsdorfs verdankt die DDR-Germanistik eigene Akzentsetzungen[102]. Hermsdorfs Interesse gilt seit jeher der Berufserfahrung des Dichters und ihren Auswirkungen auf das Werk. Durch seine berufliche Tätigkeit in der Arbeiter-Unfallversicherung habe sich Kafka genaue Kenntnisse über organisatorische Zusammenhänge moderner Industriearbeit verschaffen können. "In der Tat hat Kafka das Zur-Maschine-Werden des Menschen, sein abgetötetes, maschinenmäßiges Funktionieren mit beklemmender Eindringlichkeit dargestellt wie kein anderer zeitgenössischer Schriftsteller."[103] So lautet bereits die These seiner ersten Kafka-Studie aus dem Jahr 1961. Die Entfremdungsthese, deren Gültigkeit hier im Unterschied zu anderen marxistischen Kafka-Forschern allein für bürgerliche Gesellschaften behauptet wird, nimmt Hermsdorf auch in seinen neuen Untersuchungen wieder

---

100 Vgl. Sigrid Bock, Anna Seghers liest Kafka, in: *Weimarer Beiträge*, 30. Jg. 1984, H. 6, S. 900-915.

101 Vgl. Eike Middell, Franz Kafka - Werk und Wirkung, in: *Zeitschrift für Germanistik*, 5. Jg. 1984, H. 3, S. 319.

102 Die erstmalige Edition der amtlichen Schriften Kafkas ist Klaus Hermsdorf zu verdanken. Vgl. Franz Kafka, *Amtliche Schriften*, Berlin/DDR 1984.

103 Klaus Hermsdorf, *Kafka. Weltbild und Roman*, Berlin/DDR, 2. Aufl. 1966, S. 98.

auf. In seinem Berliner Konferenzbeitrag stellt er mit Blick auf den Roman "Amerika" fest, daß die Entfremdungen in der Arbeitswelt sich als der Punkt erweisen, "wo Kafkas Denken mit marxistischem konvergiert"[104]. Damit bezieht Hermsdorf eine Gegenposition zu der bisher in der DDR vorherrschenden und von ihm selbst früher vertretenen Position, Kafka verharre in der Entfremdung, es fehle jede Perspektive, wie die zerrüttenden Wirkungen der Arbeitsteilung aufzuheben seien. Kafka habe die Verkümmerungen des Menschen in der Arbeitswelt nicht nur wahrgenommen und aufgehellt, "sondern mit der Negation falscher Arbeit die Frage nach der guten Arbeit ... dringlicher aufgeworfen als andere Schriftsteller dieses Jahrhundert"[105], heißt es nun. Kafka habe nicht allein Betrachtungen aus einer untergehenden Epoche mitzuteilen, sondern höchst aktuell gebliebene "Aufklärungsschriften aus einer verwalteten Welt, die mit dem Königreich Böhmen nicht versunken ist"[106]. Letztlich ist die Frage nach der "guten Arbeit", deren Brisanz Hermsdorf für die DDR nunmehr herausstellt, nichts anderes als die Neuformulierung der früher bekämpften These, die Kafkasche Darstellung der Entfremdung behalte auch im Sozialismus aktuelle Bedeutung. Ohne ihre Namen zu nennen, erkennt Hermsdorf damit die Positionen der vormaligen "Renegaten" und "Revisionisten" Ernst Fischer und Roger Garaudy an[107].

Hermsdorf stand mit seinem Aktualisierungsversuch nicht allein. Ernst Fischers Feststellung auf der Prager Konferenz, der sozialistische Funktionär werde durch die Lektüre der Werke Kafkas genötigt sein, "in manchen Fragen gründlicher und differenzierter zu argumentieren"[108], findet sich zwanzig Jahre später in einem Gedenkartikel der Zeitschrift "Neue Deutsche Literatur" in ähnlicher Formulierung wieder. Pathetisch heißt es dort, Kafkas Werk biete auch jenen, "die von anderem Weltgefühl getragen, hartnäckig, wenn auch nicht unangefochten an einer Ordnung menschlicher Gemeinsamkeit bauen, überreichlich Stoff zur Selbstprüfung"[109]. Das von Fischer geforderte Visum für die sozialistischen Länder - von Alfred Kurella seinerzeit für die DDR verweigert - ist dem Prager Dichter damit unbefristet erteilt worden. Charakteristisch für die kulturpolitische Bewertung Kafkas ist der Gedenkartikel Dieter Schillers im "Neuen Deutsch-

---

104 Ders., Das Doppelleben des Franz Kafka, in: *Sonntag*, 37. Jg. 1983, Nr. 29, 17.7.1983.

105 Ders., Franz Kafka - Arbeit und Amt als Erfahrung und Gestaltung, in: *Kürbiskern*, 2/1983, S. 101 f.

106 Ebd., S. 101.

107 Zu Hermsdorfs Bestreben, Kafka in die Nähe marxistischen Denkens zu rücken, lieferten die Sozialwissenschaften seinerzeit den ironischen Begleittext: Die marxistische Soziologie in der DDR hatte auf Kafkas Frage die Antwort parat, daß im Interesse der Leistungssteigerung die gegebene Struktur der Arbeitsteilung beibehalten oder gar vertieft werden müsse. Vgl. z.B. Manfred Lötsch, Sozialstruktur und Wirtschaftswachstum, in: *Wirtschaftswissenschaft*, 29. Jg. 1981, H. 1, S. 65.

108 *Franz Kafka aus Prager Sicht 1963*, Prag 1965, S. 157.

109 Jürgen Engler, Die Verlorenheit in sich selbst und die Luft des gewöhnlichen Tages, in: *Neue Deutsche Literatur*, 31. Jg. 1983, H. 6, S. 118.

land". Anknüpfend an Walter Benjamin, hatte Schiller in einem Beitrag zur Kafka-Konferenz ein antifaschistisches Modell der Aufnahme und Aneignung von Kafkas Werk vorgeschlagen. Kafka habe - so Benjamin - nicht eine der Positionen eingenommen, die der Kommunismus mit Recht bekämpfe[110]. Mit Hinweis auf Klaus Mann heißt es nun im "Neuen Deutschland", keine Zeile in Kafkas Werk zeuge von "irgendeiner Feindschaft gegen den gesellschaftlichen Fortschritt"[111]. Die Bedeutung, die ihm nunmehr zugesprochen wird, gilt dem großen Vertreter der humanistischen Literatur dieses Jahrhunderts.

Mitte der achtziger Jahre ergibt sich somit folgende Situation: Die Literaturwissenschaft in der DDR ist entweder bemüht, Kafka eine begrenzte Aktualität zuzuerkennen (Hermsdorf) oder den Fall Kafka durch Historisierung zu entschärfen (Schiller). Dem Bemühen um Verwissenschaftlichung auf der Basis philologischer Einzeluntersuchungen und biographischer Dokumentation entspricht die kulturpolitische Integration der Moderne. Kafka wird dem humanistischen Erbe zugeschlagen, die ästhetische Moderne als Tradition der sozialistischen Kultur einverleibt und damit der Musealisierung überantwortet. Wer jedoch unmittelbar literarisch auf Kafka oder die Avantgarde zurückgreift, sie künstlerisch aktualisiert, bleibt weiter der Zensur unterworfen. Dies zeigt das Beispiel Wolfgang Hilbigs und der Lyriker vom Prenzlauer Berg. Hilbig nimmt Kafka so ernst wie vor ihm nur Alfred Kurella - freilich auf entgegengesetzte Weise. Die DDR-Literaturwissenschaft hat sich hingegen in den Jahren vor dem Zusammenbruch im Unterschied zu den Vorgenannten längst auf einen "dritten Weg" begeben, denn weder für Hilbig noch für Kurella ist Kafka ein "humanistischer" Schriftsteller.

3. *Literarischer Emanzipationsanspruch und institutionelles Autonomiestreben als Grundzüge der neueren DDR-Literatur*

In Arbeiten von DDR-Germanisten zur Geschichte der DDR-Literatur stößt man immer wieder auf die These, daß die sechziger Jahre eine Zäsur darstellten. Damals sei ein neuer Literaturtypus entstanden, frei von den Klischees der Parteiliteratur früherer Jahre und bei allem Engagement für die Sache des Sozialismus betont subjektiv und kritisch. In dieser Beurteilung sind sich Germanisten in Ost- und Westdeutschland inzwischen weitgehend einig. Hans-Dietrich Sander hat in einer der ersten in der Bundesrepublik erschienenen Untersuchungen zur "Geschichte der Schönen Literatur in der DDR" (1972) die neuen literarischen

---

110 Vgl. Dieter Schiller, Kunst als Lebensäußerung, in: *Zeitschrift für Germanistik*, 5. Jg. 1984, H. 3, S. 286.
111 Ders., Ein Dichter, der fremd war in seiner Zeit, in: *Neues Deutschland*, 2./3.7.1983.

Entwicklungen als einen Prozeß der "Emanzipation der Literatur" beschrieben[112]. Nach dem 11. Plenum des ZK der SED 1965, dem letzten großangelegten Versuch der Partei, die Kontrolle über Kunst und Literatur zu behaupten, habe sich die Abkoppelung der Literatur vom Parteiauftrag Schritt für Schritt vollzogen. Als Ursachen für das Auseinandertreten von parteiideologischem Anspruch und literarischer Wirklichkeit nennt Sander die Abnutzung der kulturpolitischen Schlagworte und Methoden und das Erlöschen der politisch-utopischen Antriebe im Zuge der Ablösung des Reformkurses des Neuen Ökonomischen Systems durch eine Strategie, die mit der These vom Sozialismus als relativ selbständiger ökonomischer Formation den Status quo legitimierte. Der Emanzipationsanspruch der Literatur habe sich in bekenntnishaften Stellungnahmen von Schriftstellern angekündigt. So sprach Christa Wolf auf dem 11. Plenum davon, daß die Kunst nicht darauf verzichten könne, "subjektiv zu sein, das heißt, die Handschrift, die Sprache, die Gedankenwelt des Künstlers wiederzugeben"[113]. Paul Wiens unterstrich die Eigengesetzlichkeit der verschiedenen literarischen Genres, Hans Pfeiffer verteidigte die Kunst als eine "zweite Wirklichkeit", und Karl Mickel machte in der Lyrik-Debatte des "Forum" (1966) deutlich, daß die Entwicklung der Künste nicht unmittelbar an die Entwicklung der Produktivkräfte gebunden sei.

Der weitere Verlauf bestätigte Sanders Einschätzung vollauf. Der Vorgang als solcher erwies sich als irreversibel, so daß selbst Literaturwissenschaftler in der DDR sich Sanders These von der Emanzipation der Literatur zu eigen machten. Um den Umbruch in der Literatur sozialismustheoretisch zu begründen, aktualisierten einige Autoren die "Zwei-Stufen-Theorie" Hanns Eislers über Kunst im Sozialismus. Im forcierten Gebrauch traditioneller Muster und der Bevorzugung simplifizierter, leicht rezipierbarer literarischer Strukturen in den ersten Nachkriegsjahrzehnten sieht z.B. Ingeborg Münz-Koenen einen für diese Phase konstitutiven Widerspruch zwischen sozialer und künstlerischer Progressivität. Eislers These von der Zurücknahme der historisch verfügbaren künstlerischen Standards zugunsten einfacher Verfahrensweisen, die einem utilitaristischen Kunstverständnis entsprechen, ziele auf die Gewinnung breiter Publikumsschichten. Um das Niveau, auf dem sich Kunst abspiele, zu verbreitern, müsse eine Senkung des Niveaus hingenommen werden. "Der geschichtlich erreichte Grad der Beherrschung literarisch-künstlerischer Techniken, die immer weiter bereicherten und differenzierten Ausdrucksmittel werden gewissermaßen liegen gelassen, um vorerst Kunst und Literatur für die dringlichsten gesellschaftspraktischen Aufgaben zu nutzen und dabei eine möglichst große

---

112 Vgl. Hans-Dietrich Sander, *Geschichte der Schönen Literatur in der DDR*, Freiburg 1972. Vgl. ders., Stichwort "Literatur und Literaturpolitik", in: *DDR Handbuch*, u.d.Ltg.v. Hartmut Zimmermann, Köln 1985, 3. Aufl., S. 830-842.
113 Sander, *Schöne Literatur* (Anm. 112), S. 230.

Anzahl potentieller Rezipienten zu erreichen."[114] Auf einer höheren Entwicklungsstufe der sozialistischen Gesellschaft werde sich die Kunst von Nützlichkeitsvorstellungen befreien und sich ihre Zwecke selbst setzen.

Eisler äußert sich in diesem Sinne in Gesprächen, die er von 1958 bis kurz vor seinem Tod 1962 mit dem Brecht-Forscher Hans Bunge führte. Seine Erfahrungen in der DDR hatten ihn gelehrt, daß der von ihm und seinem Mitstreiter Ernst Bloch während des Exils formulierte Anspruch, das ästhetisch fortgeschrittenste Bewußtsein mit dem sozial fortgeschrittensten zu verbinden, nicht durchzusetzen war. Bunge gegenüber vertritt er die Ansicht, die Funktion, die das künstlerische Schaffen der revolutionären Arbeiterklasse erfülle, weise Ähnlichkeiten mit der magisch-praktischen Urfunktion der Kunst auf. Geschichtlich betrachtet, sei die Kunst in ihre moderne Phase eingetreten, als sie begann, sich in der bürgerlichen Gesellschaft vom praktischen, religiös-rituellen Gebrauch zu trennen. Säkularisierung der Kunst bedeute ihr Kulinarischwerden und ihre Loslösung vom Gemeinschaftszusammenhang. Kunst sei zur individuellen Betätigung geworden. Die Arbeiterklasse nehme die Säkularisierung der Kunst zurück, indem sie sie auf die primitivsten gesellschaftlichen Bedürfnisse verpflichte. "Wir brauchen Kartoffeln, also - eine Kartoffelkantate! Wir brauchen bestimmte Produktionssteigerungen, also Komponisten und Dichter schreibt Lieder, Gesänge und Kantaten, um unsere Produktion zu steigern!"[115] Erst in der kommunistischen Gesellschaft sei eine neuerliche Umfunktionierung der Kunst zu erwarten. Sie werde zu dem zurückfinden, was sie gegenwärtig nur auf niedrigem Niveau sei: Spaß, Vergnügen und Zerstreuung.

Eislers Gedanken zur Rolle der Kunst in der kommunistischen Gesellschaft sind durchaus geeignet, den Funktionswandel der Kunst in der DDR seit den siebziger Jahren in einigen seiner charakteristischen Züge zu erfassen, obwohl diese Gesellschaft weit davon entfernt war, kommunistisch zu sein. Die sich vom Parteiauftrag emanzipierende Literatur ging deshalb auch keineswegs in der Funktion auf, Vergnügen und Zerstreuung zu bereiten. Sie war zu großen Teilen weiterhin gesellschaftlich und politisch engagiert, ohne sich dieses Engagement noch von außerliterarischen Instanzen vorschreiben zu lassen. Die Bereicherung im Formalen weist überdies darauf hin, daß die Emanzipation der Literatur unter doppeltem Aspekt zu sehen ist: als kunstinterne Befreiung vom vorgegebenen ästhetischen Regelkanon und als Loslösung von kunstexternen Verwendungsansprüchen.

Diesen Zusammenhang hat die Germanistik in der DDR durchaus erkannt. In seinem 1978 erschienenen Buch "Der Realismus-Streit um Brecht" widmet Werner Mittenzwei der "ästhetischen Emanzipation der sozialistischen Literatur" ein ganzes Kapitel. Mittenzwei geht von der Beobachtung aus, daß ehemalige Brecht-

---

114 Ingeborg Münz-Koenen u.a., Einführung zu: *Literatur im Wandel*, hrsg. v. Ludwig Richter u.a., Berlin/Weimar 1986, S. 25.

115 Hans Bunge, *Fragen Sie mehr über Brecht. Hanns Eisler im Gespräch*, München 1972, S. 317.

Schüler wie Hacks, Müller und Baierl sich ebenso wie die von Brecht herkommenden Lyriker Kunert und Mickel von ihrem Meister abgewandt haben und eigene Wege gegangen sind. Für diese Generation sei das Neue bereits Tradition geworden. Die früher entstandene sozialistische Literatur, in deren Bannkreis sie aufwuchsen, war noch durch den Kampf für den Sozialismus geprägt. In den siebziger Jahren, als der Kampf entschieden war, habe bei den Jüngeren die kritische Reflexion eingesetzt. "Daß Kunst direkt praktisch werden könne, darin sah man immer weniger die Aufgabe ... Mehr als um die gesellschaftliche Macht der Poesie ging es jetzt um ihre besondere, oft unmerklich vor sich gehende Wirkungsweise."[116] Diese ästhetische Wendung habe der Literatur Eleganz, Phantasie und Artistik hinzugewonnen. Ein weiterer Aspekt der Emanzipation der DDR-Literatur sei die - für Brecht noch undenkbare - deutliche Distanz zur Wissenschaft. "Jetzt kehrte sich die Orientierung im ästhetischen Denken um. Nicht mehr auf die Hilfe der Wissenschaften, sondern auf die durchschlagende Kraft des Ästhetischen, auf dessen Besonderheit richtete sich das Interesse."[117] Mit dem Illustrieren wissenschaftlicher Thesen habe die Literatur ebenso ein Ende gemacht wie mit mechanischen Abbildvorstellungen der überkommenen marxistisch-leninistischen Ästhetik. Vom Vorgang der ästhetischen Emanzipation seien nicht nur die Künstler, sondern auch das Publikum erfaßt worden, das sich gegen die direkte Erziehungsfunktion der Kunst wehrte.

In einem 1987 in "Sinn und Form" erschienenen Rückblick auf die Brecht-Rezeption in beiden deutschen Staaten kommt Mittenzwei erneut auf das Verhältnis von ästhetischer Emanzipation der Literatur und Politik zu sprechen. Angesichts massiver ökologischer Probleme und der drohenden Gefahr eines Nuklearkrieges stellten sich der Literatur und ästhetischen Theorie jetzt völlig neue Aufgaben. Während Brechts Werk noch von Erwartungen an die Revolution und an die Zukunft stimuliert war und auf das "wissenschaftliche Zeitalter" vertraute, sei die Literatur, die darauf insistierte, in eine tiefe Krise geraten. Mittenzwei fordert die Künstler auf, das Brechtsche Konzept einer politisch engagierten Kunst nicht gänzlich preiszugeben und sich nur noch mit sich selber zu beschäftigen. Das politische Fundament der Kunst sei vielmehr neu zu bedenken. Um das Überleben der Menschheit zu sichern, sei ein Abrücken von globalen Klassenkampfstrategien und ein Übergang zu Formen der Kooperation mit dem kapitalistischen System erforderlich. "Wenn aber tatsächlich nur soviel an Ausweg bleibt, so hätte das sehr weitreichende Folgen für die marxistische Ästhetik, deren methodische Grundlagen von einem revolutionären Weltprozeß geprägt wurden."[118] Welcher Art diese Folgen für Literatur und Kunsttheorie sind, läßt Mittenzwei offen. Er spricht von der Organisierung eines Rückzugs in der ästhetischen Theorie, der jedoch nicht zu einem "sozialen Stillhalten" in der Kunst führen dürfe.

---

116 Mittenzwei, *Realismus-Streit* (Anm. 49), S. 154.
117 Ebd., S. 156.
118 Ders., Das Brechtverständnis in beiden deutschen Staaten, in: *Sinn und Form*, 39. Jg. 1987, H. 6, S. 1302.

Was Mittenzwei als einen Emanzipationsvorgang der Literatur beschreibt, führt der DDR-Germanist Gunnar Müller-Waldeck auf differenziertere Kommunikationsweisen in der Gesellschaft zurück. Auch bei ihm sind Anklänge an Eislersche Gedanken zu erkennen, so die These, eine Reduktion des ästhetischen Standards auf eine bestimmte Funktion wie in der Frühphase der DDR sei in einer veränderten historischen Situation nicht mehr erforderlich. Müller-Waldeck konstatiert für die siebziger/achtziger Jahre einen "weltliterarischen Zuzug"; die DDR-Literatur habe inzwischen einen völlig neuartigen Grad der Kommunikation mit der internationalen Literatur erreicht. Die Öffnung zur Weltliteratur und die "neugewonnene Souveränität auch im Umgang mit der Moderne" erfasse Autoren wie Leser gleichermaßen. Die Lektüre neuerer DDR-Texte setze oft ein erhebliches Maß an Kunst- und Lebenserfahrungen voraus. Die relativ homogene Leserschaft der fünfziger und frühen sechziger Jahre sei deutlich auseinandergefallen und habe sich zunehmend in "Lesergemeinden" aufgesplittert. Das Ziel der Literaturpolitik bleibe der vielzitierte "große Kreis der Kenner", und hier habe "der 'kleine Kreis der Kenner' - eingeschlossen die Literaturwissenschaftler - sein besonderes Amt"[119].

Die errungene Souveränität der Literatur, die frühere Unterordnungen unter die Politik aufhebt, notiert auch Dieter Schlenstedt. Schlenstedt hält es für unangemessen, den zu beobachtenden Vorgang einer Positionsdifferenzierung in der Literatur mit der verharmlosenden Formel der "Weite und Vielfalt" zu umschreiben. Es gebe Tendenzen, von der Tradition eines realistischen sozialen Engaments abzurücken, die so ungewohnt seien, "daß für sie nicht nur weithin die Kriterien fehlen, sondern auch die Bereitschaft, solche Kriterien auszubilden"[120]. Schlenstedt zitiert Christa Wolfs Formulierung vom reinen "Zurückgeworfensein auf die Literatur" und Fühmanns Erschrecken vor den Möglichkeiten einer Literatur, die in der Frage des sozialen Engagements völlige Unbekümmertheit zeige. "Öffnung des Unbewußten, Sprache als Gegenstand, Mythos sind nun Formeln und Praktiken, die über Fühmann weit hinaus in der neueren literarischen Szenerie erscheinen, neuerdings auch 'blinde Metapher' und 'Körper'."[121] Daneben gebe es Beispiele für die Reaktivierung operativer Literaturformen. Die Frage nach einem Auftrag sei auch in der jüngsten Literatur nicht verschwunden. Das "Zurückgeworfensein auf die Literatur", der Aufenthalt in einer "stillgestellten Welt" werde von den Autoren weltanschaulich in unterschiedlichster Weise verarbeitet. Schlenstedts Beobachtungen zeigen, daß die von Weimann geforderte Synthese von Realismus und Moderne im Sinne einer höheren Einheit keineswegs die einzig denkbare Perspektive für die DDR-Literatur darstellte. Vielmehr ist für

---

119 Gunnar Müller-Waldeck, Prosa mit verwickelterer Anlage, in: *Weimarer Beiträge*, 33. Jg. 1987, H. 5, S. 726.
120 Dieter Schlenstedt, Entwicklungslinien der neueren Literatur in der DDR, in: *Zeitschrift für Germanistik*, 9. Jg. 1988, H. 1, S. 11.
121 Ebd., S. 12.

die achtziger Jahre ein Nebeneinander verschiedenster poetologischer Positionen zu konstatieren bis hin zu deutlichen Polaritäten.

Die residuale Bedeutung des sozialistischen Realismus für die Formbestimmung der Kunst in der Endphase der DDR erhellt ein anderer Vorgang. Die DDR-Gesellschaft war gekennzeichnet durch eine fortschreitende Arbeitsteilung und eine dadurch verursachte soziale Differenzierung, die sich in unterschiedlichen Bedürfnissen und Geschmacksniveaus äußerte. Diese von Soziologen und Kulturwissenschaftlern analysierten Entwicklungen blieben nicht ohne Folgen für die Rezeption von Kunst. Die zunehmende Differenzierung von "hoher" und "niederer" Kunst kann als ein weiterer Indikator für die Herausbildung einer autonomen Kunstsphäre angesehen werden. Wenn Müller-Waldeck die alte Forderung Brechts zitiert, den Kreis der Kenner zu erweitern, weiß er, wie weit die gesellschaftliche Realität hinter dieser Forderung zurückbleibt. Auch Ernst Schumacher konstatiert anläßlich einer Analyse der Theaterarbeiten Heiner Müllers: "Der Graben zwischen einer artistisch formal hochstehenden, und einer sich in 'Oberflächenrealismus', wie Brecht sich ausdrückte, erschöpfenden Abbildung der Wirklichkeit ist nicht zugeschüttet worden, wie Brecht es anstrebte und erhoffte. Er ist meines Erachtens sogar tiefer geworden. Eine Planierung der Trennung zwischen sogenannter 'hoher' und 'niedriger' Kunst ... ist nicht erfolgt."[122] Was Schumacher beklagt, sind die Folgen eines Positionswandels der Künstler und der Differenzierung in den Publikumserwartungen. Schumacher verkennt, daß die zunehmende soziale und kulturelle Differenzierung der DDR-Gesellschaft eine entsprechende Differenzierung im künstlerischen Schaffen zwangsläufig hervortreibt. Sein Plädoyer für die Breitenwirksamkeit der Kunst gerät so leicht zu einem Verdammungsurteil über elitäre Kunst und Dekadenz, die er im Westen und in komplementären Erscheinungen der sozialistischen Länder heraufziehen sieht[123].

Um die beschriebenen Vorgänge in der Literatur der DDR schärfer zu erfassen, ist das, was bisher als ästhetische Emanzipation beschrieben wurde, genauer von einem parallel verlaufenden Vorgang zu unterscheiden. Ich meine die partielle Wiederherstellung der ästhetischen Autonomie als Ausdruck der spezifischen Modernität der DDR-Gesellschaft in den siebziger und achtziger Jahren. In der Verwendung des Autonomiebegriffs stütze ich mich auf Überlegungen von Ferenc Fehér, Jürgen Habermas und Peter Bürger. Der Lukács-Schüler Ferenc Fehér hat in einer Untersuchung der geschichtlichen Prozesse der künstlerischen und literarischen Selbstbefreiung aus der Perspektive der Postmoderne zwei Bedeutungen von Befreiung unterschieden: *Autonomie* meint die "Selbstbefreiung

---

122 Ernst Schumacher, "Toter Hund" oder lebendiger Klassiker?, in: *Theater der Zeit*, 43. Jg. 1988, H. 2, S. 11.
123 Über Theatermacher, die sich von Brecht abgewandt haben, urteilt Schumacher: "Ihre 'Brecht-Müdigkeit' ist nur eine Spielart der zeitgenössischen Décadence, die erneuerte Fin-de-siècle-Stimmung vor einem Jahrhundert, die als 'Naturalismus' abtat, was sich in den besten Werken von der aufsteigenden Arbeiterklasse beflügeln ließ, um sich dem Irrationalismus, dem Symbolismus hinzugeben." Ebd., S. 9.

von Kunst und Literatur von der Vorherrschaft oder auch nur Beeinflussung durch andere Bereiche"[124], *Emanzipation* die "Befreiung innerhalb des ästhetischen Bereichs", deren erster Schritt der Abbau kanonischer Regeln sei. Seit Beginn der Moderne sei die Idee einer kanonischen Ordnung der Regeln von Kunst und Literatur nicht wiederaufgetreten, "mit der einzigen Ausnahme des sogenannten Sozialistischen Realismus, dessen kanonische Regeln eher gerichtlichen Vorschriften als ästhetischen Empfehlungen ähneln"[125]. Die Befreiung der Kunst von der Vorherrschaft durch andere Bereiche und die kunstinterne Emanzipation begreift Fehér als geschichtlich aufeinander bezogene Prozesse.

Für Jürgen Habermas ist die Autonomie der Kunst ein Produkt des weltgeschichtlichen Rationalisierungsprozesses. Autonome Kunst etabliere sich erst in dem Maße, "als, mit der Entstehung der bürgerlichen Gesellschaft, das ökonomische und das politische System vom kulturellen abgekoppelt werden und die traditionalistischen, durch die Basisideologie des gerechten Tausches unterwanderten Weltbilder die Künste aus dem rituellen Gebrauchszusammenhang entlassen"[126]. Habermas meint mit ästhetischer Autonomie folglich die Selbständigkeit der Kunstwerke gegenüber kunstexternen Verwendungsansprüchen. Peter Bürger hat diesen Gedanken weitergeführt und die Konstituierung der Kunstautonomie im 18. Jahrhundert durch die Befreiung der Kunst von der unmittelbaren Bindung ans Sakrale als Entstehung der bürgerlichen Institution Kunst aufgefaßt[127]. Der Begriff Institution Kunst umfaßt bei Bürger sowohl den Kunstproduzenten und den kunstdistribuierenden Apparat als auch die in einer gegebenen Epoche herrschenden Vorstellungen von Kunst, die die Rezeption wesentlich beeinflussen. Den Begriff Autonomie - im Habermasschen Sinne der relativen Selbständigkeit gegenüber Ansprüchen der Gesellschaft - gebraucht er zur Bezeichnung der Funktionsweise des gesellschaftlichen Teilsystems Kunst in der bürgerlichen Gesellschaft. Die historischen Avantgardebewegungen Anfang des 20. Jahrhunderts hätten sich vor allem gegen einen von der ästhetizistischen Kunst des *fin de siécle* forcierten Autonomieanspruch, die Abgehobenheit der Kunst von der Lebenspra-

---

124 Ferenc Fehér, Der Pyrrhussieg der Kunst im Kampf um ihre Befreiung, in: *Postmoderne: Alltag, Allegorie und Avantgarde*, hrsg. v. Christa u. Peter Bürger, Frankfurt a.M. 1987, S. 14.
125 Ebd., S. 20.
126 Jürgen Habermas, Bewußtmachende oder rettende Kritik - die Aktualität Walter Benjamins, in: *Zur Aktualität Walter Benjamins*, hrsg. v. Siegfried Unseld, Frankfurt a.M. 1972, S. 190. Zum Autonomiebegriff der deutschen Klassik (Schiller) und der Frühromantik (Novalis/F.Schlegel) vgl. Rolf-Peter Janz, *Autonomie und soziale Funktion der Kunst*, Stuttgart 1973; Bernd Bräutigam, *Leben wie im Roman*, Paderborn 1986. Wenn hier mit Blick auf die DDR-Literatur von Autonomiebestrebungen gesprochen wird, ist nicht der Schillersche Gedanke einer "Herauslösung der Kunst aus distinkten lebenspraktischen Zweckrelationen" (Bräutigam) gemeint, sondern die Befreiung von bürokratischer Bevormundung und parteipolitischen Verwendungsansprüchen.
127 Vgl. Peter Bürger, *Theorie der Avantgarde*, Frankfurt a.M. 1974. Zum Begriff der Literatur als Institution vgl. auch Jürgen Schutte, *Einführung in die Literaturinterpretation*, Stuttgart 1985, S. 35 f.

xis, gewandt. Mit ihrem Anspruch, die Kunst in Lebenspraxis zu überführen, zielte die Avantgarde auf eine Überwindung des bürgerlichen Alltags zugunsten der Organisierung eines neuen Lebens. Bürger hebt die Widersprüchlichkeit dieses gescheiterten Unterfangens hervor, da eine Kunst, die die Distanz zur Lebenspraxis verliert, die Fähigkeit einbüßt, diese zu kritisieren. Resultat einer "falschen Aufhebung der autonomen Kunst" seien die Produkte der Unterhaltungsliteratur und die Warenästhetik. Insofern sei zu fragen, ob eine Aufhebung des Autonomiestatus' überhaupt wünschenswert sei.

Eine andere, von Bürger unberücksichtigt gelassene Form der Aufhebung der Kunstautonomie stellt - wie diese Arbeit zeigt - der sozialistische Realismus dar. Kunst sollte in Lebenspraxis überführt werden, indem sie sich unmittelbar an die politischen Intentionen der Partei band, die für sich in Anspruch nahm, das Leben zu erneuern. Dies hatte Konsequenzen für Form und Inhalt der Kunst. Parteilichkeit hieß für den Künstler, sich auf eine bestimmte ideologisch-ästhetische Norm zu verpflichten. Volksverbundenheit meinte die Einebnung der ästhetischen Rangunterschiede und die Übernahme einer bestimmten politischen Propagandafunktion. Läßt sich die ästhetische Regression, die durch das Diktat des sozialistischen Realismus verschuldet wurde, als kleinbürgerliche Fixierung und Resultat relativer sozial-ökonomischer Rückständigkeit identifizieren[128], so können das Abbröckeln dieser ästhetischen Doktrin und der schleichende Verlust ihres Verpflichtungscharakters umgekehrt als Folge gesellschaftlicher Modernisierung verstanden werden, einer Modernisierung freilich, die den politischen Bereich ausklammerte. Gleichwohl hat der Modernisierungsprozeß in der DDR zur Ausdifferenzierung kultureller Wertsphären geführt, eingeleitet durch die Konstituierung einer Sphäre autonomer Kunst. Auf die DDR-Literatur übertragen, heißt das, den beschriebenen Prozeß der Emanzipation auf seine den Autonomiestatus der Kunst betreffenden Konsequenzen hin zu befragen.

Daß eine größere Anzahl von Schriftstellern den offiziellen ästhetischen Kanon aufkündigte, hat nicht nur die Voraussetzung für die Eroberung eines neuen künstlerischen Terrains und die Befreiung von Regelungen geschaffen, die Inhalt und Form der Kunst betreffen. Die Loslösung vom Parteiauftrag, das Zurückgeworfensein auf die Literatur, der Anspruch auf Selbstbestimmung und Unabhängigkeit in der künstlerischen Produktion verweisen zugleich auf grundlegende Veränderungen der Institution Kunst in der DDR der Honecker-Zeit. Sie betreffen das Selbstverständnis der Autoren, ihre Forderung nach Abschaffung der Zensur und Selbständigkeit der Verlage, die Diskurse der Literaturwissenschaftler und Kulturfunktionäre, die Editionspraxis sowie schließlich die differenzierten Erwartungen des Publikums. Indes ließ sich die ästhetische Autonomie unter den Bedingungen parteistaatlicher Kontrolle, wie sie bis zum Herbst 1989 bestanden, nur partiell wiederherstellen. Die der Parteilinie

---

128 Vgl. Theodor W. Adorno, *Ästhetische Theorie*, 4. Aufl., Frankfurt a.M. 1980, S. 377.

verpflichtete ästhetische Richtung postulierte bis zu diesem Zeitpunkt immer noch die organische Einheit von Politik und Kunst. Eine präskriptive Ästhetik blieb jedoch blind für die herangereifte Vielfalt literarisch-künstlerischer Positionen in der DDR, die in der Endphase des ancien régime ein breites Spektrum von l'art-pour-l'art-Auffassungen bis zu gemäßigten Vorstellungen von sozialistisch-realistischer Literatur umfaßte.

4. Poetologische Selbstreflexionen von Schriftstellern im Kontext der Moderne

Es ist wiederholt darauf hingewiesen worden, daß überwiegend diejenigen Schriftsteller einem undogmatischen Umgang mit literarischen Traditionen den Weg ebneten, die lange Zeit auf dem kulturpolitischen Index standen. Das gilt, was die Moderne betrifft, mit unterschiedlicher Akzentsetzung für die im folgenden Teil beispielhaft porträtierten Autoren Stephan Hermlin, Franz Fühmann, Günter Kunert, Volker Braun und - als Vertreter der jüngeren Generation - Uwe Kolbe, Sascha Anderson und Bert Papenfuß. Das Kriterium für diese Auswahl ist nicht in jedem Fall die Avanciertheit der künstlerischen Position. Dann wären statt Hermlin und Braun Erich Arendt und Heiner Müller herangezogen worden. Vielmehr ist beabsichtigt, die unterschiedlichen Grade der Adaption der Moderne, ihrer Stilmittel und Bewußtseinsinhalte, aufzuzeigen. Es kann nicht der Zweck dieser Darstellung sein, die poetologischen Selbstreflexionen oder gar das Werk der Autoren bündig einem bestimmten Begriff von Moderne oder Avantgarde zuzuordnen. Nachgewiesen werden soll indes, daß die Schriftsteller in der DDR selbst genötigt waren, literaturgeschichtliche Hebammendienste dort zu leisten, wo sich das Instrumentarium der Wissenschaftler als untauglich erwies. Anders als diese sind sie näher am Puls der Zeit. Ihr Plädoyer für ein unverkrampftes Verhältnis zur Moderne und Avantgarde ist, wie sollte es anders sein, nicht zuletzt ein Plädoyer in eigener Sache.

4.1. Stephan Hermlin: Parteikommunist und spätbürgerlicher Schriftsteller

Noch vor Kriegsende erschienen in der Schweiz Stephan Hermlins "Zwölf Balladen von den Großen Städten". Bald folgten weitere Gedichte und ein erster Band mit Erzählungen. Die Kritiker Hans Mayer und Max Rychner und der Lyriker Karl Krolow rühmten die literarische Begabung des Debütanten. 1948, nach seiner Übersiedlung in die SBZ, erhielt Hermlin den Heinrich-Heine-Preis des Schutzverbandes deutscher Autoren, überreicht von Rudolf Leonhard, dem bedeutenden Lyriker, der sich bei der Vergabe des Preises gegen Peter Huchel und für Hermlin entschied, weil dieser es in Deutschland schwerer haben werde. Die Schwierigkeiten, die Hermlins Lyrik dem literarisch nicht versierten Leser bereiteten, waren mannigfacher Art. Während Johannes R. Becher und Bertolt Brecht in ihrer Nachkriegslyrik um Verständlichkeit und Massenwirksamkeit bemüht waren, war diese Wirkungsabsicht den ersten Gedichtbänden Hermlins nicht anzumerken. Anders als der ältere Becher mußte er sich nicht von einem als falsch erachteten früheren poetischen Konzept lossagen. Seine Gedichte waren dem politischen Widerstand, dem Überlebenskampf im Exil abgerungen. Er hatte sie als überzeugter Kommunist geschrieben, der dennoch in seinem lyrischen Werk die bürgerlich-kulturelle Herkunft nicht verleugnete. In den "Städte-Balladen" durchdringen sich verschiedene literarische Traditionen: die große klassische deutsche Tradition Klopstocks und Hölderlins, die Traditionen des französischen Symbolismus und deutschen Expressionismus und die zeitgenössische Lyrik Louis Aragons und Paul Eluards, die im Surrealismus wurzelt. Mit seinen frühen Gedichten gelang Hermlin eine Synthese von neuem Inhalt und neuer Form, eine Verbindung von politischem Engagement und der Weltsprache moderner Lyrik.

Die Leistungen der modernen Poesie in Frage zu stellen, der er neben der großen klassischen Kunst seine dichterische Inspiration und Sprache verdankte, kam Hermlin nicht in den Sinn. Das geistige Klima der französischen Résistance, die Bekanntschaft mit Aragon und Eluard mag den weltliterarischen Horizont, der Hermlin von Jugend an vertraut war, gefestigt und erweitert haben[129]. Die Forderung, die Dichtung habe sich der Politik, dem ideologischen Programm unterzuordnen, war - nach Hermlins Auskunft - für die französischen Résistance-Dichter unannehmbar[130]. Sie verteidigten die nationale Tradition als Ganze, so wie auch Becher im Moskauer Exil die deutsche Kultur gegen die faschistische Barbarei verteidigt hatte - mit dem Unterschied freilich, daß Becher, dem Einfluß Lukács' erliegend, den Expressionismus und andere Richtungen der literarischen Moderne davon ausnahm. Darin konnte ihm der junge Hermlin nicht folgen. In den "Städte-Balladen" ist der Einfluß der Moderne unübersehbar.

Hermlins Dichtungsverständnis in jener Zeit ist nicht allein an seiner Lyrik ablesbar. Nach seiner Rückkehr - zunächst in die Westzonen Deutschlands - wirkte er als Literaturvermittler. Er verfaßte literarische Porträts für den Rundfunk und schrieb Essays. In Radio Frankfurt sprach er über Kafka, Majakowski, Heinrich Mann, Anna Seghers, Eluard, Karl Kraus u.a. Der Beitrag über Kafka,

---

129 Wolfgang Ertl stellt in seiner Studie über Hermlin fest, "daß sich Hermlin und die Dichter der französischen Résistance mit ihrer poetischen Technik in dem ästhetischen Kontinuum der sogenannten 'lyrischen Moderne' befinden, ohne deren theoretische und ideologische Implikationen wie sie etwa von Hugo Friedrich mit den negativen Kategorien 'leere Idealität', 'Entpersönlichung', 'Zerlegen und Deformieren', 'Abkehr vom Wirklichen' angedeutet sind, zu akzeptieren." Wolfgang Ertl, *Stephan Hermlin und die Tradition*, Ann Abor/London 1975, S. 74.

130 Vgl. Gespräch mit Stephan Hermlin, in: Silvia Schlenstedt, *Stephan Hermlin*, Berlin/DDR 1985.

der in den 1947 in Ost-Berlin erschienenen Band "Ansichten über einige Bücher
und Schriftsteller" (Mitautor: Hans Mayer) aufgenommen wurde, bezeugt die Offenheit und Breite des Hermlinschen Traditionsverständnisses[131]. Die kritische
Distanz zu Becher tritt deutlich hervor in den an gleicher Stelle abgedruckten
"Bemerkungen zur Situation der zeitgenössischen Lyrik", in denen Hermlin auch
auf Bechers Gedichtband "Heimkehr" eingeht. Es liege der Beweis vor, "daß die
Bemühung um einen neuen Realismus hier die Substanz und Eigengesetzlichkeit
des Lyrischen zerstört hat: Becher ist in neo-klassizistischer Glätte und konven-
tioneller Verseschmiederei gelandet. Er hat eine politisch richtig gestellte Aufgabe mit dichterischen Mitteln falsch gelöst."[132] Die Argumente, die er 1946 gegen Becher ins Feld führte, sollten sich jedoch schon bald gegen ihn selbst rich-
ten.

Auf dem 1. Deutschen Schriftstellerkongreß, der im Oktober 1947 in Berlin
stattfand, äußerte sich Hermlin zur Frage der jungen Dichtung. Er forderte die
versammelten Schriftsteller aus Ost und West auf, sich mit der jüngsten Vergangenheit und den Problemen der Gegenwart zu befassen, statt sich in die Innerlichkeit einer diffusen Naturlyrik zu flüchten. Gesellschaftliches Engagement bedeute für den Schriftsteller, es sich so schwer wie nur irgend möglich zu machen,
d.h. den höchsten literarischen Ansprüchen ebenso zu genügen wie den Erfor-
nissen der Zeit. Die Namen Valéry und Majakowski stehen für ein dichterisches
Programm, das eine Synthese von formaler Anstrengung und politischer Wirkungsabsicht anstrebt. Das letztere nicht im antistalinistischen Sinne gemeint ist,
zeigt Hermlins scharfe Polemik gegen die westdeutsche Zeitschrift "Der Ruf", in
der "Renegaten" wie André Malraux und Arthur Koestler Anerkennung fanden.

Nach seiner Übersiedlung in die SBZ Ende 1947 sieht sich Hermlin bald vor
ungeahnte Schwierigkeiten gestellt, dichterischen Anspruch, eigene operative Ab-
sichten und die Vorstellungen der SED-Kulturfunktionäre von der Aufgabe der
Kunst miteinander in Einklang zu bringen. Das Bedürfnis, für ein neues Publikum zu schreiben und mit seinen literarischen Arbeiten zur Aufarbeitung des Faschismus und zur sozialistischen Bewußtseinsbildung beizutragen, ließ sich jedoch nicht ohne Einbußen an dem in früheren Werken behaupteten dichterischen
Niveau erfüllen. In den Reden und literarischen Essays der späten vierziger und
frühen fünfziger Jahren, z.T. gesammelt in dem 1953 erschienenen Band "Die
Sache des Friedens", erscheint der weltliterarische Horizont und das poetische
Credo früherer Jahre merkwürdig verblaßt und eingeschränkt. Ob es sich um
Konzessionen an den Zeitgeist oder um eine bewußte Zurücknahme des Valéry-
schen Erbes handelt - Hermlins Gedichte führen nur noch selten zu jener
"Kompression, Verdichtung mächtiger, pausenloser und unaufhaltsamer gesell-

---

131 Vgl. oben Abschnitt I, Kap. 3.
132 Zit. n. Fritz J. Raddatz, *Traditionen und Tendenzen*, 1. Bd., Frankfurt a.M. 1976,
     S. 82.

schaftlicher Prozesse"[133], wie er es für große Dichtung der Vergangenheit beschrieben hatte und wovon seine frühen Dichtungen selbst Zeugnis ablegen.

Die Wende im poetischen Denken markiert der 1948 erschienene Aufsatz über Majakowski, der Gedanken aus dem 1946 gehaltenen Radio-Vortrag über den russischen Dichter wiederaufnimmt[134]. Durchdrungen von dem Wunsch, sich in den Dienst der sozialen und geistigen Erneuerung zu stellen, sieht Hermlin in Majakowski das große Vorbild, den Dichter der heroischen Periode in der russischen Revolution. Eine der großen Leistungen Majakowskis sei die "Entlarvung" der Poesie gewesen, die mit der Absicht unternommen worden sei, sie nützlich zu machen. Als eine Erkenntnis Majakowskis zitiert Hermlin dessen Aussage, daß die dichterischen Regeln durch die Klasse bestimmt würden, der der Poet sich zugehörig fühle: "Der Dichter erfüllt seinen gesellschaftlichen Auftrag am besten, wenn er in den vordersten Reihen seiner Klasse steht, an ihren Kämpfen teilnimmt."[135] Majakowski, als Dichter der Revolution den kämpfenden russischen Arbeitern und Bauern verbunden, schrieb jene humanistisch-heroische Dichtung, die Hermlin ein Jahr zuvor den jungen deutschen Dichtern anempfohlen hatte. Dabei verkannte er, daß für die deutschen Dichter der Aufbauzeit nach dem Kriege das bloße Fortschreiben der Majakowskischen Agitationslyrik der zwanziger Jahre ein Anachronismus war, da sie innergesellschaftlich auf eine völlig andere Situation trafen. Es fehlte die kämpfende Klasse, die sich in solchen dichterischen Gebilden hätte wiedererkennen können. 1948, so scheint es, war Hermlin bereits von einer Auffassung engagierter Literatur abgerückt, die sich gleichzeitig auf Majakowski wie auf Valéry berief. Der Anspruch, sich nützlich zu machen, ließ das Valérysche Erbe in Hermlins Schaffen zurücktreten[136].

In einer späten Reminiszenz - geschrieben in den achtziger Jahren - ergreift Hermlin entschieden die Partei Valérys als eines Advokaten höchster formaler ästhetischer Qualität. Er meint, daß Valérys ironische Bemerkung, gemünzt auf einen bestimmten banalen Typ des Dichters, dem die Worte in den Mund gelegt

---

133 Wo bleibt die junge Dichtung? Rede auf dem 1. Deutschen Schriftstellerkongreß 1947, in: Stephan Hermlin, *Äußerungen 1944-1982*, Berlin/Weimar 1983, S. 57. W. Ertl urteilt über Hermlins Lyrik jener Zeit: "Die Anpassungsversuche an den 'sozialistischen Realismus' in den frühen fünfziger Jahren führten zur Preisgabe der poetischen Technik einer an der Moderne geschulten autonomen Metaphorik und teilweise auch zu einer formalen Veródung". Ertl, *Hermlin* (Anm. 129), S. 210.

134 Hermlin, Majakowski, in: *Die neue Gesellschaft*, 2/1948, wiederabgedruckt in: *Äußerungen* (Anm. 133). Zur Rolle Majakowskis für Hermlins ästhetisch-konzeptionelle Überlegungen in jener Zeit vgl. Andreas Zecher/Walter Pallus, Mit dem Gefühl, endlich atmen zu können, in: *Neuanfänge. Studien zur früheren DDR-Literatur*, hrsg. v. W. Pallus u. G. Müller-Waldeck, Berlin/Weimar 1986, S. 306 ff. Vgl. auch Ingeborg Münz-Koenen, Literaturverhältnisse und literarische Öffentlichkeit 1945 bis 1949, in: *Literarisches Leben in der DDR 1945 bis 1960* (Autorenkollektiv), Berlin/DDR 1979, S. 92 ff., und Gudrun Klatt, Proletarisch-revolutionäres Erbe als Angebot. Vom Umgang mit Erfahrungen proletarisch-revolutionärer Kunst während der Übergangsperiode, in: ebd., S. 282 ff.

135 Hermlin, *Äußerungen* (Anm. 133), S. 76.

136 Vgl. Hermlin, *Abendlicht*, Berlin 1979, S. 102.

werden:"'Mein Vers, er sei nun gut oder schlecht, drückt immer etwas aus'"[137],
auf viele seiner Genossen zuträfe. "Für sie war Valérys Ironie unannehmbar, da
sie sich gegen Tendenzen der Literaturpolitik richtete, die damals in unseren Reihen vorherrschten und auch heute noch vorhanden sind."[138] Er, Hermlin, habe
"merkwürdigerweise" damals beschlossen, gleichzeitig seinen politischen Über-
zeugungen und den Lehren Valérys die Treue zu halten. Jahre später las er dann
ein Wort von Heinrich Mann, das sich in seinem Kopf mit den Worten Valérys
verband. Heinrich Mann rühmte "die Wohltaten des Exils, als dessen größte er
die Einsamkeit hervorhob. Die Einsamkeit nicht als Zustand der Verzweiflung,
sondern im Gegenteil als etwas Stärkendes, das sich dem feigen Rückzug in die
Arme irgendeiner Gemeinschaft entgegenstellt, und dies gerade im Interesse der
Massen"[139]. Schärfer läßt sich die Gegenposition zu jenem Standpunkt, den
Hermlin in den frühen Jahren der DDR einnahm, kaum formulieren.

Die Zurücknahme des in den frühen Gedichten dokumentierten poetischen
Selbstverständnisses muß vor dem Hintergrund der Formalismuskampagnen gesehen werden, die Anfang der fünfziger Jahre ihrem ersten Höhepunkt zusteuer-
ten. Auf dem Kongreß junger Künstler in Berlin (1951) distanzierte sich Hermlin
vom Expressionismus und vom Surrealismus, die "falsch in der Form" gewesen
seien, "weil sie falsch im Inhalt waren", ein Urteil, das er jedoch bald darauf
korrigierte[140]. In seiner Rede "Der Kampf um eine deutsche Nationalliteratur",
die er auf dem 3. Deutschen Schriftstellerkongreß (1952) hielt, legte Hermlin den
Akzent auf die Aneignung des nationalen Erbes und der sowjetischen Literatur.
Die Betonung des Nationalen stand im Zusammenhang mit aktuellen politischen
Zielsetzungen, wobei der Kampf um die Erhaltung der Nation an erster Stelle
rangierte[141]. Die Aneignung moderner französischer und amerikanischer Literatur
in Westdeutschland bewertete Hermlin als einen Vorgang der Überfremdung,
"die nichts zu tun hat mit Weltoffenheit und der Aneignung von anderen Völkern
geschaffener wirklicher Kulturwerte"[142].

Der Band "Begegnungen" versammelt Essays, Reden und Tagebuchnotizen aus
den Jahren 1954 bis 1959. Gegenüber dem früheren Band "Die Sache des Friedens" fällt das größere Gewicht literarischer Stellungnahmen auf. Die Bevorzugung des politisch Operativen im literarischen Schaffen wird zwar im wesentlichen nicht aufgegeben, äußert sich jedoch weniger polemisch und gewinnt an
Tiefendimension durch eine Reihe literaturgeschichtlicher Bezüge (Heine, Mic-
kiewicz, Stendhal u.a.), die das Konflikthafte im Verhältnis von ästhetischem
und politischem Engagement überzeugend herausstellen. In einer Rede auf dem
4. Deutschen Schriftstellerkongreß (Januar 1956) korrigierte Hermlin seine auf

---

137 Hermlin, Ein Wort von Paul Valéry, in: *Äußerungen* (Anm. 133), S. 429.
138 Ebd.
139 Ebd., S. 429 f.
140 Vgl. Schlenstedt, *Hermlin* (Anm. 130), S. 123 f.
141 Ebd., S. 126.
142 Hermlin, Der Kampf um eine deutsche Nationalliteratur, in: ders., *Die Sache des
     Friedens*, Berlin (DDR) 1953, S. 310.

dem letzten Kongreß eingenommene Position. Er trat für eine offenere
Editionspraxis der DDR-Verlage ein, da es nicht angehe, dem Publikum
bedeutende Vertreter der zeitgenössischen Literatur wie Koeppen, Conrad,
Sartre, Hemingway, Faulkner u.a. vorzuenthalten[143]. Hermlin wuchs in den
folgenden Jahren ebenso wie sein Freund Hans Mayer in die Rolle des
Vermittlers moderner Weltliteratur hinein, die sie schon einmal, in der
unmittelbaren Nachkriegszeit, wahrgenommen hatten. Die dichterische
Produktion Hermlins in der zweiten Hälfte der fünfziger Jahre blieb jedoch
schmal, obgleich er in einigen Gedichten seinen Rang als einer der bedeutendsten
Lyriker nach dem Kriege behauptete. Das Gedicht "Der Tod des Dichters" - 1958
in memoriam Johannes R. Becher geschrieben und Hermlins letzte
Gedichtveröffentlichung überhaupt - legt noch einmal Zeugnis ab von seinem
lyrischen Ingenium. Das Gedicht endet mit den Strophen:

> "Denn gegeben ist ihm nimmer, nicht dort, nicht hier
> Stillung bitteren Zwists. Lang schon, zu lang im Streit
> Lieget, im unerhörten,
> Mit dem künftigen jeder Tag.
>
> Neues wächst aber fort, so wie die Zeit es will.
> Die ist des Darbens müd. Ihn aber ruft es weit.
> Was auch ohne ihn blühet
> Preist er künftigen Glücks gewiß."

In einem Kommentar zu zwei Gedichtbänden Bechers, die in dessen Todesjahr erschienen, korrigierte Hermlin sein kritisches Urteil über den Dichter. Hatte er
1946 das "Abgleiten in neoklassizistische Glätte und konventionelle Verseschmiederei" beklagt, so meinte er nun, davor warnen zu müssen, "vor der Min-
derzahl des Verfehlten die Menge des hervorragend Schönen nicht zu vergessen"[144]. Indem er Becher Gerechtigkeit widerfahren ließ, entlastete er sich von
selbstkritischen Erwägungen. Dennoch zog er eine radikale Konsequenz, als er
bemerkte, daß die Quelle, aus der er als Dichter schöpfte, versiegt war; er ver-
stummte fortan als Lyriker.

In den sechziger Jahren sprach sich Hermlin wiederholt dafür aus, endlich
Schriftsteller der Moderne wie Musil und Kafka, Heym und Trakl auch in der
DDR zur Kenntnis zu nehmen. Er betrachtete sie als Verbündete, als zum Erbe
einer sozialistischen Literatur gehörend. Auf dem 5. Deutschen Schriftstellerkongreß (1961) hielt Hermlin ein Plädoyer für moderne westliche Autoren, die die

---

143 Vgl. Rede auf dem IV. Schriftstellerkongreß 1956, in: Hermlin, *Äußerungen* (Anm.
      133), S. 238-240.
144 Hermlin, Zwei Gedichtbände Johannes R. Bechers, in: ders., *Begegnungen 1954-*
      1959, Berlin (DDR) 1960, S. 261.

offizielle Kulturpolitik noch immer mit dem Dekadenzverdikt belegte. Dekadenz faßte er als Apologetik des Verfalls auf, während die genannten "bürgerlichen" Schriftsteller als Kritiker des gesellschaftlichen Niedergangs begriffen wurden. Für eine Kritik des Verfalls steht z.B. das Werk Georg Trakls, wenngleich Hermlins Stellung zu Trakl erst mit einem 1975 geschriebenen Nachwort zu einer von Franz Fühmann besorgten Gedichtauswahl dokumentiert werden kann. Was Hermlin Mitte der siebziger Jahre in einem veränderten kulturpolitischen Klima über Trakl schrieb, entspricht jedoch seiner vierzehn Jahre zuvor vertretenen Auffassung und nimmt Motive des Kafka-Essays von 1947 wieder auf. "Trakl bleibt den Vorurteilen seines Milieus verhaftet, es war ihm nicht möglich, sich aus ihnen zu befreien"[145], heißt es zum einen. Aber es ist auch von Trakls Haß auf seine Zeit die Rede. "Trakls einziger Widerstand gegen das, was er durchlebte, was ihn umgab, war Klage und das Anrufen einer archaischen Zeit ohne Entfremdung."[146]

Wenn Hermlin in seiner Rede auf dem Schriftstellerkongreß hervorhob, daß in seinen Bücherregalen "Musil neben Willi Bredel, Hofmannsthal neben Erich Weinert, Kafka neben Anna Seghers"[147] stehe, so verkannte er das Neue der sozialistischen Literatur durchaus nicht. In späteren Reden und Gesprächen kam er immer wieder auf das Verhältnis von bürgerlicher und sozialistischer Literatur zu sprechen, wobei noch zu untersuchen sein wird, was nach seiner Auffassung die neue Qualität einer sozialistischen Literatur ausmacht.

Hermlin präzisierte seine Dekadenz-Auffassung in einem Interview, das er 1964 der Göttinger Studentenzeitschrift "Politikon" gab[148]. Untauglich, weil nahezu alles Bedeutende der Weltliteratur ausschließend, sei die Definition eines DDR-Lexikons, das Dekadenz mit folgenden Merkmalen in Verbindung bringe: "Verzicht des Dichters auf die Widerspiegelung der Realität, Verneinung der erzieherischen Funktion der Literatur, Bevorzugung abstoßender, barbarischer, krankhafter Stoffe, Versinken in extremen Psychologismus, Bekenntnis zur selbstgewählten Einsamkeit des Dichters."[149] Für brauchbar hielt er, wie schon drei Jahre zuvor, eine Definition, die auf eine Literatur bezogen sei, in der "barbarische Zustände apologetisch behandelt werden"[150].

Für Apologetik barbarischer Zustände stehen die Namen Benn und Jünger[151]. Diese Position von 1964, auf die sich das offizielle kulturpolitische Traditions-

---

145 Hermlin, Georg Trakl, in: *Äußerungen* (Anm. 133), S. 360.
146 Ebd. Im Unterschied zu Hermlin sieht Fühmann Trakl nicht als Kritiker des Verfalls, sondern als einen, der in den Verfall verstrickt ist. Siehe das folgende Kapitel.
147 Hermlin, Rede auf dem V. Deutschen Schriftstellerkongreß 1961, in: *Äußerungen* (Anm. 133), S. 323.
148 Ganz im Sinne Ernst Fischers und mit dessen Worten auf der Kafka-Konferenz in Liblice 1963 verlangte Hermlin, "der zeitgenössischen Weltkultur ein Dauervisum zu erteilen, das für alle Länder gültig ist". Hermlin, An "Politikon", in: ders., *Lektüre 1960-1971* (Anm. 46), S. 235.
149 Ebd., S. 235 f.
150 Ebd., S. 236.
151 Ebd.

verständnis der achtziger Jahre zurückzog[152], wollte Hermlin in Gänze in späteren Jahren nicht mehr aufrechterhalten. Schon damals räumte er ein, Benn habe eine Reihe bedeutender Gedichte geschrieben. Zwanzig Jahre später heißt es über Jünger: "Ich halte ihn übrigens heute noch für einen bedeutenden Schriftsteller."[153] Damit soll wohl gesagt sein, daß nicht alles, was Jünger - oder auch Benn - geschrieben hat, auf eine Apologetik barbarischer Zustände hinzielt. Oder sollte die Apologetik gar in der künstlerischen Form aufgehoben sein? Aufschlußreich ist hier ein Satz, der auf Chateaubriand gemünzt ist, aber auch für *décadents* gelten könnte: "... ein Mann, der einen sehr bedeutenden Stil schreibt, kann nicht mein Feind sein, kann überhaupt kein Feind der Menschheit sein."[154] In dieser Radikalisierung seines künstlerischen Credos verabschiedet sich Hermlin gänzlich von einem weltanschaulich-politisch gefaßten Dekadenzbegriff. Im gelungenen Kunstwerk, so ließe sich sagen, verkehrt sich die Apologie der Barbarei, die seinen Schöpfer als Ideologen kennzeichnen mag, in ihr Gegenteil. Der bedeutende Stil zeugt gegen das politisch Reaktionäre im weltanschaulichen Denken des Schreibenden[155].

Zu Hermlins Vermittlertätigkeit gehörte nicht nur, daß er für die Moderne eintrat, er förderte auch die jungen Dichter. Als Sekretär der Sektion Dichtkunst und Sprachpflege der Akademie der Künste leitete er im Dezember 1962 ein Lyrikpodium, auf dem u.a. die Debütanten Uwe Greßmann, Sarah und Rainer Kirsch, Volker Braun und Wolf Biermann vorgestellt wurden. Die dort vorgetragenen Texte betrachteten führende Kulturfunktionäre als Provokation. Hermlin wurde zur Verantwortung gezogen und zur Selbstkritik genötigt[156]. Er verlor seine Funktion als Sekretär der Akademie der Künste und war im neugewählten Vorstand des Schriftstellerverbandes 1963 nicht mehr vertreten. Die Parteiführung hielt am Primat eines ideologisch verengt aufgefaßten sozialistischen Realismus fest und ließ sich in ihrer Kritik an modernistischen Erscheinungen auch nicht durch den weicheren Kurs in anderen sozialistischen Ländern beirren[157].

Hermlin nahm in den nächsten Jahren öfter die Gelegenheit wahr, um gegen diesen Kurs zu opponieren. Eine verhärtete Kulturpolitik hatte nicht nur ihn gedemütigt. Ihr fielen auch Peter Huchel, der Ende 1962 von seiner Funktion als Chefredakteur von "Sinn und Form" entbunden wurde, und andere bekannte

---

152 Vgl. Hager, Tradition und Fortschritt (Anm. 30), S. 437-456.
153 Günter Gaus im Gespräch mit Stephan Hermlin, in: *Freibeuter*, 1984, H. 22, S. 3.
154 Schlenstedt, Gespräch mit Hermlin (Anm. 130), S. 18.
155 Zu Recht sieht Karl-Heinz Götze bei Hermlin eine Tendenz zur Trennung einer widersprüchlichen Sphäre der Politik von einer widerspruchsfreien Sphäre der Kunst. Vgl. ders., Spätbürgerlich und Kommunist im frühen Sozialismus, in: *Frühe DDR-Literatur*, hrsg. v. Klaus R. Scherpe u. Lutz Winckler, Hamburg/Berlin 1988, S. 170.
156 Vgl. Selbstkritik Stephan Hermlins auf der Beratung des Politbüros des ZK der SED und des Präsidiums des Ministerrats mit Schriftstellern und Künstlern, in: *Dokumente* (Anm. 41), S. 882 f.
157 Vgl. oben Teil I, Kap. 4.

DDR-Schriftsteller (z.B. Peter Hacks und Günter Kunert) zum Opfer. Auf dem internationalen PEN-Kongreß in Budapest (Oktober 1964) und einem gleich darauf in Berlin stattfindenden Kolloquium wandte sich Hermlin in scharfer Form gegen die Gralshüter des sozialistischen Realismus, gegen Abusch, Kurella und Ulbricht, hütete sich aber, Namen zu nennen. Der Budapester Kongreß widmete sich dem Thema "Tradition und Moderne". Hermlin sprach in seinem Beitrag von der Chance, daß der wirkliche Dialog der Intellektuellen nunmehr beginnen könne, da die Woge des Kalten Krieges langsam zurückweiche. Dadurch könnten die Fronten zwischen denen, die die Tradition gering schätzten und jenen, die Unbehagen bei der Lektüre eines modernen Gedichts empfänden, allmählich abgebaut werden. An die Adresse der führenden Kulturfunktionäre der DDR gerichtet sagte er, es sei "ganz überflüssig, in einen Krieg gegen die 'Ismen' einzutreten. Das ist etwas für Leute, denen die Literatur für ihre Sandkastenspiele dient, in denen sie Scheinsiege über erfundene Feinde erringen."[158] Heutzutage gäbe es noch hier und da Leute, "die die deutschen oder skandinavischen Expressionisten, die französischen und spanischen Kubisten für jugendgefährdend halten. Sie haben gar nicht gemerkt, daß sie von Klassikern reden, daß die optischen und verbalen Neuerungen der Surrealisten längst ins Alltagssehen und Alltagsreden hineingewachsen sind. Denn die wirkliche Moderne, die Avantgarde ohne Anführungsstriche ist nicht das Gegenteil von Tradition, sondern die stiftende Kraft einer neuen Tradition."[159]

Hermlins Berliner Kolloquiumsrede ist eine brillante Abrechnung mit den Dogmatikern in der SED. "Der Dogmatismus zeigt eine ständig wachsende Unlust an der Beschäftigung mit einzelnen künstlerischen Persönlichkeiten, an wirklichen Werkanalysen. Er ersetzt solche Analysen durch willkürlich zusammengefügte Zitate, und zwar im besseren Falle. Meist zieht er es vor, anstelle der Untersuchung eines Schriftstellers einen zauberkräftigen Begriff zu setzen - Expressionismus, Surealismus, Dadaismus. Formalismus ist gegenwärtig etwas verbraucht, an seine Stelle traten Modernismus und die Neuprägung Abstraktionismus. Die Nennung eines solchen Begriffs ermöglicht, auf einen Schlag gleich mit einer ganzen Reihe unbequemer Erscheinungen fertig zu werden. Wir haben es hier mit einem wirklichen magischen Vorgang zu tun."[160] Hermlin beklagte, daß es keine Werkausgaben bedeutender expressionistischer Dichter in der DDR gebe, Becher ausgenommen. Ebenso wäre es an der Zeit, die Werke Kafkas und Prousts zu veröffentlichen. Es sei ein "trister Anblick, wenn manche Vertreter der modernsten Gesellschaftsordnung bei dem Wort 'modern' zusammenfahren"[161]. In diesem Zusammenhang ist bemerkenswert, daß Hermlin sein Votum

---

158 Hermlin, Tradition und Moderne, in: *Sinn und Form*, 17. Jg. 1965, H. 5; zuerst erschienen in: *Die Zeit* v. 27.11.1964, wiederabgedr. in: *Lektüre* (Anm. 46), S. 250 f.
159 Ebd., S. 251.
160 Hermlin, Zu einem Kolloquium, in: *Neue Deutsche Literatur*, 3/1965, wiederabgedr. in: *Lektüre* (Anm. 46), S. 255.
161 Ebd., S. 256.

für die Moderne mit Hinweisen auf Worte Gramscis und Togliattis abzusichern versuchte.

Einer der Kulturfunktionäre, gegen die Hermlin polemisierte, war Alfred Kurella. Dieser hatte sich auf dem Budapester PEN-Kongreß entschieden gegen eine "veraltete" Moderne gewandt, der er den "neuen Realismus" entgegenstellte. Der Moderne des Jahrhundertanfangs, den von ihr ausgelösten "Ismen" sei das eigentlich Neue erst gefolgt. "Es wurde geboren nicht aus der modernen Kunst, nicht als eine wieder einmal neue Variante ihrer veralteten Prinzipien. Es entsprang dem gesellschaftlichen Leben selbst, es erhielt seine Impulse aus den großen sozialen und politischen Kämpfen, die im gleichen Beginn unseres Jahrhunderts die Welt umgewälzt haben und - differenziert, erweitert, modifiziert - das moderne Leben auch heute weiter verwandeln. Der 'Moderne' unserer Jugend gegenüber war und ist dies das eigentlich Neue unseres Jahrhunderts."[162] Der neue Realismus in den Ländern des Sozialismus sei das Kunstphänomen unserer Epoche, das wirklich den Namen "Moderne" verdiene.

Daß Hermlins Position Mitte der sechziger Jahre kulturpolitisch noch nicht durchsetzbar war, zeigen die Attacken der zuständigen Parteifunktionäre gegen die Redaktion der Zeitschrift "Neue Deutsche Literatur", die einige kritische Beiträge des Berliner Kolloquiums - darunter die Rede Hermlins - abdruckte[163]. Einen Höhepunkt der Auseinandersetzung mit mißliebigen Künstlern und Schriftstellern bildete das 11. Plenum des ZK der SED (1965), das zu einem Rundumschlag ausholte. Es war der letzte großangelegte Versuch, die Künste auf eine affirmative Rolle festzulegen[164]. Hermlin hatte in den Jahren der ausgehenden Ulbricht-Ära in Wort und Schrift immer wieder gegen den Primitivismus der Dogmatiker Stellung bezogen und sich für die gescholtenen Dichter der Moderne eingesetzt. 1966 konnte er erstmals mit Georg Heym die Werkauswahl eines expressionistischen Lyrikers in der DDR vorlegen. In Essays machte er auf Else Lasker-Schüler (1969) und Karl Kraus (1969) aufmerksam, Arbeiten, die auch nach der Ablösung Huchels in "Sinn und Form" veröffentlicht wurden. Eine erneute Lektüre Majakowskis (1967) gab den Anlaß, von den Widersachern des sowjetischen Dichters zu sprechen, der "Meute, die in Schriftstellerverband und Zeitschriften regierte"[165]. Bemerkenswert ist seine Einschätzung der Literaturwissenschaft in der DDR. Von der Redaktion der "Weimarer Beiträge" 1971 befragt, ob sie ihm den Zugang zur Literatur erleichtert habe, antwortete er: "Es ist eigentlich überflüssig zu bemerken, daß Lukács mitsamt seinen Fehlern turmhoch über gewissen Epigonen steht, die, freilich unter ängstlicher Ausklammerung seines Namens, seine Erkenntnisse und Irrtümer lediglich zu plagiieren vermögen."[166]

---

162 Alfred Kurella, Beitrag zum Kolloquium "Tradition und Moderne" des internationalen PEN-Clubs in Budapest, Oktober 1964, in: *Sinn und Form*, 17. Jg. 1965, H. 5, S. 791.
163 Vgl. Anm. 160.
164 Vgl. Manfred Jäger, *Kultur und Politik in der DDR*, Köln 1982, S. 125.
165 Hermlin, Beim Lesen Majakowskis, in: *Lektüre* (Anm. 46), S. 174.
166 Hermlin, An "Weimarer Beiträge", in: ebd., S. 240.

Diese Worte könnten auf den Germanisten Reinhard Weisbach gemünzt sein, der Hermlin in einer ebenfalls 1971 erschienenen Studie über den Expressionismus vorhält, er habe es versäumt, in seinem Nachwort zur Heym-Ausgabe die modernistischen Grenzen des Dichters aufzuzeigen. Weisbach glaubt vor allem der Feststellung Hermlins widersprechen zu müssen, die moderne Dichtung beginne mit dem Ophelia-Gedicht Rimbauds. Er sieht Hermlin in einer Reihe mit Benn und Enzensberger, für die die moderne Lyrik ebenfalls mit dem französischen Symbolismus ihren Anfang nahm. Demgegenüber reklamiert Weisbach die proletarisch-revolutionären Bestrebungen der zwanziger Jahre und - weiter gefaßt - die revolutionär-demokratische und sozialistische Lyrik der vierziger Jahre des 19. Jahrhunderts als Traditionen der sozialistischen Gegenwartslyrik. Weisbach kann durchaus als repräsentativ für einen Großteil der germanistischen Literaturwissenschaft in der DDR angesehen werden, der auch Anfang der siebziger Jahre noch an der Vorstellung festhielt, sozialistische Literatur und Literatur der bürgerlichen Moderne seien durch einen tiefen Graben voneinander getrennt. "Was also immer als Anfang der 'Moderne' angegeben werden sollte, Rimbauds 'Ophelia' ist es nicht. Entweder geht man - zumindest - in die *fünfziger* Jahre des 19. Jahrhunderts zurück und meint den positivistischen *bürgerlichen* Modernismus als Reaktion auf das juste milieu des Kapitalismus 1849, oder man hält sich an die stärksten Kapitel von Heines Deutschland-Poem, an die 'Schlesischen Weber', an Weerths feuilletonistische Lieder, also an eine 'Moderne' *sozialistischen* Charakters. Entweder nehmen wir das Jahr 1910 und finden die bürgerliche Internationale der neueren Ismen, oder wir gehen zum Jahr 1917 und in die zwanziger Jahre des 20. Jahrhunderts, also zu den Anfängen der zeitgenössischen *sozialistischen* Dichtung. Eine Moderne, klassenindifferent und gleichermaßen gültig für diesen oder jenen Literaturprozeß, gibt es indessen nicht."[167]

Im Gespräch mit "Sinn und Form" (1971) bekräftigte Hermlin seinen Standpunkt, daß es "keine Mauer zwischen allen möglichen Literaturen und dem, was wir sozialistische Literatur nennen"[168], gebe. Was er unter "Moderne" versteht, wird wiederum deutlich in dem Hinweis auf Lautréamont, den er als einen der Begründer der modernen Dichtung betrachtet. Ausführlich äußerte er sich zu seiner Herkunft. Was in Stellungnahmen der fünfziger Jahre eher Distanzierung hervorrief[169], wird nun dankbar erinnert: "Ich war von Kunstwerken und Büchern umgeben, kein Tag verging ohne Musik. ... Soweit ich mich erinnern kann, gab es am Tisch meiner Eltern nie ein Gespräch, daß nicht mit Kunst zu tun hatte."[170] Das entschiedene Bekenntnis zur Moderne hat offensichtlich seine Wurzeln im Bildungsbürgertum, dem Hermlin entstammt und dessen Erbe er hartnäckig verteidigt. Die Nähe zu Vorstellungen Eislers bezeugt der Gedanke, eine künftige Gesellschaft, in der "'die freie Entwicklung eines jeden die Bedin-

---

167 Reinhard Weisbach, *Wir und der Expressionismus*, Berlin (DDR) 1972, S. 213.
168 Hermlin, An "Sinn und Form", in: *Lektüre* (Anm. 46), S. 241.
169 Vgl. Hermlin, Freunde und Lehrer, in: *Die Sache des Friedens* (Anm. 142), S. 36.
170 Hermlin, An "Sinn und Form" (Anm. 168), S. 243.

gung für die freie Entwicklung aller ist'", werde "eine Flut extrem subjektiver Gedichte hervorbringen"171.

Die im Band "Lektüre" gesammelten - hier z.T. zitierten - Aufsätze, Reden und Interviewäußerungen umspannen den Zeitraum 1960-1971. Die Publikation erschien 1973 im Aufbau-Verlag. Bemerkenswert ist das Echo bei Schriftstellerkollegen. In einer Umfrage, die ein amerikanischer Germanist 1975/76 unter DDR-Schriftstellern durchführte, wurde Hermlins "Lektüre" neben Fühmanns Ungarn-Tagebuch "Zweiundzwanzig Tage oder Die Hälfte des Lebens" als der wichtigste literarische Essayband der siebziger Jahre bezeichnet. Rolf Schneider antwortete: "Hier ist das neue Literaturverständnis der siebziger Jahre mit Händen zu greifen. Es ist das Programm einer skeptischen, sich zu Intellektualität, Sensibilität, Weltoffenheit und einer auch problematischen Weltliteratur und Tradition bekennenden Poetik."172 Der Band wurde zu einem Zeitpunkt publiziert, als sich nach der Ablösung Ulbrichts durch Honecker das kulturpolitische Klima zu entspannen begann und sich unter Künstlern und Schriftstellern Hoffnungen auf mehr Freiheit des Ausdrucks und des Stils regten. Diese Entwicklung wurde durch die Biermann-Ausweisung im November 1976 vorerst gestoppt. Hermlin gehörte zu den Erstunterzeichnern eines Briefs, in dem gegen die Ausbürgerung protestiert und die Regierung gebeten wurde, die Maßnahme zu überdenken.

Der 8. Schriftstellerkongreß 1978 spiegelte die Spannungen wider, die nach der Biermann-Ausbürgerung zwischen einem Teil der Schriftsteller und der politischen Führung entstanden waren. Prominente Autoren wie Christa Wolf und Günter Kunert, Stefan Heym und Franz Fühmann fehlten auf dem Kongreß. Hermlin bekundete offen seine Solidarität mit ihnen. In seiner Rede ging er auf die infame Bemerkung des Politbüromitglieds Konrad Naumann im "Neuen Deutschland" ein, der Schriftstellern, die sich in westlichen Medien kritisch zur DDR geäußert hatten, unterstellte, sie handelten des Geldes wegen173. Naumann sprach in diesem Zusammenhang von bürgerlichen Künstlern in der DDR. Wenn Hermlin sich im folgenden Teil seiner Rede als einen spätbürgerlichen Schriftsteller bezeichnete, ist dieser Kontext zu berücksichtigen. Die Herkunft aus dem Bürgertum gehört zweifellos zur spezifischen Eigenart dieses Schriftstellers im Unterschied zu DDR-Autoren, die einem anderen kulturell-sozialen Umfeld entstammen und nicht jene Synthese von spätbürgerlicher literarischer Orientierung und kommunistischer Weltanschauung verkörpern, die Hermlin zu seiner Ver-

---

171 Ebd., S. 248. Vgl. Schlenstedt, Gespräch mit Hermlin (Anm. 130), S. 11 f.
172 Richard A. Zipser/Karl-Heinz Schoeps, *DDR-Literatur im Tauwetter*, Bd. III: *Stellungnahmen*, New York/Bern/Frankfurt a.M. 1985, S. 132.
173 Vgl. Hermlin, In den Kämpfen dieser Zeit, in: *Aufsätze, Reportagen, Reden, Interviews*, hrsg. v. U. Hahn, München 1980, S. 123. Diese Passage fehlt im Protokollband des Kongresses (vgl. *VIII. Schriftstellerkongreß der DDR. Referat und Diskussion*, Berlin/Weimar 1979) und ist auch im Band "Äußerungen", der die Rede enthält, nicht abgedruckt worden.

mittlerrolle befähigte[174]. Sie hinderte ihn, sich einem Mannschaftsdenken unterzuordnen, wie es Helmut Sakowski für die sozialistischen Schriftsteller forderte[175]. Die Identifizierung mit dem Spätbürgertum, soweit es die kulturelle Seite betrifft, ist nicht nur als polemische Replik auf Naumanns Perhorreszierung des Bürgerlichen zu verstehen. Sie entstammt einer immer deutlicher hervortretenden Einsicht des älteren Hermlin, der sein Leben, seine Herkunft, seine Tradition befragt, um Stellung in den Auseinandersetzungen der Gegenwart zu beziehen. Hermlin hatte nicht die Absicht, mit seiner Stellungnahme ein Werturteil zu verbinden. Er wollte nur wie vor ihm andere Künstler und Schriftsteller, zum Beispiel Eisler und Brecht, das kulturelle Erbe bezeichnen, dem er sich verpflichtet fühlte. Zugleich insistierte er darauf, ein Kommunist zu sein, was jedoch seine kulturelle Herkunft nicht auslösche.

So plausibel Hermlins Argumentation sein mag, so provokativ bleibt sie als das Selbstverständnis eines Schriftstellers, der als Parteikommunist in einem sozialistischen Land seinen kulturellen Beitrag leistet. Im offiziellen Selbstverständnis der Honecker-Zeit hat die sozialistische Literatur die bürgerliche Literatur in sich aufgenommen und weitergeführt. Es gibt auch im kulturellen Bereich keine bürgerlichen Schichten mehr, mit denen die SED sich bündnispolitisch zu arrangieren hätte. Indem Hermlin darauf beharrt, ein spätbürgerlicher Schriftsteller zu sein, nimmt er sich von den Bemühungen aus, eine neue, sozialistische Literatur zu schaffen. In der Tat ist es nicht allein sein Traditionsverständnis, das ihn von anderen Schriftstellern in der DDR unterscheidet. Seine eigene literarische Produktion entspricht in großen Teilen nicht den herkömmlichen Vorstellungen von sozialistischer Literatur. Sie läßt zwar keinen Zweifel zu, wo Hermlin weltanschaulich-politisch steht, in ihrem Durchdrungensein mit bürgerlichen Bildungsreminiszenzen läßt sie jedoch auch an jene "Abendröte" denken, von der Eisler mit Blick auf die spätbürgerliche Kultur gesprochen hatte[176].

Hermlins Bekenntnis findet in der autobiographischen Erzählung "Abendlicht" seine poetische Beglaubigung. Künstlerische Sensibilität, die Ehrfurcht vor der Kunst verdanke er dem bürgerlichen Elternhaus. Die Hinweise des Vaters enthielten Wichtigeres für ihn "als die Sophismen, mit denen ich mich später allzu lange herumschlug"[177]. "Abendlicht" ist auch eine Abrechnung mit jenen amusischen Kulturfunktionären, die über Kunst und Literatur administrativ ver-

---

174 Marcel Reich-Ranicki meint, daß bereits die Wahl des Pseudonyms "Stephan Hermlin" demonstriere, daß der Träger dieses Namens - im Unterschied zum Fall des Schriftstellers Ludwig Renn - nur die politische Negation seiner Herkunft, nicht jedoch die kulturelle beabsichtigte. Vgl. Marcel Reich-Ranicki, Für festliche Stunden. Stephan Hermlin, der Poet, in: ders., *Zur Literatur der DDR*, München 1974, S. 41 f.

175 Vgl. Werkstattgespräch mit Helmut Sakowski, in: *Neues Deutschland* v. 20. 3. 1981.

176 Vgl. Hanns Eisler, Arnold Schönberg, in: ders., *Materialien zu einer Dialektik der Musik*, Leipzig 1973, S. 231. Vgl. Hermlins Bezugnahme darauf in: In den Kämpfen dieser Zeit, in: *Äußerungen* (Anm. 133), S. 386.

177 Hermlin, *Abendlicht* (Anm. 136), S. 45.

fügten. "Die Kunst des Jahrhunderts wurde mehr und mehr zu einem Pfuhl der Verdammnis, die großen Namen der Literatur, der Musik, der Malerei stellten personifizierte Übel dar, drittrangige akademische Epigonen wurden zu Genies befördert, man suchte die Wurzel des Verhängnisses, schon hatte ein Eiferer sich so weit zurückgearbeitet, daß er Flaubert und Baudelaire für dekadent zu erklären vermochte. Theorien und Begriffe entstanden aus dem Nichts, sie waren nicht zu begründen, man tat so, als seien sie längst bewiesen, man sparte nicht am Gebrauch des Wortes 'wissenschaftlich'."[178]

Als Anwalt der großen bürgerlichen Tradition und Vermittler moderner Weltliteratur vergaß Hermlin keineswegs, was er in seiner Jugend der proletarisch-revolutionären Literatur verdankte. Von den Werken sowjetischer Schriftsteller waren es die Revolutionsromane, deren neue Stoffe und revolutionäre Inhalte den jungen Kommunisten begeisterten. In den Jahren, in denen Hermlin glaubte, als Agitationsdichter auftreten zu müssen, war es Majakowski, der als literarisches Vorbild diente, obgleich sein Ziel stets die Synthese von spätbürgerlicher Tradition und der Eroberung eines "neuen Gegenstandes" blieb. Hermlin hat sich im Gespräch mit Ulla Hahn (1980) zum Spezifischen einer sozialistischen Literatur geäußert. Als "neuen Gegenstand" dieser Literatur bezeichnete er die Arbeit und die gesellschaftlichen Veränderungen in den sozialistischen Ländern. "Der Unterschied besteht einfach darin, daß eine neu auftretende Klasse neue Dinge, die sie selber und ihre Verantwortlichkeit gegenüber der gesamten Gesellschaft betreffen, formuliert."[179] Hier ließe sich einwenden, daß nur ein kleiner Teil der Schriftsteller in der DDR aus der Arbeiterklasse hervorging und der "neue Gegenstand" selten ungeschminkt literarisch gestaltet werden konnte. Daß die Befreiung von ideologischen Vorurteilen gelungen sei, hütete sich Hermlin allerdings zu behaupten. An die Stelle alter seien neue Vorurteile getreten, etwa jenes, daß es auch in der Kunst einen Fortschritt geben könne oder daß bürgerliche und sozialistische Literatur unüberwindlich voneinander getrennt seien. Betrachtet man sein eigenes Schaffen, so sind es vor allem die Reportagen und Berichte der frühen fünfziger Jahre, das Mansfelder Oratorium, einige Gedichte und Erzählungen, die seinen Beitrag zur sozialistischen Literatur im oben definierten Sinne darstellen.

Das Altern des "neuen Gegenstandes", seine vielfachen Berührungen mit den "Gegenständen" der nicht-sozialistischen Gesellschaften verwischten in den siebziger und achtziger Jahren die Konturen einer bislang durch spezifische Eigenarten ausgewiesenen DDR-Literatur immer mehr. Es sind die großen existentiellen Fragen der Zeit, die von bedeutenden Schriftstellern aufgegriffen werden und welche die systemüberschreitende Resonanz ihrer Arbeiten hervorrufen.

---

178 Ebd., S. 42.
179 Hermlin, Gespräch mit Ulla Hahn, in: *Äußerungen* (Anm. 133), S. 416.

4.2. Franz Fühmann: Von der Doktrin zur Dichtung

Franz Fühmann war nach seiner Entlassung aus der Kriegsgefangenschaft in der DDR durch Kriegserzählungen und Gedichte bekannt geworden. Bis Ende der fünfziger Jahre lautete seine poetische Konzeption: "Die Märchen gehen in Erfüllung."[180] Diese Konzeption zerbrach an der erfahrenen Wirklichkeit. Fühmann mußte erleben, daß es in ihr keineswegs wie im Märchen zuging. Der Übergang vom finsteren Schwarz des Faschismus in das helle Morgenrot des Sozialismus fand nicht statt. Das duale Weltbild des zum Kommunismus konvertierten Fühmann - ein Pendant zu dem Freund-Feind-Denken, das ihm als jungen Nationalsozialisten vertraut gewesen war - erhielt erstmals Risse, als Chruschtschow auf dem XX. Parteitag der KPdSU mit Stalin abrechnete. Die Verunsicherung im ideologischen Denken hatte jedoch auch ihre produktive Seite. Sie bewirkte einen Aufschwung in der lyrischen Produktion Fühmanns wie auch anderer vom Stalinismus gezähmter Dichter. So erlebte Hermlin in dieser Zeit der Demokratisierungshoffnungen eine zweite Blüte als Lyriker, und Becher legte sein lyrisches Spätwerk vor, das ihn als bedeutenden Dichter auswies. Die Hoffnung auf eine neue literarische Hochzeit zerrann jedoch, als der erwartete Prozeß der Entstalinisierung in der DDR ausblieb.

Fühmann spricht vom Jahr 1958 als einem Datum, das eine tiefe Zäsur in der Literatur der DDR anzeige. "Zuerst sterben immer die Gedichte. Das geschah nicht bloß mir, das geschah auch anderen, und wenn wir je eine Geschichte der Literatur der DDR haben würden ... dann müßte man darin auf diese Zäsur eingehen."[181] Ebenso wie Hermlin schrieb er keine Gedichte mehr, er beschränkte sich auf Nachdichtungen und Prosa und fand schließlich zu einer neuen literarischen Konzeption: dem Mythos. Dieser - so erbrachten Fühmanns Nachforschungen - trennt nicht wie das Märchen in Gut und Böse, sondern vereinigt beides in einem. Das Märchen lasse sich vollständig in einem bipolaren moralischen Koordinatensystem abbilden, der Mythos hingegen sei vieldimensional. In ihm herrsche die Dialektik von Wandlung und Identität. "Vom Märchen zum Mythos heißt: zum vollen Leben, zum ganzen Menschen, zur dialektischen Realität."[182] Wandlung und Identität ist das Thema, das Fühmann seit den späten sechziger Jahren in Prosa und Essay beschäftigten sollte.

Der Einmarsch der Warschauer-Pakt-Truppen in die CSSR war ein neuer historischer Einschnitt, der den in Skrupeln befangenen "Kriegsautor" Fühmann ermutigte, die Arbeit an der Bewältigung der Vergangenheit auf die DDR-Geschichte selbst auszudehnen. Den Weg dorthin hatte er sich jedoch erst mit dem Ungarn-Tagebuch "22 Tage oder Die Hälfte des Lebens" freigeschrieben, das 1973 erschien. Die Zeit bis zu Beginn der siebziger Jahre war noch von einem

---

180 Franz Fühmann, *Den Katzenartigen wollten wir verbrennen*. *Ein Lesebuch*, hrsg. v. Hans-Jürgen Schmitt, Hamburg 1983, S. 357.
181 Ders., *Essays, Gespräche, Aufsätze 1964-1981*, Rostock 1983, S. 443.
182 Ders., *22 Tage oder Die Hälfte des Lebens*, Frankfurt a.M. 1973, S. 224/225.

literarischen Selbstverständnis geprägt, das der operativen, wenn auch nicht mehr parteikonform verstandenen Literatur einen bevorzugten Platz einräumte. So antwortete er noch 1971 auf eine Umfrage Butzbacher Schüler zum literarischen Engagement: "Ich möchte mit meiner literarischen Arbeit meiner Gesellschaft, das ist der sozialistischen Gesellschaft, das ist auf deutschem Boden der Deutschen Demokratischen Republik, dienen ... Ich sehe Literatur nicht als außergesellschaftlichen Bereich und Zweck ihrer selbst an; ich halte den Begriff eines 'freien Schriftstellers' wie den eines 'wahrhaft freien Schriftstellers' für Kategorien einer Gartenlaubenästhetik."[183] Erst in den "22 Tagen", mit denen Fühmann seinen eigentlichen Eintritt in die Literatur ansetzt[184], fand er zu einer Literatur, die im eigenen Namen spricht, ohne einer "Gartenlaubenästhetik" verpflichtet zu sein. Dies geschah in Form einer permanenten Selbstbefragung. Von nun an begann er Bücher zu schreiben, "nicht um mitzuteilen, was man weiß, sondern um mir selbst im Prozeß des Schreibens Klarheit zu verschaffen"[185].

In Fühmanns Notizen zu einer Ungarn-Reise, einer Mischung aus Tagebuch, Erzählung und Essay, fällt eine häufig wiederkehrende Wendung auf: "Übernehmen Sie ruhig die Aufgabe einer Teilfunktion, die aber versorgen Sie genau."[186] Seine Teilfunktion zu erfüllen, könne für den Schriftsteller nur jenes Stückchen Literatur heißen, das nur er und kein anderer zu schreiben in der Lage sei. Darin liege seine Unersetzlichkeit, von der auch die Gesellschaft ausgehen solle. Zum Zeitpunkt der Niederschrift seiner Reisenotizen glaubte Fühmann, diese Teilfunktion nur unzureichend erfüllt zu haben. In der Nachdichtung und in der Literatur für Kinder habe er das Seine getan, doch in der Dichtung sei er über Ansätze nicht hinausgekommen. "Meine vergeblichen Versuche (...), das zu beschreiben, was man Wandlung nennt! Sie ist die Erfahrung meines Lebens, sie ist seit zwanzig Jahren mein Thema, aber sie ist es eigentlich noch immer als Vorsatz, geleistet habe ich dazu bestenfalls Vorarbeiten! Ich habe das Vorher geschildert, ein wenig das Nachher, aber der entscheidende Prozeß, eben der der Wandlung, ist literarisch nicht bewältigt."[187]

Er, Fühmann, sei über Auschwitz in die neue Gesellschaftsordnung gekommen und habe es als Vollzug seiner Wandlung angesehen, sich ihr mit ausgelöschtem Willen als Werkzeug zur Verfügung zu stellen, anstatt den Beitrag zu leisten, den nur er und kein anderer hätte erbringen können. Im Rückblick sieht Fühmann seine Bewältigung der Vergangenheit als zu eng an. Er fragt sich, warum er nicht aus der Haut gefahren sei oder den Mut hatte, in ihr steckend, das bestmögliche daraus zu machen: "... das wäre bei meinem böhmischen Erbe der Mut zum Schießenlassen der Phantasie, der Mut zum Barocken, der Mut zum Traum und

---

183 *Essays* (Anm. 181), S. 32.
184 Vgl. *Den Katzenartigen* (Anm. 180), S. 363.
185 Ebd., S. 364.
186 *22 Tage* (Anm. 182), S. 44, 52, 76, 84.
187 Ebd., S. 99/100.

Paradoxen."[188] Dann quälen ihn wieder Zweifel. Sollte die Erfüllung seiner Teilfunktion nicht im Entgegengesetzten bestehen? Komme es dabei nicht auf Sachlichkeit, Faktentreue und Wahrhaftigkeit an? Fühmann blieb es verwehrt, die Erinnerungen an eine verlorene Heimat poetisch zu beschwören wie Bobrowski. Dieses politisch motivierte Heimatverbot, so erklärt er später, habe zum Absterben seiner Lyrik beigetragen[189].

Die in den "22 Tagen" immer wieder zitierte Formel "Übernehmen Sie ruhig die Aufgabe einer Teilfunktion" stammt aus einer Rede Gottfried Benns über "Probleme der Lyrik", die er 1950 vor Marburger Studenten hielt. Benn wandte sich gegen eine Position der Mitte, die beklagt, daß die moderne Kunst Zerrbilder statt ganzheitliche Bilder des Menschen liefere[190]. Gegen den Vorwurf der Degeneration und des leeren Formalismus setzt Benn das Wort der Schicksalsgöttin, die dem Dichter rät: "Suche deine Worte, zeichne deine Morphologie, drücke dich aus. Übernimm ruhig die Aufgabe einer Teilfunktion, die aber versorge ernstlich."[191] Benns Poetik gründet sich auf Nietzsches Begriff der Artistik als "Versuch der Kunst, innerhalb des allgemeinen Verfalls der Inhalte sich selber als Inhalt zu erleben und aus diesem Erlebnis einen neuen Stil zu bilden, es ist der Versuch, gegen den allgemeinen Nihilismus der Werte eine neue Transzendenz zu setzen: die Transzendenz der schöpferischen Lust."[192] Das moderne Gedicht sei seinem Wesen nach monologisch, an niemanden gerichtet. Benn plädiert für das absolute Gedicht, ein Gedicht ohne Glauben und ohne Hoffnung, das aus Worten montiert sei. Der moderne Lyriker stehe unter dem Gesetz des Ausdruckszwangs und der strengen Formgebung. Form sei mit den Worten Emil Staigers der höchste Inhalt. "Unsere Ordnung ist der Geist, sein Gesetz heißt Ausdruck, Prägung, Stil. Alles andere ist Untergang."[193]

Die Annäherung an Benns Poetik, in den "22 Tagen" erstmals in selbstquälerischen Befragungen sichtbar geworden, tritt in den folgenden Jahren deutlicher in Erscheinung. In einem Interview mit J. Benker-Grenz (1979) spricht Fühmann von der Entdeckung einer Literatur, die in der Frage des sozialen Engagements völlige Unbekümmertheit zeige. "Ich habe noch Scheu, es zu probieren, aber ich will da hin. Ich wäre versucht zu sagen: Hin zu einer Literatur ohne Ufer."[194] Erneut beschäftigt ihn Benns Formel von der Übernahme einer Teilfunktion. Sie bedeute für den Schriftsteller, "das Seine zu finden in dem, was er zur Literatur

---

188 Ebd., S. 200.
189 Vgl. *Den Katzenartigen* (Anm. 180), S. 379. Zu Fühmanns Erinnerungen an seine Kindheit vgl. Klemens Renoldner, "Ach Du Engel meines Vaterlandes! Die böhmische Kindheit - auf den Wegen durch Österreich", in: *Zwischen Erzählen und Schweigen. Franz Fühmann zum 65.*, hrsg. v. Horst Simon, Rostock 1987.
190 Benn polemisiert hier gegen Sedlmayrs kunsthistorische Diagnose der Moderne. Vgl. Hans Sedlmayr, *Verlust der Mitte*, Salzburg 1948, 10. Aufl. Frankfurt a.M./Berlin/Wien 1985.
191 Gottfried Benn, *Gesammelte Werke*, Bd. 4, München 1975, S. 1084.
192 Ebd., S. 1064.
193 Ebd., S. 1089.
194 *Essays* (Anm. 181), S. 420.

beiträgt, sein Thema, seine Aussage, seine Erfahrung. Das heißt, eigentlich findet man dies nicht, es hat einen ja. Doch man will es abwehren."[195] Ganz im Sinne Benns heißt es, daß ihn im Akt des Schreibens kein Publikum interessiere und auch keine Nachwelt. Nur indem man dem inneren Zwang folge, sich auszudrücken, nur in einer solchen Monomanie mache man Literatur: "... vor einem Jahr wäre mir die Vorstellung, für die Schublade zu schreiben unerträglich gewesen, jetzt wird sie mir immer vertrauter."[196] Er habe manchmal Lust, etwas im Stile Lautréamonts ganz für sich selbst zu schreiben; es würde vielleicht sein bestes werden. Damit sind Gedanken angesprochen, die sich später im Trakl-Essay zu einer neuen Poetik verdichten. Kritisch äußert sich Fühmann zu dem im Ungarn-Tagebuch noch verwendeten Begriff sozialistische Literatur. Er sei ihm unterdessen problematisch geworden. Die unmittelbare Übertragung politischer Begriffe und Kategorien auf die Literatur bringe wenig ein. "Durch was erhält ein Stück Literatur sozialistischen Inhalt? Durchs Thema? Gewiß nicht. Durch die Haltung des Schreibenden? Wer bestimmt sie? Durch Übereinstimmung mit der Wirklichkeit? Das könnte auch eine Literatur leisten, die von einem deklariert bürgerlichen Standpunkt geschrieben ist."[197] Da der Begriff sozialistische Literatur nun einmal existiere, schlägt Fühmann als pragmatische Lösung vor, ihn auf Schriftsteller zu beziehen, die in einer sozialistischen Gesellschaft lebten und sich für diese Gesellschaft engagierten.

Fühmanns 1982 erschienenes "Nachwort" zu Georg Trakl, der Form nach halb autobiographische Erzählung, halb Essay, ist als poetologisches Manifest in seiner Bedeutung für die Selbstverständnisdiskussion der Schriftsteller in der DDR kaum zu überschätzen[198]. Die Auseinandersetzung mit Werk und Person des Dichters nimmt die selbstkritischen Überlegungen des Ungarn-Tagebuches wieder auf und treibt die Infragestellung der offiziellen Literaturdoktrin in bis dahin ungewohnter Radikalität weiter. Der Leipziger Reclam-Verlag hatte sich bereits in den sechziger Jahren durch Fürsprache Fühmanns zu einer Trakl-Gedichtauswahl entschlossen, die Fühmann selbst zusammenstellen sollte. Um diese Zeit waren die Hauptwerke Kafkas in der DDR erschienen. Die Publikation des Trakl-Bandes verzögerte sich. Es mag dabei eine Rolle gespielt haben, daß Fühmann sich nach langem Ringen entschied, Gedichte aufzunehmen, die nach damaligem Verständnis dem Dekadenzverdikt unterlagen[199]. Andererseits sah er sich seiner-

---

195 Ebd., S. 421.
196 Ebd.
197 Ebd., S. 411.
198 Vgl. Franz Fühmann, *Vor Feuerschlünden. Erfahrung mit Georg Trakls Gedicht*, Rostock 1982. In der Bundesrepublik erschien das Buch 1982 in Hamburg unter dem Titel *Der Sturz des Engels. Erfahrungen mit Dichtung*. Zitiert wird hier aus der dtv-Ausgabe, München 1985.
199 Diese Vermutung äußert Uwe Wittstock in seinem Aufsatz "Franz Fühmanns langer Weg zu sich selbst", in: *Literaturmagazin 20*, hrsg. v. Martin Lüdke u. Delf Schmidt, Hamburg 1987, S. 112. Vgl. auch ders., *Über die Fähigkeit zu trauern. Das Bild der Wandlung im Prosawerk von Christa Wolf und Franz Fühmann*, Frankfurt a.M. 1987. Zur Auseinandersetzung Fühmanns mit Trakl vgl. die instruktive

zeit nicht dazu imstande, seine Pflicht als Nachwortverfasser zu erfüllen und trat
diese Aufgabe an Hermlin ab. Der Kampf zwischen Doktrin und Dichtung, zwar
durch die Aufnahme "dekadenter" Gedichte zugunsten der Dichtung entschieden,
hätte den Interpreten Fühmann noch zu Kompromissen verführt. "Ich hätte Trakls
Leben der Nachsicht empfohlen und sein Werk auf eine Linie zur sozialistischen
Literatur hin zu bringen versucht."200 Das aus sozialistischer Sicht Dekadente im
Leben und Werk hätte er der bürgerlichen Gesellschaft angelastet.

Fühmann beschreibt hier eine Methode des Umgangs mit Werken spätbürgerlicher Schriftsteller, die in den sechziger Jahren z.B. im literaturwissenschaftlichen
Umgang mit Kafka Schule machen sollte. Es war der Versuch, das offizielle Dekadenzverdikt zu umgehen, indem die Symptome der Dekadenz als solche der
Gesellschaft identifiziert wurden, die in den Werken bedeutender Schriftsteller
objektive Gestalt angenommen hätten. Fühmann bricht mit dieser Darstellungs-
methode, wenn er Trakl in seinem später verfaßten Nachwort nicht in der Rolle
des Opfers der bürgerlichen Gesellschaft aufgehen läßt. Seine Beschäftigung mit
E.T.A. Hoffmann hatte ihn erkennen lassen: "Künstler ist, wer nicht anders kann
- und dem dann nicht zu helfen ist."201

In den siebziger Jahren betraute der Reclam-Verlag Fühmann mit der Herausgabe des Gesamtwerks von Trakl. Er fühlte sich nun sicher genug, ein Nachwort
zu schreiben, das sich jedoch zu einem Manuskript von über 200 Seiten aus-
wuchs. In einer Vorbemerkung zu diesem Buch wird Rilke zitiert: "Denn Verse
sind nicht, wie die Leute meinen, Gefühle (die hat man früh genug), - es sind Erfahrungen."202 Dieses Zitat lenkt die Aufmerksamkeit des Lesers auf den Untertitel des Buches: "Erfahrung mit Georg Trakls Gedicht" (Hinstorff) bzw.
"Erfahrungen mit Dichtung" (Hoffmann und Campe), wobei die DDR-Ausgabe
im Untertitel bereits die These Fühmanns enthält, Trakls Gedichte seien im
Grunde ein einziges203. Daß Verse Erfahrungen seien, heißt, eine unmittelbare
Beziehung zwischen erfahrener Wirklichkeit und lyrischer Aussage anzunehmen.
Fühmanns Trakl-Interpretation bleibt jedoch bei dem im Rilke-Zitat Behaupteten
nicht stehen. Sie verweist ebenso auf den erfahrungsüberschreitenden, konstruk-
tiven, Worte montierenden Charakter moderner Lyrik. Ihr geheimnisvoll Dun-

---

Studie von Lothar Köhn, Vergangenheitssprachen. Fühmanns "Saiäns-Fiktschen"
und "Der Sturz des Engels" in: *Dialektik des Anfangs. Jahrbuch zur Literatur in der
DDR*, Bd. 5, hrsg. v. Paul Gerhard Klußmann u. Heinrich Mohr, Bonn 1986.
200 *Der Sturz des Engels* (Anm. 198), S. 229.
201 Ebd., S. 229. Die Studien zu Hoffmann sind ein wichtiges Verbindungsglied zwischen Fühmanns Ungarn-Tagebuch und dem Trakl-Essay. In seiner Akademie-Rede
über E.T.A. Hoffmann heißt es: "Wer Künstler geworden ist, dem ist nicht mehr zu
helfen." Ernst Theodor Amadeus Hoffmann. Rede in der Akademie der Künste der
DDR, in: Franz Fühmann, *Fräulein Veronika Paulmann aus der Pirnaer Vorstadt
oder Etwas über das Schauerliche bei E.T.A. Hoffmann*, Rostock 1979, S. 31.
202 *Der Sturz des Engels* (Anm. 198), S. 6.
203 Franz Fühmann stimmt darin mit Walter Killy überein, der diesen Gedanken Hei-
deggers Trakl-Interpretation entnommen hat. Vgl. Walter Killy, *Über Georg Trakl*,
Göttingen 1960, S. 52.

kles, nicht eindeutig Entschlüsselbares bekunde die Zugehörigkeit der Traklschen Lyrik zur Moderne.

Fühmanns Verständnis dieses literarhistorischen Epochenbegriffs ist der Auffassung des Romanisten Hugo Friedrich verwandt, auf den er sich in seiner Gedichtinterpretation mehrmals beruft[204]. Der Leser werde sich damit abfinden müssen, "daß die Dunkelheit mancher modernen Dichtung unabdingbar zu ihrem Wesen gehört und daß ohne sie die Gedichte Trakls niemals wären, was sie sind"[205]. Ausführlich setzt sich Fühmann mit dem Dekadenzverdikt in der Kulturpolitik der DDR auseinander. Im Unterschied zu Hermlin will er Trakl keineswegs von diesem Prädikat reinwaschen. Im Gegenteil. Trakls Dichtung gehöre der Dekadenz als einer Welttendenz in der modernen Lyrik an. Durch sie seien bisher unerschlossene Bezirke im Menschen freigelegt worden. Flauberts "ennui" und Baudelaires "spleen" meinten Weltüberdruß aus Sättigung, Überdruß an einer bestehenden, festgefügten Welt. Trakls Welt sei bereits brüchig, im Verfallen begriffen, und Trakl nehme an diesem Verfall teil. "Verfall auch als Sehnsucht nach dem Verfallen, als Verfallensein ans Verfallen, als innige Genugtuung am Untergang."[206] Dieser Verfall - so Fühmann - habe Humanes freigesetzt und Neues in die Dichtung gebracht. "Die Dichtung der Moderne von Baudelaire bis József und von Lautréamont bis Halas hat Bezirke in diesem Bereich freigelegt, in die zu blicken einem schaudert, allein es sind Bezirke in uns, und Brüderlichkeit könnte damit beginnen - oder sie könnte dahin führen - diese Bezirke im Ich für möglich zu halten, um im anderen auch ein Teil Selbst zu sehen."[207] Die Beschäftigung mit Trakl ist der Versuch, einem Außenseiter und dekadenten Dichter, dem ein großes künstlerisches Werk zu verdanken ist, den Stempel des Anrüchigen zu nehmen, den manche Gralshüter der sozialistischen Literatur für Dichter dieses Typs immer noch bereit halten. Trakls Leben zu begreifen, heiße zu verstehen, daß "unlebbare Leben" auch Menschenleben sind. Die Menschheit, wolle sie überleben, müsse lernen, "den Menschen zu begreifen, den Menschen ganz und den ganzen Menschen"[208].

Fühmanns Ausführungen zur Dekadenz sind eine Solidaritätserklärung mit den *poètes maudits*, ja ein Bekenntnis zu ihnen. Die Geschichte der Moderne sei auch eine Geschichte des Ruins ihrer Schöpfer. Fühmann plädiert für eine zusammenhängende Sicht auf Trakls Leben und Werk. Sein "unlebbares Leben" sei der Preis gewesen, um sein Werk zu schaffen. "Künstler ist, wer nicht anders kann - und dem dann nicht zu helfen ist."[209] Die positive Bewertung der Dekadenzdichtung leitet zu der Frage über, ob es nicht berechtigt ist, Ästhetik und Ethik radi-

204 Vgl. Hugo Friedrich, *Die Struktur der modernen Lyrik*, erw. Neuausgabe, Hamburg 1967.
205 *Der Sturz des Engels* (Anm. 198), S. 87.
206 Ebd., S. 139.
207 Ebd., S. 149.
208 Ebd., S. 208.
209 Ebd., S. 229.

kal voneinander zu trennen[210]. Fühmann zitiert Benn als Verfechter dieser Auffassung, allerdings ohne Trakl mit ihr zu identifizieren. Die Leser, die sich über
Benns Haltung empörten, müßten sich die Frage gefallen lassen, ob sie mit ihrer
Forderung nach politisch-ethischem Engagement des Dichters "nicht unbewußt
eine Pflicht einem anderen Verantwortungsfeld zuschieben, die sie selbst *da* zu
erfüllen hätten, wo sie sinnvoll erfüllt werden kann: im Bezirk *ihres* alltäglichen
Wirkens?"[211]

Beim Studium Trakls hatte Fühmann den Eindruck gewonnen, seine Gedichte
stellten im Grunde ein einziges, sich ständig variierendes Gedicht dar. Dieser
Eindruck lasse sich auf die Dichtung der Moderne insgesamt ausweiten und sei
durch Zitate aus Mallarmé oder Eliot, József oder Halas usw. belegbar. Fühmann
verbindet seine These mit politischen und kulturpolitischen Überlegungen. Wenn
die Literatur unserer Epoche zu einem Ganzen zusammenwächst, seien literaturtheoretische Unterscheidungen nach Zugehörigkeit zu Gesellschaftssystemen
überholt. Kategorien wie bürgerliche und sozialistische Literatur verlören ihren
Sinn. In unserer Epoche sei die Menschheit gezwungen, sich als Menschheit zu
konstituieren, wenn sie eine Chance des Überlebens wahren wolle. Ihr ginge
"eine Brüderschaft der Dichtung und Kunst"[212] voran. Die politischen Implikationen dieser Gedanken erläutert Fühmann in einem Gespräch mit dem Lektor des
Hinstorff-Verlages Horst Simon (1981). Erforderlich sei eine Überwindung des
Blockdenkens, des Denkens in antagonistischen Formationen, von denen eine die
andere ablösen werde. "Daß aus den beiden antagonistischen Lagern die Menschheit werde - dahin zu wirken, das halte ich für die größte Aufgabe unserer
Zeit."[213] Literatur könne dieser Entwicklung zuarbeiten, wenn sie den Blick auf
den ganzen Menschen nicht preisgebe. Wie kein anderer Schriftsteller in der
DDR erteilt Fühmann seiner Zeit den präzisen Bescheid. Das Bild des Dichters
als Seismograph - von Ernst Jünger apologetisch mißbraucht - gewinnt durch ihn
scharfe Konturen zurück.

4.3. Günter Kunert: Lyriker in der Endzeit

Kunerts erster Gedichtband erschien 1950 unter dem Titel "Wegschilder und
Mauerinschriften". Becher hatte den jungen Dichter gefördert, obgleich Kunert
dem Neoklassizismus Becherscher Verse wenig abgewinnen konnte. Stärker war
da schon der Einfluß Brechts, der sich in Lehrgedichten und Epigrammen niederschlug. Kunert ließ an der didaktischen Absicht seiner frühen Lyrik keinen Zweifel aufkommen. Es sind Warngedichte, die oft überraschende Pointen enthalten,

---

210 Vgl. dazu den in der Einleitung vorgestellten Ansatz von Karl-Heinz Bohrer.
211 *Der Sturz des Engels* (Anm. 198), S. 145.
212 Ebd., S. 155.
213 *Essays* (Anm. 181), S. 483.

um den Leser aufzurütteln. Eines der bekanntesten Gedichte aus dem Band "Wegschilder und Mauerinschriften" lautet:

Über einige Davongekommene

Als der Mensch
unter den Trümmern
seines
bombardierten Hauses
hervorgezogen wurde,
schüttelte er sich
und sagte:
Nie wieder.

Jedenfalls nicht gleich.

Das ironisch-skeptische Moment dieses frühen Gedichts[214] läßt einen jungen Dichter erkennen, der am Fortschrittspathos der neuen Epoche leise Zweifel anmeldet. Seine Neigung zu satirisch-pointierten Texten ist auf einen für Kunert konstitutiven Mangel zurückzuführen. Er war ein vom deutschen Faschismus gebranntes Kind. Im Unterschied zu Fühmann hatte Kunert, dessen Mutter Jüdin war, den Nationalsozialismus in der Rolle des Opfers erlebt. Ihm fehlte nach dem Krieg jene Bereitschaft zur Hingabe, die andere junge Schriftsteller in der SBZ/DDR auszeichnete. Außerdem sei es - wie er berichtet - die Lektüre der Werke Heines, Tucholskys und Heinrich Manns gewesen, die ihn vor "der kritiklosen Hingabe an den neuen Gott"[215] bewahrte. Sein Engagement für den Sozialismus äußerte sich in der Entstehungs- und Aufbauphase der DDR gleichwohl in einer Vorliebe für Formen einer operativen Literatur. Die neue Gesellschaft schien zum Greifen nahe, und der Schriftsteller hatte seinen Beitrag zur Neugestaltung zu leisten.

Mitte der fünfziger Jahre verloren Kunerts Gedichte ihren "Lehrauftrag"[216]. Das Ideal fiel von der Wirklichkeit ab, als sei es nur eine attraktive Hülle gewesen. Neue Hoffnungen, die durch den XX. Parteitag der KPdSU im Frühjahr 1956 geweckt worden waren, sollten sich nach der Niederschlagung des Ungarnaufstandes im Herbst dieses Jahren nicht erfüllen. Das Ausbleiben der Entstalinisierung löste bei nicht wenigen Intellektuellen und Künstlern in der DDR Irritation und Zweifel an der Richtigkeit des eingeschlagenen Weges aus. Bei Hermlin und Fühmann versiegte in der Folgezeit die Quelle lyrischer Inspiration.

---

214 Wiederabgedruckt in: Günter Kunert, *Erinnerung an einen Planeten. Gedichte aus fünfzehn Jahren*, München 1963, S. 7.
215 Günter Kunert, *Vor der Sintflut. Das Gedicht als Arche Noah. Frankfurter Vorlesungen*, München 1985, S. 35.
216 Ebd., S. 38.

Kunert schrieb weiter Gedichte, doch wechselten sie ihren Adressaten. Sie rich-
teten sich nicht mehr an ein fiktives "Ihr", sondern an den Autor selber. "Diese
Gedichte dienten der Selbstverständigung, ohne jedoch den Leser auszuschließen,
der möglicherweise in der gleichen Lage war ... Etwas wie eine neuerliche Indi-
vidualisierung setzte in der DDR ein, und damit vergrößerte sich die Kluft zwischen dem Einzelnen und der Gesellschaft rapide."[217] Kunert spricht hier eine
Tendenz in Gesellschaft und Literatur der DDR an, die in den sechziger Jahren
zu einem neuen Selbstverständnis von Schriftstellern und zur Emanzipation der
Literatur vom Parteiauftrag führen sollte. In Kunerts Gedichten werden Zweifel
an der Realisierbarkeit des utopischen Entwurfs einer herrschaftsfreien Gesellschaft schon früh ausgesprochen. Das deutliche Auseinanderklaffen von Parteian-
spruch und gesellschaftlicher Wirklichkeit und die fehlende Bereitschaft der SED,
offen über Fehler und Mängel zu diskutieren, ließen den für überwunden ge-
glaubten Gegensatz von Geist und Macht wieder aufleben. Die Ausschließung einer kritischen Öffentlichkeit geißelte Kunert in mehreren Gedichten, deren Veröffentlichung für den Verfasser nicht folgenlos bleiben sollte:

Als unnötigen Luxus

herzustellen verbot was die Leute
Lampen nennen
König Tharsos von Xantos der
von Geburt
Blinde.

In den Herzkammern der Echos

sitzen Beamte. Jeder
Hilferuf hallt
gestempelt zurück.

Kunert provozierte mit Gedichten dieses Tenors[218] die scharfe Reaktion der Kulturfunktionäre. Ein im Entstehen begriffener Lyrikband konnte erst nach mehr-
jähriger Verzögerung - 1965 - erscheinen[219].
     Kunerts Werke - teilt man die Diagnose seiner Kritiker[220] - erfüllten bereits zu
Beginn der sechziger Jahre alle Voraussetzungen der Dekadenz. Ein solches Ur-

---

217 Ebd.
218 Das Gedicht "Als unnötigen Luxus" erschien erstmals in *Neue Texte 2. Almanach
     für deutsche Literatur*, Berlin/DDR 1962; es wurde auch in der *Weltbühne* und in
     der *Ostsee-Zeitung* abgedruckt. (Vgl. *Die Weltbühne*, Nr. 1 vom 2.1.1963, S. 9;
     Ostsee-Zeitung, Nr. 11 vom 12./13. 1.1963, S. 6.)
219 Günter Kunert, *Der ungebetene Gast. Gedichte*, Berlin/DDR 1965.
220 Zur Abrechnung der Kulturfunktionäre Abusch und Hager mit Kunert vgl. oben Teil
     I, Kap. 3.

teil war aus der Sicht der SED nur konsequent und nachgerade weitsichtig, betrachtet man den weiteren Werdegang des Dichters. Lange bevor die westdeutsche Literaturkritik für die DDR-Lyrik den Weg von Brecht zu Benn konstatierte, stellte der stellvertretende Kulturminister Abusch die Diagnose, Kunert habe "all das vergessen ..., was seine großen Lehrer Johannes R. Becher und Bertolt Brecht ihn einstmals gelehrt haben"[221]. Abusch beschwor Kunert, den verhängnisvollen Einfluß Kafkas und Benns zu überwinden. Das Wunschdenken des Parteifunktionärs und die Wahrheitsliebe des Schriftstellers prallen hier unversöhnlich aufeinander. Kunert hat diese Divergenz des Bewußtseins später in einem Aufsatz in der "Zeit" (1977) treffend charakterisiert. Der Schriftsteller - Kunert meint einen bestimmten, in der DDR an Einfluß gewinnenden Typus - decke die Kluft zwischen Ideal und Wirklichkeit unbarmherzig auf. Er sei inspiriert von der Lust am Aussprechen der Wahrheit, nicht vom "gesellschaftlichen Auftrag", vom "Studium der Klassiker" oder von der "Volksverbundenheit". Das Bewußtsein des Schriftstellers sei "existentiell und kritisch disponiert, das andere jedoch affirmativ und funktional, so daß zwischen diesen beiden Bewußtseinsarten ein Dialog selbst bei gutem Willen fast unmöglich scheint"[222].

Abuschs Hinweis auf den Einfluß Kafkas im Werk Kunerts war nicht aus der Luft gegriffen. Im Gedicht "INTERFRAGMENTARIUM (Zu Franz K.s Werk)", das 1962 in der Zeitschrift "Sinn und Form" erschien, hatte Kunert die Welt des Prager Dichters beschworen[223]. Die 6. Strophe des Gedichts lautet:

> ....Dumpf
> Geht über Decken und Stiegen ein Stampfen.
> Ein Schreiten über Treppen und Böden durch
> Flure und Kammern ein Schritt: jener
> Der Gewalt die viele Namen trägt.
> Zu viele.

Zum Sonderheft "Thomas Mann" von "Sinn und Form" (1965) steuerte Kunert den Text "Verzauberung" bei, in dem er kritische Distanz zum Romanwerk des Schriftstellers wahrte. Er habe die Schrecknisse des Jahrhunderts geläutert und historisiert. Es sei dies eine Kunst des Bewahrens, nicht des Bewirkens: "ein grandioses Konservatorentum"[224]. Die Werke Kafkas seien demgegenüber welt-

---

221 Alexander Abusch, Zur nationalen Rolle unserer Republik und ihrer Kunst, in: *Dokumente* (Anm. 41), S. 881.

222 Günter Kunert, Ein Schriftsteller ohne Inspiration erzeugt Flugsand. Offener Brief aus Ostberlin, in: *Die Zeit*, Nr. 33 vom 5. 8. 1977, S. 37.

223 Günter Kunert, INTERFRAGMENTARIUM. (Zu Franz K.s Werk), in: *Sinn und Form*, 14. Jg. 1962, H. 3, S. 372 f. Vgl. auch ders., *Verkündigung des Wetters. Gedichte*, München 1966, S. 80-82.

224 Günter Kunert, Verzauberung, in: ders., *Warum schreiben. Notizen zur Literatur*, Berlin/Weimar 1978, S. 180.

präziser und zeithaltiger.

Die Angriffe gegen Kunert wiederholten sich auf dem 11. ZK-Plenum der SED (1965) und in einer von der FDJ-Zeitschrift "Forum" veranstalteten Lyrikdebatte (1966). Auf die Frage der Redaktion, ob die technische Revolution und die neue Stellung des Menschen in der sozialistischen Gesellschaft die Lyrik inhaltlich und strukturell veränderten, antwortete Kunert: "Mir erscheint als bedeutendste 'technische Revolution' ... die Massenvernichtung von Menschen, das möglich gewordene Ende allen Lebens. Am Anfang des technischen Zeitalters steht Auschwitz, steht Hiroshima, die ich nur in bezug auf gesellschaftlich organisiert verwendete Technik hier in einem Atemzug nenne. Ich glaube, nur noch große Naivität setzt Technik mit gesellschaftlich-humanitärem Fortschreiten gleich."[225] Die radikale Skepsis, die Kunert der wissenschaftlich-technischen Revolution im Sozialismus - ein ideologisches Schlagwort, mit dem sich in den sechziger Jahren ehrgeizige politische Ziele verbanden - entgegenbrachte und die sich in einer Reihe neuer Gedichte niederschlug, veranlaßte den stellvertretenden Chefredakteur des "Forum", Rudolf Bahro, Kunert eine "intellektuell hilflose spätbürgerliche Gesamthaltung" zu bescheinigen. Kunerts neuere Gedichte arbeiteten mit an der "Entmachtung, Zerstörung der Vernunft"[226].

Die sich häufende ideologisch-weltanschauliche Kritik an Kunerts Lyrik führte zu anhaltenden Schwierigkeiten bei der Veröffentlichung neuer Texte. Die Aufkündigung der politischen Zwecksetzung des Gedichts trug ihm den Vorwurf ein, er nähere sich der Auffassung H.M. Enzensbergers, das Gedicht sei eine "'Antiware schlechthin'"[227]. Ungeachtet dieser Kritik rechnete ihn die Literaturwissenschaft der DDR jedoch weiterhin der sozialistischen Literatur zu, da er den Sozialismus als Künstler prinzipiell bejahe[228]. Das Bemühen, Kunert nicht der spätbürgerlichen Literatur zu überlassen, charakterisiert auch ein Gespräch, das der Jenaer Germanist Hans Richter Mitte der siebziger Jahre mit ihm führte. Gefragt nach seiner Haltung zum "sozialistischen Literaturbegriff", meinte Kunert sich damit identifizieren zu können, wenn er alle künstlerischen Bestrebungen umfasse, die der Humanisierung des Menschen und der Aufhebung der Entfremdung dienten. Lyrik ziele nicht auf einen Zweck, wohl aber auf einen Sinn: den Leser zum Bewußtsein seiner selbst zu veranlassen. Die Autonomie der Kunst bestehe in ihrer besonderen Erkenntnisfähigkeit. Die von Richter zitierte Feststellung Enzensbergers, die DDR-Lyrik lasse Spuren der Moderne vermissen, sie sei rückständig im Literarisch-Technischen und durch die deutsche Klassik geprägt, läßt Kunert unbeeindruckt. Ihn interessiere nicht Sprache "an sich". Mallarmé sei

225 Antwort von Günter Kunert in: *Forum*, 20.Jg. 1966, H. 10, S. 23.
226 Rudolf Bahro, Abdankung des Grashüpfers?, in: ebd.
227 Klaus Werner, Günter Kunert, in: *Literatur der DDR in Einzeldarstellungen*, hrsg. von Hans Jürgen Geerdts, Stuttgart 1972, S. 540. (Die Publikation ist von Literaturwissenschaftlern aus der DDR verfaßt worden.) Zur Auffassung von Poesie als "Antiware" vgl. Hans Magnus Enzensberger, Vorwort zu *Museum der modernen Poesie*, München 1964, S. 20 f.
228 Werner, Kunert (Anm. 227), S. 541 f.

gewiß kein Einfluß gewesen. Auch Baudelaire wäre kaum als Anreger zu nennen, ebensowenig Pound oder Apollinaire. Dies sei darauf zurückzuführen, "daß in der DDR weder der Dichter noch der Leser auf der Suche nach der 'leeren Transzendenz' (wie Hugo Friedrich es nennt) ist, wohl aber nach etwas anderem, was sich mit einem Wort der afro-amerikanischen Kultur 'soulfood', Seelen-Speise, nennen ließe"[229]. Kunert betonte 1974 noch die Andersartigkeit der Lyrik in der DDR und begründete dies mit den andersartigen gesellschaftlichen Verhältnissen und den anders gearteten Bedürfnissen der Leser. In einem Gespräch mit dem amerikanischen Germanisten Richard A. Zipser einige Jahre später (1975/76) konkretisierte Kunert diese Feststellung, nicht ohne sie zugleich abzuschwächen. Die Literatur müsse Fragen nach dem Sinn und dem Wie des Lebens beantworten, da in der DDR keine andere Instanz sich dieser Fragen annehme. Diese Funktion habe die Literatur aber überall in der Welt, in einer sozialistischen Gesellschaft nur in besonderem Maße[230].

Fünf Jahre nach seinem Wechsel in die Bundesrepublik im Oktober 1979 hat sich Kunert in der Frage des Charakters des Gedichts der Position Friedrichs angenähert. In einem Aufsatz über Literatur als Mythos (1984) heißt es: "Was Hugo Friedrich in den 'Strukturen der modernen Lyrik' 'leere Transzendenz' nennt, das heißt, ein Transzendieren des Gedichts ohne entsprechendes Objekt, ohne Gott und Götter, trotzdem ausgestattet mit dem gehobenen Ton des Sprechens zu einem Du, das als Adressat nicht mehr vorstellbar ist, das mag einer der mythischen Züge des Gedichts sein."[231] In seinen Frankfurter Poetik-Vorlesungen (1981) war die These von der Verankerung des Gedichts im Mythos bereits angeklungen. In der DDR lebend, glaubte Kunert noch konkrete Lebenshilfe im Sinne der Hinführung des Lesers zur Selbsterkenntnis als Funktion des Gedichts angeben zu können. Nun - nach seiner Übersiedlung in die Bundesrepublik - verweist er stärker auf die Unbestimmtheit und Nichtentschlüsselbarkeit der dichterischen Aussage, auf den Charakter von Dichtung als "Zwiesprache mit etwas Numinosem"[232]. Sinnvermittlung könne nicht Aufgabe der Literatur sein. Das Transzendieren der Wirklichkeit in Bildern bleibe ohne Ziel, ohne entsprechendes Objekt. "Das Gedicht erlöst keinen von der Sinnlosigkeit und Zufälligkeit des Lebens, aber es gibt dem Leser das Gefühl, in einen nur zu ahnenden

---

229 Selbstausdruck und Gesellschaftsbezug. Interview mit Günter Kunert, in: *Auskünfte. Werkstattgespräche mit DDR-Autoren*, Berlin/Weimar 1976, S. 475. Erstabdruck in *Weimarer Beiträge*, 5/1974. Zum Begriff "leere Transzendenz" vgl. Hugo Friedrich, *Die Struktur der modernen Lyrik*, erw. Neuausgabe, Hamburg 1967, S. 61 f.
230 Vgl. die Antwort von Günter Kunert auf die Frage: "Worin liegt nach ihrer Meinung die Funktion der Literatur und Kunst im sozialistischen Staat?", in: Richard A. Zipser, *DDR-Literatur im Tauwetter*, Bd. III: *Stellungnahmen*, New York/Bern/Frankfurt a. M. 1985, S. 21.
231 Günter Kunert, Der Schlüssel zum Lebenszusammenhang. Literatur als Mythos, in: *Frankfurter Allgemeine Zeitung* vom 5. Mai 1984, Beilage.
232 Ebd.

Zusammenhang wieder aufgenommen worden zu sein."[233] Ein solches Poetik-Verständnis läßt sich kaum noch mit einem sozialistischen Literaturbegriff vereinbaren, der auf Elemente des Nützlichen, auf Funktionalität, wenigstens im Sinne konkreter Lebenshilfe, nicht verzichten will.

Kunert hat in seinem "Pamphlet für K." (d.i. Kleist) wie kein zweiter Schriftsteller in der DDR den Ungeist einer Literaturkritik angeprangert, die sich des Vorwurfs der Dekadenz bedient. Er sieht in dieser Betrachtungsweise, die ihre Begriffe der Biologie und Medizin entlehnt, faschistisches Denken weiterwirken. Kunert spricht in dem Pamphlet - erschienen 1975 in "Sinn und Form" - von einem scheinwissenschaftlichen Vorurteil, "welches, um es verkürzt zu sagen, zur Vernichtung von Intellektuellen, von Künstlern führte und dessen Fortwirken bis heute nicht aufgehört hat und das weiterhin die gleichen Argumente für seine 'Endlösungen' benutzt wie die gegen K. angeführten"[234]. Es ist der Vorwurf des Krankhaften und Pathologischen, den Kunert einem 1972 in der DDR erschienen Lexikon-Artikel über Kleist entnimmt[235].

Faschistoides Denken spürt Kunert auch in der Sprache des Literaturkritikers Werner Neubert auf[236]. In einer Kritik neuerer Werke von Heiduczek und Loest hatte Neubert in bezug auf die Handlungsfiguren von extremem Subjektivismus, Zynismus im Sexuellen und Egoismus der Motive gesprochen. Kunert erinnern diese Bezichtigungen an Attributzuschreibungen, die in der Sprache des Dritten Reiches mit "typisch jüdisch" in Verbindung gebracht wurden. An der Geisteshaltung, wie sie Neubert repräsentiere, zeige sich, daß in der DDR die psychischen und intellektuellen Voraussetzungen des Faschismus nie ernsthaft untersucht worden seien[237]. Die scharfe Polemik gegen Neubert (1978 in "Die Zeit") liest sich auch wie eine späte Reaktion auf die Angriffe Hagers und Abuschs zu Beginn der sechziger Jahre, die von gleicher Geisteshaltung zeugten. In der zweiten Hälfte der siebziger Jahre war das Dekadenzverdikt allerdings schon im

---

233 Ebd. In einem später erschienenen Aufsatz, in dem Kunert mit der Beliebigkeit der zeitgenössischen Bildenden Kunst abrechnet, erhält allerdings das hier Gesagte einen pejorativen Akzent: "Wenn nun aber 'Sinn' nicht mehr sichtbar gemacht werden kann, wenn die Kunst um diese ihr bis dato inhärente Aufgabe gebracht worden ist - was soll sie da überhaupt mit sich (und uns) anfangen? ... Durch die unaufhörliche und seit langem sich vollziehende Relativierung dessen, was wir kaum mit 'Transzendenz' zu bezeichnen wagen, leugnet die Kunst radikal jegliche Bedeutung. Sie stellt höhnisch dem Beobachter anheim, derartiges zu unterstellen oder es auch bleiben zu lassen." Günter Kunert, Die Musen haben abgedankt. Über die Sinnlosigkeit der zeitgenössischen Kunst, in: *Die Zeit* v. 2. Oktober 1988, S. 60.

234 Günter Kunert, Pamphlet für K., in: *Sinn und Form*, 27.Jg. 1975, H. 5, S. 1092. Ähnlich im Tenor ist Stephan Hermlins Antwort auf Wolfgang Harichs Versuch, das Dekadenzverdikt erneut in Kraft zu setzen. Vgl. oben Teil II, Kap. 1.

235 Vgl. Günter Albrecht u.a., *Lexikon deutschsprachiger Schriftsteller*, Bd. I, Kronberg/Ts. 1974, S. 470 (westdt. Lizenzausgabe).

236 Werner Neubert, 1966-1974 Chefredakteur der Zeitschrift des Schriftstellerverbandes, *Neue Deutsche Literatur*, war seit 1975 Inhaber des Lehrstuhls Kulturpolitik/Ästhetik an der Akademie für Staats- und Rechtswissenschaft.

237 Vgl. Günter Kunert, Deutschkunde, in: *Die Zeit*, Nr. 47 v. 17. November 1978, S. 49.

Zerfall begriffen, und Literaturkritiker wie Neubert und Hans Koch gerieten mit ihren Invektiven gegen schädliche literarische Einflüsse immer mehr in die Defensive. Die Reaktion Kunerts mag zweifach begründet sein: Selbst ein Opfer der nationalsozialistischen Rassengesetzgebung, mußte ihn das Nachleben faschistischer Geisteshaltungen in der DDR besonders empfindlich treffen. Zum anderen sah er sich nun als Schriftsteller ähnlichen Anschuldigungen ausgesetzt, wie er sie im Fall Kleists notierte.

Das Dilemma, in dem Kunert sich befand, war typisch für viele namhafte Schriftsteller in der DDR. Die Erweiterung des offiziellen Literaturkonzepts und die Abdankung der tradierten Dekadenzdoktrin verliefen langsamer und weniger stetig als die Loslösung der Autoren von operativen Literaturvorstellungen und einem der Perspektive des Fortschritts verpflichteten marxistisch-leninistischen Weltbild. So blieben die Konflikte mit den Kulturfunktionären nicht aus. Während Kunerts Polemik gegen das offizielle Kleist-Bild noch in "Sinn und Form" veröffentlicht werden konnte, nicht ohne eine Gegendarstellung zu provozieren, war die Publikation seiner Abrechnung mit Neubert nur noch in der Bundesrepublik möglich. Wie tief der Graben war, der ihn von der herrschenden politisch-ideologischen Position trennte, zeigt die Kontroverse "Anläßlich Ritsos", die Kunert wenige Monate vor seiner Übersiedlung in den Westen mit dem Chefredakteur von "Sinn und Form", Wilhelm Girnus, führte[238]. Kunert untermauerte in diesem Briefwechsel zu Fragen der Ökologie seine These von der Symmetrie der Problemlagen in sozialistischen und kapitalistischen Gesellschaften. Indem er der durch die Technik induzierten industriellen Entwicklung einen primären Stellenwert gegenüber den Produktions- und Eigentumsverhältnissen zuerkannte, verstieß er gegen ein Axiom marxistischer Orthodoxie, das den humaneren Gebrauch technischer Produktivkräfte unter sozialistischen Verhältnissen behauptet. Wenn Girnus daraufhin Kunert einen Abfall vom Marxismus vorwarf, verkannte er jedoch die Folgerichtigkeit, mit der dieser die Marx-Lukácssche Theorie der Verdinglichung weiterdachte. Für Kunert ist die Macht der von den Menschen produzierten Dinge in einem Maße angewachsen - und dies gleicherweise in Ost wie West -, daß er den Menschen immer mehr zum Anhängsel der Maschine geworden sieht[239]. Die Verdinglichung produziere aber nicht mehr die Bedingungen ihrer möglichen Aufhebung durch die revolutionäre Aktion der unterdrückten Klassen, wie Marx und Lukács annahmen. In seiner Gesellschaftsanalyse ist Kunert zum radikalen Skeptiker geworden. Durch die wachsende Funktionalisierung verliere der Mensch immer mehr von dem, was ihn zum Menschen mache, und was sich eigentlich jener Funktionalisierung entgegenstemmen müßte. "Diese

---

238 Vgl. Anläßlich Ritsos/Ein Briefwechsel zwischen Günter Kunert und Wilhelm Girnus, in: *Sinn und Form*, 31. Jg. 1979, H. 4, S. 850-864.

239 Kunerts Auffassung deckt sich weitgehend mit der des Philosophen Günter Anders. Vgl. die Laudatio Kunerts für den Adorno-Preisträger Anders: Der Mensch - antiquiert und entfremdet, in: *Frankfurter Rundschau*, Nr. 211 v. 12. September 1983, S. 12.

sich selbst immer stärker beschleunigende Entwicklung ist auch eines der wesentlichen Momente, die keine Hoffnung mehr zulassen."[240]

Welche Schlußfolgerungen zieht nun Kunert aus seiner Diagnose des Ge-
schichtsverlaufs für das "Bewußtsein des Gedichts"? In seinen Frankfurter Poetik-Vorlesungen hat er darauf eine Antwort zu geben versucht. Der Symmetrie
der gesellschaftlichen Strukturen in Ost und West korrespondierten Strukturähn-
lichkeiten der dort wie hier entstehenden poetischen Gebilde. Das Gedicht ant-
worte auf den Zerfall der herkömmlichen, gewohnten Lebensformen mit der
Zertrümmerung tradierter Formen und Sprechweisen. Es werde hermetischer und
elitärer in dem Maße, wie sich die Gesellschaft unaufhaltsam in jene industriell-
technisch beherrschte Maschinerie verwandelt. Kunerts Erklärung für das Entstehen der literarischen Moderne behält auch für die DDR ihre Gültigkeit und kennzeichnet eine Entwicklung, an der er selbst und andere DDR-Lyriker teilhatten:
"... erst als mit dem Aufwuchern der Industrie die Disziplinierung und Konditio-
nierung aller sich vollzog und das Denken und Urteilen und Werten immer stärker von der ökonomischen und technischen Effizienz gesteuert wurde, mußte das
Gedicht, das da nicht mithalten konnte, verschwinden. Oder sich gründlich verändern. Am Beginn dieser Veränderung stehen die großen Dichter Poe, Baudelaire, Verlaine, Rimbaud, die selbst noch ihr Dasein zum Gegenbild einer tödli-
chen 'Normalität' stilisieren. Gegen diese Entwicklung der industriellen Zivilisation, gegen den Fortschritt, der sich jeden Lebensbereich integriert, um seine
Verläufe zu fördern, sperrt sich das Gedicht und reflektiert sie dennoch als Erfahrung des Subjekts."[241]

Kunerts Versuch, auf den Zustand der gesellschaftlichen Erstarrung zu reagieren, brachte die Verabschiedung der Utopie und des Prinzips Hoffnung. Die to-
tale Umkehrung der Verheißung, daß der Mensch unter den neuen Verhältnissen
zum Subjekt der Geschichte werden solle, führe zu der düsteren Konsequenz, daß
der Fortfall von Unselbständigkeit und Abhängigkeit gar nicht mehr denkbar sei.
Beides gehöre bereits zur neugestifteten Identität der neuen Gesellschaft. Der Lyriker habe sein Ziel erreicht, wenn das Einverständnis des Lesers mit seiner Welt
durch das Gedicht erschüttert werde. Kunert stellt die Diagnose, daß der Kampf
für eine "bessere Zukunft" ausgekämpft sei. "Zum Schweigen verurteilt, richtet
sich das Denken auf das bedrohliche Ende ein. Die letzte Aussicht ist das Unheil.
Nur das scheint noch sicher."[242].

Kunert zitiert in einer seiner Frankfurter Vorlesungen Gedichte der DDR-Lyriker Jürgen Rennert und Heinz Czechowski, denen im Unterschied zu einem da-
gegengesetzten Gedicht Volker Brauns jegliche Perspektive fehlt. Das Programm
dieser Art von Dichtung ließe sich mit einer Gedichtzeile von Czechowski be-

---

240 Warum handeln Sie mit Prothesen, Herr Kunert? Ein Interview von Uwe Wittstock,
    in: *FAZ-Magazin* v. 19. August 1988, S. 35.
241 Kunert, *Vor der Sintflut* (Anm. 215), S. 24 f.
242 Ebd., S. 95.

schreiben: "'Kein Anspruch, der mich erreicht, außer dem an mich selber.'"[243] Kunert spricht von einer "Endzeit für alle außerliterarischen Ansprüche an Literatur". Das bedeute nicht den Rückzug aus der Politik oder die Flucht in den Elfenbeinturm, sondern die Bewahrung der Struktur des Gedichts vor der Durchdringung mit fremden Strukturen. Für das Dasein des Dichters, so heißt es in einem Offenen Brief an Thomas Brasch, der seine Solidarität mit der DDR bekundet hatte, sei der einzige gebührende Ort das Reich der Literatur. Jede Bindung an ein Gesellschaftssystem müsse sich verheerend auf sein Schreiben auswirken[244]. Im Werdegang Günter Kunerts vom politischen Lyriker zum engagierten Verfechter literarischer Autonomie ist die Grenzüberschreitung im poetologischen wie im politisch-geographischen Sinne Lebensschicksal und dichterische Konsequenz geworden.

4.4. Volker Braun: Von der Pflicht zur Kür

In einem Vortrag auf dem 2. Poetenseminar 1971 in Schwerin zum Thema Politik und Poesie grenzt Volker Braun die sozialistische Poesie von der modernen polemisch ab. Wenn er von moderner Poesie spricht, so kleidet er das Attribut "modern" meist in Anführungsstriche, um die Fragwürdigkeit dieses Begriffes hervorzuheben, während für ihn gleiche Bedenken beim Gebrauch des Terminus "sozialistische Poesie" nicht existieren. Den Unterschied zwischen beiden Richtungen, die, wie Braun meint, seit der Mitte des 19. Jahrhunderts von sich reden machten und aus derselben gesellschaftlichen Situation erwuchsen, sieht er darin, daß die eine mit Angst und Verzweiflung auf die gesellschaftlichen Veränderungen reagierte, während die andere eine revolutionäre Antwort zu geben versuchte. "Pound, Eliot - Majakowski, Brecht: das sind zwei Literaturen, die eine unterschiedliche Haltung zur Welt artikulieren, die von Opfern und die von Kämpfern."[245] Allerdings seien sozialistische und moderne Poesie nicht stets voneinander zu trennen. Der Futurismus brachte schließlich den sozialistischen Dichter Majakowski hervor, der erkannte, daß literarische Revolte und soziale Revolution aufeinander angewiesen seien.

Für die heutige Zeit konstatiert Braun - er schrieb seine Überlegungen wenige Monate nach dem 8. Parteitag der SED (Juni 1971) nieder -, daß die sozialistische Poesie sprechen gelernt habe, während die moderne im Begriff sei zu verstummen. Ihre leergelaufene Sprache kenne keine geschichtlichen Zusammenhänge mehr. Hier spricht Braun ein Phänomen an, das die moderne Poesie seit Anbeginn kennzeichnete und immer wieder dazu führte, ihr baldiges Ende zu verkünden. Das Altern der Moderne, ihr mögliches Ende gar, die Erschöpfung

---

243 Ebd., S. 98.
244 Vgl. Ist der Umzug mißlungen? Ein offener Brief von Günter Kunert an Thomas Brasch, in: *Frankfurter Allgemeine Zeitung* v. 17. November 1987.
245 Volker Braun, *Es genügt nicht die einfache Wahrheit. Notate*, Leipzig 1979, S. 83.

des Impulses, der von den historischen Avantgardebewegungen ausging, all das
ist seit dem Ende des Zweiten Weltkriegs immer wieder festgestellt und proklamiert worden. Es ist jedoch ein Unterschied, bestimmte charakteristische Eigenarten der modernen Poesie - ihre Schwerverständlichkeit, die Hermetik ihrer
Sprachgebilde - für ein Zeichen ihres Niedergangs zu halten oder in einer Spätphase der Moderne die Erschöpfung der sie tragenden Impulse zu konstatieren.
Für Braun ist der modernen Poesie der Weg in die Ausweglosigkeit von Beginn
an eingeschrieben. Ihr Strukturgesetz sei "der Unzusammenhang, ihr Kompositionsgesetz die Unänderlichkeit, die Vereinzelung von allem, auch die Sprache:
das Schweigen."[246] Braun beruft sich auf den in der DDR hochgeschätzten
Lyriker und Poetiklehrer Georg Maurer, wenn er demgegenüber die Machbarkeit
und den durch die Arbeit gestifteten Zusammenhang der Menschen als
Kompositionsgesetz der sozialistischen Poesie ausgibt. Maurer zitierend, stellt
Braun fest, Dichtung sei bzw. sollte sein "struktureller (die Art der hergestellten
Beziehungen zwischen Subjektivität und Welt betreffender) Niederschlag
veränderter Gesellschaft"[247]. Die Poesie "ist politisch, wo sie die Verhältnisse
bewußt angeht, und zwar die wirklichen, gegenwärtigen, und reaktionär oder
progressiv, je nachdem, ob sie ihren Frieden mit ihnen macht oder was sonst.
Das Politische ist der Poesie nicht aufgesetzt - wo das geschieht, ist sie selber
nicht mehr anwesend."[248]

Braun grenzt sich in seinen Ausführungen ausdrücklich von der Position Hans
Magnus Enzensbergers ab, die dieser Anfang der sechziger Jahre in dem Essayband "Poesie und Politik" eingenommen hatte. Die Gedanken Enzensbergers zu
diesem Thema halte ich auch heute noch für aktuell, der Autor hat sich allerdings
später von ihnen entfernt. Sie kehren in abgewandelter Form bei Franz Fühmann
und Günter Kunert und zum Teil auch im Rimbaud-Essay Volker Brauns wieder
(s.u.)[249]. Nach Enzensberger sehen die Kritiker der modernen Poesie - als deren
Vorläufer nennt er Whitman und Baudelaire, Rimbaud und Mallarmé - nur das
destruktive Element. Sie sprechen von Zersetzung, Entwurzelung und Nihilismus
und bemerken nicht, daß dadurch ein neuer Sprachzustand geschaffen wurde: der
Aufbau einer neuen Poetik, die Entstehung einer poetischen Weltsprache. "So
finden sich zwischen Santiago de Chile und Helsinki, zwischen Prag und Madrid,
zwischen New York und Leningrad immer wieder überraschende Übereinstim-
mungen, die sich nicht auf gegenseitige Abhängigkeiten zurückführen lassen."[250]
Enzensberger räumt ein, daß seit Faschismus und Krieg und dem Zerfall der Welt
in feindliche Blöcke die Weltsprache der modernen Poesie Risse und Spuren der

---

246 Ebd., S. 86.
247 Ebd., S. 87.
248 Ebd., S. 88.
249 Zur Auseinandersetzung Brauns mit Enzensberger vgl. Christine Cosen-
     tino/Wolfgang Ertl, *Zur Lyrik Volker Brauns*, Königstein/Ts. 1984, S. 44 ff.
250 Hans Magnus Enzensberger, *Einzelheiten II. Poesie und Politik*, Frankfurt a.M.
     1963, S. 17. Vgl. auch ders., *Museum der modernen Poesie*, München 1964, Vor-
     wort.

Erschöpfung zeige. Als Erklärung für das Zustandekommen poetischer Konvergenzen seit Anfang dieses Jahrhunderts nennt er vor allem soziale Phänomene. Es bestehe ein enger Zusammenhang zwischen industrieller Produktionsweise und moderner Poesie. Esoteriker und Artisten wie Poe, Baudelaire, Mallarmé und Valéry seien sich der gesellschaftlichen Bedingungen, unter denen sie schrieben, voll bewußt gewesen. Den technologischen Charakter der modernen Poetik, d.h. die Art und Weise der poetischen Produktion, verstünden die l'art-pour-l'art-Poeten ähnlich wie der politisch engagierte Dichter Wladimir Majakowski.

Enzensberger setzt sich mit dem Vorwurf auseinander, das moderne Gedicht sei "unverständlich". Damit würde der gesellschaftliche Sachverhalt, daß Kultur in der bisherigen Geschichte immer nur für wenige da war, den Poeten angelastet. Zugespitzt formuliert: Die Poesie sei vor die Wahl gestellt, "entweder auf sich selbst oder auf ihr Publikum zu verzichten"[251]. Enzensberger sieht dieses Problem für die kapitalistischen wie für die sozialistischen Länder gleicherweise gegeben. Aus diesem Dilemma helfe auch keine *poésie engagée*, die sich dem Positiven und Volksverbundenen verschreibe. Am Beispiel Pablo Nerudas zeigt er das Scheitern dieses Konzepts. Äußerste Verkürzung, Verfremdung und Entstellung der Sprache seien die Grundelemente der Dichtung des frühen Neruda gewesen, deren Negation auf die Zerstörung ihrer historischen Wurzeln hinauslaufen mußte. Neruda habe seinen Anspruch, das Dunkle der Klarheit und Einfachheit zu opfern, nur durch Preisgabe der dichterischen Integrität erfüllen können. Wenn es einen politischen Auftrag des Gedichts gebe, so den, "sich jedem politischen Auftrag zu verweigern und für alle zu sprechen noch dort, wo es von keinem spricht, von einem Baum, einem Stein, von dem was nicht ist"[252]. Poesie erinnere angesichts des gegenwärtig Installierten an das Selbstverständliche, das unverwirklicht sei. In ihrem Wesen läge es folglich, Antizipation zu sein, sei es auch im Modus des Zweifels und der Verneinung.

Es ist offensichtlich, daß dieses von Enzensberger zu Beginn der sechziger Jahre formulierte Verständnis von der Rolle der Poesie in enger Nachbarschaft zum Denken Th. W. Adornos entstanden ist, das Kunst als die gesellschaftliche Antithese zur Gesellschaft vermöge ihrer Form begreift. Wenige Jahre später empfiehlt Enzensberger den Dichtern, angesichts der Folgenlosigkeit ihres Tuns auf das Gedichteschreiben zu verzichten und statt dessen nützliche Analysen über den Imperialismus zu verfassen[253]. Volker Braun hingegen will das nützliche Element in das Gedicht hineintragen. Für ihn sind die gesellschaftlichen Voraussetzungen, aus denen Enzensberger argumentiert, in der DDR überwunden. Die Dichter stünden an der Seite der Herrschenden, deren Herrschaft im Prozeß der Selbstaufhebung begriffen sei. Gegen Enzensbergers Warnung, die Dichtung dürfe nicht Instrument der Politik sein, kann er folglich einwenden, es gebe doch

---

251 Enzensberger, *Einzelheiten II*, S. 24.
252 Ebd., S. 136.
253 Vgl. Enzensberger, Gemeinplätze, die Neueste Literatur betreffend, in: *Kursbuch 15*, November 1968.

eine Politik, die zu machen sich lohne. Die gesellschaftlichen Arbeiten - und Dichten sei ein Zweig gesellschaftlicher Produktion - müßten nicht immer getrennt betrieben werden. Die sozialistische Poesie sei eingreifend, praktisch, die alte Poesie, von der Enzensberger spreche, unpraktisch, hermetisch in sich eingeschlossen. "Im Namen der 'dichterischen Integrität' gesellt sich diese Poesie den Dingen, von denen sie spricht, nur zu, statt sich eingreifend zu ihnen zu verhalten. Da arbeitet die Subjektivität sozusagen im Leerlauf. Da wird die Poesie wichtiger genommen als die Welt, von der sie lebt."[254] Ein verräterischer Satz aus der Feder eines Poeten, der an Scholochows Credo erinnert: In erster Linie bin ich Kommunist, in zweiter Linie Schriftsteller. Bedeutet das Praktischwerden der Poesie, daß sie weniger wichtig genommen wird? Soll die Poesie sich selbst zurücknehmen, um sich eingreifend zu den Dingen verhalten zu können? Hier wird das Dilemma einer sozialistischen Poesie offen ausgesprochen. Sie nimmt sich als Poesie nicht so wichtig wie die Welt, auf die sie einwirken will. Sie möchte einfach und verständlich sein, doch um welchen Preis?

Am Ende seines Vortrags beschreibt Braun die gesellschaftliche Situation der DDR, wie sie sich ihm im Jahre 1971 darstellt. Mit der Feststellung, die Zeit der Agitationsdichtung sei vorbei, scheint sich ein poetologischer Kurswechsel anzukündigen. Eine entwickelte Gesellschaftsstruktur brauche eine entwickelte Struktur der Dichtung, die das Politische im Sinne des Kampfes um die Macht in einer universaleren Form aufhebe, heißt es nun. "Die politische Dichtung wird die jetzige Dichtung überhaupt, man braucht sie nicht mehr so zu nennen, weil die Dichtung insgesamt aus ist auf die Macht der Menschen über ihre Verhältnisse."[255] Daß diese Formulierung nicht das Wesen der modernen Poesie meint, wie es Enzensberger als Antizipation des Selbstverständlichen, das nicht verwirklicht ist, beschrieben hat, sondern sich nur auf die Poesie in der "entwickelten sozialistischen Gesellschaft" bezieht, stellt Braun im nächsten Satz unmißverständlich klar: "Die Menschen machen die Politik immer mehr im eignen begriffenen Interesse, für ein mögliches menschliches Zusammenleben. Die Poesie nimmt diese Möglichkeit wahr, läßt nicht von ihr ab, und sie schreibt sich von da her."[256]

Mehr als ein Jahrzehnt später setzt Volker Braun seine Poetik-Reflexionen mit einem Essay über Rimbaud fort, jenem Rimbaud, der gesagt hatte: "Il faut être absolument moderne." Der Optimismus der Jahre nach dem VIII. Parteitag ist verflogen. Es ist nun an der Zeit, selbstkritisch und ohne ein Blatt vor den Mund zu nehmen, die eigene Geschichte, die eng mit der Geschichte der DDR verflochten ist, zu befragen und Bilanz zu ziehen. Warum eignet sich gerade eine Auseinandersetzung mit Rimbaud dazu? Wie bei kaum einem Dichter an der Schwelle der Moderne läßt sich den Versen Rimbauds ein gesellschaftsrevolutionärer Impuls abgewinnen, so anarchisch selbstbezogen der Tenor seiner Dichtun-

---

254 Braun, *Wahrheit* (Anm. 245), S. 89.
255 Ebd., S. 94 f.
256 Ebd., S. 95.

gen auch sein mag. Braun schreibt seine Geschichte in die Lebensgeschichte des Dichters Rimbaud ein. Die streng sorgende Mutter Rimbauds ist für die Generation Brauns der gouvernantengleiche DDR-Staat, der seinen Zöglingen kein Vertrauen schenkt. Was für den jungen Rimbaud die französische Revolution und später die Pariser Kommune war, ist für den DDR-Schriftsteller die Oktoberrevolution. "Diese Frühphase unseres Dichtens ...: eine Papierwelt, angelernt. Brecht, Majakowski, Neruda, Whitman, Weimar. Kindlich versifiziertes Programm, von sozialer Erfahrung kaum betroffen ... Der Zeitungsgeist, aktionistisch tönend. Auf Stelzen über die Tatbestände: ohne den Boden der Poesie zu berühren."[257] Der Rückblick auf die frühe Phase seines literarischen Schaffens ist ernüchternd. Es ist die trübe Gegenwart, die Braun Verständnis aufbringen läßt für den Ekel, den Rimbaud in der kleinbürgerlichen Welt der französischen Provinz empfindet. Er notiert: "Unser Ekel ist ein doppelter Ekel: Wir haben an mehreren Welten zu würgen ... Provinz, das ist der leere Augenblick. Geschichte auf dem Abstellgleis. Status quo. Was uns ersticken machen kann: aus der bewegten Zeit in eine stehende zu fallen."[258]

Rimbaud, so interpretiert ihn Volker Braun, fand einen Augenblick lang die Formel für ein menschliches Leben, den Ort der Poesie, in der Revolution. In Briefen an seinen früheren Lehrer Izambard und an seinen Freund Demeny hatte Rimbaud im Mai 1871, als in Paris die Kommune ihre Schlacht schlug, sein poetisches Programm formuliert. Er wollte aus sich durch eine langdauernde und wohlüberlegte Entgrenzung aller Sinne einen Seher machen. Der Poet werde im Unbekannten ankommen. "Indem er das Ungewöhnliche zum Gewöhnlichen macht und alle es aufnehmen in sich, würde er in der Tat zu einem Vervielfacher des Fortschritts ... Die Dichtung wird die Tat nicht mehr besingen, sie wird ihr vorauseilen."[259] Braun sieht in diesen Zeilen Ansätze für eine engagierte Poesie, die auf Veränderung der gesellschaftlichen Verhältnisse hinarbeitet. Der Dichter, so sei Rimbaud zu verstehen, müsse "sich wirklich verwandeln, indem er ins Dunkle des Kampfes geht, in den Schmutz der Strukturen, in den Dreck der Ungleichheit."[260] Braun fühlt sich durch das Beispiel Rimbauds ermutigt. Er, der DDR-Bürger Braun, gehöre diesem Volk an und sei doch ein unbediensteter Autor, dessen Privileg asozial sei. Er stehe weiter im Kampf für den Sozialismus und sei nicht bereit, sich mit seinen staatlichen Bedingungen abzufinden.

Braun erkennt in Rimbauds Programm der Bewußtseinserweiterung durch Entgrenzung der Sinne, in der Propagierung des Gebrauchs von Halluzinogenen auch Pubertäres, Künstliches statt Künstlerisches. Er spricht von der "törichten Kin-

---

257 Braun, Rimbaud. Ein Psalm der Aktualität, in: Akademie der Wissenschaften und der Literatur, Mainz, *Abhandlungen der Klasse der Literatur*, Jg. 1984, Nr. 4, Stuttgart 1985, S. 6. Ebenfalls abgedruckt in: *Sinn und Form*, 37. Jg. 1985, H. 5.
258 Ebd., S. 7.
259 Arthur Rimbaud an Paul Demeny (15. Mai 1871), zit. nach *Der Untergang der romantischen Sonne. Ästhetische Texte von Baudelaire bis Mallarmé*, hrsg. von Manfred Starke, Leipzig/Weimar 1984, S. 192.
260 Braun, Rimbaud (Anm. 257), S. 10 f.

derstube der Moderne", die folgende Dichtergenerationen in ihren Bann schlug. Er verteilt Seitenhiebe gegen die Neoavantgarde in der DDR, die "Hausbesetzer in den romantischen Quartieren". Was sich hier abspiele, sei technisch nur die "Wiederholung des geistlosen Handbetriebs der Avantgarde, niedrige Verarbeitungsstufe"[261]. Immerhin hätten die jungen Poeten mehr zu sagen als die "gestanzte Festtagskunst", deren mystischer Grund die künstliche Steigerung "der braven Ichs zu einem behaupteten WIR" sei[262]. Braun scheut nicht davor zurück, sich in seinem stellenweise wie ein Pamphlet formulierten Essay zwischen alle Stühle zu setzen. Ungewöhnlich scharf fällt seine Selbstkritik aus, wenn er gesteht, daß sein Leben ein gebremstes sei, er nicht aus seinem Panzer heraus könne. Trotz resignativer Anwandlungen hält er an dem Anspruch fest, die Poesie habe dem Kampf zu folgen, den die Struktur der Realität austrägt. Sie habe Gegensprache, aber auch Fürsprache zu sein. Nur folgt daraus etwas anderes als das, was er in seinem früheren Aufsatz für möglich hielt, wenn die Gesellschaftsstruktur keinen Wandel mehr erkennen läßt. Braun weist ausdrücklich auf seine Nähe zu Heiner Müller hin, dessen Theater mangels gesellschaftlichen Spielraums zusehends zur Lyrik gerinne. Dies sei auch das Schicksal der ästhetischen Revolte Rimbauds gewesen, in einer Zeit, in der die gesellschaftliche Emanzipationsbewegung praktisch gescheitert war. Rimbaud habe eine autonome Sprache geschaffen, sich vom Lebenssinn jenseits der Konventionen emanzipiert, doch der radikale Bruch reichte nur zur "kunstvollen Inszenierung". Ist Brauns Satz, die DDR-Schriftsteller hätten die Pflicht hinter sich, sie sollten nun die Kür wagen, als ein Plädoyer für eine *poésie pure* zu verstehen? Sicherlich nicht. Nur bewegten sie sich in der Phase der Agonie der DDR-Gesellschaft notgedrungen in einer Zwischenzone zwischen Eingreifenwollen und kunstvoller Inszenierung.

Brauns Rimbaud-Essay liest sich wie ein Kommentar zu dem 1987 erschienen Gedichtband "Langsamer knirschender Morgen", in dem im Kontrast zu einer poetisch bildkräftigen Sprache die resignative Grundstimmung überwiegt[263]. In demselben Jahr hat Braun seine Position aufs neue befragt. Anlaß ist die Reformpolitik Gorbatschows. In seiner Rede auf dem X. Schriftstellerkongreß der DDR (1987) machen Zerrissenheit und Verstörung einem vorsichtigen Optimismus Platz. Die Zeit der Stagnation, des gebremsten, stillgestellten Lebens sei vorüber. Die Politik der Öffnung und Demokratisierung in der Sowjetunion bringe einen Gewinn an Handlungsfähigkeit, der das Verhältnis des literarischen Textes zur Struktur der Realität verändere. "Jetzt spüren wir aber die Bewegung, das heißt, etwas kommt in Fluß: Und das Fragen beginnt!"[264] Dem könne eine Literatur, die den Wahnwitz des Weltzustandes im Text fixiere, nicht mehr genügen. Die

---

261 Ebd., S. 15.
262 Ebd.
263 Vgl. Braun, *Langsamer knirschender Morgen. Gedichte*, Halle/Leipzig 1987. Der Band versammelt Gedichte, die 1978 bis 1984, also vor Abfassung des Rimbaud-Essays, entstanden sind.
264 Braun, Rede auf dem X. Schriftstellerkongreß der DDR, Berlin, 24. bis 26. November 1987, in: *Neue Deutsche Literatur*, 36. Jg. 1988, H. 3, S. 46.

neue Bewegung werde den alten Text sprengen. "... rät das inständige Warnen nicht zu einem Stillestehn, statt unsere *Bewegung* zu beraten?"[265], fragt Braun die Kongreßteilnehmer. Der Dichter müsse sich dem Streit der Interessen öffnen, ihn in Gang halten. Brauns Verständnis von Poesie als fürsprechender Gegensprache - im Rimbaud-Essay noch einmal bekräftigt - erfordert eine neue Schreibstrategie, wenn die verkrusteten Verhältnisse in Bewegung geraten. Als Literatur der "operativen Mitsprache"[266] gerät sie jedoch in Gefahr, sich wie schon früher in die Aporien einer politischen Poesie zu verstricken, wenn sie sich der Bewegung "beratend" zur Seite stellen will. Man darf gespannt sein, wie der Dichter Volker Braun den philosophischen Auftrag seines Gedichts, "die Suche nach dem Sinn (zu) organisieren, die Suche nach der neuen Formel ... der menschlichen Beziehungen"[267] nach dem Zusammenbruch der DDR einzulösen versucht, ohne dem Kompositionsgesetz der modernen Poesie, Antizipation im nicht realutopischen Sinne zu sein, auch "im Modus des Zweifels, der Absage, der Verneinung" (Enzensberger), Gewalt anzutun.

4.5. Jüngere Autoren: Die Lust am Wort

Ich wende mich nun den nach 1945 bzw. 1950 geborenen Autoren zu, die in den siebziger Jahren zu schreiben begannen bzw. mit ersten Veröffentlichungen, zumeist mit Gedichtbänden, hervortraten. In ihren Erfahrungen unterscheiden sich die Angehörigen dieser Generation erheblich von älteren Autoren, von denen sie sich zumeist politisch und künstlerisch abgrenzen. Die jüngeren Schriftsteller haben die Jahre des Aufbaus, der sozialen und ökonomischen Umwälzungen, selbst nicht bewußt erlebt. Ihr Gesellschaftsbild prägte sich erst Ende der sechziger oder im Laufe der siebziger Jahre aus, als die großen Klassenschlachten schon geschlagen waren und die DDR sich als neues Gesellschaftssystem gefestigt hatte. Einschneidende soziale Auseinandersetzungen fanden anderswo statt: die Studentenbewegung in den westeuropäischen Ländern, der Vietnamkrieg, der Prager Frühling, die Pariser Mai-Ereignisse des Jahres 1968. Stützt man sich auf Selbstzeugnisse dieser Autoren, so trug auch die sozialistische Erziehung ganz andere Früchte, als von den Herrschenden erwartet. Die kurze Blütezeit, die dem Marxismus in den westlichen Ländern beschieden war, konnte auf die DDR nicht ausstrahlen. Zu sehr war er dort zur Ideologie erstarrt und durch die gesellschaftliche Praxis unter den jungen Intellektuellen diskreditiert. Diese Feststellung läßt sich sicherlich nicht verallgemeinern, doch trifft sie wohl auf die nicht geringe

---

265 Ebd., S. 45.
266 Christine Cosentino, Volker Braun's Essay "Rimbaud. Ein Psalm der Aktualität" im Kontext seiner Lyrik, in: *Studies in GDR Culture and Society 7*, Lanham/New York/London 1987, S. 177.
267 Braun, Rede (Anm. 264), S. 47.

Anzahl künstlerisch engagierter Intellektueller zu, die sich ein unabhängiges Denken zu bewahren versuchten.

In ihren Erfahrungen auf das kleine Land DDR und die östlichen Nachbarländer beschränkt, wurde Lesen für junge Menschen in der DDR zu einem geistigen Abenteuer, einem Ausbruchsversuch in fremde Kontinente. Fragte man jüngere Autoren nach literarischen Vorbildern oder Leseeindrücken, so wurden Hamsun, Bobrowski, Dostojewski und Döblin genannt, aber auch Vertreter der europäischen Moderne und Avantgarde. Philosophisch von Gewicht waren u.a. Schopenhauer, Nietzsche, Sartre und die französischen Poststrukturalisten[268]. Dies ist als Reaktion auf den Staatsbürgerkundeunterricht, als Korrektiv zur Schulauffassung zu verstehen. Die Jüngeren muckten gegen überlieferte Schemata und Doktrinen auf und nahmen provokativ die als irrationalistisch oder reaktionär verschrienen Gegenpositionen ein. Stephan Ernst, ein junger Lyriker, formulierte es so: "Die Literatur ist eine Art Opposition ... Sie ist Gegenwehr zuerst zu den Erwachsenen, zur Schule, später auch ideologisch ... Ein bestimmtes Bewußtsein von einem Ungenügen braucht Literatur als Gegenwehr gegen seine Umwelt, auch gegen politische Konzeptionen und meinetwegen auch gegen marxistische Philosophie, sagen wir: gegen kollektive Vereinnahmung."[269] Kunst diene nicht so sehr der Veränderung im Großen, Ganzen, sie sei Lebenshilfe, "Stütze des Individuums, nicht der Gesellschaft"[270].

Die Lyrikergeneration der Braun und Mickel war in den sechziger Jahren mit einer Art "DDR-Messianismus" angetreten. Sie betrachtete sich als Teilhaber einer großen gesellschaftlichen Bewegung. Die Angehörigen dieser Generation - neben Volker Braun und Karl Mickel vor allem Sarah und Rainer Kirsch, Adolf Endler, Wolf Biermann, Rainer Kunze, Wulf Kirsten und Heinz Czechowski -, die sich ab 1962/63 auf Lyrikabenden und mit ersten Einzelpublikationen zu Wort meldeten, entdeckten Unvollkommenheiten, wo die Älteren noch Fortschritt sahen[271]. Aufgewachsen in der DDR und geprägt von Idealen der Zeit des Aufbaus und der gesellschaftlichen Neugestaltung, verstanden sie sich als engagierte Sozialisten, die Anstoß nahmen an der kleinbürgerlichen Enge und der Selbstzufriedenheit der herrschenden Bürokratie. Die offiziöse Reaktion auf die

---

268 Vgl. Siegfried Rönisch, Notizen über eine neue Autorengeneration, in: *Weimarer Beiträge*, 25. Jg. 1979, H. 7, S. 5-10, und: Vorbild - Leitbild. Joachim Nowotny im Gespräch mit W. Berger, St. Ernst, I. Hildebrandt, R. Hohberg, A. Kirchner, Ch. Lindner, Th. Rosenlöcher, in: ebd., S. 11-22. Vgl. auch das im November 1988 geführte Gespräch Walfried und Christel Hartingers mit jungen Lyrikern: Eine eigene Sprache finden, in: *Weimarer Beiträge*, 36. Jg. 1990, H. 4, S. 580-616. Zum Einfluß des französischen Poststrukturalismus vgl. die Gesprächsprotokolle in: *Sprache & Antwort. Stimmen und Texte einer anderen Literatur aus der DDR*, hrsg. von Egmont Hesse, Frankfurt a.M. 1988.
269 Vorbild-Leitbild (Anm. 268), S. 17.
270 Ebd., S. 18.
271 Vgl. Harald Hartung, Die ästhetische und soziale Kritik der Lyrik, in: *Die Literatur der DDR. Hansers Sozialgeschichte der deutschen Literatur*, Bd. 11, hrsg. von Hans-Jürgen Schmitt, München 1983, S. 261-303.

damals jungen Debütanten beanstandete denn auch ihr Mißbehagen an der Umwelt, die Düsterkeit und Rätselhaftigkeit in den Bildern, die Klagen über nicht erreichbares Glück.

Bei den Autoren der folgenden Generation war die Bindung an die DDR weniger fest. Für sie waren die wesentlichen gesellschaftlichen Prozesse schon abgelaufen. Uwe Kolbe im Gespräch mit der Literaturwissenschaftlerin Ursula Heukenkamp: "Meine Generation hat die Hände im Schoß, was engagiertes (!) Handeln betrifft. Kein früher Braun heute ... Ich kann noch weitergehen und sagen, daß diese Generation völlig verunsichert ist, weder richtiges Heimischsein hier noch das Vorhandensein von Alternativen anderswo empfindet."[272]

Die Schriftsteller der älteren Generation konnten sich - auch in ihrer Kritik - noch mit den gesellschaftlichen Vorgängen in den sechziger Jahren identifizieren. Die Jüngeren zogen sich auf enge, für sie unmittelbar überschaubare gesellschaftliche Bereiche zurück, in denen sie ihre Erfahrungen machten und über die sie schrieben. Adressat der literarischen Arbeit war nicht das große Publikum, sondern der Freundeskreis bzw. der einzelne interessierte Leser. Den von der Literaturkritik in der DDR erhobenen Vorwurf der Innerlichkeit[273] wiesen sie zurück, denn gerade die konkreten Alltagserfahrungen zählten heute mehr als gesellschaftlich bestimmtes Pathos. Die junge Dichtergeneration mißtraute dem gesellschaftspolitischen Engagement der Älteren. Sie war bestrebt, ein Selbstbewußtsein jenseits des gesellschaftlich verordneten "Wir" zu finden.

Den Älteren wurde der Vorwurf gemacht, daß sie den öffentlichen Meinungsaustausch scheuten. Einer der wenigen, die sich der Auseinandersetzung mit der jungen Generation in dem begrenzten Rahmen stellten, in dem dies unter dem *ancien régime* möglich war, war der 1984 verstorbene Franz Fühmann. Er sah

---

272 Ohne den Leser geht es nicht. Ursula Heukenkamp im Gespräch mit Gerd Adloff, Gabriele Eckart, Uwe Kolbe, Bernd Wagner, in: *Weimarer Beiträge*, 25. Jg. 1979, H. 7, S. 46.

273 "Der Vorgang des Gedichtemachens ist entscheidender Teil der Suche nach einer persönlichen Alternative zu vorgefundenen und abgelehnten Lebens- und Verhaltensweisen. Der Akzent liegt hier auf persönlich, denn um mehr geht es den meisten jungen Autoren wirklich nicht. Ein Funktionsverständnis, das der Literatur eine Aufgabe und Möglichkeit im Hinblick auf die fortschreitende Veränderung der Gesellschaft einräumt, steht für sie vorerst nicht zur Diskussion." Ingrid u. Klaus-Dieter Hähnel, Junge Lyrik am Ende der siebziger Jahre, in: *Weimarer Beiträge*, 27. Jg. 1981, H. 9, S. 134. Es würden wesentliche Grundpositionen einer sozialistischen Literatur preisgegeben, stellten die beiden Kritiker fest, räumten jedoch zugleich ein, daß die Auffassung der jungen Autoren von der Funktion der Literatur einen "gewichtigen Platz im Ensemble sich differenzierender Funktionsauffassungen von Kunst und Literatur in der gegenwärtigen Phase der Entwicklung der sozialistischen Gesellschaft" einnehme. Ebd. Dieser differenziert-kritischen, um Verständnis bemühten Position stand die eindeutig ablehnende Haltung von Literaturwissenschaftlern gegenüber, die rundweg bestritten, daß die von I. u. K.D. Hähnel herangezogenen Lyriker Repräsentanten der jungen DDR-Lyrik seien. Vgl. Mathilde u. Rudolf Dau, Noch einmal: Junge Lyrik am Ende der siebziger Jahre, in: *Weimarer Beiträge*, 28. Jg. 1982, H. 3, S. 152-156. Gerhard Wolf, Vertreter einer nichtakademischen Literaturwissenschaft in der DDR, trat dagegen als ein engagierter Fürsprecher der jungen Lyriker-Avantgarde auf (siehe unten).

die Chance der jungen Schriftsteller darin zu leisten, was seine Generation versäumt hatte: sich individuell und doch umfassend im Kunstwerk auszudrücken.
Die Jüngeren verfügten zwar nicht über die gleiche Fülle an Erfahrungen wie die
Älteren, doch hätten sie ihnen eines voraus: ihre Homogenität. Den Älteren sei
vorzuwerfen, daß sie ihre Erfahrungen bisher kaum literarisch gültig gestaltet
hätten. "Der große Stoff, das große Erlebnis, das große Thema allein macht noch
gar nichts ..."[274]

Die nach 1945 geborenen jungen Schriftsteller fügen sich allein durch dieses
Datum noch nicht zu einer homogenen Gruppe. Es fällt auf, daß die in den vierziger Jahren Geborenen (z.B. Richard Pietraß, Brigitte Struzyk und Bernd Wagner) andere biographische Voraussetzungen mitbringen als die nach 1950 Geborenen. Sie verfügen zumeist über eine akademische Ausbildung und haben mehrere Jahre beruflicher Tätigkeit hinter sich, ehe sie ihre ersten Gedichte publizieren. Sie sind aufgewachsen mit einem noch ungebrochenen Leistungswillen und
der Vorstellung, in der Gesellschaft Karriere machen zu können. Auffallend ist
dagegen, daß viele der jüngsten, in den fünfziger Jahren geborenen Lyriker sich
von vornherein ganz auf die künstlerische Arbeit als einzig annehmbarer Lebensform konzentrierten. Die Neigung, in irgendeiner Weise aus der Gesellschaft
"auszusteigen", nahm in dieser Altersgruppe zu.

Einer der Vorläufer der jüngsten Autorengeneration ist der 1945 geborene
Thomas Brasch. Er verließ 1976 nach der Biermann-Ausbürgerung die DDR und
veröffentlichte sein erstes Buch, einen Band mit Erzählungen, in der Bundesrepublik. In der DDR hatte nur eine kleine Gedichtauswahl in der Reihe
"Poesiealbum" (1975) erscheinen können. In einer sich für den Autor einsetzenden Besprechung seines zweiten Buches "Kargo" (1977) beschrieb Heiner Müller
im "Spiegel" den gesellschaftlichen Hintergrund, der das Entstehen einer be-
stimmten Art von Literatur in der DDR begünstigte. "Die Generation der heute
Dreißigjährigen in der DDR hat den Sozialismus nicht als Hoffnung auf das *Andere* erfahren, sondern als deformierte Realität. Nicht das Drama des Zweiten
Weltkriegs, sondern die Farce der *Stellvertreterkriege* (gegen Jazz und Lyrik,
Haare und Bärte, Jeans und Beat, Ringelsocken und Guevara-Poster, Brecht und
Dialektik). Nicht die wirklichen Klassenkämpfe, sondern ihr Pathos, durch die
Zwänge der Leistungsgesellschaft zunehmend ausgehöhlt. Nicht die große Lite-
ratur des Sozialismus, sondern die Grimasse seiner Kulturpolitik: den verzwei-
felten Rückgriff unqualifizierter Funktionäre auf das 19. Jahrhundert, als der
Gegner noch 'gesund' war, die andere zählebige *Kinderkrankheit* der sozialisti-
schen Frühgeburt."[275]

Brasch will sich - wie er in zahlreichen Interviews im Westen erklärte - nicht
als DDR-Schriftsteller abstempeln lassen. Er beharrt auf der Individualität des
Schreibenden. So sehr ihn die Verhältnisse in der DDR geprägt haben mögen, so

---

274 Franz Fühmann, Nachwort zu: Uwe Kolbe, *Hineingeboren*, Frankfurt a.M. 1982, S.
     135.
275 Heiner Müller über Thomas Brasch: Kargo, in: *Der Spiegel* vom 12.9.1977, S. 215.

wenig sei er auf diese Erfahrung festzulegen. Für Brasch sind Themen und Probleme interessant, die für kapitalistische und sozialistische Gesellschaften in gleicher Weise existieren. "Was ich sagen will, ist, daß diese Details in erster Linie soziale, psychologische und sexuelle sind, aber nicht gesamtgesellschaftlich-ideologische. Ein Schreiber kreist von Anfang an um einen Punkt, der für ihn existenzieller ist als die politische Provinz, in der er lebt und die ihn natürlich auch prägt."[276] Sein Thema ist der Zerfall der Kultur in den Städten, das Aufkommen einer neuen synthetischen Kultur, die Auseinandersetzung "zwischen hartnäckig auf ihrer Individualität bestehenden Kreaturen und einer zunehmend versteinernden Warenwelt"[277]. Mit den nach ihm kommenden jüngeren Autoren verbindet ihn, daß er Literatur als Mittel der Selbstverständigung begreift. Die sprachliche Perfektion hat dahinter zurückzutreten. Brasch sieht sich literarisch in Übereinstimmung mit den Poeten der amerikanischen "beat generation", die ebenfalls über die Selbstverständigung zur Form fanden[278].

Mit Thomas Brasch trat in der Bundesrepublik erstmals ein junger Schriftsteller aus der DDR ins Rampenlicht, der sich weigerte, dem üblichen politischen Links-Rechts-Schema zu genügen. Er wollte vor allem Schriftsteller sein und nicht - von welcher Seite auch immer - als Dissident vereinnahmt werden. Im Unterschied zu den jüngeren, in den fünfziger Jahren und später geborenen Schriftstellern teilt Brasch mit der Biermann-Generation immerhin noch bestimmte politische Erfahrungen. Er hatte sich als Student mit der Reformbewegung in der CSSR solidarisiert und sich deshalb "staatsfeindliche Hetze" vorwerfen lassen müssen. Die jüngeren Autoren, von denen nun die Rede sein soll, suchten hingegen nicht mehr die direkte politische Konfrontation. Das ändert freilich nichts daran, daß auch eine rein künstlerische Orientierung in einem Staat, der sämtliche Lebensbereiche seiner Bürger zu kontrollieren beanspruchte, zu Kollisionen führte. In der Gruppe der - zum Zeitpunkt dieser Untersuchung - Fünfundzwanzig- bis Fünfunddreißigjährigen erscheinen mir besonders drei Autoren durch ihr literarisches Profil charakteristisch: Uwe Kolbe, Sascha Anderson und Bert Papenfuß-Gorek.

Der 1957 geborene Uwe Kolbe wurde 1976 durch Gedichtveröffentlichungen in der Zeitschrift "Sinn und Form" zusammen mit Frank-Wolf Matthies der literarisch interessierten Öffentlichkeit bekannt. "Hineingeboren" erschien 1980 im Ostberliner Aufbau-Verlag und wurde 1982 im Suhrkamp-Verlag Frankfurt als westdeutsche Lizenzausgabe herausgebracht[279]. Fühmann stellte in seinem Nach-

---

276 F.J. Raddatz, Für jeden Autor ist die Welt anders. Ein Zeit-Gespräch mit dem aus der DDR ausgewanderten Schriftsteller Thomas Brasch über sein neues Buch "Kargo" und seine Erfahrungen im Westen, in: *Die Zeit* vom 22.7.1977, S. 35.
277 Ebd.
278 Vgl. Thomas Brasch, Neuankömmling. Gespräche mit Mitgliedern und Mitarbeitern der Redaktion, in: *alternative*, 20. Jg. 1977, H. 113, S. 94.
279 1981/83 bzw. 1986/87 erschienen bei Aufbau und Suhrkamp die Bände *Abschiede und andere Liebesgedichte* und *Bornholm II. Gedichte*. 1990 folgte der Band *Vaterlandkanal. Ein Fahrtenbuch*, Frankfurt a.M.

wort Kolbe als einen jungen Dichter vor, der abseits der ausgetretenen Pfade der Älteren seinen Weg suche. Die Erfahrungswelt seiner Gedichte sei die einer Generation, die in der Enge der DDR um ihre eigenen Erfahrungen betrogen worden sei und deshalb die Älteren oft wegen ihrer Weltkenntnis beneide. Kolbe gebe ein Beispiel dafür, "daß einer, trotz beengter Erfahrung, sein Lebensgefühl so ausdrücken kann, daß sich Wesenszüge seiner Zeit drin zeigen und Gedichte also ein Bleibendes stiften"[280].

In seiner Suche nach neuen Ausdrucksformen geht Kolbe auf den Expressionismus, den französischen Symbolismus und die deutsche Frühromantik zurück. Von Volker Braun und Wolf Biermann setzt er sich kritisch ab. Brauns Gedichte findet er zu schematisch. Biermann fixiere sich zu sehr auf Parteijargon und Bürokratensprache, denen er Negativlosungen abgewinne. Als Vorbild nennt er den 1941 geborenen DDR-Dichter Wolfgang Hilbig, dessen Texte mit Ausnahme eines kleinen Bandes mit Lyrik und Prosa in Buchform nur im Westen erschienen sind[281]. Kolbe stellt seinem ersten Lyrikband Verse des französischen Dichters Paul Verlaine als Motto voran:

> Durch ihre Adern fließt das Blut wie
>   Gift so fein
> und rollt seltsam und brennt, wie
>   Lavaströme kochen,
> bis trist das Ideal verschrumpft ist
>   und zerbrochen.

Die existentielle Grundbefindlichkeit des Autors Kolbe äußert sich besondern prägnant in dem Titelgedicht dieses Bandes:

> Hineingeboren
>
> Hohes weites grünes Land,
> zaundurchsetzte Ebene.
> Roter
> Sonnenbaum am Horizont.
> Der Wind ist mein
> und mein die Vögel.

---

280 Fühmann, Nachwort (Anm. 274), S. 137.
281 In der DDR erschien von Wolfgang Hilbig: *Stimme Stimme. Gedichte und Prosa*, Leipzig 1983. Hilbig siedelte 1985 mit einem DDR-Paß in die Bundesrepublik über.

Kleines grünes Land enges,
Stacheldrahtlandschaft.
Schwarzer
Baum neben mir.
Harter Wind.
Fremde Vögel.[282]

Das Gedicht beschreibt die innere Zerrissenheit eines lyrischen Ich, einen gesellschaftlichen Ort, an dem man nur als Gespaltener existieren kann. Ursula Heukenkamp kommt bei der Betrachtung der Gedichte Kolbes zu dem Urteil: "Mit
den bekannten Konfliktfiguren von Ideal und Wirklichkeit läßt sich das Bild von
der Welt, das in dieser Konstellation hervortritt, nicht fassen. Mit einem großen
Weltentwurf tritt diese Lyrik nicht an. Auch würde man vergeblich nach dem Ich
suchen, das sich mit seinen Ansprüchen und Entwürfen der Gesellschaft als Maß
und moralische Instanz vorstellt und entgegensetzt. Das Ich in den Erstlingen der
sechziger Jahre war ein anderes."[283] Das Ich als Selbstbewußtsein, wie Kolbe es
versteht, bleibt nicht bei einem Nein als Lebenshaltung stehen. Es ist auch nicht
absolut individualistisch gemeint. Selbstbewußtsein sei auf das Gespräch mit anderen angewiesen. "Es geht nicht nur darum, ein radikales Ich zu formulieren,
sondern wesentliche Begegnungen ..."[284] Die Vorstellung, etwas sei von außen in
die Dichtung hineinzutragen, wird zurückgewiesen. "In einem guten Gedicht, das
sich mit den existentiellen Dingen auseinandersetzt, Geburt, Tod, Liebe, die jedes Leben bestimmen, die die Kunst ausmachen ... wenn diese Gedichte stimmen, gut und ehrlich sind, dann formulieren sie ... einen Anspruch, der voll-
kommen jedem autoritären Denken zuwiderläuft, und jeder Begrenzung."[285]

Kolbe entlehnt seinen Lebensanspruch dem Umgang mit großer Kunst. In einem Land, in dem jede Unbedingtheit des Lebens beschnitten wird, wirkt Kunst
auf junge musisch empfindende Menschen wie ein Lebenselixier. Man kann darin
unschwer einen vertrauten deutschen Topos erkennen: Kunst wird zum Surrogat
eines in der Enge zugebrachten Lebens. In der Ignoranz jüngerer Autoren dem
Politischen gegenüber sieht Kolbe ein produktives Verhalten, durch das man sich
befreie. Sich von der großen Politik abzuwenden, bedeutet jedoch nicht, daß die
Konzentration auf intimere persönliche Bezirke nicht eine politische Wirkung entfalten kann. Im Werk des 1953 geborenen Sascha Anderson zeigt sich dieser Widerspruch zwischen ausgesprochen unpolitischer Absicht und politischer Wirkung
durch den Ausdruck eines Lebensgefühls, das mit den Ansprüchen der herrschenden Ideologie unvereinbar ist, in irritierender Weise. 1982 veröffentlichte Ander-

---

282 Kolbe, *Hineingeboren* (Anm. 274), S. 46.
283 Ursula Heukenkamp, Das Ungenügen an der Idylle, in: *Sinn und Form*, 33. Jg.
     1981, H. 5, S. 1121.
284 Ein Nein ist keine Lebenshaltung. Vier Gespräche mit Uwe Kolbe, in: *Absage-An-
     sage (Schriftenreihe DDR-Kultur, 2)*, Berlin/West 1982, S. 19.
285 Ebd.

son seinen ersten Gedichtband "Jeder Satellit hat einen Killersatelliten" im Westberliner Rotbuch-Verlag. Das Motto des Bandes lautet:

> lettern schwarz auf weißem grund
> solange die nationen ihre rolle spielen
> (schwarz als reaktion auf weiss
> weiss als reaktion auf schwarz)
> vielleicht sollte man die wahrheiten
> die durch die literatur verbreitet
> werden grau auf grauem grund
> drucken. ich weiß keine weltanschauung
> keine fernfahrkarte oder
> weiteres ding worauf mehr
> als der preis geschrieben steht
> ich habe ausser meiner sprache keine
> mittel meine sprache zu verlassen[286]

Die Zerrissenheit, die in den Gedichten Kolbes anklingt, ist bei Anderson durch
das Gefühl grenzenloser Ohnmacht gesteigert.

> wer ich bin werden wir
> sehen auf der fotomontage mein herz
> kreuzt der graue schatten
> unserer achtundvierzig gestrigen stunden
> das gelb meiner ohnmacht
> ich kann mich erinnern eines tages
>
> ich selbst wollte die formel meines sterbens
> finden
> und nannte meine erinnerungen
> gelb
> ich erwarte nichts
> weisst du die dinge vergessen uns
> schneller als wir denken
> und ich weiß nicht wer es war[287]

Die Grundhaltung in diesem Gedicht erinnert an den Gestus des Sprechens in den
späten Stücken des Dramatikers Heiner Müller. Die zum Ausdruck gebrachte

---

286 Sascha Anderson, *Jeder Satellit hat einen Killersatelliten*, Berlin 1982, S. 7. 1983
     und 1984 erschienen die Bände *Totenreklame* und *Waldmaschine* im Westberliner
     Rotbuchverlag; 1988 folgte ebenfalls dort der Band *Brunnen randvoll*. Zum "Stasi"-
     Kontext der Gedichte und der Poetik Andersons vgl. unten Nachbemerkung (1992).
287 Anderson, *Jeder Satellit hat einen Killersatelliten*, S. 24.

Ohnmacht des einzelnen ist jedoch auch hier nirgends Anlaß zu Wehleidigkeit, sondern äußert sich in einer Haltung "harter Passivität und neu gerichteter, gespannter Aktivität", wie sie Walter Höllerer für die junge amerikanische Beat-Lyrik der fünfziger Jahre nachgewiesen hat: "Zunächst heißt 'beat' 'todmüde', 'widerstandslos', ausgelaugt durch ein Aufgebot von Propaganda-Argumenten und widersprüchlichen Erziehungsparolen ... Aber zugleich verbindet sich mit diesem Begriff weniger das deutsche 'geschlagen', als vielmehr 'auf sich konzentriert', 'nach inwärts gerichtet', und auf solche Art impulsiv."[288] Von dieser Impulsivität und Lust an der Provokation zeugen die meisten Gedichte des Bandes[289].

Andersons Weg unterscheidet sich von dem Kolbes dadurch, daß er gar nicht erst in den offiziellen Kulturbetrieb der DDR einmündet. Das Ausweichen in die Öffentlichkeit der Bundesrepublik war jedoch nicht mehr der einzige Weg. Die DDR-Alternative - Veröffentlichungsverzicht oder Anpassung an den Literaturbetrieb - durchbrach Anderson ebenso wie andere Künstler seiner Generation. Man schuf eigene Medien, Kleinzeitschriften und Lyrikmappen, denen Graphiken bildender Künstler beigegeben waren. Die seit Mitte der siebziger Jahre zu beobachtende Tendenz, abseits des offiziellen Kulturbetriebs eine autonome Öffentlichkeit zu schaffen, war durch die verfügbaren technischen Mittel möglich geworden. Kassettenproduktionen von Lesungen, Videofilme, kopierte Texte und andere Reproduktionsformen autonomer künstlerischer Tätigkeit gewannen an Bedeutung. Bemerkenswert ist, daß der Staat diese Form der Privatproduktion zuließ und ihre Verbreitung duldete. Dadurch entstand eine auch in ihren materiellen Produktionsbedingungen autonome kulturelle Sphäre, der Schriftsteller, Maler, Musiker und Filmemacher angehörten[290].

Anderson war eine zentrale Figur dieser Subkultur, die für einen nicht geringen Teil der jungen Künstlergeneration zum Aktionsfeld geworden ist. Diese jungen Künstler sind ebenso wie Anderson zumeist Aussteiger oder Nichteinsteiger in dem Sinne, daß sie sich einer beruflichen Karriere verweigerten und nicht mehr um jeden Preis die Anerkennung durch den offiziellen Kulturbetrieb suchten. Ihre Unabhängigkeit erforderte jedoch seinen Preis. Sie waren gezwungen, ihren Lebensunterhalt durch schlechtbezahlte Hilfsarbeitertätigkeiten zu verdienen. Der Gruppenzusammenhalt war stets dadurch gefährdet, daß einzelne die

---

288 Walter Höllerer, Junge amerikanische Literatur, in: *Akzente*, 6.Jg. 1959, H. 1, S. 30.

289 Zur Lyrik Andersons vgl. Christine Cosentino, "ich habe ausser meiner sprache keine/mittel meine sprache zu verlassen": Überlegungen zur Lyrik Sascha Andersons, in: *DDR-Lyrik im Kontext*, hrsg. v. Ch. Cosentino u.a., Amsterdam 1988 (*Amsterdamer Beiträge zur neueren Germanistik*, Bd. 26).

290 Nach Jäger war das Erscheinen autonomer Periodika am Rande der Legalität nur möglich, "weil die dichterischen Texte als Zuschriften, als schriftkünstlerische Beigabe zur Grafik eingeführt werden". M. Jäger, Zur Situation junger Autoren in der DDR, in: *DDR-Report*, 19. Jg. 1986, Nr. 11, S. 626. Vgl. zur jüngeren DDR-Literatur den Sonderband der Zeitschrift "Text + Kritik": *Die andere Sprache. Neue DDR-Literatur der 80er Jahre*, hrsg. v. Heinz-Ludwig Arnold, München 1990.

DDR verließen und andere nach sich zogen. Auf längere Sicht sahen sie sich vor
die Alternative gestellt, entweder doch Teil des etablierten Kulturbetriebes zu
werden oder der DDR den Rücken zu kehren, um sich im Westen eine künstlerische Existenz aufzubauen[291]. Prototypisch für das Selbstverständnis dieser
Künstlergeneration mag die Auskunft sein, die Anderson nach seiner Übersiedlung in den Westen über sich gegeben hat. Die DDR, so sagte er, interessiere ihn
im Unterschied zur Braun-Biermann-Generation als Staat nicht. "Meine Jugend-
zeit fiel nicht in die Aufbruchphase der DDR. Ich mußte mich nicht identifizieren
mit diesem Staatsgebilde. Ich habe mich identifiziert mit einem Freundeskreis,
mit einer Landschaft, in der ich aufgewachsen bin. Ich habe mich identifiziert mit
bestimmten Erscheinungen oder Prozessen, aber nie mit dem Staatsgebilde."[292]
Es gebe eine Identität außerhalb des Staates, in der Gesellschaft: in kleinen Gruppen, in denen man lebe und arbeite. Die Literatur seiner Generation ziele nicht
auf ein größeres Publikum, sondern auf Kommunikation unter ihresgleichen.
Dieser Produktions- und Kommunikationsprozeß aus gemeinsamer Kreativität,
gemeinsamem Denken und gemeinsamer Sprache sei nicht weniger politisch als
die Aktivitäten und Praktiken der kirchlichen und unabhängigen Friedensgrup-
pen, die den Kern der damaligen Opposition in der DDR bildeten[293].

Anderson sieht in der Abwendung von der Sprache der Macht, ihrer Ideologie
und ihrem Denken einen Befreiungsakt, der in privaten Räumen, in künstlerischer Tätigkeit seinen Ausdruck finde. Die Kunst ist - so gesehen - das Medium,
das nicht nur eine andere Sprache spricht als die Macht, sie ist der Raum, der es
möglich macht, sich von gesellschaftlichen Zwängen zu befreien. Für Anderson
geht die "ästhetische Politisierung" über das hinaus, was die rein politisch moti-
vierten Gruppen im Schoß der Kirche zu erreichen vermochten. Für ihn ist - ähnlich wie früher schon für Hartmut Lange[294] - politische Aktivität ein Ablenkungsmanöver. Der private Raum, in dem Kunst entstehe, "den ein einzelner
'Künstler' seiner Gesellschaft öffnet", sei "allemal ein politischerer Platz als die
Kirche"[295]. Anderson wollte ebensowenig wie Brasch sein literarisches Selbstverständnis auf die DDR begrenzt wissen. Die durch künstlerische Aktivität er-
kämpften Freiräume - so ließe sich diese Auffassung charakterisieren - sind ein
Stück selbstbestimmten Lebens in einer verwalteten Welt. Politische Aktivitäten
hingegen bleiben auf das System fixiert, dessen Reform sie anstreben.

---

291 Schließlich bemühten sich die staatlichen Verlage um die jungen aufmüpfigen Auto-
     ren. 1988 richtete der Aufbau-Verlag eine Reihe für avantgardistische Literatur
     (Herausgeber Gerhard Wolf) unter dem Titel "Außer der Reihe" ein. Ähnliche In-
     tentionen verfolgte der Mitteldeutsche Verlag mit der "Kleinen Edition-kontakte".
292 Die Generation nach uns ist freier. Der DDR-Lyriker und Liedermacher Sascha
     Anderson über die ostdeutsche Kulturszene, in: *Der Spiegel* vom 1.9.1986, S. 74.
293 Vgl. Sascha Anderson, Ich rede von Deutschland. Die junge Opposition in der DDR
     spricht mit der Macht von gleich zu gleich, in: *Frankfurter Allgemeine Zeitung* vom
     12. 2. 1988, S. 29.
294 Vgl. Hartmut Lange, Der Vorschein von Freiheit. Interview von Hildegard Brenner,
     in: *alternative*, 20. Jg. (1977), H. 113, S. 66.
295 Anderson, Ich rede von Deutschland (Anm. 293), S. 29.

Anderson ist der Typus eines Künstlers, für den Kunst zur Lebensform geworden ist. Auszusteigen oder sich zu verweigern bedeutet, wie Elke Erb, eine
Mentorin der Jüngeren, schreibt, sich für ein Leben jenseits der verordneten Karrierewege zu entscheiden. "Denn sie schreiben um zu leben und haben nicht
etwa, wie man angesichts ihrer 'Aussteiger'-Lebensläufe denken könnte, 'auf alles verzichtet, weil sie sich der Literatur verschrieben haben'."[296] Das Überwiegen des antiautoritären Moments, weniger die Enttäuschung über den verkrusteten, nicht eingelösten Sozialismus, erleichterte diesen Schriftstellern auch den
Grenzübertritt. Im Westen würde ihr Außenseitertum allerdings Normalfall sein.
Es ist das Markenzeichen des avantgardistischen Künstlers, der den Markt mit
immer neuen Produkten beliefert. Ihr Anti-Autoritarismus, geprägt durch die Erfahrung einer immobilen staatssozialistisch organisierten Gesellschaft, nicht ohne
Risiko und Zivilcourage voraussetzend, läuft Gefahr, im Westen zur hohlen Geste des cleveren Artisten zu verkommen. Es fehlt die Fallhöhe, wie Enzensberger
es genannt hat[297], der produktive Konflikt, der Stoff und Idee liefert.

Zu Kolbe und Anderson gesellt sich als dritter Vertreter einer "anderen" Literatur aus der DDR Bert Papenfuß-Gorek. Der 1956 Geborene ist von frühbarok-
ken Dichtern ebenso wie von Jandl und Arno Schmidt inspiriert; auffallend in
seiner Experimentierlust, bizarr im Tonfall, vergleicht man ihn mit den zuvor
Genannten. Mehr als Kolbe und Anderson übt Papenfuß Sprachkritik. Erfundene
Sprache reibt sich an der gesprochenen und geschriebenen, da viele Wörter zu
reinen Sprachhülsen verkommen sind.

nassauer bezahlt

ferdenk es dem panzerfahrer seit zig jahren ade
dass er sich rausnimmt dich anzuschreien
solche wie dich haetten wir damals ferbrannt
forwaerts & nicht fergessen

denn heut zaehlt als mensch
wer was da stehlt & was hier stehlt
also umso
forwaerts & nicht ferfressen
zu handeln gegenhandl zu faksen denn
gespannfahrerbuehnenmeister sinds nicht allein
die solches blechern daherbrechen also umso

---

296 Vorwort von Elke Erb zu: *Berührung ist nur eine Randerscheinung. Neue Literatur
     aus der DDR*, hrsg. von Sascha Anderson und Elke Erb, Köln 1985, S. 11.
297 In einem Diskussionsbeitrag zum Thema "Literatur und Moderne" am 1.6.1988 im
     Wissenschaftskolleg Berlin.

> forwaerts & nicht fergessen
> ihm zumindest eins in die schnauze zu geben
> mit deinen rechten haenden oder
> mit der faustschnauze[298]

Das Gedicht ist dem Band "harm" entnommen, den Papenfuß als "Popalbum" bezeichnet, weil es ihm damit gelungen sei, ein bestimmtes Publikum durch Lesungen und Gemeinschaftsauftritte mit Musikern zu erreichen. Papenfuß' Poetik ist -
stützt man sich auf Äußerungen des Autors - nicht so sehr die eines Wort-Arti-
sten, der, wie es auf den ersten Blick scheint, ausschließlich mit der Sprache ex-
perimentiert. Beim Schreiben komme es ihm vielmehr darauf an, ein Gefühl auszudrücken, es so genau wie möglich zu lokalisieren. Das sei mit sprachlich-ratio-
nalen Mitteln nur annäherungsweise möglich. Schreiben ist für ihn "verhaltene
Zwischenmenschlichkeit ... das, was ich tue, das ist mein Experiment, das ist
mein Leben, mit dem ich experimentiere, ich sehe mich nicht als Experimentator
an der Sprache"[299]. Der Satz: "in Gedichten kann man radikal fuehlen lernen",
bedeute, die herrschenden sprachlichen Konventionen aufzubrechen und zu den
Wurzeln der Sprache vorzudringen[300].

Da Papenfuß sich durch seine Texte anderen mitteilen möchte, um im Aus-
tausch dafür Sympathie, Verständnis, Wärme zu empfangen, liegt ihm daran, das
Geschriebene durch Lesungen und Auftritte zusammen mit Malern und Musikern
erlebbar zu machen. Schreiben als Werben um Anerkennung und Sympathie kann
jedoch leicht in Resignation oder gar Zynismus umschlagen, wenn die Erwartungen enttäuscht werden. Papenfuß hält es für möglich, daß sich der Künstler dann
auch mit materiellen Gratifikationen bescheide und die Haltung des Popstars einnehme, der nicht so sehr "am Ausdruck des Gefühls interessiert ist, sondern am
geschickten Umgang mit Attitüden"[301]. Es erscheint allerdings selbst wie eine
Attitüde, wenn ein mit dem Wort experimentierender Autor wie Papenfuß erklärt, sein primäres Anliegen sei es, Gefühle auszudrücken. Denn Gefühle sind
hier nichts Letztes, sondern selbst schon abgeleitet und durch ein gedankliches
Konzept kontrolliert. Das Kalkül, nicht das Gefühl bestimmt die Sprache, die der
verordneten und geübten Offizialsprache respektlos die Rechnung präsentiert[302].

---

298 Bert Papenfuß-Gorek, *harm. arkdichtung 77*, Berlin 1985, S. 14. Von Papenfuß-Go-
     rek erschien 1988 im Ostberliner Aufbau-Verlag der Band *dreizehntanz* (1989 bei
     Luchterhand, Frankfurt a.M.). 1990 erschienen gleich drei Bände: *So Ja*. Mit drei-
     zehn Zeichnungen von Wolfram Adalbert Scheffler, Berlin; *tiské*. Mit Zeichnungen
     von A. R. Penck, Göttingen und *vorwärts im zorn &sw.*, Berlin.
299 Wortlaut. Egmont Hesse - Bert Papenfuß-Gorek, in: *Sprache & Antwort* (Anm.
     268), S. 220.
300 Ebd., S. 228.
301 Ebd., S. 224.
302 Vgl. Helmut Heißenbüttel, Hinweis auf einen Dichter? Über Bert Papenfuß-Gorek,
     in: *Die andere Sprache* (Anm. 290), S. 129 f. Nach dem Ende der DDR hat sich für
     Papenfuß-Gorek die Situation radikal geändert: "In der DDR hatte es wenigstens
     noch eine politische Funktion gehabt, gegen die herrschende Sprache vorzugehen,

Kolbe, Anderson und Papenfuß repräsentieren eine Literatur, die gesellschaftsutopischen Antrieben entsagt und deshalb nicht mehr umstandslos in einem geschichtsphilosophisch begründeten Projekt der Moderne aufgeht. Dies erschwerte es SED-Kulturfunktionären und gleichgesinnten Literaturwissenschaftlern in der DDR, sie als Bündnispartner des Realismus zu vereinnahmen. Die Meinungen schwankten zwischen entschiedener Verurteilung der Preisgabe wesentlicher Grundpositionen der sozialistischen Literatur, dem Gewährenlassen neuer Tendenzen im Ensemble sich differenzierender Funktionsauffassungen von Kunst und Literatur und der engagierten Parteinahme für Ansätze zu einer neuen Poetik. Letzteres gilt für den Literaturwissenschaftler Gerhard Wolf und den Schriftsteller Adolf Endler.

Die Konzentration der jüngeren Autoren auf die Sprache begreift Gerhard Wolf als Konfliktstrategie, "indem sie die Verhältnisse nicht aus ihren Realitäten, sondern aus ihren Äußerungen und Verlautbarungen heraus konstatieren"[303]. Mit der Literatur der Jüngeren kündige sich eine andere Seh-, Empfindungs- und Denkweise an. Die in der Normalsprache gegebenen Möglichkeiten der Sinnerkundung würden genutzt, indem sie aus ihren erstarrten Formen und Bindungen gelöst werden. Wolf will den avantgardistischen Impetus dieser Poesie nicht als radikale Aufhebung des Kunstwerkbegriffs verstanden wissen. Die programmatische Absage an Kunst und Poesie, die oft in ihren Statements mitschwinge, sei vielmehr an eine bestimmte Tradition gerichtet, der man mißtraue. "Vielleicht stecken in den Verse(he)n von Papenfuß Ansätze zu einer anderen Art von Poetik - das letzte Wort ist noch nicht gesprochen."[304]

Adolf Endlers Rezension des Bandes "Sprache & Antwort", einer in der Bundesrepublik erschienenen Anthologie mit Texten junger DDR-Autoren, ergänzt die von Wolf eingebrachten Gesichtspunkte. Diese Literatur sei "anders" als alle hergebrachte DDR-Literatur "allein schon aufgrund des für die DDR unerhörten (...) Faktums, daß sich eine ganze, inzwischen schon recht breite und an unterschiedlichsten Temperamenten reiche Literatur-Formation seit mehr als einem Dezennium kontinuierlich weiterentwickelt und qualifiziert, fern den Verlagen und ferner noch dem Schriftstellerverband und verwandtem staatlichen Zugriff"[305]. Endler bezieht die Absage an die Tradition auch auf die von der mittle-

aber wenn ich gegen die Sprache des Kapitalismus oder der Freien Marktwirtschaft ... angehen wollte, würde ich ja permanent auf Medien reagieren. Das käme einer Stillegung gleich." Mein Lieblingspreis wäre der Franz-Jung-Preis ... Gespräch mit Bert Papenfuß-Gorek, in: *Freitag*, 7. Juni 1991, S. 20.

303 Gerhard Wolf, Wortlaut Wortbruch Wortlust. Zu einem Aspekt neuer Lyrik in der DDR, in: *Bestandsaufnahme Gegenwartsliteratur*, "Text + Kritik", Sonderband, hrsg. von Heinz Ludwig Arnold, München 1988, S. 238. Eine gekürzte Fassung des aus einer Vorlesung in Wien (1986) hervorgegangenen Aufsatzes ist in dem Band: Gerhard Wolf, *Wortlaut, Wortbruch, Wortlust. Dialog mit Dichtung. Aufsätze und Vorträge*, Leipzig 1988, abgedruckt.

304 Ebd., S. 250.

305 weinsinnig im daseinsfrack. Adolf Endler über die Anthologie "Stimmen und Texte einer anderen Literatur aus der DDR", in: *Die Zeit* vom 30. 9. 1988, S. 82.

ren Generation (R. Kirsch, K. Mickel, H. Czechowski u.a.) gesetzten klassik-
orientierten ästhetischen Standards. Vielmehr - und darin lägen auch Möglichkeiten zum Sektiererhaften - sei der aus Frankreich kommende Poststrukturalismus als Denkströmung von großem Einfluß. Anklänge an die Moderne seien, wie
das Beispiel Papenfuß' zeige, keineswegs immer dominierend. In Papenfuß' Versen würde nicht nur an die Konkrete Poesie des Westens (Jandl, Heißenbüttel)
oder die sprachexperimentellen Versuche Chlebnikows angeküpft, sondern ganz
eigene Bezugspunkte in vergangener Literatur gefunden. Endler konstatiert eine
Verwandtschaft mit dem im 16. Jahrhundert lebenden Dichter Johann Fischart.
Es wäre ein ästhetisches Phänomen ersten Ranges, "wenn eine durch Jahrhun-
derte untergründig weiterschwärende frühbarocke Literaturtradition - wer kennt
schon Johann Fischart - in einem jüngeren Poeten der DDR ihre Wiederaufer-
stehung feiern würde"[306].

Wenn über Traditionsbeziehungen der jungen DDR-Lyrik gesprochen wird,
fehlt es nicht an Hinweisen auf Dadaismus, Surrealismus, Futurismus und die
Konkrete Poesie[307]. Daß z.B. von Schwitters und Breton, Chlebnikow und Jandl
Anregungen ausgingen, läßt sich sicher in einzelnen Fällen nachweisen. Auch der
Manierismus, wie ihn Gustav R. Hocke in Erinnerung gebracht hat, bietet sich
als Interpretationsfolie an[308]. Im Falle Papenfuß' mag z.B. auch die frühe deutsche Barocklyrik Spuren hinterlassen haben. Es ist jedoch noch ein anderer Anknüpfungspunkt zu nennen, der in den vorliegenden Untersuchungen unberücksichtigt bleibt: das Erbe der amerikanischen Beat-Lyriker[309]. Ihr Aufbegehren
gegen die vorherrschende Lebensform und ihre akademischen Ableger in Kunst
und Literatur läßt deutliche Parallelen zu den Bestrebungen der jungen ostdeut-
schen Künstler und Dichter erkennen. Walter Höllerers und Rolf Dieter Brinkmanns Untersuchungen zur jungen amerikanischen Literatur-"Szene" der fünfziger und sechziger Jahre sind geeignet, diesen Zusammenhang zu erhellen[310].

---

306 Ebd. Bei Mickel findet man den Hinweis auf den deutschen Barockdichter Quirinus
     Kuhlmann. Vgl. Karl Mickel, Aussagen über Papenfuß, in: *Sinn und Form*, 38. Jg.
     1986, H. 6, S. 1231.
307 Vgl. außer Wolf und Endler vor allem Anneli Hartmann, Der Generationswechsel -
     ein ästhetischer Wechsel?, in: *Literatur und Kunst. Jahrbuch zur Literatur in der
     DDR*, Bd. 4, Bonn 1985; dies., Schreiben in der Tradition der Avantgarde: Neue
     Lyrik in der DDR, in: *DDR-Lyrik im Kontext* (Anm. 289).
308 Vgl. Gustav René Hocke, *Manierismus in der Literatur. Sprach-Alchimie und esote-
     rische Kombinationskunst*, Hamburg 1959. Direkte Bezüge auf den Manierismus
     finden sich bei Sascha Anderson. Vgl. Sascha Anderson/Ralf Kerbach, *Totenre-
     klame. Eine Reise*, Berlin 1983, S. 83. Vgl. dazu Hartmann, Generationswechsel
     (Anm. 307), S. 130.
309 Vgl. meinen Aufsatz: Zum Selbstverständnis junger Lyriker in der DDR: Kolbe,
     Anderson, Eckart, in: *Studies in GDR Culture and Society*, Lanham 1984, S. 171-
     185.
310 Zu Höllerers und Brinkmanns Rezeption junger amerikanischer Lyrik vgl. Lothar
     Jordan, Eine Dichtung unter Einfluß. Zur amerikanischen Wirkung auf westdeutsche
     Lyrik seit 1965, in: *Lyrik - Blick über die Grenzen. Gedichte und Aufsätze des
     zweiten Lyrikertreffens in Münster*, hrsg. v. Lothar Jordan u.a., Frankfurt a.M.
     1984, S. 139-158.

Höllerer hat Ende der fünfziger Jahre in der Zeitschrift "Akzente" auf die charakteristischen Züge der neuen amerikanischen Literatur aufmerksam gemacht. Diese Dichter lösten sich aus den "Zwangsvorstellungen einer eingerichteten Sprache, einer vorgeschriebenen Denkweise und vorgezeichneten Laufbahn ... Beinahe konnte man den Eindruck eines lediglich neu aufgewärmten Dadaismus oder von 'Halbstarken'-Poesie bekommen"[311], heißt es dort. Höllerer nennt eine Vielzahl esoterischer, von den Autoren selbst finanzierter Zeitschriften, in denen ihre Arbeiten erschienen. Aus europäischer Sicht mag diese Lyrik an den Dadaismus, manchmal auch an expressionistisches Pathos erinnern. Sie ist jedoch - wie Höllerer zeigt - vor allem geprägt durch die Tradition der amerikanischen Moderne von Whitman bis Pound und demonstriert, daß die Impulse der Moderne und Avantgarde in den USA der fünfziger Jahre noch nicht erloschen waren.

Stellt Höllerer die Lyrik der amerikanischen "beat generation" in einen Zusammenhang mit einer weitgefächerten Moderne, so betont Rolf Dieter Brinkmann im Nachwort zu der von ihm und Ralf-Rainer Rygulla herausgegebenen Anthologie "ACID. Neue amerikanische Szene" (1969) die Distanz zu dieser Tradition. Dabei ist allerdings zu beachten, daß in dieser Sammlung eine jüngere Generation von Lyrikern vorgestellt wird, die die Anstöße von Allan Ginsberg, Jack Kerouac und Gregory Corso verarbeitet hat, um zu neuen Ausdrucksformen zu finden. Brinkmann kritisiert die elitären Attitüden der europäischen Moderne, die Monopolansprüche auf ihr aufgeklärtes Bewußtsein erhebe, statt es in Bildern auszudehnen, die die Oberfläche berühren. Der für den europäischen Bereich charakteristische anti-technische Affekt sei der neuen amerikanischen Szene, die sich bewußt in Beziehung zur "Maschine" setze, fremd. Die künstlerischen Produkte der europäischen Moderne stünden für Lebensersatz statt -erweiterung. Enzensbergers Kritik an der Neo-Avantgarde, die auch Kerouac einschließt[312], sei symptomatisch für die Unsinnlichkeit des Denkens abendländischer Intellektueller, die sich von einer Bewegung ausgeschlossen sehen, die auf erweiterte Sinnlichkeit drängte und Reflexionsfähigkeit ganz selbstverständlich in sich aufnimmt.

Brinkmann grenzt sich von den Politisierungsversuchen und Vorstellungen "fortschrittlicher" Literatur ab. "Sie (die Amerikaner, G.E.) gehen davon aus, daß eine literarische Arbeit selbst ein Politikum darzustellen hat, indem sie Übereinkünfte des Geschmacks, des Denkens und der Vorstellungen sowie hinsichtlich des Gattungsgebrauchs und der inhaltlichen Momente bricht."[313] Kerouacs Programm ("Sei immer blödsinnig geistesabwesend") dem Oberbegriff "Avantgarde" zuzuordnen, wie Enzensberger es tue, verrate ein akademisiertes Bewußtsein. Kerouacs Forderungen - so Brinkmann - wandten sich gegen den Oberbegriff

---

311 Höllerer, Junge amerikanische Literatur (Anm. 288), S. 30.
312 Vgl. Hans Magnus Enzensberger, Die Aporien der Avantgarde, in: ders., *Einzelheiten II. Poesie und Politik*, Frankfurt a.M. 1962, S. 68.
313 Rolf Dieter Brinkmann, Der Film in Worten, in: *ACID. Neue amerikanische Szene*, hrsg. von R.D. Brinkmann u. R.R. Rygulla, Berlin 1969, S. 385.

"Literatur-Kunst" und sprachen für den persönlichen Ausdruck, das Vorzeigen des Persönlichen. Die Betonung persönlicher Vorlieben zeitigte das Interesse, das Literarische mit anderen künstlerischen Ausdrucksweisen (Musik/Malerei) zu verbinden. Der aus Europa importierte, künstlich am Leben gehaltene Werkbegriff werde durch Vielseitigkeit und Vermischung der Genres ersetzt. "Es gibt keine literarischen Nebenprodukte mehr, alle Arbeiten haben das Flair des Nebenbei, die Zärtlichkeit des Zufälligen."[314] Wenn Strömungen der europäischen Avantgarde wie Surrealismus, Expressionismus und Dadaismus von den jungen Amerikanern aufgenommen würden, so allein deshalb, um sie mit spezifisch amerikanischen Elementen wie z.B. der Rock-Musik zu verschmelzen. Dabei habe sich die Lyrik als die flexibelste literarische Ausdrucksform erwiesen.

Was Brinkmann schließlich über die neue amerikanische Prosa mitteilt, nimmt ebenso wie das zuvor Gesagte die heutige Debatte über die Postmoderne in der Literatur vorweg[315]. "Ein 'übergeordneter' Sinn ist schwerlich festzustellen. Die Erzählung weitet sich von einem Augenblickseinfall zum anderen aus und die Verknüpfungen, die sich im Lauf der Ausweitung ergeben, besitzen keinerlei Notwendigkeit."[316] Schreiben solle größere sinnliche und bewußtseinsmäßige Einheiten im Leser ansprechen durch eine Kombination aus profanisierten Stilisierungen und der Verwendung eines Materials, das sich gegen diese Stilisierung sperrt, sich dem Zufall und Augenblickseinfällen verdankt.

Brinkmanns Ausführungen zum Selbstverständnis junger amerikanischer Lyriker weisen deutliche Parallelen zum Poesiebegriff junger ostdeutscher Autoren auf. Allerdings fehlt bei Kolbe, Anderson und Papenfuß die bewußte Distanz zur esoterischen Moderne. Symbolismus, Expressionismus und Surrealismus sind für sie nicht lästiger Ballast, den es abzustreifen gilt, sondern überhaupt erst noch zu entdeckende literarische Kontinente. So finden sich bei den jungen Poeten aus der DDR mehrere sich kreuzende Traditionsstränge. Ein puritanisches Beharren auf einer bestimmten Schreibart oder die Verpflichtung auf eine literarische Schule ist nicht zu erkennen.

So wenig die amerikanische Lyrik der "beat generation" als reine Fortsetzung oder pure Negation der Avantgardeströmungen der ersten Jahrzehnte dieses Jahrhunderts anzusehen ist, kann die junge Lyrik in der DDR als Neo-Avantgarde, die ausschließlich westliche Muster aufnimmt und durchspielt, apostrophiert werden. Läßt man sich auf einen Vergleich mit den historischen Avantgardebewegungen ein, ist der Unterschied in den Intentionen offensichtlich. Die Aktivisten der historischen Avantgarde attackierten entschlossen die bürgerliche Kunstautonomie. Sie wollten Kunst und Leben miteinander verschmelzen. Die junge

---

314 Ebd., S. 386.
315 Über die amerikanische "Postmoderne" der sechziger Jahre vgl. Andreas Huyssen, Postmoderne - eine amerikanische Internationale?, in: *Postmoderne. Zeichen eines kulturellen Wandels*, hrsg. v. Andreas Huyssen/Klaus R. Scherpe, Hamburg 1986, S. 17 ff.
316 Brinkmann, Der Film in Worten (Anm. 313), S. 391.

Avantgarde in der DDR sah sich in dem hier untersuchten Zeitraum einer etablierten Kunstdoktrin gegenüber, deren Forderung lautete, Kunst solle sich für die Belange der Gesellschaft im Sinne der herrschenden Sozialismusvorstellung engagieren. Selbst wenn sich die Autoren der Vorgänger-Generation von den herrschenden ästhetischen Regeln befreiten und sich Inhalt und Form des Schreibens nicht mehr vom Kulturapparat vorschreiben ließen, blieben sie durch Mitgliedschaft im Schriftstellerverband, Entgegennahme von Preisen und Veröffentlichung ihrer Werke in den staatlichen Verlagen doch Teil des offiziellen Kulturbetriebs. Die Jüngeren gingen einen Schritt darüber hinaus. Sie verweigerten sich nicht nur den ästhetischen Imperativen, sondern suchten zugleich neue institutionelle Lösungen. Indem sie sich eigene Kommunikationsmittel schufen, siedelten sie sich abseits des etablierten Literatur- und Kunstbetriebs an. Der avantgardistische Impetus ihres Schreibens ging folglich mit einem Gewinn an institutioneller Autonomie einher. Sie lösten sich vom offiziellen sozialistisch-realistischen Kunstbegriff - nicht, um der Kunst eine unmittelbar kritische gesellschaftliche Funktion zurückzugewinnen, sondern um sie, frei von politischen Zwecksetzungen, zur Selbstartikulation zu nutzen. Der avantgardistische Anspruch, Kunst ins Leben zurückzuführen, blieb begrenzt auf eine existentielle, einen kleinen Kreis von Freunden und Sympathisanten umgreifende Äußerungsform. Der Rückgriff auf avantgardistische Verfahrensweisen diente somit der Rückgewinnung von Kunstautonomie in einer Gesellschaft, die das avantgardistische Versprechen, Kunst und Leben bzw. Politik miteinander zu verbinden, durch Entmündigung des Künstlers diskreditiert hatte.

Nachbemerkung

Die Enthüllungen über die Dienste, die Sascha Anderson und Rainer Schedlinski, ein anderer Protagonist der Künstlerszene vom Prenzlauer Berg, der Staatssicherheit leisteten, zwingen zu einer neuen Lesart der Texte beider Autoren und lassen die l'art-pour-l'art-Ästhetik des Kreises in einem anderen Licht erscheinen. Im nachhinein wächst die Erkenntnis, daß es eine Illusion war, in einem politikfernen Raum eine autonome Kunst schaffen zu können. Aktivitäten der "Szene" - wir wissen es nun - wurden von informellen Mitarbeitern der Staatssicherheit, die selbst Künstler waren und als Vordenker und Organisatoren entscheidenden Einfluß besaßen, überwacht und gesteuert. Anderson und Schedlinski spielten offenbar den *advocatus diaboli*, indem sie die Staatssicherheit davon zu überzeugen suchten, daß die "autonome Kulturszene" weniger staatsgefährdend sei als die oppositionellen Gruppen. Es ist möglich, daß sie durch Verharmlosung des subversiven Potentials die Arbeitsmöglichkeiten der "Szene" vor dem staatlichen Eingriff schützen wollten.

"Unser Slogan damals hieß, die Stasi ist eine 'Informationsstruktur', die durch die gesamte Gesellschaft läuft. Wir waren alle vom französischen Strukturalismus beeinflußt. Und für uns war die Stasi eine Struktur unter vielen Strukturen."[317] Die Staatssicherheit habe ihn nicht bedroht, sagt Anderson, der das Spielerische im Umgang mit dieser "Struktur" hervorhebt. Auch Schedlinskis in ein Gedicht eingeschmuggelte paradoxe Aussage - *"Die einzigen die nicht beim Stasi sind sind die die dabei sind"*[318] - erhält ihren Sinn, wenn die "Stasi" als eine "Struktur" betrachtet wird, die man neutralisiert, indem man sich ihr einfügt. Die Simulationstheorie Baudrillards wird bemüht, um die Realität der Staatssicherheit als Scheinrealität, die Kollaboration mit ihr als Spiel bagatellisieren zu können.

Liest man Andersons Gedichte neu, so erkennt man darin die für viele Menschen in der DDR charakteristische Gespaltenheit in Träger offizieller und inoffizieller Rollen, eine Gespaltenheit, die durch die "Stasi"-Mitarbeit des Autors jedoch ins Extrem gesteigert ist. Eine frühe Interview-Äußerung Andersons, die zum Zeitpunkt ihres Erscheinens rätselhaft bleiben mußte, erschließt sich heute in ihrer Bedeutung durch den angebbaren Kontext. "ich bin nicht schizophren, sondern ich bin der, der schizophrenie als mittel zur verfügung hat, d.h., ich brauche nicht die zwei welten, in denen ich existiere und mich ausdrücke, und ich kann eine immer sterben lassen. welchen sinn das hat, interessiert dabei erstmal weniger als die möglichkeit."[319] Es wäre zu einfach, das Dunkle, Verschlüsselte mancher Gedichte Andersons als subtile Tarnung für seine Komplizenschaft mit der Staatssicherheit zu deuten. Ihr Protokollcharakter läßt sich dennoch kaum übersehen.

Ist das Konzept einer "ästhetischen Politisierung" damit als staatskonform entlarvt? War diese Literatur und war diese Kunst also gar nicht subversiv, sondern schwächten sie nur die oppositionellen Kräfte in der Phase der bevorstehenden großen Auseinandersetzung mit der Obrigkeit?[320] Im Falle Andersons und Schedlinskis scheint dies eindeutig zu sein. Doch auch hier gilt es zu fragen, ob sie die repressive Ordnung, die sie als Mitarbeiter der "Stasi" stützten, als "underground"-Künstler nicht informell unterlaufen haben. Das ganze Ausmaß der direkten und indirekten Einflußnahme der Staatssicherheit auf die junge Künstlerszene wird noch zu ermitteln sein. Schon jetzt läßt sich allerdings sagen, daß Günter Kunerts These zu kurz greift, die "Szene" sei ein "Ergebnis der Angst, der Befürchtungen, mit dem politisch zu verstehenden Wort auch die alptraumhaften Folgen tragen zu müssen"[321], gewesen. Ebenso wie Lutz Rathe-

---

317 Das ist nicht so einfach. Ein Zeit-Gespräch mit Sascha Anderson, in: *Die Zeit* v. 1.11.1991, S. 66.

318 Zit. nach Hajo Steinert, Die Szene und die Stasi, in: *Die Zeit* v. 29.11.1991, S. 57.

319 Jeder, der spricht, stirbt. Gespräche mit S. Anderson, in: *Sprache & Antwort* (Anm. 268), S. 56.

320 Vgl. Wolf Biermann, Laß, o Welt, o laß mich sein! Rede zum Eduard-Mörike-Preis, in: *Die Zeit* v. 15.11.1991, S. 73.

321 Günter Kunert, Zur Staatssicherheit, in: *Frankfurter Allgemeine Zeitung* v. 6.11.1991.

now[322] spricht auch Kunert von einer Flucht in die Ästhetik, in die Form und in das Spiel. Sicherlich kann das Verschlüsselte, Dunkle und Hermetische in der Sprache der jungen Lyriker als Fluchtbewegung gedeutet werden. Sie wollten sich in der Tat nicht auf bestimmte Inhalte festlegen lassen, weder auf die verordnete Ideologie noch auf die Denkraster der politischen Opposition. Der spielerische Umgang mit der Sprache, die Wortlust und die Sprachakrobatik, das sinnliche *l'art pour l'art* waren Ausdruck einer nicht nur künstlerischen, sondern existentiellen Verweigerungshaltung.

Wenn das "Wort" in seiner Verschlüsselung und Doppeldeutigkeit von der Obrigkeit auch nicht politisch verstanden wurde, so hatte es doch für Teile der jungen Generation eine unmittelbare Verständigungsfunktion. Es stärkte ihr Bedürfnis nach Befreiung von den Zwängen realsozialistischer Disziplinierung. Daß dieser Raum vom Staat kontrolliert und der eine oder andere Künstler an der "langen Leine" der "Stasi" geführt wurde, ändert nichts an dem Befund: Diese Generation junger Dichter, Maler und Musiker hat bewiesen, daß es einen dritten Weg zwischen Anpassung und politischer Dissidenz gab. Ihre Kunst zielte darauf, tradierte Wahrnehmungsstrukturen und Verhaltensmuster zu sprengen. Sie stellte den konventionellen Umgang mit Kunst ebenso in Frage wie die Wertordnung des alltäglichen Lebens. Die Sprachphantasie und der subversive Witz der Herbstdemonstrationen 1989 ist ohne diese Literatur kaum vorstellbar. "Woran es (das System. G.E.) zugrundeging, war die Verweigerung, der wunderbar egoistische Massenauszug aus dem mit Stacheldraht umzäunten Labyrinth."[323] Das Streben nach einer *poésie pure*, nach Reinheit in der künstlerischen Existenz und der Verzicht auf politisches Engagement forderten jedoch ihren Preis: Die Allgegenwart der Staatssicherheit wurde aus dem Bewußtsein verbannt, von den Kollaborateuren von ihrer Künstlerexistenz abgespalten. Richtig bleibt dennoch die Feststellung Andersons: "Auch wenn unsere Freiheit nur eine Scheinfreiheit war, hatte unsere Arbeit doch Wirkung."[324] Es ist diesen jungen Künstlern gelungen, das Druckgenehmigungssystem und Veröffentlichungswesen des Staates zu unterlaufen und ihm einen Freiraum für künstlerische Experimente abzutrotzen. Von Teilen des Staatsapparats mit Mißtrauen geduldet, von anderen möglicherweise als "Modernisierungspotential"[325] gehegt und gepflegt, hat diese "Szene" versucht, die unvermeidlichen Identitätsspannungen künstlerisch produktiv zu machen und auf ihre Weise den Erosionsprozeß der DDR vorangetrieben.

---

322 Vgl. Lutz Rathenow, "Schreiben Sie doch für uns!", in: *Frankfurter Allgemeine Zeitung* v. 27.11.1991.
323 Durs Grünbein, Im Namen der Füchse, in: *Frankfurter Allgemeine Zeitung* v. 26.11.1991.
324 Anderson, Zeit-Gespräch (Anm. 317), S. 66.
325 Vgl. Hans-Peter Krüger, Eine Krake im Kampf mit sich selbst, in: *Frankfurter Allgemeine Zeitung* v. 13.6.1991.

Zusammenfassung

Ausgangspunkt dieser Untersuchung war die Beobachtung, daß seit Ende der siebziger Jahre die westliche Moderne- und Avantgardediskussion ebenso wie die Postmodernedebatte unter den Literatur- und Kunstwissenschaftlern in der DDR immer stärkere Beachtung gefunden hat. Die zum Teil sehr differenzierten Analysen und Stellungnahmen sind um so bemerkenswerter, als in den Kulturwissenschaften und in kulturpolitischen Grundsatzerklärungen der SED der Begriff Moderne lange Zeit negativ besetzt war. Ausnahmen bildeten - von dem Literaturwissenschaftler Hans Mayer abgesehen - stets einzelne Schriftsteller und Künstler, die nicht ohne weiteres bereit waren, auf die formalen Errungenschaften der Moderne zu verzichten.

Die Kampagnen der SED gegen den Modernismus, der Gesinnung des auf ästhetische Erneuerung und Autonomie bedachten Künstlers, kennzeichneten vor allem die Frühphase der sozialökonomischen Umwälzung bis zur Konsolidierung des Systems in den sechziger Jahren. In den ersten Nachkriegsjahrzehnten hatte eine sozialistische Kulturpolitik nach Auffassung der SED dafür zu sorgen, daß die Künstler ihren Anspruch auf Autonomie zurückstellten und als "Ingenieure der menschlichen Seele" und aktive Mitstreiter der Partei ihren Beitrag zur Mobilisierung der Massen und zur sozialistischen Bewußtseinsbildung leisteten. Für den Neuaufbau und die sozialistische Umgestaltung der Wirtschaft waren Arbeitstugenden erforderlich, die einen zu Triebverzicht und Konsumenthaltung bereiten Persönlichkeitstyp voraussetzten. Die intellektuelle Trägerschicht der Gesellschaft hatte weltanschauliche Orientierungen, politische Perspektiven und moralische Werte zu vermitteln, in denen der Individualismus und "Solipsismus" der westlichen Moderne durch sozialistisches Kollektivdenken überwunden war. Die Kampagnen gegen den Modernismus blieben solange erfolgreich, solange die Betroffenen die Forderung, der Künstler habe in erster Linie Kommunist und erst in zweiter Linie Schriftsteller, Maler, Komponist usw. zu sein, akzeptierten und die Partei nicht zögerte, von den ihr zur Verfügung stehenden Machtmitteln rigoros Gebrauch zu machen, um unerwünschte Bestrebungen im Keim zu ersticken. Die Parteiideologen sahen im "Modernismus" nur das regressive Moment, den Ausdruck von "Dekadenz" und Perspektivlosigkeit, des "Stehenbleibens bei der Angst", wie es Lukács einmal formulierte. Zusammengefaßt, gründete sich das Verdikt gegen die Moderne auf drei Anklagepunkte:

1. Diese Literatur und Kunst ist schwer verständlich und esoterisch, folglich massenfeindlich und elitär.
2. Ihr Welt- und Menschenbild ist nihilistisch und entbehrt der geschichtlich-sozialen Perspektive.
3. Sie ist formalistisch und konserviert alte Inhalte in neuen Formen.

Ferner wurde sie des "Kosmopolitismus" für schuldig befunden, da sie die nationalen Traditionen negiere.

In den sechziger Jahren häuften sich für die SED die Schwierigkeiten, Literatur, literaturwissenschaftliche Analysen und Wertungen sowie kulturpolitische Orientierungen in ein harmonisches Verhältnis zueinander zu bringen. Im Streit um Kafka traten die Unterschiede im Moderne-Verständnis von Schriftstellern, Literaturwissenschaftlern und Kulturfunktionären offen zutage. Führende Parteifunktionäre wie Abusch, Kurella, Sindermann und Ulbricht wiesen kategorisch ein Realismuskonzept in der Kunst zurück, das die Gestaltung der menschlichen Selbstentfremdung, der Entfremdung vom bürokratischen Staat und im Arbeitsprozeß einschloß. Der Affekt der SED gegen die Moderne erhielt durch die politischen Auswirkungen der Kafka-Debatte neue Nahrung. Der Prager Frühling hatte der Parteiführung die unmittelbare Sprengkraft eines "Realismus ohne Ufer" (Garaudy) als einen nicht nur künstlerischen, sondern auch politischen Emanzipationsprozeß bewußt gemacht. Im Interesse ihrer Herrschaftsabsicherung und um ihre kulturpolitische Hegemonie zu behaupten, sah sich die SED deshalb genötigt, auf einer konzessionslosen ideologischen Abgrenzung von "revisionistischen" Strömungen zu beharren. Sie glaubte ferner, im Umgang mit der Moderne nach innen keine bündnispolitischen Rücksichten mehr nehmen zu müssen, nachdem die "bürgerliche" Intelligenz durch eine eigene "sozialistische" Intelligenz ersetzt worden war. Daß gerade diese neue Intelligenz den Kampagnen gegen die "Dekadenz" immer weniger Verständnis entgegenbrachte, ist einer der Gründe, die schließlich die Revision des parteioffiziellen Modernebildes herbeiführten.

Am Ende der Ulbricht-Ära ließ sich nicht mehr übersehen, daß das Sozialismusprojekt der SED seinen utopischen Elan eingebüßt hatte. Zwar entsprach dem durch wissenschaftlich-technische Modernisierungsmaßnahmen erreichten Industrialisierungsniveau ein gestiegener materieller Lebensstandard. Demokratische Reformen waren jedoch nicht in Sicht, und von einer neuen Gesellschaftsqualität, wie sie die sozialistische Zukunftsvision verhieß, war nur wenig zu spüren. Vielmehr traten neue soziale Unterschiede und Konflikte hervor, die das Ulbrichtsche Konzept der "sozialistischen Menschengemeinschaft" nicht vorgesehen hatte. Die SED korrigierte daraufhin Anfang der siebziger Jahre ihr Sozialismusbild, um sich in der praktischen Politik besser auf die unterschiedlichen Bedürfnisse und Interessenlagen in der Bevölkerung einstellen zu können. Der Begriff "real existierender Sozialismus" faßt den Pragmatismus dieser Politik und das schwindende utopische Denken in eine griffige Formel. Damit war allerdings auch sichtbar geworden, daß der "sozialistische Ideengehalt", einer der Grundpfeiler der Kunst- und Literaturdoktrin des sozialistischen Realismus, selbst auf höchster politischer Ebene der Erosion nicht länger standhielt.

Vor diesem Hintergrund überrascht es nicht, daß in einem Land an der Nahtstelle zum Westen die ästhetische Moderne Einfluß gewinnen konnte, mit allen Konsequenzen, was das Spannungsverhältnis von sozioökonomischem System und Kultur betraf. In der Tat haben Literatur und Kunst seit etwa Mitte der sechziger Jahre zunehmend Elemente der westlichen Moderne in sich aufgenommen und die politischen Entscheidungsträger mit dem Anspruch auf individuelle Selbstbestimmung konfrontiert. Überdies konnte sich die SED nicht mehr der Einsicht verschließen, daß die von ihr betriebene kulturelle Traditionspflege bei einem Großteil der Bevölkerung nicht den gewünschten Effekt erzielte. Die Orientierung an einem Begriff von Kultur als einer rein geistigen Sphäre wurde deshalb zugunsten eines erweiterten, die verschiedenen Bereiche des geistigen und materiellen Lebens berücksichtigenden Kulturbegriffs aufgegeben. Das bedeutete eine Aufwertung von Unterhaltungskunst zur Befriedigung der Massenbedürfnisse, andererseits aber auch die Sanktionierung elitärer Kunst, um die Ansprüche einer kleinen, feineren ästhetischen Genüssen zugeneigten Bildungsschicht zu erfüllen.

In diesem Zusammenhang erhalten die Bemühungen der Literaturwissenschaftler, den Impulsen der Schriftsteller im eigenen Land nachgebend, Moderne und Avantgarde literaturgeschichtlich zu rehabilitieren, ihr besonderes Gewicht. Sie wurden schließlich vom ZK-Sekretär für Wissenschaft und Kultur, Kurt Hager, zumindest partiell gutgeheißen. Wirkungsästhetisch betrachtet, stellt sich der Mangel an "Volksverbundenheit" - ein weiterer brüchig gewordener Grundpfeiler des sozialistischen Realismus - als Vorzug dieser Kunst im Kalkül einer kulturpolitischen Strategie dar, die dem Massenpublikum affirmative Erzeugnisse und den "happy few" einen Hauch von Dekadenz zubilligen will.

Die esoterisch erscheinende literaturwissenschaftliche Diskussion über Moderne und Postmoderne und die Infragestellung des tradierten Weltbildes durch Teile der kulturwissenschaftlichen Intelligenz signalisieren ein verändertes Lebensgefühl in breiten Bevölkerungsschichten. Verlust der Geborgenheit, Sinnkrise, Lebensangst, Skepsis gegenüber zivilisatorischen Errungenschaften bis hin zu Geschichtspessimismus sind Erscheinungen, die bislang dem Weltbild des westlichen Modernismus zugeordnet wurden. Kunst und Literatur in der DDR haben dieses Lebensgefühl seit Ende der sechziger Jahre deutlich zum Ausdruck gebracht. Hinzu kommt die Entdeckung der Subjektivität im künstlerischen Schaffen, die Wahl neuer, das leidende Individuum in den Mittelpunkt stellender Sujets sowie die Lust am Experiment und die Neigung zu hermetischer Abgeschlossenheit. Als ein Ergebnis der Untersuchung ist folglich festzuhalten, daß die Moderne weltanschaulich, inhaltlich und formal in die literarische Produktion der DDR Eingang gefunden hat.

Modernität der DDR-Literatur teilt sich also nicht nur dadurch mit, daß sie souverän über das Formenarsenal der europäischen Literatur der letzten hundert Jahre verfügt und sich nicht mehr auf ein abbildtheoretisches Realismuskonzept verpflichten läßt. Sie leistet vielmehr zunehmend Verzicht auf ein Denken in geschichtsphilosophischen Kategorien. Sie ist nicht nur kritische Widerspiegelung der Unversöhntheit der Welt des realen Sozialismus, sondern schreckt auch nicht davor zurück, sich mit ihrem imaginativen Potential der Welt der rationalen Dis kurse zu verschließen. Indes ist sie nur in Ausnahmefällen auf die Darstellung des Abgründigen und Amoralischen angelegt. Selbst da, wo sie der Utopie zu entsagen scheint, bleibt ihr gesellschaftskritischer, moralischer Impetus spürbar. Bei den Jüngeren hingegen wird Kunst "Gegeninstitution" zur Gesellschaft. Das ekstatische Moment ihrer Dichtungen läßt sich nicht mehr als Antizipation eines künftigen herrschaftsfreien Zustands begreifen. Hier wird der Boden des "Humanismus" verlassen, auf den Literaturwissenschaft und -kritik in der DDR allzu glatt die klassische Moderne und ihre Adepten in der DDR glauben ansiedeln zu können. Wenn wie bei Manfred Starke selbst *décadence* und *l'art pour l'art* eine humanistische Mission zugeschrieben wird, kann es allerdings kaum noch Grenzen der literarischen Erbeaneignung geben. Wo die Genesis des *l'art pour l'art*, also die Radikalisierung des künstlerischen Autonomieanspruchs, als angemessene Reaktion auf den ungenügenden Gehalt der politisch-engagierten Poesie begriffen wird, kann elitären Zügen in der Gegenwartsliteratur die Anerkennung kaum versagt werden. Was schließlich der Anglist Utz Riese in Auseinandersetzung mit der Postmoderne als Form einer utopiefreien Gesellschaftskritik, einer vom Zwang zur Utopie und vom Alp der Zukunft befreiten Ästhetik des Widerstands, zu bedenken gibt, sprengt vollends den Rahmen eines auf Aufklärungs- und Humanitätsidealen insistierenden Literaturkonzepts und nimmt endgültig Abschied von einem teleologischen Geschichtsdenken.

Modernität der Literatur in der DDR zeigt sich ferner darin, daß der institutionelle Rahmen aufgebrochen wird, in dem sich Schreiben, Vermittlung und Rezeption von Literatur vollziehen. Die Schriftsteller bestehen nachdrücklich auf institutioneller Unabhängigkeit: Abschaffung der Zensur und Selbständigkeit der Verlage lauten einige ihrer Forderungen. Beides, ästhetische Emanzipation und institutionelles Autonomiestreben, sind Indizien dafür, daß die kulturelle Sphäre in der Spätphase der DDR ein, wenn auch beschränktes, Eigenleben gewonnen hat.

Noch bevor einzelne Literaturwissenschaftler das offizielle Modernebild korrigierten und die Kulturpolitiker schließlich zur Revision ihrer Traditionsauffassung nötigten, hatten namhafte Schriftsteller diesen Weg längst beschritten. Sieht man von der kaum zu überschätzenden publizistischen Leistung Peter Huchels als Chefredakteur der Zeitschrift "Sinn und Form" ab, der sich bis zu seinem Rücktritt um die Vermittlung moderner Weltliteratur bemühte, sind vor allem zwei Autoren zu nennen, die durch ihr beharrliches und mutiges Eintreten für die Moderne der Wiederaneignung dieser Tradition vorgearbeitet haben: Stephan Hermlin und Franz Fühmann. Während Hermlin sich von Anbeginn als Lyriker der Tradition der Moderne verpflichtet fühlte, wenn auch vielfach gebrochen und unter dem Zwang der Verhältnisse schließlich verstummend, liegt eine verwandte Tragik darin, daß Fühmann ähnlich wie Hermlin seine Energien vornehmlich darauf verwandte, verfemte literarische Traditionen durchzusetzen, so daß sein dichterisches Schaffen mehr in essayistischer Reflexion als in primärer poetischer Aussage gipfelte. Günter Kunert hat sich wie kein anderer skeptisch zur marxistischen Gesellschaftsutopie geäußert und schon frühzeitig den Weg in die "décadence" beschritten. Mit "décadence" ist hier eine existentielle Befindlichkeit gemeint, die mit und nach Kunert nicht wenige DDR-Schriftsteller auszeichnet: das Bewußtsein, das Ende einer Epoche zu erleben, ohne ihren Niedergang aufhalten zu können. Ein Gegenspieler Kunerts ist Volker Braun, der noch Züge dessen verkörpert, was eine genuin sozialistische Moderne für sich beansprucht: das ästhetisch höchstentwickelte mit dem gesellschaftlich und politisch fortgeschrittensten Bewußtsein zu verbinden. Sein Rimbaud-Essay zeigt jedoch, daß auch Braun vom "ennui", vom Lebensekel seiner Zeit, nicht unberührt bleibt und sich seines "fortschrittlichen" Bewußtseins längst nicht mehr sicher ist. Kolbe, Anderson und Papenfuß-Gorek repräsentieren eine jüngere Autorengeneration, in der sich der Anspruch auf institutionelle Autonomie und die Abkehr von geschichtsutopischem Denken am vehementesten artikuliert.

Wenn ich der Geschichtsutopie abgewandte ästhetische Extrempositionen in der Literatur der DDR hervorhebe, so verkenne ich keinesfalls, daß viele Schriftsteller bis in die jüngste Zeit in dem Bewußtsein lebten, Geschichte befördern und mitgestalten zu können. Literatur war stets eine ernstgenommene Angelegenheit in einer Gesellschaft, in der sich bis zum Sturz der Parteidiktatur vermittels dieses Mediums kritische Öffentlichkeit zuallererst herstellen ließ. Insofern konnte diese Literatur gar nicht autonom sein im Sinne eines freischwebenden idealen Diskurses. Wenn hier vom Autonomieanspruch der Schriftsteller die Rede ist, heißt dies, die Fesseln einer "außengelenkten Ästhetik" (Küntzel) abzustreifen und institutionelle Kontrollen zu durchbrechen. Was Max Frisch einst über Brechts Klassizität feststellte, trifft auf Autoren wie Christa Wolf und Volker Braun gewiß (noch) nicht zu. Ihre Werke sind *nicht* von jener "durchschlagenden Wirkungslosigkeit", solange sie das öffentliche Bewußtsein provozieren und die Fallhöhe zwischen postulierter und erfahrener Realität bestehen bleibt.

Ernst Schumachers Warnung davor, den Strömungen der westlichen Moderne nachzugeben, ist gleichwohl verständlich, begreift man die Tendenz zum Hermetischen, Schwerverständlichen und Elitären als einen Rückzug von der Rolle des Autors als einer politisch eingreifenden Instanz. Die sozialökonomische und kulturelle Modernität der DDR-Gesellschaft erzwang jedoch bei all ihrer Rückständigkeit Differenzierungen, die den künstlerischen Bereich nicht unberührt ließen. Sie brachten in der Literatur notwendig neue Sujets, Gestaltungsformen und schriftstellerische Selbstdefinitionen hervor, die die Grenze zu den anderen deutschen Literaturen verwischten. Die noch vom *ancien régime* betriebene Aktualisierung vormoderner preußisch-deutscher Traditionen markiert eine Gegentendenz zu der hier beschriebenen Entwicklung. Die jüngsten politischen Ereignisse werden - so ist zu hoffen - den Prozeß einer kulturellen Modernisierung in Ostdeutschland beschleunigen. Dieser Prozeß verdankt seine Impulse zu einem nicht geringen Teil einer ästhetischen Moderne, die, indem sie auf andere kulturelle

Bereiche ausstrahlte, das Interesse gestärkt hat, individuelle Freiheits- und Teil-haberechte wahrzunehmen und zu sichern.

Bibliographie

Monographien

Adorno, Theodor W., *Ästhetische Theorie*, Frankfurt a.M. 1970.

Ästhetik der Kunst (Autorenkollektiv, Ltg. E. Pracht), Berlin/DDR 1987.

Anderson, Sascha, *Jeder Satellit hat einen Killersatelliten*, Berlin 1982.

Anderson, Sascha/Ralf Kerbach, *Totenreklame. Eine Reise*, Berlin 1983.

Becher, Johannes R., *Auf andere Art so große Hoffnung. Tagebuch 1950. Eintragungen 1951*, Berlin/Weimar 1969.

Becher, Johannes R., *Bemühungen,* Bd. I, Berlin/Weimar 1972.

Becher, Johannes R., *Bemühungen*, Bd. II: *Macht der Poesie. Das poetische Prinzip*, Berlin/Weimar 1972.

Becher, Johannes R., *Publizistik*, Bd. III: *1945-1951 (Gesammelte Werke*, Bd. 17), Berlin/Weimar 1979.

Benjamin, Walter, *Allegorien kultureller Erfahrung. Ausgewählte Schriften 1920-1940*, hrsg. v. S. Kleinschmidt, Leipzig 1984.

Benjamin, Walter, *Lesezeichen. Schriften zur deutschsprachigen Literatur*, hrsg. v. G. Seidel, Leipzig 1970.

Benjamin, Walter, *Versuche über Brecht*, hrsg. v. R. Tiedemann, Frankfurt a. M. 1966.

Benjamin über Kafka. Texte, Briefzeugnisse, Aufzeichnungen, hrsg. v. H. Schweppenhäuser, Frankfurt a. M. 1981.

Berührung ist nur eine Randerscheinung. Neue Literatur aus der DDR, hrsg. v. S. Anderson u. E. Erb, Köln 1985.

Bock, Stephan, *Literatur - Gesellschaft - Nation*, Stuttgart 1980.

Bräutigam, Bernd, *Leben wie im Roman. Untersuchungen zum ästhetischen Imperativ im Frühwerk Friedrich Schlegels (1794-1800)*, Paderborn 1986.

Braun, Volker, *Provokation für mich. Gedichte*, Halle 1965.

Braun, Volker, *Wir und nicht sie. Gedichte*, Halle 1976.

Braun, Volker, *Es genügt nicht die einfache Wahrheit. Notate*, Leipzig 1979

Braun, Volker, *Training des aufrechten Gangs. Gedichte*, Halle 1979.

Braun, Volker, *Gegen die symmetrische Welt. Gedichte*, Halle/Leipzig 1985.

Braun, Volker, *Langsamer knirschender Morgen. Gedichte*, Halle/Leipzig 1987.

Braun, Volker, *Verheerende Folgen mangelnden Anscheins innerbetrieblicher Demokratie. Schriften*, Frankfurt a. M. 1988.

Brecht, Bertolt, *Schriften zur Literatur und Kunst*, Bd. II, Berlin/Weimar 1966.

Brecht im Gespräch. Diskussionen, Dialoge, Interviews, hrsg. v. W. Hecht, Frankfurt a. M. 1975.

Brettschneider, Werner, *Zwischen literarischer Autonomie und Staatsdienst. Die Literatur der DDR*, 2. erg. Aufl., Berlin 1974.

Buch, Günther, *Namen und Daten wichtiger Personen der DDR*, 3. Aufl., Berlin/Bonn 1982.

Bürger, Peter, *Prosa der Moderne*, Frankfurt a. M. 1988.

Bürger, Peter, *Theorie der Avantgarde*, Frankfurt a. M. 1974.

Bunge, Hans, *Fragen Sie mehr über Brecht. Hanns Eisler im Gespräch*, München 1972.

Caputo-Mayr, Maria Luise/Julius M. Herz, *Franz Kafka. Eine kommentierte Bibliographie der Sekundärliteratur*, Bern/Stuttgart 1987.

Cosentino, Christine/Wolfgang Ertl, *Zur Lyrik Volker Brauns*, Königstein/Ts. 1984.

Damus, Martin, *Sozialistischer Realismus und Kunst im Nationalsozialismus*, Frankfurt a. M. 1981.

DDR Handbuch, wissenschaftl. Ltg.: Hartmut Zimmermann, hrsg. v. Bundesministerium für innerdeutsche Beziehungen, 2 Bde., 3. überarb. u. erw. Aufl., Köln 1985.

V. Deutscher Schriftstellerkongreß. Referate und Diskussionsbeiträge, Berlin/DDR 1962.

VI. Deutscher Schriftstellerkongreß. Protokoll, Berlin/Weimar 1969.

Emmerich, Wolfgang, *Kleine Literaturgeschichte der DDR*, Darmstadt 1981.

Emmerich, Wolfgang, *Kleine Literaturgeschichte der DDR*, 5. erw. u. bearb. Aufl., Frankfurt a. M. 1989.

Emrich, Wilhelm, *Franz Kafka*, Bonn 1958.

Enzensberger, Hans Magnus, *Einzelheiten II. Poesie und Politik*, Frankfurt a. M. 1963.

Ertl, Wolfgang, *Stephan Hermlin und die Tradition*, Ann Abor/London 1975.

Die Expressionismusdebatte. Materialien zu einer marxistischen Realismuskonzeption, hrsg. v. H. J. Schmitt, Frankfurt a. M. 1973.

Friedrich, Hugo, *Die Struktur der modernen Lyrik*, erw. Neuausgabe, Reinbek 1967.

Frisch, Max, *Die Tagebücher 1946-1949. 1966-1971*, Frankfurt a. M. 1983.

Fühmann, Franz, *22 Tage oder Die Hälfte des Lebens*, Frankfurt a. M. 1973.

Fühmann, Franz, *Fräulein Veronika Paulmann aus der Pirnaer Vorstadt oder Etwas über das Schauerliche bei E.T.A. Hoffmann*, Rostock 1979.

Fühmann, Franz, *Essays, Gespräche, Aufsätze 1964-1981*, Rostock 1983.

Fühmann, Franz, *Den Katzenartigen wollten wir verbrennen. Ein Lesebuch*, hrsg. v. H. J. Schmitt, Hamburg 1983.

Fühmann, Franz, *Der Sturz des Engels. Erfahrungen mit Dichtung*, München 1985.

Garaudy, Roger, *Für einen Realismus ohne Scheuklappen. Picasso, Saint-John Perse, Kafka*, Wien/München/Zürich 1981.

Geschichte der deutschen Literatur, 9. Bd.: *Vom Ausgang des 19. Jahrhunderts bis 1917* (Autorenkollektiv, Ltg. H. Kaufmann), Berlin/DDR 1974.

Geschichte der deutschen Literatur, 10. Bd.: *1917 bis 1945* (Autorenkollektiv, Ltg. H. Kaufmann), Berlin/DDR 1973.

Geschichte der deutschen Literatur, 11. Bd.: *Literatur der DDR* (Autorenkollektiv, Ltg. H. Haase u.a.), Berlin/DDR 1976.

Groys, Boris, *Gesamtkunstwerk Stalin. Die gespaltene Kultur in der Sowjetunion*, München 1988.

Günther, Hans, *Die Verstaatlichung der Literatur. Entstehung und Funktionsweise des sozialistisch-realistischen Kanons in der sowjetischen Literatur der 30er Jahre*, Stuttgart 1984.

Habermas, Jürgen, *Der philosophische Diskurs der Moderne. Zwölf Vorlesungen*, Frankfurt a. M. 1985.

Hager, Kurt, *Beiträge zur Kulturpolitik. Reden und Aufsätze 1972 bis 1981*, Berlin/DDR 1981.

Hager, Kurt, *Beiträge zur Kulturpolitik*, Bd. II: *1982 bis 1986*, Berlin/DDR 1987.

Hermlin, Stephan, *Die Sache des Friedens. Aufsätze und Berichte*, Berlin/DDR 1953.

Hermlin, Stephan, *Begegnungen 1954-1959*, Berlin/DDR 1960.

Hermlin, Stephan, *Lektüre 1960-1971*, Berlin/Weimar 1973.

Hermlin, Stephan, *Abendlicht*, Berlin 1979.

Hermlin, Stephan, *Aufsätze, Reportagen, Reden, Interviews*, hrsg. v. U. Hahn, München 1980.

Hermlin, Stephan, *Äußerungen 1944-1982*, Berlin/Weimar 1983.

Hermlin, Stephan/Hans Mayer, *Ansichten über einige Bücher und Schriftsteller*, erw. Ausg., Berlin/Ost 1947.

Hermsdorf, Klaus, *Kafka. Weltbild und Roman*, Berlin/DDR 1961.

Heym, Stefan, *Wege und Umwege. Streitbare Schriften aus fünf Jahrzehnten*, München 1980.

Hocke, Gustav René, *Manierismus in der Literatur. Sprach-Alchimie und esoterische Kombinationskunst*, Reinbek 1959.

Holthusen, Hans Egon, *Avantgardismus und die Zukunft der modernen Kunst. Essay*, München 1964.

Honnef, Theo, *Heinrich von Kleist in der Literatur der DDR*, New York u.a. 1988

Hösch, Edgar/Hans-Jürgen Grabmüller, *Daten der sowjetischen Geschichte. Von 1917 bis zur Gegenwart*, München/Berlin 1981.

In diesem besseren Land. Gedichte der Deutschen Demokratischen Republik seit 1945, hrsg. v. A. Endler u. K. Mickel, Halle 1966.

In eigener Sache. Briefe von Künstlern und Schriftstellern, hrsg. v. E. Kohn, Halle 1964.

Jäger, Manfred, *Kultur und Politik in der DDR*, Köln 1982.

Janka, Walter, *Schwierigkeiten mit der Wahrheit*, Reinbek 1989.

Janz, Rolf-Peter, *Autonomie und soziale Funktion der Kunst. Studien zur Ästhetik von Schiller und Novalis*, Stuttgart 1973.

Järv, Harry, *Die Kafka-Literatur. Eine Bibliographie*, Malmö 1961.

Jauß, Hans Robert, *Literaturgeschichte als Provokation*, Frankfurt a. M. 1970.

Kafka, Franz, *Erzählungen. Der Prozeß. Das Schloß*, Berlin/DDR 1965

Kafka, Franz, *Erzählungen*, Leipzig 1978.

Kafka, Franz, *Beim Bau der chinesischen Mauer. Prosa und Betrachtungen aus dem Nachlaß*, Leipzig/Weimar 1979

Kafka, Franz, *Das erzählerische Werk*, 2 Bde., hrsg. v. K. Hermsdorf, Berlin/DDR 1983.

Kafka, Franz, *Amtliche Schriften*, hrsg. v. K. Hermsdorf, Berlin/DDR 1984.

Kahlschlag. Das 11. Plenum des ZK der SED 1965. Studien und Dokumente, hrsg. v. G. Agde, Berlin 1991.

Kantorowicz, Alfred, *Deutsches Tagebuch*, Erster Teil, München 1959.

Kaufmann, Hans, *Krisen und Wandlungen der deutschen Literatur von Wedekind bis Feuchtwanger*, Berlin/Weimar 1966.

Kaufmann, Hans, *Versuch über das Erbe*, Leipzig 1980.

Killy, Walter, *Über Georg Trakl*, Göttingen 1960.

Klatt, Gudrun, *Vom Umgang mit der Moderne. Ästhetische Konzepte der dreißiger Jahre*, Berlin/DDR 1984.

Kolbe, Uwe, *Hineingeboren*, Frankfurt a. M. 1982.

Kolbe, Uwe, *Abschiede und andere Liebesgedichte*, Frankfurt a. M. 1983

Kolbe, Uwe, *Bornholm II*, Frankfurt a. M. 1987.

Kulturpolitisches Wörterbuch, hrsg. v. M. Berger u.a., 2. erw. Aufl., Berlin/DDR 1978.

Kunert, Günter, *Erinnerung an einen Planeten. Gedichte aus fünfzehn Jahren*, München 1963.

Kunert, Günter, *Der ungebetene Gast. Gedichte*, Berlin/DDR 1965.

Kunert, Günter, *Verkündigung des Wetters. Gedichte*, München 1966.

Kunert, Günter, *Warum schreiben? Notizen zur Literatur*, Berlin/Weimar 1978.

Kunert, Günter, *Vor der Sintflut. Das Gedicht als Arche Noah. Frankfurter Vorlesungen*, München 1985.

Kunert, Günter, *Gedichte*, Stuttgart 1987.

Künstlerische Avantgarde. Annäherungen an ein unabgeschlossenes Kapitel, hrsg. v. K. Barck u.a., Berlin/DDR 1979.

Kurella, Alfred, *Das Eigene und das Fremde. Neue Beiträge zum sozialistischen Humanismus*, Berlin/Weimar 1968.

Kurze Geschichte der deutschen Literatur (Autorenkollektiv, Ltg. Kurt Böttcher u. H. Geerdts), Berlin/DDR 1981.

Lexikon deutschsprachiger Schriftsteller, Bd. I (Autorenkollektiv, Ltg. Kurt Böttcher), Kronberg/Ts. 1974.

Lexikon der französischen Literatur, hrsg. v. M. Naumann, Leipzig 1987.

Literarische Widerspiegelung. Geschichte und theoretische Dimensionen eines Problems (Autorenkollektiv, Ltg. Dieter Schlenstedt), Berlin/Weimar 1981.

Literarisches Leben in der DDR 1945 bis 1960. Literaturkonzepte und Leseprogramme (Autorenkollektiv, Ltg. Ingeborg Münz-Koenen), Berlin/DDR 1979.

Literatur in der DDR. Bibliographische Annalen 1945-1962, Bd. I: *1945-1954*, Berlin/DDR 1986.

Literatur in der DDR. Rückblicke, hrsg. v. H. L. Arnold u. F. Meyer-Gosau (*Text + Kritik*, Sonderband), München 1991.

Lorenz, Richard, *Sozialgeschichte der Sowjetunion*, Bd. I: *1917-1945*, Frankfurt a. M. 1976.

Ludz, Peter Christian, *Mechanismen der Herrschaftssicherung. Eine sprachpolitische Analyse gesellschaftlichen Wandels in der DDR*, München 1980.

Lübbe, Peter (Hrsg.), *Dokumente zur Kunst-, Literatur- und Kulturpolitik der SED (1975-1980)*, Stuttgart 1984.

Lukács, Georg, *Essays über Realismus*, Berlin/Ost 1948.

Lukács, Georg, *Schicksalswende. Beiträge zu einer neuen deutschen Ideologie*, Berlin/Ost 1948.

Lukács, Georg, *Skizze einer Geschichte der neueren deutschen Literatur*, Berlin/DDR 1953.

Lukács, Georg, *Probleme des Realismus*, Berlin/DDR 1955.

Lukács, Georg, *Beiträge zur Geschichte der Ästhetik*, Berlin/DDR 1956.

Lukács, Georg, *Wider den mißverstandenen Realismus*, Hamburg 1958.

Lukács, Georg/Johannes R. Becher/Friedrich Wolf u.a., *Die Säuberung. Moskau 1936: Stenogramm einer geschlossenen Parteiversammlung*, hrsg. v. R. Müller, Reinbek 1991.

Maurer, Georg, *Was vermag Lyrik? Essays, Reden, Briefe*, Leipzig 1982.

Mayer, Hans, *Ein Deutscher auf Widerruf. Erinnerungen*, Bd. I und II, Frankfurt a. M. 1982 bzw. 1984.

Menschheitsdämmerung. Ein Dokument des Expressionismus, hrsg. v. K. Pinthus, Reinbek 1959.

Mierau, Fritz, *Zwölf Arten die Welt zu beschreiben. Essays zur russischen Literatur*, Leipzig 1988.

Mikado oder Der Kaiser ist nackt. Selbstverlegte Literatur in der DDR, hrsg. v. U. Kolbe, L. Trolle u. B. Wagner, Darmstadt 1988.

Mittenzwei, Werner, *Der Realismus-Streit um Brecht*, Berlin/Weimar 1978.

Mittenzwei, Werner, *Das Leben des Bertolt Brecht oder Der Umgang mit den Welträtseln*, 2 Bde., Berlin/DDR 1986.

Museum der modernen Poesie, eingerichtet von Hans Magnus Enzensberger, München 1964.

Neue Ansichten. The Reception of Romanticism in the Literature of the GDR, hrsg. v. H. Gaskill u.a., Amsterdam/Atlanta 1990.

Nietzsche, Friedrich, Werke, Bd. IV: *Aus dem Nachlaß der Achtzigerjahre. Briefe (1861-1889)*, hrsg. v. K. Schlechta, Frankfurt a. M./Berlin/Wien 1977.

Papenfuß-Gorek, Bert, *harm. arkdichtung 77*, Berlin 1985

Papenfuß-Gorek, Bert, *dreizehntanz*, Berlin/DDR 1988.

Pike, David, *Deutsche Schriftsteller im sowjetischen Exil 1933-1945*, Frankfurt
a. M. 1981.

*Protokoll eines Tribunals. Die Ausschlüsse aus dem DDR-Schriftstellerverband
1979*, hrsg. v. J. Walther u.a., Reinbek 1991.

*Protokoll der Verhandlungen des XI. Parteitags der Sozialistischen Einheitspartei
Deutschlands*, Berlin/DDR 1986.

Raddatz, Fritz J., *Traditionen und Tendenzen. Materialien zur Literatur der
DDR*, erw. Ausgabe, Frankfurt a. M. 1976.

Richter, Helmut, *Franz Kafka. Werk und Entwurf*, Berlin/DDR 1962.

Rühle, Jürgen, *Literatur und Revolution. Die Schriftsteller und der Kommunismus in der Epoche Lenins und Stalins*, Köln 1988.

Rüß, Gisela (Hrsg.), *Dokumente zur Kunst-, Literatur- und Kulturpolitik der
SED (1971-1974)*, Stuttgart 1976.

Sander, Hans-Dietrich, *Geschichte der Schönen Literatur in der DDR*, Freiburg
1972.

Sartre, Jean Paul, *Was ist Literatur? Ein Essay*, Reinbek 1958.

SBZ von A-Z, hrsg. v. Bundesministerium für gesamtdeutsche Fragen, Bonn
1963.

Schlenker, Wolfram, *Das "Kulturelle Erbe" in der DDR. Gesellschaftliche Entwicklung und Kulturpolitik 1945-1965*, Stuttgart 1977.

Schlenstedt, Silvia, *Stephan Hermlin*, Berlin (DDR) 1985.

VIII. Schriftstellerkongreß der DDR. Referat und Diskussion, Berlin/Weimar
1979.

X. Schriftstellerkongreß der DDR. Plenum und Arbeitsgruppen, 2 Bde., Ber-
lin/Weimar 1988.

Schubbe, Elimar (Hrsg.), *Dokumente zur Kunst-, Literatur- und Kulturpolitik der
SED (1946-1970)*, Stuttgart 1972.

Schulmeister, Karl-Heinz, *Auf dem Wege zu einer neuen Kultur. Der Kulturbund in den Jahren 1945-1949*, Berlin/DDR 1977.

Schutte, Jürgen, *Einführung in die Literaturinterpretation*, Stuttgart 1985.

SED und Intellektuelle in der DDR der fünfziger Jahre. Kulturbundprotokolle, hrsg. v. M. Heider/K. Thöns, Köln 1990.

Die SED und das kulturelle Erbe, Berlin/DDR 1986.

Sedlmayr, Hans, *Verlust der Mitte*, Salzburg 1948.

Seghers, Anna, *Sonderbare Begegnungen*, Berlin/Weimar 1973.

Slonim, Marc, *Die Sowjetliteratur. Eine Einführung*, Stuttgart 1972.

Sozialistische Realismuskonzeptionen. Dokumente zum I. Allunionskongreß der Sowjetschriftsteller, hrsg. v. H.-J. Schmitt u. G. Schramm, Frankfurt a. M. 1974.

Die andere Sprache. Neue DDR-Literatur der 80er Jahre, hrsg. v. H. L. Arnold (*Text + Kritik*, Sonderband), München 1990.

Sprache & Antwort. Stimmen und Texte einer anderen Literatur aus der DDR, hrsg. v. E. Hesse, Frankfurt a. M. 1988.

Stationen eines Weges. Daten und Zitate zur Kunst und Kunstpolitik der DDR 1945-1988, zusammengest. v. G. Feist unter Mitarb. v. E. Gillen, Berlin 1988.

Stollmann, Rainer, *Ästhetisierung der Politik. Literaturstudien zum subjektiven Faschismus*, Stuttgart 1978.

Struve, Gleb, *Geschichte der Sowjetliteratur*, München 1957.

Zur Theorie des sozialistischen Realismus, Berlin/DDR 1974.

Thomas, Karin, *Die Malerei in der DDR 1949-1979*, Köln 1980.

Trommler, Frank, *Sozialistische Literatur in Deutschland. Ein historischer Überblick*, Stuttgart 1976.

Trotzki, Leo, *Literatur und Revolution*, München 1972.

Der Untergang der romantischen Sonne. Ästhetische Texte von Baudelaire bis Mallarmé, hrsg. v. M. Starke, Leipzig/Weimar 1980.

Weber, Hermann, *DDR. Grundriß der Geschichte 1945-1981*, 3. Aufl., Hannover 1982.

Weisbach, Reinhard, *Wir und der Expressionismus*, Berlin/DDR 1972.

Weiß, Peter, *Die Ästhetik des Widerstands*, Frankfurt a. M. 1983.

Wellmer, Albrecht, *Zur Dialektik von Moderne und Postmoderne*, Frankfurt a. M. 1985.

Wittstock, Uwe, *Über die Fähigkeit zu trauern. Das Bild der Wandlung im Prosawerk von Christa Wolf und Franz Fühmann*, Frankfurt a. M. 1987.

Wörterbuch der Literaturwissenschaft, hrsg. v. C. Träger, Leipzig 1986.

Wolf, Christa u. Gerhard, *Ins Ungebundene gehet eine Sehnsucht. Gesprächsraum Romantik. Prosa u. Essays*, Berlin/DDR 1985.

Wolf, Gerhard, *Wortlaut, Wortbruch, Wortlust. Dialog mit Dichtung. Aufsätze und Vorträge*, Leipzig 1988.

Zensur in der DDR. Geschichte, Praxis und 'Ästhetik' der Behinderung von Literatur (Ausstellungsbuch), Berlin 1991.

Zimmermann, Peter, *Industrieliteratur der DDR*, Stuttgart 1984.

Zipser, Richard A., *DDR-Literatur im Tauwetter. Bd. I und II: Wandel-Wunsch-Wirklichkeit. Bd. III: Stellungnahmen*, New York/Frankfurt a. M. 1985.

Zwischen Erzählen und Schweigen. Franz Fühmann zum 65., hrsg. v. H. Simon, Rostock 1987.

Aufsätze

Abusch, Alexander, Die Diskussion in der Sowjetliteratur und bei uns, in: *Neues Deutschland* v. 4. Juli 1950.

Abusch, Alexander, Aktuelle Fragen unserer Kulturpolitik, in: *Sonntag*, 13/1956.

Abusch, Alexander, Zu einigen Fragen der Literatur und Kunst, in: *Neues Deutschland* v. 27. Juli 1956.

Abusch, Alexander, Es gibt nur eine Kulturpolitik, in: *Sonntag*, 30/1957.

Abusch, Alexander, Zur nationalen Rolle unserer Republik und ihrer Kunst, in: *Sonntag*, 6/1963.

Abusch, Alexander, Grundprobleme unserer sozialistischen Literatur und Filmkunst, in: *Neues Deutschland* v. 14. Dezember 1965.

Abusch, Alexander, Der Schrifsteller und der Plan, in: *Zur Tradition der deutschen sozialistischen Literatur*, Bd. 3: *Eine Auswahl von Dokumenten 1941-1949*, Berlin/Weimar 1979.

Ackermann, Anton, Unsere kulturpolitische Sendung, in: *Zur Tradition der deutschen sozialistischen Literatur*, Bd. 3: *Eine Auswahl von Dokumenten 1941-1949*, Berlin/Weimar 1979.

Adorno, Theodor W., Über Tradition, in: ders., *Kulturkritik und Gesellschaft I, Gesammelte Schriften*, Bd. 10.1, Frankfurt a. M. 1977.

Adorno, Theodor W., Engagement, in: ders., *Notizen zur Literatur* (I-III), Frankfurt a. M. 1981.

Adorno, Theodor W., Erpreßte Versöhnung, in: ders., *Notizen zur Literatur* (I-III), Frankfurt a. M. 1981.

Albrecht, Richard, 'Literaturgesellschaft' DDR. Leseverhalten, Lektüreinteressen und Leseerfahrungen, in: *Aus Politik und Zeitgeschichte. Beilage zur Wochenzeitung "Das Parlament"*, 7. Juli 1984, S. 17 ff.

Anderson, Sascha, "Ich rede von Deutschland." Die junge Opposition in der DDR spricht mit der Macht von gleich zu gleich, in: *Frankfurter Allgemeine Zeitung* v. 12. Februar 1988.

Anläßlich Ritsos/Ein Briefwechsel zwischen Günter Kunert und Wilhelm Girnus, in: *SF*, 31. Jg. 1979, H. 4, S. 850 ff.

Antwort von Günter Kunert, in: *Forum*, 20. Jg. 1966, H. 10, S. 23.

Avantgarde - Arbeiterklasse - Erbe. Gespräch zu Peter Weiss' "Die Ästhetik des Widerstands", in: *SF*, 36. Jg. 1984, H. 1, S. 68 ff.

Bahro, Rudolf, Abdankung des Grashüpfers?, in: *Forum*, 20. Jg. 1966, H. 10, S. 23.

Barck, Karlheinz, Baudelaires Ästhetik der Modernität, in: *Literarische Widerspiegelung. Geschichtliche und theoretische Dimensionen eines Problems*, Berlin/Weimar 1981.

Barck, Karlheinz, Geschichtlichkeit der Künste, in: *WB*, 32. Jg. 1986, H. 4, S. 631 ff.

Barck, Karlheinz, Avantgarde, in: *Lexikon der französischen Literatur*, hrsg. v. M. Naumann, Leipzig 1987.

Barck, Simone, "Wir wurden mündig erst in deiner Lehre ...". Der Einfluß Georg Lukács' auf die Literaturkonzeption von Johannes R. Becher, in: *Dialog und Kontroverse mit Georg Lukács*, hrsg. v. W. Mittenzwei, Leipzig 1975.

Bathrick, David, Moderne Kunst und Klassenkampf. Die Expressionismus-Debatte in der Exilzeitschrift "Das Wort", in: *Exil und innere Emigration. Third Wisconsin Workshop*, hrsg. v. R. Grimm u. J. Hermand, Frankfurt a. M. 1972.

Batt, Kurt, Neue Literatur zum Werk Franz Kafkas, in: *NDL*, 10. Jg. 1962, H. 12, S. 29 ff.

Batt, Kurt, Erlebnis des Umbruchs und harmonische Gestalt. Der Dialog zwischen Anna Seghers und Georg Lukács, in: *Dialog und Kontroverse mit Georg Lukács*, hrsg. v. W. Mittenzwei, Leipzig 1975.

Baumgart, Reinhard, Postmoderne - Fröhliche Wissenschaft?, in: *Die Zeit* v. 16. Oktober 1987.

Becher, Johannes R., Schlußwort auf einem Schriftstellerkongreß, in: ders., *Gesammelte Werke*, Bd. 17, Berlin/Weimar 1979.

Becher, Johannes R., Vom Willen zum Frieden, in: *Aufbau*, 11/1947, wiederabgedr. in: *Zur Tradition der deutschen sozialistischen Literatur*, Bd. 3, Berlin/Weimar 1979.

Benjamin, Walter, Das Kunstwerk im Zeitalter seiner technischen Reproduzierbarkeit, in: ders., *Illuminationen. Ausgewählte Schriften*, Frankfurt a. M. 1961.

Benn, Gottfried, Probleme der Lyrik, in: ders., *Gesammelte Werke*, Bd. 4, München 1975.

Berger, Johannes, Modernitätsbegriffe und Modernitätskritik in der Soziologie, in: *Soziale Welt*, 39 Jg. 1988, H. 2, S. 224 ff.

Berman, Russell A., Konsumgesellschaft. Das Erbe der Avantgarde und die falsche Aufhebung der ästhetischen Autonomie, in: *Postmoderne: Alltag, Allegorie und Avantgarde*, hrsg. v. Ch. u. P. Bürger, Frankfurt a. M. 1987.

Biermann, Wolf, Laß, o Welt, o laß mich sein! Rede zum Eduard-Mörike-Preis, in: *Die Zeit* v. 15. November 1991.

Bloch, Ernst, Diskussionen über Expressionismus, in: *Die Expressionismusdebatte. Materialien zu einer marxistischen Realismuskonzeption*, hrsg. v. H. J. Schmitt, Frankfurt a. M. 1976.

Bloch, Ernst/Hanns Eisler, Avantgarde - Kunst und Volksfront, in: Eisler, *Musik und Politik. Schriften. 1924-1948*, München 1973.

Bloch, Ernst/Hanns Eisler, Die Kunst zu erben, in: Eisler, *Musik und Politik. Schriften. 1924-1948*, München 1973.

Bock, Sigrid, Anna Seghers liest Kafka, in: *WB*, 30. Jg. 1984, H. 6, S. 900 ff.

Bohrer, Karl Heinz, Im Namen der Wahrheit? Zu Peter Bürgers Klage über den Zeitgeist, in: *Merkur*, 39. Jg. 1985, H. 3, S. 266 ff.

Bohrer, Karl Heinz, Das Böse - eine ästhetische Kategorie?, in: *Merkur*, 39. Jg. 1985, H. 6, S. 459 ff.

Bohrer, Karl Heinz, Die permanente Theodizee. Über das verfehlte Böse im deutschen Bewußtsein, in: *Merkur*, 41. Jg. 1987, H. 4, S. 267 ff.

Bohrer, Karl Heinz, Nach der Natur. Ansicht einer Moderne jenseits der Utopie, in: *Merkur*, 41. Jg. 1987, H. 8, S. 631 ff.

Bohrer, Karl Heinz, Die Modernität der Romantik. Zur Tradition ihrer Verhinderung, in: *Merkur*, 42. Jg. 1988, H. 3, S. 179 ff.

Bormann, Alexander von, Kulturelle Affinität oder Diskulturalität? Wechselwirkungen in der Literaturentwicklung der beiden deutschen Staaten, in: *Aus Politik und Zeitgeschichte. Beilage zur Wochenzeitung "Das Parlament"*, 3. Oktober 1987, S. 15 ff.

Brandt, Sabine, Stichwort: Bitterfelder Weg, in: *DA*, 22. Jg. 1989, H. 3, S. 250 ff.

Brasch, Thomas, Neuankömmling. Gespräch mit Mitgliedern und Mitarbeitern der Redaktion, in: *alternative*, 20. Jg. 1977, H. 113, S. 93 ff.

Braun, Volker, Rimbaud. Ein Psalm der Aktualität, in: *SF*, 37. Jg. 1985, H. 5, S. 978 ff.

Braun, Volker, Rede auf dem X. Schriftstellerkongreß der DDR, in: *NDL*, 36. Jg. 1988, H. 3, S. 44 ff.

Brecht, Bertolt, Offener Brief an die deutschen Künstler und Schriftsteller, in: ders., *Gesammelte Werke*, Bd. 19: *Schriften zur Literatur und Kunst 2*, Frankfurt a. M. 1967.

Brecht, Bertolt, Über den Realismus 1937 bis 1941, in: ders., *Gesammelte Werke*, Bd. 19: *Schriften zur Literatur und Kunst 2*, Frankfurt a. M. 1967.

Brinkmann, Rolf Dieter, Der Film in Worten, in: *ACID. Neue amerikanische Szene*, hrsg. v. R. D. Brinkmann u. R. R. Rygulla, Berlin 1969.

Bruyn, Günter de, Rede auf dem X. Schriftstellerkongreß der DDR, in: *X. Schriftstellerkongreß der DDR. Plenum*, Berlin/Weimar 1988.

Bürger, Peter, Die Geburt der literarischen Moderne aus dem Geist der Moral, in: *Merkur*, 39. Jg. 1985, H. 11, S. 1026 ff.

Bürger, Peter, Das Verschwinden der Bedeutung. Versuch einer postmodernen Lektüre von Michel Tournier, Botho Strauß und Peter Handke, in: *Postmoderne oder Der Kampf um die Zukunft*, hrsg. v. P. Kemper, Frankfurt a. M. 1988.

Cosentino, Christine, Volker Braun's Essay "Rimbaud. Ein Psalm der Aktualität" im Kontext seiner Lyrik, in: *Studies in GDR Culture and Society 7*, Lanham/New York/London 1987.

Cosentino, Christine, "ich habe ausser meiner sprache keine/mittel meine sprache zu verlassen". Überlegungen zur Lyrik Sascha Andersons, in: *DDR-Lyrik im Kontext*, hrsg. v. Ch. Cosentino u.a., Amsterdam 1988 (*Amsterdamer Beiträge zur neueren Germanistik*, Bd. 26).

Das ist nicht so einfach. Ein Zeit-Gespräch mit Sascha Anderson, in: *Die Zeit* v. 1. November 1991.

Dau, Mathilde u. Rudolf, Noch einmal: Junge Lyrik am Ende der siebziger Jahre, in: *WB*, 28. Jg. 1982, H. 3, S. 152 ff.

Deicke, Günther, Über meine Jahre als NDL-Redakteur, in: *SF*, 40 Jg. 1988, H. 2, S. 330 ff.

"Denk ich an Deutschland". Gespräch mit H. Mayer, in: *Publizistik & Kunst*, 5/1991, S. 32 ff.

Domdey, Horst, Die DDR-Literatur als Literatur der Epochenillusion. Zur Literaturgeschichtsschreibung der DDR-Literatur, in: *DA*, Sonderband 1989, Köln 1989.

Durzak, Manfred, Versuch über Stephan Hermlin, in: *Akzente*, 23. Jg. 1976, H. 3, S. 256 ff.

Dymschitz, Alexander, Probleme der heutigen Sowjetkunst, in: *Tägliche Rundschau* v. 11./13./15. Oktober 1946.

Dymschitz, Alexander, Über die formalistische Richtung in der deutschen Malerei, in: *Tägliche Rundschau* v. 19./24. November 1948.

Ehlert, Beate, Dichterische Ich-Konstanten im Geschichtsprozeß. Über Stephan Hermlins autobiographische Utopie der Stille: Abendlicht, in: *Probleme deutscher Identität. Jahrbuch zur Literatur der DDR*, Bd. 3, hrsg. v. P. G. Klußmann u. H. Mohr, Bonn 1983.

"Eine eigene Sprache finden". Lyriker-Gespräch, in: *WB*, 36. Jg. 1990, H. 4, S. 580 ff.

Eisler, Hanns, Antwort an Lukács, in: ders., *Musik und Politik. Schriften 1924-1948*, München 1973.

Eisler, Hanns, Gesellschaftliche Grundfragen der modernen Musik, in: ders., *Materialien zu einer Dialektik der Musik*, Leipzig 1973.

Emmerich, Wolfgang, Der verlorene Faden. Probleme des Erzählens in den siebziger Jahren, in: *Literatur der DDR in den siebziger Jahren*, hrsg. v. P. U. Hohendahl und P. Herminghouse, Frankfurt a. M. 1983.

Emmerich, Wolfgang, Gleichzeitigkeit. Vormoderne, Moderne und Postmoderne in der Literatur der DDR, in: *Bestandsaufnahme Gegenwartsliteratur (Text + Kritik*. Sonderband), hrsg. v. H. L. Arnold, München 1988.

Endler, Adolf, Im Zeichen der Inkonsequenz, in: *SF*, 23. Jg. 1971, H. 6, S. 1358 ff.

Endler, Adolf, weinsinnig im daseinsfrack. Über die Anthologie "Stimmen und Texte einer anderen Literatur aus der DDR", in: *Die Zeit* v. 30. September 1988.

Engler, Jürgen, Die Verlorenheit in sich selbst und die Luft des gewöhnlichen Tages, in: *NDL*, 31. Jg. 1983, H. 6, S. 116 ff.

Enzensberger, Hans Magnus, Die Aporien der Avantgarde, in: ders., *Einzelheiten*, Bd. II: *Poesie und Politik*, Frankfurt a. M. 1962.

Enzensberger, Hans Magnus, Gemeinplätze, die Neueste Literatur betreffend, in: *Kursbuch*, 15/1968, S. 187 ff.

Erb, Elke, Vorwort zu: *Berührung ist nur eine Randerscheinung. Neue Literatur aus der DDR*, hrsg. v. S. Anderson u. E. Erb, Köln 1985.

Erbe, Günter, Zum Selbstverständnis junger Lyriker in der DDR: Kolbe, Anderson, Eckart, in: *Studies in GDR Culture and Society*, Lanham 1984.

Erbe, Günter, DDR-Schriftsteller und Moderne. Zum neueren Selbstverständnis von Schriftstellern in der DDR, in: *Tradition und Fortschritt in der DDR*, hrsg. v. I. Spittmann-Rühle u. G. Helwig, Köln 1986.

Erbe, Günter, Schriftsteller in der DDR. Eine soziologische Untersuchung der Herkunft, der Karrierewege und der Selbsteinschätzung der literarischen Intelligenz im Generationenvergleich, in: *DA*, 20. Jg. 1987, H. 11, S. 1162 ff.

Erbe, Günter, Geschmack an der "Dekadenz". Wandlungen im literarischen und kulturellen Traditionsverständnis, in: G.-J. Glaeßner (Hrsg.), *Die DDR in der Ära Honecker. Politik - Kultur - Gesellschaft*, Opladen 1988.

Erbe, Günter, Die Wiederentdeckung der ästhetischen Moderne im Zeichen der Postmoderne - Gesellschaftlicher Wandel und literarisch-kulturelles Traditionsverständnis in der DDR, in: *Entwicklungstendenzen und Perspektiven der DDR-Gesellschaft. Erlanger Beiträge zur Deutschlandpolitik*, Bd. 4, hrsg. v. W. v. Bredow u.a., Erlangen 1989.

Der Fall Heiner Müller. Dokumente zur "Umsiedlerin", in: *SF*, 43. Jg. 1991, H. 3, S. 429 ff.

Fehér, Ferenc, Der Pyrrhussieg der Kunst im Kampf um ihre Befreiung. Bemerkungen zum postmodernen Intermezzo, in: *Postmoderne: Alltag, Allegorie und Avantgarde*, hrsg. v. Ch. u. P. Bürger, Frankfurt a. M. 1987.

Fingerhut, Karlheinz, Produktive Kafka-Rezeption in der DDR, in: *Franz Kafka, Symposium 1983. Akademie der Wissenschaften und der Literatur zu Mainz*, hrsg. v. W. Emrich u. B. Goldmann, Mainz 1985.

Fischer, Ernst, Franz Kafka, in: *SF*, 14. Jg. 1962, H. 4, S. 497 ff.

Fischer, Ernst, Entfremdung, Dekadenz, Realismus, in: *SF*, 14. Jg. 1962, H. 5/6, S. 816 ff.

Fischer, Ernst, Kafka-Konferenz, in: *Franz Kafka aus Prager Sicht 1963*, Prag 1965.

Fröhlich, Paul, Kühner und mutiger im ideologischen Kampf, in: *Neues Deutschland* v. 21. Juli 1957.

Fühmann, Franz, Schneewittchen: Ein paar Gedanken zu zwei jungen Dichtern, in: *SF*, 28. Jg. 1976, H. 6, S. 1259 ff.

Fühmann, Franz, Verstörung bis zur Resignation. M. Menge sprach mit F. Fühmann, in: *Die Zeit* v. 12. Mai 1978.

Fühmann, Franz, Anläßlich der Gedichte Uwe Kolbes, in: U. Kolbe, *Hineingeboren*, Frankfurt a. M. 1982.

Für jeden Autor ist die Welt anders. Ein Zeit-Gespräch mit Th. Brasch, in: *Die Zeit* v. 22. Juli 1977.

Günter Gaus im Gespräch mit Stephan Hermlin, in: *Freibeuter*, 22/1984, S. 1 ff.

Die Generation nach uns ist freier. Der DDR-Lyriker und Liedermacher Sascha Anderson über die ostdeutsche Kulturszene. Gespräch, in: *Der Spiegel* v. 1. September 1986.

Gespräch mit dem Vorstandsmitglied des Verbandes Bildender Künstler der DDR, Peter Pachnicke, in: *Sonntag*, 47/1988.

Gillen, Eckhart, Künstlerische Publizisten gegen Romantiker der roten Farbe, in: *"Kunst in der Produktion!" Sowjetische Kunst während der Phase der Kollektivierung und Industrialisierung 1927-1933*, Berlin 1977.

Girnus, Wilhelm, Kulturfragen und Machtfragen, in: *Sonntag*, 3/1958.

Glaeßner, Gert-Joachim, Wissenschaftlich-technische Revolution - Intelligenz - Politik in der DDR, in: *Tradition und Fortschritt in der DDR*, hrsg. v. I. Spittmann-Rühle u. G. Hellwig, Köln 1986.

Götze, Karl-Heinz, Spätbürgerlich und Kommunist im frühen Sozialismus. Der Beitrag Stephan Hermlins zur DDR-Literatur, in: *Frühe DDR-Literatur. Traditionen, Institutionen, Tendenzen*, hrsg. v. K. R. Scherpe u. L. Winckler, Hamburg/Berlin 1988.

Gransow, Volker, Fünf Kulturen und ein Trilemma. Notizen zur DDR-Kulturpolitik, in: *DDR-Report*, 17. Jg. 1984, H. 8, S. 430 ff.

Greiner, Bernhard, Autobiographie im Horizont der Psychoanalyse: Stephan Hermlins "Abendlicht", in: *Probleme deutscher Identität. Jahrbuch zur Literatur in der DDR*, Bd. 3, hrsg. v. P. G. Klußmann u. H. Mohr, Bonn 1983.

Grotewohl, Otto, Die Kunst im Kampf für Deutschlands Zukunft, in: *Neues Deutschland* v. 2. September 1951.

Groys, Boris, Kunstwerk Stalin. Zur Ästhetik des Sozialistischen Realismus, in: *Frankfurter Allgemeine Zeitung* v. 21. März 1987.

Grünbein, Durs, Im Namen der Füchse, in: *Frankfurter Allgemeine Zeitung* v. 26. November 1991.

Grüning, Uwe, In Bedrängnis, in: *Die politische Meinung*, 36. Jg. 1991, H. 254, S. 89 ff.

Grunenberg, Antonia, Entgrenzung und Selbstbeschränkung. Zur Literatur der DDR in den achtziger Jahren, in: *Aus Politik und Zeitgeschichte. Beilage zur Wochenzeitung "Das Parlament"*, 3. Oktober 1987, S. 3 ff.

Gumbrecht, Hans Ulrich, Moderne, Modernität, Moderne, in: *Geschichtliche Grundbegriffe. Historisches Lexikon zur politisch-sozialen Sprache in Deutschland*, hrsg. v. O. Brunner, W. Conze, R. Koselleck, Bd. 4, Stuttgart 1978.

Günther, Hans, Proletarische und avantgardistische Kunst. Die Organisationsästhetik Bogdanovs und die LEF-Konzeption der "lebenbauenden" Kunst, in: *Ästhetik und Kommunikation*, 4. Jg. 1973, H. 12, S. 62 ff.

Günther, Hans, Ein Traktor, der die Seele umpflügt. Zum Verhältnis von Sozialistischem Realismus und Avantgarde in der russischen Kunst, in: *Frankfurter Allgemeine Zeitung* v. 24. Juli 1987.

Günther, Hans/Karla Hielscher, Zur proletarischen Produktionskunst Boris I. Arvatows, in: *Boris Arvatow, Kunst und Produktion*, hrsg. v. H. Günther u. U. Hielscher, München 1972.

Gysi, Klaus, Die alte, neue Frage: Wie soll man leben?, in: *Neues Deutschland* v. 30. August 1968.

Gysi, Klaus, Die Kunst im Kampf für die sozialistische Gemeinschaft, in: *Neues Deutschland* v. 19. Oktober 1968.

Gysi, Klaus, Weg und Zukunft des Deutschen Kulturbundes, in: *Sonntag*, 27/1970.

Habermas, Jürgen, Bewußtmachende oder rettende Kritik - die Aktualität Walter Benjamins, in: *Zur Aktualität Walter Benjamins*, hrsg. v. S. Unseld, Frankfurt a. M. 1972.

Habermas, Jürgen, Die Moderne - ein unvollendetes Projekt, in: ders., *Kleine Politische Schriften* (I-IV), Frankfurt a. M. 1981.

Hager, Kurt, Sozialistische Orientierung im Kulturbund, in: *Sonntag*, 32/1957.

Hager, Kurt, Parteilichkeit und Volksverbundenheit unserer Literatur und Kunst, in: *Neues Deutschland* v. 30. März 1963.

Hager, Kurt, Tradition und Fortschritt, in: *SF*, 37. Jg. 1985, H. 3, S. 437 ff.

Hager, Kurt, Probleme der Kulturpolitik vor dem XI. Parteitag der SED, in: *NDL*, 34. Jg. 1986, H. 1, S. 5 ff.

Hahn, Ulla, Spätbürger und Kommunist: Stephan Hermlin: ein Porträt, in: *Die Horen*, 26. Jg. 1981, Folge 124.

Hähnel, Ingrid u. Klaus-Dieter, Junge Lyrik am Ende der siebziger Jahre, in: *WB*, 27. Jg. 1981, H. 9, S. 127 ff.

Hajek, Jiri, Kafka und wir, in: *Franz Kafka aus Prager Sicht 1963*, Prag 1965.

Harich, Wolfgang, Es geht um den Realismus - Die bildenden Künste und die Kunstkommission, in: *Berliner Zeitung* v. 14. Juli 1953.

Harich, Wolfgang, Der entlaufene Dingo, das vergessene Floß, in: *SF*, 25. Jg. 1973, H. 1, S. 189 ff.

Harich, Wolfgang, Revision des marxistischen Nietzschebildes?, in: *SF*, 39. Jg. 1987, H. 5, S. 1018 ff.

Hartmann, Anneli, Der Generationswechsel - ein ästhetischer Wechsel?, in: *Literatur und bildende Kunst. Jahrbuch zur Literatur in der DDR*, Bd. 4, hrsg. v. P. G. Klussmann u. H. Mohr, Bonn 1985.

Hartmann, Anneli, Schreiben in der Tradition der Avantgarde: Neue Lyrik in der DDR, in: *DDR-Lyrik im Kontext*, hrsg. v. Ch. Cosentino u.a. Amsterdam 1988 (*Amsterdamer Beiträge zur neueren Germanistik*, Bd. 26).

Hartmann, Anneli, 'Erneuerung der deutschen Kultur'? Zur sowjetischen Kultur- und Literaturpolitik in der SBZ und frühen DDR, in: *Frühe DDR-Literatur. Traditionen, Institutionen, Tendenzen*, hrsg. v. K. R. Scherpe u. L. Winckler, Hamburg/Berlin 1988.

Hartmann, Anneli/Wolfram Eggeling, Zeitverschiebungen. Sowjetisches Modell und Kulturpolitik im Nachkriegsdeutschland, in: *Text + Kritik*, 108/1990, S. 27 ff.

Hartung, Günter, Zur Benjamin-Edition - Teil II, in: *WB*, 36. Jg. 1990, H. 6, S. 969 ff.

Hartung, Harald, Die ästhetische und soziale Kritik der Lyrik, in: *Die Literatur der DDR. Hansers Sozialgeschichte der deutschen Literatur*, Bd. 11, hrsg. v. H. J. Schmitt, München 1983.

Hein, Christoph, Literatur und Wirkung. Rede auf dem X. Schriftstellerkongreß der DDR, in: *X. Schriftstellerkongreß der DDR. Arbeitsgruppen*, Berlin/Weimar 1988.

Hermand, Jost, Das Gute-Neue und das Schlechte-Neue: Wandlungen der Modernismus-Debatte in der DDR seit 1956, in: *Literatur und Literaturtheorie in der DDR*, hrsg. v. P. U. Hohendahl u. P. Herminghouse, Frankfurt a. M. 1976.

Hermand, Jost, Das Konzept 'Avantgarde', in: R. Grimm/J. Hermand (Hrsg.), *Faschismus und Avantgarde*, Königstein 1980.

Herminghouse, Patricia, Die Wiederentdeckung der Romantik: Zur Funktion der Dichterfiguren in der neueren DDR-Literatur, in: *DDR-Roman und Literaturgesellschaft (Amsterdamer Beiträge zur neueren Germanistik*, Bd. 11/12, hrsg. v. J. Hoogeveen u. G. Labroisse), Amsterdam 1981.

Hermlin, Stephan, Rede auf einem internationalen Schriftstellerkolloquium, in: *NDL*, 13. Jg. 1965, H. 3, S. 104 ff.

Hermlin, Stephan, An 'Politikon', in: ders., *Lektüre 1960-1971*, Berlin/Weimar 1975.

Hermlin, Stephan, Franz Kafka, in: ders., *Äußerungen 1944-1982*, Berlin/Weimar 1983.

Hermlin, Stephan, Aufgabe der Literatur: die Vermenschlichung des Menschen fördern. Eröffnungsrede zum 10. Schriftstellerkongreß der DDR, in: *Neues Deutschland* v. 25. November 1987.

Hermlin, Stephan, Von älteren Tönen. Meinungen zu einem Streit, in: *SF*, 40. Jg. 1988, H. 1, S. 179 ff.

Hermsdorf, Klaus, Zu den Briefen Franz Kafkas, in: *SF*, 9. Jg. 1957, H. 4, S. 653 ff.

Hermsdorf, Klaus, Hinweis auf einen Aufsatz von Franz Kafka, in: *WB*, 4. Jg. 1958, H. 4, S. 545 ff.

Hermsdorf, Klaus, Künstler und Kunst bei Franz Kafka, in: *WB*, 10 Jg. 1964, H. 3, S. 405 ff.

Hermsdorf, Klaus, Anfänge der Kafka-Rezeption in der sozialistischen deutschen Literatur, in: *WB*, 24. Jg. 1978, H. 9, S. 45 ff.

Hermsdorf, Klaus, Das Doppelleben des Franz Kafka, in: *Sonntag*, 29/1983.

Hermsdorf, Klaus, Franz Kafka - Arbeit und Amt als Erfahrung und Gestaltung, in: *Kürbiskern*, 2/1983, S. 88 ff.

Hermsdorf, Klaus, Franz Kafkas "Der Prozeß", in: *WB*, 29. Jg. 1983, H. 7, S. 1157 ff.

Heukenkamp, Ursula, Das Ungenügen an der Idylle, in: *SF*, 33. Jg. 1981, H. 5, S. 1120 ff.

Heymann, Stefan, Kosmopolitismus und Formalismus, in: *Neues Deutschland* v. 1. Dezember 1949.

Hirdina, Karin, Realismus in der Diskussion, in: *WB*, 30. Jg. 1984, H. 3, S. 401 ff.

Hirdina, Karin, Der Kunstbegriff der Avantgarde, in: *WB*, 32. Jg. 1986, H. 9, S. 1460 ff.

Hirdina, Karin, Umgang mit den alten Erfahrungen, in: *NDL*, 38. Jg. 1990, H. 10, S. 154 ff.

Hoefert, Sigfried, Kafka in der DDR. Ein Bericht, in: *Seminar*, Bd. II, Nr. 1, Spring 1966, S. 43 ff.

Höllerer, Walter, Junge amerikanische Literatur, in: *Akzente*, 6. Jg. 1959, H. 1, S. 29 ff.

Höpcke, Klaus, ... der nichts so fürchtet wie Verantwortung. Über Antrittsrede und Selbstporträt eines Sängers, in: *Neues Deutschland* v. 5. Dezember 1965.

Hörnigk, Therese, Das 11. Plenum und die Folgen. Christa Wolf im politischen Diskurs der sechziger Jahre, in: *NDL*, 38. Jg. 1990, H. 10, S. 50 ff.

Hohendahl, Peter Uwe, Ästhetik und Sozialismus. Zur neueren Literaturtheorie der DDR, in: *Literatur und Literaturtheorie in der DDR*, hrsg. v. P. U. Hohendahl u. P. Herminghouse, Frankfurt a. M. 1976.

Hohendahl, Peter Uwe, Theorie und Praxis des Erbens: Untersuchungen zum Problem der literarischen Tradition in der DDR, in: *Literatur der DDR in den siebziger Jahren*, hrsg. v. P.U. Hohendahl u. P. Herminghouse, Frankfurt a. M. 1983.

Holthusen, Hans Egon, Heimweh nach Geschichte. Postmoderne und Posthistoire in der Literatur der Gegenwart, in: *Merkur*, 38. Jg. 1984, H. 8, S. 902 ff.

Honecker, Erich, Hauptaufgabe umfaßt auch weitere Erhöhung des kulturellen Niveaus, in: *Neues Deutschland* v. 18. Dezember 1971.

Huyssen, Andreas, Postmoderne - eine amerikanische Internationale?, in: A. Huyssen/K.R. Scherpe (Hrsg.), *Postmoderne. Zeichen eines kulturellen Wandels*, Hamburg 1986.

Ilgitschow, L.F., Für das Volk, im Namen des Kommunismus schaffen!, in: *Neues Deutschland* v. 29. Dezember 1962.

Irrlitz, Gerd, Ernst Bloch - Der Philosophiehistoriker, in: *SF*, 37. Jg. 1985, H. 4, S. 838 ff.

"Ist der Umzug mißlungen?" Ein offener Brief von Günter Kunert an Thomas Brasch, in: *Frankfurter Allgemeine Zeitung* v. 17. November 1987.

Jäger, Manfred, Literatur und Kulturpolitik in der Entstehungsphase der DDR (1945-1952), in: *Aus Politik und Zeitgeschichte. Beilage zur Wochenzeitung "Das Parlament"*, 5. Oktober 1985, S. 32 ff.

Jäger, Manfred, Die langsame Wiederkehr eines Verfemten, in: *DA*, 19. Jg. 1985, H. 10, S. 1084 ff.

Jäger, Manfred, Zur Situation junger Autoren in der DDR, in: *DDR Report*, 19. Jg. 1986, H. 11, S. 625 ff.

Jauß, Hans Robert, Der literarische Prozeß des Modernismus von Rousseau bis Adorno, in: *Adorno-Konferenz 1983*, hrsg. v. L. v. Friedeburg u. J. Habermas, Frankfurt a. M. 1983.

Joho, Wolfgang, Notwendiges Streitgespräch. Bemerkungen zu einem internationalen Kolloquium, in: *NDL*, 13. Jg. 1965, H. 3, S. 88 ff.

Jordan, Lothar, Eine Dichtung unter Einfluß. Zur amerikanischen Wirkung auf westdeutsche Lyrik seit 1965, in: *Lyrik - Blick über die Grenzen. Gedichte und Aufsätze des zweiten Lyrikertreffens in Münster*, hrsg. v. L. Jordan u.a., Frankfurt a. M. 1984.

"Der Kampf gegen den Formalismus in Kunst und Literatur, für eine fortschrittliche deutsche Kultur". Entschließung des ZK der SED auf der 5. Tagung vom 15. bis 17. März 1951, in: *Einheit*, 8-9/1951.

Kändler, Klaus, "Nun ist dieses Erbe zu Ende ...!?", in: *SF*, 40. Jg. 1988, H. 1, S. 189 ff.

Kasper, Karlheinz, Die literarische Bewegung in der Sowjetliteratur der zwanziger Jahre, in: *WB*, 33. Jg. 1987, H. 10, S. 1601 ff.

Kaufmann, Hans, Über Perspektivengestaltung im deutschen kritischen und sozialistischen Realismus (1917-1945), in: *WB*, 9. Jg. 1963, H. 4, S. 650 ff.

Kesting, Hanjo, Der Worte Wunden bluten heute nur nach innen. Der Lyriker Stephan Hermlin, in: *Merkur*, 35. Jg. 1981, H. 11, S. 1157 ff.

Klatt, Gudrun, Proletarisch-revolutionäres Erbe als Angebot. Vom Umgang mit Erfahrungen proletarisch-revolutionärer Kunst während der Übergangsperiode, in: *Literarisches Leben in der DDR 1945 bis 1960* (Autorenkollektiv, Ltg. I. Münz-Koenen), Berlin/DDR 1979.

Klatt, Gudrun, Benjamins Baudelaire-Studien - Baustein zu einer "Ästhetik des Widerstands", in: *WB*, 28. Jg. 1982, H. 6, S. 34 ff.

Klatt, Gudrun, Moderne und Postmoderne im Streit zwischen Jean-François Lyotard und Jürgen Habermas, in: *WB*, 35. Jg. 1989, H. 2, S. 271 ff.

Kleinschmidt, Harald, "Ich habe mir einen Traum erfüllt". Zur "Berliner Begegnung zur Friedensförderung", in: *DA*, 15. Jg. 1982, H. 1, S. 5 ff.

Kleinschmidt, Harald, "Kunst im Sozialismus". Zum X. Kongreß der bildenden Künstler der DDR, in: *DA*, 22. Jg. 1989, H. 1, S. 10 ff.

Koch, Hans, Fünf Jahre nach Bitterfeld, in: *NDL*, 12. Jg. 1964, H. 4, S. 5 ff.

Koch, Hans, Haltungen, Richtungen, Formen, in: *Forum*, 15-16/1966, S. 5 ff.

Köhn, Lothar, Vergangenheitssprachen. Fühmanns "Saiäns-Fikschen" und "Der Sturz des Engels", in: *Dialektik des Anfangs. Jahrbuch zur Literatur in der DDR*, Bd. 5, hrsg. v. P. G. Klussmann u. H. Mohr, Bonn 1986.

Kopelew, Lew, Franz Kafkas schwierige Rußlandreise, in: *Was bleibt von Franz Kafka? Positionsbestimmung. Kafka-Symposium Wien 1983*, hrsg. v. W. Schmidt-Dengler, Wien 1985.

Krauss, Werner, Grundprobleme der Literaturwissenschaft, in: ders., *Literaturtheorie, Philosophie und Politik*, hrsg. v. M. Naumann, Berlin/Weimar 1984.

Krolow, Karl, Stephan Hermlins Gegenwart. "Abendlicht" und "Gesammelte Gedichte", in: *Der Tagesspiegel* v. 3. Februar 1980.

Krüger, Hans-Peter, Eine Krake im Kampf mit sich selbst. War die DDR der siebziger und achtziger Jahre noch ein totalitärer Staat?, in: *Frankfurter Allgemeine Zeitung* v. 13. Juni 1991.

Kuczynski, Jürgen, Die Dekadenz in der französischen schönen Literatur von 1830 bis 1870, in: ders., *Gestalten und Werke*, Berlin/Weimar 1971.

Kunert, Günter, Wie macht man Dichter, in: *Sonntag*, 40/1956.

Kunert, Günter, Pamphlet für K., in: *SF*, 27. Jg. 1975, H. 5, S. 1091 ff.

Kunert, Günter, Ein Schriftsteller ohne Inspiration erzeugt Flugsand. Offener Brief aus Ostberlin, in: *Die Zeit* v. 5. August 1977.

Kunert, Günter, Deutschkunde, in: *Die Zeit* v. 17. November 1978.

Kunert, Günter, Der Mensch - antiquiert und entfremdet, in: *Frankfurter Rundschau* v. 12. September 1983.

Kunert, Günter, Der Schlüssel zum Lebenszusammenhang. Literatur als Mythos, in: *Frankfurter Allgemeine Zeitung* v. 5. Mai 1984, Beilage.

Kunert, Günter, Ein kommunistischer Spätbürger. Der Schriftsteller Stephan Hermlin wird siebzig, in: *Frankfurter Allgemeine Zeitung* v. 13. April 1985.

Kunert, Günter, Die Musen haben abgedankt. Über die Sinnlosigkeit der zeitgenössischen Kunst, in: *Die Zeit* v. 2. Dezember 1988.

Kunert, Günter, Zur Staatssicherheit, in: *Frankfurter Allgemeine Zeitung* v. 6. November 1991.

Küntzel, Heinrich, Von Abschied bis Atemnot. Über die Poetik des Romans, insbesondere des Bildungs- u. Entwicklungsromans in der DDR, in: *DDR-Roman und Literaturgesellschaft*, (*Amsterdamer Beiträge zur neueren Germanistik*, Bd. 11/12, hrsg. v. I. Hoogeveen u. G. Labroisse), Amsterdam 1981.

Kurella, Alfred, Ästhetische Restauration?, in: *Sonntag*, 6/1957.

Kurella, Alfred, Einflüsse der Dekadenz, in: *Sonntag*, 29/1957.

Kurella, Alfred, Beitrag zum Kolloquium 'Tradition und Moderne' des internationalen PEN-Clubs in Budapest, in: *SF*, 17. Jg. 1965, H. 5, S. 788 ff.

Kurella, Alfred, Der Frühling, die Schwalben und Franz Kafka, in: *Kritik in der Zeit. Literaturkritik der DDR 1945-1975*, 1. Bd., Halle/Leipzig 1978.

Lämmert, Eberhard, Die Herausforderung der Künste durch die Technik, in: *Literatur in einer industriellen Kultur*, hrsg. v. G. Grossklaus u. E. Lämmert, Stuttgart 1989.

Lange, Hartmut, Der Vorschein von Freiheit. Interview von Hildegard Brenner, in: *alternative*, 20. Jg. 1977, H. 113, S. 64 ff.

Langenbruch, Theodor, Eine Odyssee ohne Ende. Aufnahme und Ablehnung Kafkas in der DDR, in: *Franz Kafka. Eine Aufsatzsammlung nach einem Symposium in Philadelphia*, hrsg. v. M. L. Caputo-Mayr, Berlin 1978.

Laschen, Gregor, Die Gewürzworte der Sprache. Zur Lyrik Stephan Hermlins, in: ders., *Lyrik in der DDR*, Frankfurt a. M. 1971.

Lenzer, Rosemarie, Abbild oder Bau des Lebens. Eine Debatte zur Literaturprogrammatik in der Sowjetunion der zwanziger Jahre, in: *Literarische Widerspiegelung. Geschichtliche und theoretische Dimensionen eines Problems*, Berlin/Weimar 1981.

Lettau, Reinhard, Radikalität des Schreibens. Über "Abendlicht", in: *Der Spiegel* v. 3. Dezember 1979.

Lötsch, Manfred, Sozialstruktur und Wirtschaftswachstum, in: *Wirtschaftswissenschaft*, 29. Jg. 1981, H. 1, S. 56 ff.

Mandelkow, Karl Robert, Die literarische und kulturpolitische Bedeutung des Erbes, in: *Hansers Sozialgeschichte der deutschen Literatur*, Bd. 11: *Die Literatur der DDR*, München 1983.

Manske, Eva, Postmodernismus, in: *Wörterbuch der Literaturwissenschaft*, hrsg. v. C. Träger, Leipzig 1986.

Materialien zur Geschichte der marxistischen germanistischen Literaturwissenschaft in der DDR. Gespräch mit Alfred Klein, in: *ZfG*, 4. Jg. 1983, H. 4, S. 389 ff.

Materialien zur Geschichte der marxistischen germanistischen Literaturwissenschaft in der DDR. Gespräch mit Siegfried Streller, in: *ZfG*, 5. Jg. 1984, H. 1, S. 5 ff.

Materialien zur Geschichte der marxistischen germanistischen Literaturwissenschaft in der DDR. Gespräch mit Inge Diersen, in: *ZfG*, 4. Jg. 1983, H. 3, S. 290 ff.

Mayer, Hans, Tagebuch vom Breslauer Kongreß, in: *Sonntag*, 37/1948.

Mayer, Hans, Weiskopf der Mittler, in: *NDL*, 5. Jg. 1957, H. 9, S. 82 ff.

Mayer, Hans, Kafka und kein Ende?, in: ders., *Ansichten. Zur Literatur der Zeit*, Hamburg 1962.

Mayer, Hans, Über Realismus und Dekadenz, in: *Gesellschaft, Recht und Politik*, hrsg. v. H. Maus, Neuwied 1968.

Mayer, Hans, Ein Tauwetter, das keines war. Rückblick auf die DDR im Jahre 1956, in: *Entstalinisierung. Der XX. Parteitag der KPdSU und seine Folgen*, hrsg. v. R. Crusius u. M. Wilke, Frankfurt a. M. 1977.

Mayer, Hans, Zur Gegenwartslage unserer Literatur, in: ders., *Nach Jahr und Tag*, Frankfurt a.M. 1978.

Mayer, Hans, Stationen der deutschen Literatur, in: *Frankfurter Allgemeine Zeitung* v. 16. Juni 1979.

Mayer, Hans, Lyrik der Hoffnung. Stephan Hermlin: "Gesammelte Gedichte" und "Abendlicht", in: *Die Zeit* v. 21. September 1979.

Mehring, Franz, Kunst und Proletariat, in: ders., *Aufsätze zur deutschen Literatur von Hebbel bis Schweichel, Gesammelte Schriften*, Bd. 11, Berlin/DDR 1961.

Mein Lieblingspreis wäre der Franz-Jung-Preis ... Gespräch mit Bert Papenfuß-Gorek, in: *Freitag* v. 7. Juni 1991.

Mickel, Karl, Aussagen über Papenfuß, in: *SF*, 38. Jg. 1986, H. 6, S. 1230 ff.

Middell, Eike, Kafkas Romanfragment "Das Schloß", in: *WB*, 30. Jg. 1984, H. 6, S. 885 ff.

Middell, Eike, Franz Kafka - Werk und Wirkung, in: *ZfG*, 5. Jg. 1984, H. 3, S. 319 ff.

Middell, Eike, Die Künstlerin und das Mäusevolk, in: *spectrum*, 15. Jg. 1984, H. 6, S. 26 f.

Middell, Eike, Totalität und Dekadenz. Zur Auseinandersetzung von Georg Lukács mit Friedrich Nietzsche, in: *WB*, 31. Jg. 1985, H. 4, S. 558 ff.

Mittenzwei, Werner, Brecht und Kafka, in: *SF*, 15. Jg. 1963, H. 4, S. 618 ff.

Mittenzwei, Werner, Die Brecht-Lukács-Debatte, in: *SF*, 19. Jg. 1967, H. 1, S. 235 ff.

Mittenzwei, Werner, Das Brechtverständnis in beiden deutschen Staaten, in: *SF*, 39. Jg. 1987, H. 6, S. 1265 ff.

Mohr, Heinrich, Entwicklungslinien der Literatur im geteilten Deutschland, in: *Literatur im geteilten Deutschland. Jahrbuch zur Literatur in der DDR*, Bd. 1, hrsg. v. P. G. Klussmann u. H. Mohr, Bonn 1980.

Heiner Müller über Thomas Brasch: "Kargo", in: *Der Spiegel* v. 12. September 1977.

Müller-Waldeck, Gunnar, "Prosa mit verwickelterer Anlage". Überlegungen zu Strukturfragen neuerer DDR-Literatur, in: *WB*, 33. Jg. 1987, H. 5, S. 709 ff.

Münz-Koenen, Ingeborg, Auf dem Wege zu einer marxistischen Literaturtheorie. Die Debatte proletarisch-revolutionärer Schriftsteller mit Georg Lukács, in: *Dialog und Kontroverse mit Georg Lukács*, hrsg. v. W. Mittenzwei, Leipzig 1975.

Münz-Koenen, Ingeborg, Literaturverhältnisse und literarische Öffentlichkeit 1945 bis 1949, in: *Literarisches Leben in der DDR 1945 bis 1960* (Autorenkollektiv, Ltg. I. Münz-Koenen), Berlin/DDR 1979.

Münz-Koenen, Ingeborg, Einführung, in: *Literatur im Wandel. Entwicklungen in europäischen sozialistischen Ländern 1944/45-1980*, hrsg. v. L. Richter u.a., Berlin/Weimar 1986.

Ein Nein ist keine Lebenshaltung. Vier Gespräche mit Uwe Kolbe, in: *Absage - Ansage (Schriftenreihe DDR-Kultur, 2)*, Berlin 1982.

Nivelle, Armand, Kafka und die marxistische Literaturpolitik, in: Johannes Hösle (Hrsg.), *Beiträge zur vergleichenden Literaturgeschichte. Festschrift für Kurt Wais*, Tübingen 1972.

Ohne den Leser geht es nicht. U. Heukenkamp im Gespräch mit G. Adloff, G. Eckart, U. Kolbe, B. Wagner, in: *WB*, 25. Jg. 1979, H. 7, S. 41 ff.

Olivieri-Treder, Uta, Geziemendes über Brecht und Kafka, in: *Brecht-Jahrbuch 1977*, hrsg. v. J. Fuegi/R. Grimm/J. Hermand, Frankfurt a. M. 1977.

Orlow, N., Wege und Irrwege der modernen Kunst, in: *Tägliche Rundschau* v. 20./21. Januar 1951.

Piepmeier, Rainer, Modern, die Moderne, in: *Historisches Wörterbuch der Philosophie*, hrsg. v. J. Ritter u. K. Gründer, Bd. 6, Darmstadt 1984.

Possner, Winfried, Franz Kafkas Einreihungstabelle aufgefunden: Bürokratismus-Kritik aus Erfahrung, in: *ZfG*, 9. Jg. 1988, H. 4, S. 449 ff.

Pracht, Erwin, Präzisierung oder Preisgabe des Realismus-Begriffs?, in: *Sonntag*, 11/1964.

Proletkult. Eine Dokumentation zur Proletarischen Kulturrevolution in Rußland. Texte - Materialien - Beiträge zusammengestellt u. kommentiert v. P Gorsen, E. Knödler-Bunte, B. Steinberg, in: *Ästhetik und Kommunikation*, 2. Jg. 1972, H. 5/6, S. 63 ff.

Rakitin, Vassily, The Avant-Garde and Art of the Stalinist Era, in: *The Culture of the Stalin Period*, hrsg. v. H. Günther, London 1990.

Rathenow, Lutz, "Schreiben Sie doch für uns!", in: *Frankfurter Allgemeine Zeitung* v. 27. November 1991.

Reich-Ranicki, Marcel, Für festliche Stunden. Stephan Hermlin, der Poet, in: ders., *Zur Literatur der DDR*, München 1974.

Reid, J. H., Another Turn in the Road: Kafka in the GDR, in: *GDR Monitor*, Nr. 13, Summer 1985, S. 21 ff.

Reimann, Paul, Die gesellschaftliche Problematik in Kafkas Romanen, in: *WB*, 3. Jg. 1957, H. 4, S. 598 ff.

Reinhold, Ursula, Humanismus und Realismus in der Diskussion, in: *Literarisches Leben in der DDR 1945 bis 1960*, Berlin/DDR 1979.

Richter, Hans, Der Kafka der Seghers, in: *SF*, 35. Jg. 1983, H. 6, S. 1171 ff.

Richter, Helmut, Zu einigen neueren Publikationen über Franz Kafka, in: *WB*, 5 Jg. 1959, H. 4, S. 568 ff.

Richter, Helmut, Im Maßstab der Klassik. Zu einigen Prosastücken Franz Kafkas, in: *SF*, 11. Jg. 1959, H. 5/6, S. 837 ff.

Richter, Helmut, Zur Nachfolge Kafkas in der westdeutschen Literatur, in: *Franz Kafka aus Prager Sicht 1963*, Prag 1965.

Riese, Utz, (Renzension) W. Wicht: Virginia Woolf, James Joyce, T.S. Eliot, in: *WB*, 30 Jg. 1983, H. 4, S. 759 ff.

Riese, Utz, (Rezension) R.W. Weber: Der moderne Roman, in: *WB*, 30. Jg. 1984, H. 3, S. 505 ff.

Riese, Utz, Zwischen Realismus und Postmodernismus, in: *WB*, 31. Jg. 1985, H. 3, S. 517 ff.

Riese, Utz, (Rezension) Thomas Pynchon: Die Versteigerung von No. 49, in: *WB*, 32. Jg. 1986, H. 10, S. 1687 ff.

Rönisch, Siegfried, Notizen über eine neue Autorengeneration, in: *WB*, 25. Jg. 1979, H. 7, S. 5 ff.

Roßmann, Andreas, Die späte Zusage für den Clown S.B, in: *DA*, 20. Jg. 1987, H. 12, S. 1302 ff.

Rühle, Jürgen, Der 17. Juni und die Intellektuellen, in: *17. Juni 1953. Arbeiteraufstand in der DDR*, hrsg. v. I. Spittmann u. K. W. Fricke, Köln 1982.

Rytlewski, Ralf, Kommunismus ante portas? Zur Entwicklung von Massenkultur und Massenkonsum, in: *Die DDR in der Ära Honecker*, hrsg. v. G.-J. Glaeßner, Opladen 1988.

Sander, Hans-Dietrich, Der Streit um den Dichter Kafka, in: *SBZ Archiv*, 14/1964, S. 215 ff.

Sander, Hans-Dietrich, Stichwort "Literatur und Literaturpolitik", in: *DDR Handbuch*, Ltg. H. Zimmermann, 3. Aufl., Köln 1985.

Scherpe, Klaus-R., Dramatisierung und Entdramatisierung des Untergangs - zum ästhetischen Bewußtsein von Moderne und Postmoderne, in: A. Huyssen/K.R. Scherpe (Hrsg.), *Postmoderne. Zeichen eines kulturellen Wandels*, Reinbek 1986.

Schiller, Dieter, Ein Dichter, der fremd war in seiner Zeit, in: *Neues Deutschland* v. 2./3. Juli 1983.

Schiller, Dieter, Kunst als Lebensäußerung. Zum Problem Künstler und Öffentlichkeit in Franz Kafkas letzten Lebensjahren, in: *ZfG*, 5. Jg. 1984, H. 3, S. 284 ff.

Schlenstedt, Dieter, Entwicklungslinien der neueren Literatur in der DDR, in: *ZfG*, 9. Jg. 1988, H. 1, S. 5 ff.

Schonauer, Franz, Expressionismus und Faschismus. Eine Diskussion aus dem Jahre 1938, in: *Literatur und Kritik*, 7-8/1966.

Schreck, Joachim, Nachwort zu *Gottfried Benn, Einsamer nie -. Gedichte*, Berlin (DDR) 1987.

Schuhmann, Klaus, Avantgardismus, in: *Wörterbuch der Literaturwissenschaft*, hrsg. v. C. Träger, Leipzig 1986.

Schulz, Max Walter, Das Neue und das Bleibende in unserer Literatur, in: *VI. Deutscher Schriftstellerkongreß. Protokoll*, Berlin/Weimar 1969.

Schumacher, Ernst, Kafka vor der neuen Welt, in: *Franz Kafka aus Prager Sicht 1963*, Prag 1965.

Schumacher, Ernst, "Toter Hund" oder lebendiger Klassiker? Bertolt Brecht - drei Jahrzehnte nach seinem Tod, in: *Theater der Zeit*, 43. Jg. 1988, H. 2, S. 8 ff.

Schütze, Jochen C./Dietmar Voss, Postmoderne im Kontext. Perspektiven eines Strukturwandels von Gesellschaft, Literatur und Kritik, in: *ZfG*, 8. Jg. 1987, H. 3, S. 327 ff.

Seehase, Ilse, Drei Mitteilungen Kafkas und ihr Umfeld, in: *ZfG*, 8. Jg. 1987, H. 2, S. 178 ff.

Seghers, Anna, Rede auf dem Internationalen Schriftstellertreffen 1965, in: dies., *Über Kunstwerk und Wirklichkeit*, Bd. I, Berlin/DDR 1970.

Seghers, Anna, Brief an Georg Lukács, in: dies., *Über Kunstwerk und Wirklichkeit*, Bd. IV, Berlin/DDR 1979.

Selbstausdruck und Gesellschaftsbezug. Interview mit Günter Kunert, in: *Auskünfte. Werkstattgespräche mit DDR-Autoren*, Berlin/Weimar 1976.

Siebenschein, Hugo, Franz Kafka und sein Werk, in: *Wissenschaftliche Annalen*, 6. Jg. 1957, 2. Teil, Beiheft.

Starke, Manfred, Décadence, in: *Lexikon der französischen Literatur*, hrsg. v. M. Naumann, Leipzig 1987.

Staszak, Heinz-Jürgen, Das Literaturkonzept von Georg Lukács als Moment neuer Literaturverhältnisse, in: *Wiss. Zeitschrift der Wilhelm-Pieck-Universität Rostock, Gesellschaftswissenschaftliche Reihe*, 34. Jg. 1985, H. 8, S. 11 ff.

Steinert, Hajo, Die Szene und die Stasi, in: *Die Zeit* v. 29. November 1991.

Steinhoff, Peter A., Franz Kafka, in: *Aufbau*, 3. Jg. 1947, H. 6, S. 481 ff.

Thierse, Wolfgang/Dieter Kliche, DDR-Literaturwissenschaft in den siebziger Jahren, in: *WB*, 31. Jg. 1985, H. 2, S. 267 ff.

Thomas, Rüdiger, Kulturpolitik und Künstlerbewußtsein seit dem VIII. Parteitag der SED, in: *Die DDR in der Ära Honecker*, hrsg. v. G.-J. Glaeßner, Opladen 1988.

Traditionsbeziehungen unserer Schriftsteller. Antworten auf eine Umfrage der Redaktion, in: *WB*, 17. Jg. 1971, H. 12, S. 89 ff.

Träger, Claus, Modern, Moderne, modernistisch, in: *Wörterbuch der Literaturwissenschaft*, hrsg. v. C. Träger, Leipzig 1986.

Trilse, Jochanaan Christoph, Der Clown S.B.- Oder: Spiele einer großen Absage, in: *SF*, 38. Jg. 1986, H. 4, S. 851 ff.

Trommler, Frank, Der sozialistische Realismus im historischen Kontext, in: R. Grimm/J. Hermand (Hrsg.), *Realismustheorien in Literatur, Malerei, Musik und Politik*, Stuttgart 1975.

Trommler, Frank, Technik, Avantgarde, Sachlichkeit, in: *Literatur in einer industriellen Kultur*, hrsg. v. G. Grossklaus u. E. Lämmert, Stuttgart 1989.

Ulbricht, Walter, Die Entwicklung der sozialistischen Kultur in der Deutschen Demokratischen Republik, in: *Einheit*, 11/1969, S. 1267 ff.

Vorbild - Leitbild. Joachim Nowotny im Gespräch mit W. Berger u.a., in: *WB*, 25 Jg. 1979, H. 7, S. 11 ff.

Wagner, Siegfried/Heinz Kimmel, Partei und Künstler. Bemerkungen zur gesellschaftlichen Verantwortung des Künstlers in unserer Zeit, in: *Neues Deutschland* v. 24./25. April 1965.

Wagner, Siegfried, Das Kunstwerk im Zeitalter des Industriekapitalismus. Walter Benjamins "Passagen" durch das 19. Jahrhundert, in: *WB*, 35. Jg. 1989, H. 3, S. 405 ff.

Walther, Joachim, Das Tribunal, in: *Der Spiegel*, 52/1990.

Warning, Rainer, Surrealistische Totalität und die Partialität der Moderne. Zur Lyrik Paul Eluards, in: R. Warning/W. Wehle (Hrsg.), *Lyrik und Malerei der Avantgarde*, München 1982.

"Warum handeln Sie mit Prothesen, Herr Kunert?" Ein Interview mit U. Wittstock, in: *FAZ Magazin* v. 19. August 1988.

Weimann, Robert, Realität und Realismus. Über Kunst und Theorie in dieser Zeit, in: *SF*, 36. Jg. 1984, H. 5, S. 924 ff.

Weimann, Robert, Mimesis und die Bürde der Repräsentation, in: *WB*, 31. Jg. 1985, H. 7, S. 1061 ff.

Weimann, Robert, Funktion und Niveau der Unterhaltung in den Künsten, in: *SF*, 38. Jg. 1986, H. 2, S. 230 ff.

Weimann, Robert, Literaturgeschichte im "Zeichen" der Postmoderne, in: *SF*, 40. Jg. 1988, H. 2, S. 289 ff.

Weimann, Robert, Das Ende der Moderne? Versuch über das Autoritätsproblem in unserer Zeit, in: *SF*, 41. Jg. 1989, H. 6, S. 1146 ff.

Weinzierl, Ulrich, Die Angst vor Josef K., in: *Frankfurter Allgemeine Zeitung* v. 8. Juni 1991.

Weiskopf, F. C., Franz Kafka und die Folgen. Mythos und Auslegung, in: *Kritik in der Zeit. Der Sozialismus - seine Literatur - ihre Entwicklung*, Halle 1970.

Wellmer, Albrecht, Wahrheit, Schein, Versöhnung. Adornos ästhetische Rettung der Modernität, in: *Adorno-Konferenz 1983*, hrsg. v. L. v. Friedeburg u. J. Habermas, Frankfurt a. M. 1983.

Welsch, Wolfgang, Postmoderne. Genealogie und Bedeutung eines Begriffs, in: *Postmoderne oder Der Kampf um die Zukunft*, hrsg. v. P. Kemper, Frankfurt a. M. 1988.

Werkstattgespräch mit Helmut Sakowski, in: *Neues Deutschland* v. 20. März 1981.

Werner, Klaus, Günter Kunert, in: *Literatur der DDR in Einzeldarstellungen*, hrsg. v. H. J. Geerdts, Stuttgart 1972.

Werner, Klaus, Stephan Hermlin und die literarische Tradition, in: *SF*, 27. Jg. 1975, H. 2, S. 323 ff.

Winkler, Kurt, Allgemeine Deutsche Kunstausstellung, Dresden 1946, in: *Stationen der Moderne. Die bedeutenden Kunstausstellungen des 20. Jahrhunderts in Deutschland, Ausstellungskatalog*, Berlin 1988.

Witte, Bernd, Stephan Hermlin, in: *Kritisches Lexikon der deutschsprachigen Gegenwartsliteratur*, hrsg. v. H. L. Arnold, München 1980.

Wittstock, Uwe, Franz Fühmanns langer Weg zu sich selbst, in: *Literaturmagazin*, 20, hrsg. v. M. Lüdke u. D. Schmidt, Hamburg 1987.

Wittstock, Uwe, Frühlingsstück. Beobachtungen auf der Leipziger Buchmesse, in: *Frankfurter Allgemeine Zeitung* v. 17. März 1989.

Wolf, Gerhard, Stephan Hermlin, in: *Literatur der DDR in Einzeldarstellungen*, hrsg. v. H. J. Geerdts, Stuttgart 1972.

Wolf, Gerhard, Wortlaut, Wortbruch, Wortlust. Zu einem Aspekt neuer Lyrik in der DDR, in: *Bestandsaufnahme Gegenwartsliteratur* (*Text + Kritik*, Sonderband, hrsg. v. H. L. Arnold), München 1988.

Zecher, Andreas/Walter Pallus, "mit dem Gefühl, endlich atmen zu können". Erneuerung der humanistischen Tradition und sozialer Auftrag der Dichtung bei Stephan Hermlin, in: *Neuanfänge. Studien zur frühen DDR-Literatur*, hrsg. v. W. Pallus u. G. Müller-Waldeck, Berlin/Weimar 1986.

"Die Zeit der Schurken". Gespräch mit G. Kunert, in: *Sonntag*, 36/1990.

Zimmermann, Hartmut, Die DDR in den 70er Jahren, in: Günter Erbe u.a., *Politik, Wirtschaft und Gesellschaft in der DDR*, Opladen 1980.

Abkürzungen

Deutschland Archiv	(DA)
Frankfurter Allgemeine Zeitung	(FAZ)
Neue Deutsche Literatur	(NDL)
Neues Deutschland	(ND)
Sinn und Form	(SF)
Weimarer Beiträge	(WB)
Zeitschrift für Germanistik	(ZfG)

Aktuelle Literatur
zum Thema

Gert-Joachim Glaeßner

Der schwierige Weg zur Demokratie

Vom Ende der DDR zur deutschen Einheit.

2., durchges. Aufl. 1992. 230 S. Kart.
ISBN 3-531-12318-1

Das Jahr 1989 markiert eine historische Wende. Die sozialistischen Systeme in Osteuropa brachen innerhalb weniger Monate zusammen. Die DDR, der langjährige „Vorposten" des sowjetischen Imperiums, überlebte diesen revolutionären Umbruch nur ein Jahr. Die Einheit Deutschlands, an die kaum noch jemand geglaubt hatte, wurde Wirklichkeit.

Dieses Buch untersucht die Ursachen für den Zusammenbruch und Sturz des politischen Systems in der DDR und beschreibt den komplizierten und widerspruchsvollen Weg des Übergangs zur Demokratie. Besondere Beachtung wird den Problemen des sozialen und kulturellen Zusammenwachsens zweier höchst unterschiedlicher Teilgesellschaften gewidmet.

Irma Hanke

Alltag und Politik. Zur politischen Kultur einer unpolitischen Gesellschaft

Eine Untersuchung zur erzählenden Gegenwartsliteratur der DDR in den 70er Jahren.

1987. 402 S. (Studien zur Sozialwissenschaft, Bd. 61) Kart.
ISBN 3-531-11810-2

Politische Kultur zeigt sich im Alltagsleben. Da die Literatur der DDR sich ausführlich mit der Darstellung von Alltagsverhalten und Alltagskonflikten befaßt, hat die Verfasserin den literarischen Prozeß und die Funktion der Literatur in der DDR als Ersatzöffentlichkeit eingehend untersucht. Themenwahl, räumliche und zeitliche Dimensionen politischer Sozialisation und politischen Verhaltens wurden dabei für ein breites Feld der Literatur des letzten Jahrzehnts systematisch ausgewertet.

Friedrich-H. Schregel

Die Romanliteratur der DDR

Erzähltechniken, Leserlenkung, Kulturpolitik.

1991. 367 S. Kart.
ISBN 3-531-12188-X

Die Untersuchung der Erzähltechnik im Roman der DDR – einen Schwerpunkt bildet die Zeitspanne von 1945 bis zur Mitte der siebziger Jahre – behandelt neben Fragen der Stilanalyse und der Rezeption auch die Autorenintention und den kulturpolitischen Auftrag. Über die Analyse des Leserbezugs der Werke wird die Geschichte des Romans in der DDR nachgezeichnet. Die Entwicklung von der eindimensionalen Kommunikation mit dem Leser durch einen auktionalen Erzähler bis hin zur Aktivierung des Lesers durch die Montage-Technik wird anhand umfangreichen Materials dokumentiert.

WESTDEUTSCHER VERLAG

OPLADEN · WIESBADEN

Schriften des Zentralinstituts für sozialwissenschaftliche Forschung der FU Berlin

WESTDEUTSCHER
VERLAG
OPLADEN · WIESBADEN